モノと技術の古代史　金属編

村上恭通［編］

吉川弘文館

奈良県下池山古墳出土の鏡　古墳時代初頭に作られた倣製鏡で，精巧さは中国鏡の優品に匹敵し，面径は凌駕する。このような中国大陸の技術伝播なしに製作できない鏡こそ，倭が東アジアとの新たな関係を切り開いた証である（奈良県立橿原考古学研究所提供・阿南辰秀氏撮影）。

弥生時代後期（①・②）と古墳時代前期の 鉇《ヤリガンナ》（①・②熊本県二子塚遺跡，③鳥取県中峰1号墳） 石器ではなしえなかった木工技術を可能にしたのが鉇である。刃先，鎬《しのぎ》などにさまざまな工夫が施された（①・②熊本県教育委員会所蔵，③倉吉博物館所蔵）。

大阪府紫金山古墳に副葬された鉄製農具 古墳時代前期中頃の首長層の活動を示す重要資料。半島系の又鍬（①左）と，在来系の方形鍬鋤先（①右）や短冊形直刃鎌（②）が共伴する。いずれも，重厚な作りである（京都大学考古学研究室所蔵・大阪府立近つ飛鳥博物館提供）。

文堂古墳（兵庫県香美町）**出土の装飾大刀**　柄頭を双龍環頭（①），圭頭（②），頭椎（③）で飾った大刀である。柄や鞘を金や銀で飾る大刀は古墳時代中期に現れ，後期になると金工技術を駆使してさらに絢爛豪華になった（兵庫県香美町教育委員会所蔵・大手前大学史学研究所提供）。

唐招提寺の当初釘　1000年以上も前，創建に使用された釘がこれほど良好な状態で遺存していることは驚異である。釘は古墳時代以後の木造建築を一変し，律令社会の理念を陰で強く支えた（唐招提寺所蔵・奈良県教育委員会提供）。

群馬県八幡観音塚古墳出土「承台付銅鋺」 鋳造挽物で蓋のあるワイングラス形を呈する。杯部と脚部は分鋳後に接合する。高脚部には10段余の匙面取りを施し，裾がラッパ状に開く，承台上には円錐棒状の突起を設けており，中国南北朝期の銅鋺の影響を留めている（高崎市観音塚考古資料館所蔵）。

福島県向田Ａ遺跡出土の平安時代の梵鐘と龍頭の鋳型（写真左上2点）**およびこの鋳型から復元した鉄製梵鐘** 復元は原料の鉄を変え3回行った。音を鳴らす鋳造製品とそれ以外では技術が異なる（福島県文化財センター白河館〈まほろん〉提供）。

はじめに

天平時代の技術の粋を味わうことができる正倉院展には毎回二〇万人以上の人々が押し寄せるといいます。それらのすばらしい保存状態もさることながら、当時のデザインや工芸技術の高さが人々の心を捉えて離しません。正倉院の宝物が、現代の技術で再現できるのだろうかと素直に疑問をもつ人もいるでしょう。人間国宝や無形文化財が古代の技術に挑むといったテレビ番組が高い視聴率を得ることなども、いにしえの技術に対する現代人の高い関心を読み取ることができます。

石、土、木、草、革、骨、角、貝など自然界で得られるあらゆる材質に手を加えて、人間は暮らしを続けてきました。衣食住を満たすところから始まり、しだいに自ら作り出したものに精神を込め、心をも満たすようにもなりました。石から金属を抽出する技術を獲得するとさらに生活や文化を豊かにする道を見出しました。さまざまな材質に対して、人々は技術を駆使しながらモノを作り、欲求を満たし、その繰り返しが生活、文化、技術の発展につながったといえます。

その発展の様子をモノそのものの研究から説明しうるのが考古学という学問です。国内では日々多くの遺跡が発掘され、大量の遺物が土から姿を現します。さまざまな種類の遺物、すなわち、土器、石器、木器、骨角器、金属器には当然その材質に応じた作り方を見出すことができ、また使われ方を読み取ることができます。そこに考古学の醍醐味があります。また考古学のみならず、当時のモノを文字や絵画で明らかにする文献史学や美術史、そしてとくに進展著しい文化財科学はその醍醐味を一層深いものにしています。しかしその醍醐味を、しかも網羅的に一般の方々に伝える機会は必ずしも多いとはいえません。

そこで今回、木、漆、土、金属という四つの素材に焦点をあわせ、モノと技術についてテーマごとに解説するシリーズを企画しました。そこでは銅鏡、銭貨、刀剣、瓦、建築物、生活用品など、形あるさまざまなモノとそれらの作り方、使い方について触れ、学ぶことができるでしょう。その学びを通じて、日本独自の技術の発展や大陸から伝来した技術の吸収・融合など、日本人のモノと技術に関する足跡がみえてくるかもしれません。現在、世界に冠たる技術立国の履歴がここに描かれています。

本巻では、初めて金属と出会った弥生時代以降を対象とし、鉄や青銅の加工技術や製品の使用方法に着目しながら、わが国の金属器文化の足跡を描きます。

本シリーズが、日本のモノ作りをあらためて見直す端緒となれば望外の幸せです。

二〇一七年二月

編者一同

目次

序章　金属器が語る古代の技術

村上恭通

1　金属との出会い

中近東から東アジアへ　今から約七〇〇〇年前、中近東に起こった銅生産技術は中央アジアを介して、東アジア最古の文明を築いた中国にも伝わった。夏王朝、殷王朝が青銅製の容器を祭器として鋳造し、祭礼と結びつけた高度な金属文明を築き上げたことはよく知られている。春秋時代には発達した銅生産技術とのちに西方から導入した鉄生産技術を融合させ、新たな鉄・鉄器生産技術を生み出した。そして戦国時代には液化した鉄（銑鉄）を自由に操り、当時としては世界最先端の鋳造鉄器技術を築き上げた。

青銅と鉄の伝来　中国の戦国時代が幕引きをする紀元前三世紀ごろ、弥生人は金属と接触することとなった。そもそも弥生文化は稲作とそれに伴う集落経営や石器生産技術などが朝鮮半島を経由して導入され幕を開ける。それからやや遅れ、紀元前三世紀末葉を前後する前期末に鉄器が、中期初頭に青銅器が伝えられた。鉄器は戦国時代後期の燕国の領域で生産された鋳造鉄器あるいはその破片が舶載されたものであった。青銅器には朝鮮半島で鋳造された武器、鏡（多鈕細文鏡）などがある。鉄器と青銅器が導入されるさいの決定的な違いは、鋳造鉄器が生産技術を伴っていなかったのに対し、青銅器はほぼ同時に鋳造技術も受け入れていた点である。鋳型の副葬などから無文土器時代の朝鮮半島では、西南部までは確実に青銅器の鋳造が行われていることがわかっている。弥生人は青銅素材を溶かして青銅器を作るという知識と技術をほぼ同時に獲得していた。したがって生産という観点からすれば青銅が古く、鉄が新しい。ユーラシア的な視野でみると、青銅も鉄も出現期には稀少価値として宝器的な扱いを受ける例が多いのに対し、鉄が初めから利器として実用されているところに日本列島の特質を見出すことができる。

さて、この短い概説において日本古来の多岐にわたる金属製品について網羅することはできないが、弥生時代、古墳時代を中心に、鉄、青銅製品と技術の変遷とについて整理することによって各論への橋渡しとしたい。

2　利器としての金属器

工具　金属器以前、稲作とともに伝わった大陸系磨製石器群には工具、農具、武器がある。工具には用途に応じて大きさや形態が分化した石斧、鑿が含まれていた。もっともこれら工具は縄文時代以来の石器生産の伝統に規制され、日本列島各地で多様な展開をみせていた。

石器が担っていた工具の役割は青銅器ではなく、鉄が担うこととなった。鍛冶、すなわち鍛造鉄器の生産が確実に始まる中期末葉以降、西日本各地では大小の鉄斧、鉇、刀子、鑿が生産された。鉄斧は素材を単に長方形に叩き延ばして刃を付けただけの板状鉄斧と柄を挿入するための袋部を設けた袋状鉄斧とに分けることができる。鑿も棒状素材に刃を付けたものと袋状鑿とに分けられるが、より高度な技術で製作される袋部をもつ鉄器は、もたない鉄器と分布域を違えており、地域の鍛冶技術のレベルを反映した普及状況を示している。

鉄鏃と並んで発見数が多い鉇も、形状が多様であり、とくに鉄器の出土量が豊富な九州や鳥取県青谷上寺地遺跡のように木器生産が顕著に認められる遺跡では刃先の形状や大きさが多様であった。鑿や錐にも同様の傾向がうかがわれ、こういった工夫は木器など鉄器以外の生産部門からの要請に対応したものと考えられる。山陰や北陸に多い小さな鉄針も地域の特産物である玉を作るために生産が始まったとみられている。古墳時代以降は鉄器の修繕、故鉄のリサイクルなど、弥生時代にはなかった類の鉄器生産が始まるため、集落で日用された鉄器の姿が見えづらくなる。

古墳の副葬品には時期を追って袋状鉄斧、鉇、刀子、鑿を主としながら、木工具の組み合わせが整えられていく様子が読みとれる。ただ鉇を例にとると、弥生時代のように刃部を変形して機能を多様化させる様相がみられないことから、製品自体の大きさ、形状などがより分化していたものと推測される。木の分割具としての鋸はいつからその機能を発揮するのかという点はまだ不明な点が多い。古墳時代前期の浅く細かい歯をもつ長条形の鋸は木工に対して有効であったかどうか不明である。後期になって有柄の鋸がしだいに増加するが、それらが日本列島でどの程度普及していたのであろうか？　中世の絵巻にも登場し、広島県草戸千軒町遺跡で初めて発見された「木の葉鋸」にいたるまでの変遷史はこれからの探究が待たれる。

農具　弥生時代の農耕に対して、鉄器は直接的には土掘り具、収穫具として、間接的には木柄の製作工具として関わったと理解するのが一般的である。しかし方形の鉄板に簡素な袋部を備えた鋤・鍬先は必ずしも農具と限定されるものではなく、開墾具も含めた土掘り具の刃先と見なす傾向が強い。収穫具には石庖丁に代替する穂摘み用の摘鎌(手鎌)と根刈り用と考えられる曲刃鎌とがあり、両者はそれぞれ後期中葉、中期末葉に現れる。摘鎌は薄い横長の鉄板を素材とし、その両端を折り曲げただけの単純な鉄器であるが、九州北半部以外での発見例は少ない。曲刃鎌、鋤・鍬先も同様の傾向にあり、弥生時代における鉄と農耕との直接的な関わりは高く評価することはできない。

古墳時代を迎えて、直刃鎌の出現など新たな様相が加わるが、大きな画期は中期にある。弥生時代以来の方形板鋤・鍬先に加え、朝鮮半島の技術によるU字形鋤・鍬先の出現である。これらは後期に向けて形、大きさが多様化し、しだいに耕起具の主流になる。その後、奈良時代には祭祀具の一種である地鎮具としても採用されることからその浸透のありようが想像できる。曲刃鎌は刃を下に向けた場合、着柄部分の折り返しが右にあるもの（甲技法）と左にあるもの（乙技法）とに分けられ（都出一九六七）、後者の受容は渡来文化との関係で捉えることも可能である（金田一九九六）。この二種の日用品としてのあり方は、着柄技術や鍛冶技術とも関わる問題であるため検討の進展が期待される。ちなみに弥生時代の鎌は甲技法が主流であるが、長崎県原ノ辻遺跡や福岡県三雲遺跡などでは甲・乙双方が見られる。同時期の中国、朝鮮半島北部では甲、朝鮮半島南部では乙が主流であり、鎌の甲乙技法は弥生時代においても対外交流のありようを暗示している（村上二〇〇七）。

なお弥生時代の北部九州には平面形が凹字形あるいは略U字形を呈する青銅製鋤・鍬先が後期中葉に見られる。この青銅製鋤先は朝鮮半島には類例がなく、また漢代の中国では鋳鉄製であるため、北部九州で生産が始まった契機、その用途など検討すべき課題が残されている。

武器・狩猟具　青銅製武器は朝鮮半島青銅器群の影響下、中期初頭の北部九州で矛、戈、短剣が登場した。本来柄に着装した状態で使用されるこれらの武器は、登場後しばらくして着柄を拒むようにしだいに大型化あるいは非実用化しながら分布域を山陰、瀬戸内、南四国に広げていった。そして銅鐸の分布と中心域を違えながら祭器として存在したことはよく知られている。「埋納」という特殊な取り扱いを受ける傾向の強い武器形青銅器の一方で、鉄製の短剣、矛、戈が登場し、おもに副葬品として出土するようになる。鉄戈は北部九州のみ、鉄矛は再利用品も含めて中部地方にまで点在し、鉄剣のみが九州から関東、北陸まで広がっている。とくに着柄法の研究が進んだ短剣は地域性の把握や古墳時代との相違性が明瞭に理解できるようになった（豊島二〇〇四）。また漢帝国に由来する大刀については、素環頭を有する大刀が他のアジア周辺地域と同様、弥生社会にも後期以降受容される。ただし、中国西南地方や中央アジアでは佩用のための玉製装具も伴うのに対し、弥生社会ではそれが欠落する。弥生時代の大刀には素環頭を除去して独自の木製装具を備える例もあることから、漢文化に対する当時の意識の程度を示す現象といえる。

古墳時代を迎えると前期は鉄製短剣、ヤリが主体で大刀が従属的であり、中期に向けて剣はやや長大化する。三国時代の加耶や新羅と歩調を合わせるようにこれらの大量副葬が見られる。後期には大刀、矛が主体となり、とくに大刀は三国時代の各地の影響を受けて中期に現れた装飾大刀が、渡来系の複合的な金工技術を駆使して生産されるようになり、ステータス・シンボルの頂点に位置するようになった。

一方、弓矢は縄文時代より存在し、鏃は弥生時代になって金属製品が登場した。青銅製三稜鏃、三翼鏃という稀少な舶載品が金属製鏃の初例となるが、中期後葉に西日本各地で鉄器生産が開始されるようになると、鉄鏃が大量に生産されるようになった。必要とされる鉄の素材量が少ないこと、簡単に製作できることなどがその背景にある。また青銅鏃の存在も無視できず、長崎県原ノ辻遺跡、香川県旧練兵場遺跡、鳥取県青谷上寺地遺跡のように各地の拠点的な集落遺跡には大量の青銅鏃を出土する例も少なくない。青銅鏃は鉄器生産が可能な地域でも大量に生産される一方、銅鐸分布圏では弥生時代の終焉に向けてその傾向を強くしている。そして古墳時代前期には鋳造と研磨を駆使した銅鏃、鍛造と研磨を駆使した鉄鏃が大量に副葬されるようになり、規格品生産、大量生産という点で画期を迎える。有稜系（松木一九九一）と呼ばれるこの個性的な銅・鉄鏃はほぼ前期のうちに姿を消し、その後の主流となる鉄鏃はますます多様化し、中期以降は三国時代の朝鮮半島からの影響を受けながら、頸の大きさが異なる短頸式、長頸式へと変化を遂げている。

ところで鏃は狩猟具でもある。弥生時代後期後半における九州北半部の集落遺跡では出土する鏃がほとんど鉄製となる例も多く、しかも大きさ、形状ともに多様な場合がある。この場合、鉄鏃は小型・中型・大型獣対応用の狩猟鏃、祭器的な鏃、そして戦闘用の鏃など多様な使用目的が想定されてよい。狩猟用の鏃として武器から分離することは古墳時代以降の資料についても困難であるが、集落出土品を交えながら今後検討すべき課題といえよう。

3　祭器・装身具としての金属器

刃をもたないモノ　以上のような利器に対し、刃をもたない金属器はどのように弥生人に受け入れられたのであろうか？　武器形青銅器、多鈕細文鏡とともに朝鮮半島の青銅器群のなかに組み込まれていた銅鐸は、輝きのみならず音を発する金属器として弥生人に驚きをもって受け入れられたに違いない。

小型の朝鮮式銅鐸、佐賀県安永田遺跡で発見された邪視文銅鐸鋳型などから北部九州でも銅鐸が生産されたことが判明しているものの、北部九州の弥生人が主体的に選択したのは先述の武器形青銅器であった。銅鐸を選択し生産し、また見せる銅鐸として大型化させたのは東部瀬戸内、近畿、東海であった。また、銅鐸を使った祭祀を受容した地域としてはさらに山陰、四国南部（高知県）や北陸が加わることとなった。しかし弥生時代終末期を迎えて祭器としての性格を急速に失い、破片状態での出土例が増加しており、これが銅鐸使用の終焉を示すものと解釈されている。音を出す金属器としては、その後、古墳時代に入ると筒形青銅器、馬具の一つである馬鐸、馬鈴、歩揺などが挙げられるが、音をいっそう効果的に利用する金属器は律令国家成立前後の青銅製・鉄製梵鐘の登場を待たなければならなかった。

ステータス・シンボル　青銅鏡は朝鮮半島青銅器群の一つである多鈕細文鏡の受容に始まり、弥生時代中期中葉以降、北部九州では中国からの舶載鏡が積極的に受け入れられた。元来、化粧具の一つである中国鏡は北部九州に伝来するやステータス・シンボルとなり、鏡種、大きさ、面数などで地域間や地域内の序列を示す役割を担った。中国鏡は破片となっても、また模倣して日本列島で製作された小型仿製鏡にしても本来の化粧具から変容した象徴的な金属器であった。後期初頭に北部九州で始まる小型仿製鏡の生産と使用はしだいに瀬戸内、日本海側を東に伝わり、銅鐸を生産・使用した近畿地方でもしだいに舶載鏡を受容し、仿製鏡を生産するようになる。古墳時代前期を迎えると画文帯神獣鏡や三角縁神獣鏡を中心とした舶載鏡や初期の仿製鏡が近畿地方を中心とした首長間、地域間の紐帯・序列を示す証と評価されている。弥生、古墳時代に併行する時期、中国鏡は遠く黒海沿岸地域まで及び、北アジア、中央アジア各地での出土例も少なくない。仿製鏡も各地で生産されている。しかし出土数や鏡種の多さは日本列島が傑出しており、社会的紐帯や祭祀の道具として鏡に求めた機能や性格は、他のどの地域よりも多様であったといえるであろう。

4　新しい生活・文化様式と金属器

古墳時代と馬の文化　武器が著しく発達する古墳時代は同時に身を守るための鉄製品、すなわち甲冑も発達した。鉄をまとうべく、人体の形状に合わせてさまざまな形状の鉄板を組み立てる技術は、朝鮮半島の影響を受けながら古墳時代前期末葉に現れる。中期以降は鉄板の大きさや形状の変化、そして鉄板どうしの連結法に革綴じから鋲留めという変化をみせながら日本列島独自の甲冑を発展させた。

また同じく古墳時代中期に朝鮮半島から受容されるのが馬の文化と技術である。その飼養技術と同時に、馬を制御するための装具は舶載の段階を経て、生産技術を獲得することとなった。そして生産技術に改良・改変が求められ、馬具は多様な変化を遂げた。また乗馬できる階層が限定されていたこともあって武器や甲冑などと同様に金工技術が駆使されることも多かった。

釘の使用　武装の文化、馬の文化に関連する鉄製品や金工製品以外にも、古墳時代中期には画期的な金属利用が始まった。それは釘の使用である。釘を使用して木材どうしを連接する技術は、朝鮮半島では楽浪郡時代まで遡り、漢城期の百済では鐎とともに木棺組み立ての材料として釘が採用されている。建築材料としての釘の使用は法隆寺や飛鳥池における様《ためし》の出土例などのように七世紀を待たなければならないが、木と鉄との関係史において鉄釘は新たなページを開くこととなった。

5　金属器の生産——炉の技術を中心に

生産をめぐる論争　弥生時代中期末葉までには青銅器、鉄器双方の生産が可能となるが、その素材の生産、すなわち製錬の可能性については考古学的見地のみでなく、自然科学的見地からも肯定、否定の両説が提起されている。鉄に関しては肯定説の場合、朝鮮半島産、中国産鉄素材の存在を否定するものではなく、発見された炉、鉄滓や鉄塊の自然科学的分析結果に立脚している。ただし、その生産技術や生産量を高く見積もるものでもなく、古墳時代後期（六世紀前半）に中国地方に現れる箱形炉の技術との系譜関係はまったくないとみられる。六世紀前半に製鉄炉が出現して以降も、当時の日本列島で消費される鉄の量を十分に賄うことができず、七世紀後半、鉄アレイ形の掘方を伴う箱形炉が各地で生産を開始するまでは船載鉄素材への依存が高かったとみられる（村上二〇〇七）。

精錬のはじまり　鍛冶工房は弥生時代中期末葉に登場し、製品を生産するための鍛冶炉自体は簡素な弥生時代の炉は古墳時代にも継承される。ただし古墳時代開始期には不純物を含む鉄塊を精錬することが可能となり、それまでにない故鉄の再利用もできるような高温の鍛冶が可能となる。その背景には送風装置（鞴）の革新があったとみられ、セットとなって発見される（大型）鞴羽口、鍛冶滓、鍛造剝片がそのことを示している。とくに鍛冶滓の大きさ・量が卓越する福岡県博多遺跡群には各地で必要とされた鉄の精錬を集中的に担った工房群があったと推測される。それ以降、各地に広がる精錬、鍛接を可能とするような鍛冶炉は弥生時代の技術を基礎に、古墳時代前期の送風技術が融合して成立したものである。古墳時代後期には大阪府大県遺跡群のように地上に炉壁を築く鍛冶炉が登場するが、これは朝鮮半島の技術伝統を反映している（村上二〇〇七）。渡来系技術を受容した古墳時代中期以降の鍛冶や金工を支えた工房には、炉を含む設備、工具、工人の座位を含めてそれまでとは異なった風景があったと推測される。

一方、青銅器の鋳造については奈良県唐古・鍵遺跡などで壁を有する地上式熔解炉の存在が想定されているが、それを除くと地面に作り付けた炉は発見例がない。むしろ坩堝、取瓶とされてきた土器が熔解炉（土器炉）であり、そこから直接溶銅が鋳型に注がれたと復元できる。この技術はユーラシア・ステップ地域から中国に導入された鋳銅技術であり、朝鮮半島を経由して、日本列島に到達した技術と推測される。この土器炉を使用した鋳造が古墳時代に入って激変したという痕跡は今のところ見られない。飛鳥池遺跡が示すとおり、白鳳期の鋳銅には坩堝が採用され、その外表面から加熱するという後世に通有の技術となるが、この技術がどの時点まで遡るのか今後の課題である。

木の文化を育んできたわが国にとって、木の加工、組み立て・建築と鉄との関わりはきわめて重要である。前者については、起源を中国大陸にもちながら中国や朝鮮半島とはまったく異なる発展を遂げ、大工道具成立の前史を担った鉇を中心に田中謙氏がまとめた。後者に関しては金田善敬氏が古墳時代以降の釘の機能と技術を整理し、文献史料も援用しながらわが国における釘の発達史について詳述している。武器・武具・馬具は鏡と並んで金属器研究において最も深化された分野であり、古墳時代以前を内山敏行氏、古代以降を津野仁氏が詳論する。農耕と鉄との関わりについては魚津知克氏が弥生時代以降の各種農具について整理し、その発展史のみならず、農具を介した地域間交流や祭祀論を展開している。清水康二氏は鏡について、大陸における起原から日本列島での展開に至るまで整理し、最新の分析成果を踏まえながらその鋳造技術まで精緻に論じている。

また概要では触れていない金属製容器に関しては、桃崎祐輔氏が朝鮮半島や中国における前史を丁寧に整理し、とくに古墳時代中期以降の展開について論じている。そして仏教受容後の律令社会にとって重要な役割を担った製鉄梵鐘について吉田秀享氏が、鉄器鋳造遺跡の出土遺物や製作復元実験の成果を駆使しながら論ずる。

弥生時代以降の金属器はいうまでもなく多種多様である。概要および各論で論じることのできなかったテーマとして鋳造鉄斧、釣針、金属製腕飾、鉄鏡、貨幣を掲げ、コラムとして論ずることとし、少しでも金属器の歴史を整理する責を塞ぎたいと考える。

参考文献

金田善敬「古墳時代後期における鍛冶集団の動向―大和地方を中心に―」『考古学研究』第四三巻第二号、考古学研究会、一九九六年、一〇九～一一八頁
都出比呂志「農具鉄器化の二つの画期」『考古学研究』第一三巻第四号、考古学研究会、一九六七年、三六～五一頁
豊島直博「弥生時代における鉄剣の流通と把の地域性」『考古学雑誌』第八八巻第三号、日本考古学会、二〇〇四年
松木武彦「前期古墳副葬鏃の成立と展開」『考古学研究』第三七巻第四号、考古学研究会、一九九一年、二九～五八頁
村上恭通『古代国家成立過程と鉄器生産』青木書店、二〇〇七年

一　木工具

田中　謙

1　木工具から大工道具へ

建築史からみた古代の道具　日本の木工技術史において、木工具の性能と種類が最も発展したのは昭和初期から終戦ごろとされる。ちょうどこのころ、木工具の機能・仕立て・種類・使用法をまとめた参考書『木工具・使用法』を編んだのは吉見誠であった（秋岡・吉見一九八〇）。吉見は終戦後の急速な機械化によってその多くが役目を終えた現代において、木工具発展の到達点を把握するうえで最良の著を後世に残した。

昭和における建築技術史の研究は、村松貞次郎の『大工道具の歴史』（一九七三年）をもって嚆矢としたい。村松は考古学者ではないが、静岡県登呂遺跡で大量に出土した木製品の製作技術や、岡山県の金蔵山古墳に副葬された多種多様な農工具などから弥生・古墳時代における木工技術を工学的に検証し、さらに法隆寺の建築技術や文献・絵図など多様なデータを駆使して古代・中世の木工技術の解明にも迫った。村松の研究においても木工具発展の到達点を知るうえでは戦前に眼をやるべきだと述べ、村松の監修のもと、労働科学研究所が編集・発行した『わが国大工の工作技術に関する研究』（一九四九年）によると、昭和十八年における大工道具の標準編成は、合計一七九点もの道具があげられており、最低限の編成でも七二点であったという。なかでも鑿は加工に応じた刃幅の多様化があり四九点を数える。日本の木工技術史における道具編成の到達点の姿が浮き彫りとなった（表1）。

近年の研究では建築史学者である渡邉晶の業績が特筆される。弥生・古墳時代の建築技術やその道具は、村上恭通ら考古学者から提供された詳細な情報も加味して建築学的視点から分析され、古代・中世は絵図や文献に加えて、乏しいながらも出土資料の分析によって補完・裏付けを行っているところに説得力があり、他の追随を許さない。日本における建築技術の変遷やその画期は、氏の業績をもってその多くを学ぶことができる（渡邉二〇〇四ａｂ・二〇一四）。

以上のように、日本における木工技術史の歴史は、建築史を専門とする研究者によって構築されてきたと言っても過言ではない。当然のことながら、これらの工学的視点は、遺跡から出土する木工具を研究するうえでも念頭に置くべきであり、考古学者の視座であり続けなければならない。しかしながら同時に、増加しつつある出土遺物すなわち実物資料に基づき、その実態を検証・解明していく必要もある。

考古学の可能性　たとえば村松に師事した建築学者成田寿一朗は、一九八四年に著した『木の匠—木工の技術史—』の中で、登呂遺跡から出土した弥生時代の木製鉢、盤《ばん》、酌《しゃく》、匙《さじ》などの刳物《くりもの》製品の製作技術から、丸鑿《まるのみ》や平鑿、鏝《こて》鑿など、少なくとも穂先（刃先）の形態が異なる八種の鑿の存在を指摘した。木製品の形態や加工痕から道具を想定する視点は、道具と製品とが共伴することの少ない発掘調査の状況を考慮すると、きわめて重要である。しかし一方で、それを鵜呑みにすることはできない。成田が主張する多様な鉄鑿の編成は、弥生時代において先進的な鉄器文化を受容した北部九州や、大量の鉄器生産を行った中九州（村上二〇〇七）、あるいは登呂遺跡に劣らず精巧な刳物製品

表1　昭和18年の大工道具の標準編成（竹中大工道具館編2009より引用・一部改変）

斧・釿	墨掛道具	鋸	鑿	鉋	鎚・錐	その他
斧◎	墨壺	穴挽鋸	叩鑿◎	平鉋◎	玄能◎	アサリ槌◎
釿◎	朱壺	前挽大鋸	大入鑿◎	長台鉋	先切金槌◎	目立鑢◎
	墨さし	鑼	向う区鑿◎	際鉋	四分一金槌	金盤◎
	曲尺◎	挽切	突鑿	基決り鉋	木槌	ブリキ鋏◎
	定規	両刃鋸◎	丸鑿◎	底決り鉋◎	三つ目錐◎	ドライバー◎
	合せ定規◎	胴付鋸	鏝鑿	脇取鉋◎	四方錐◎	スパナ
	糸巻◎	畔挽鋸	蟻鑿	ひぶくら鉋	壺錐◎	釘締◎
	水平器◎	引廻し鋸◎	鐔鑿	面取鉋	鼠歯錐	釘抜◎
	留型定規◎	突廻し鋸	かき出し鑿	外丸鉋	自動錐	続飯道具
	箱型定規◎	底廻し鋸	打出鑿	内丸鉋	ハンドル錐◎	ジャッキ◎
	割罫引			反台鉋	ボールト錐◎	金剛砂砥◎
	筋罫引			なぐり鉋		砥石◎
	鎌罫引			台直し鉋◎		
				蟻決り鉋		
				印籠鉋		
				機械決り鉋		
				小穴突		
				横溝鉋		

道具分類	斧・釿	墨掛道具	鋸	鑿	鉋	槌・錐	その他	合計
第一型式	2	17	12	49	40	32	27	179
第二型式：◎	2	12	4	14	9	14	17	72

註　第一型式：必要にして十分なる整備型式，第二型式：最低限の整備型式。

を生産し、それとともに、管見の限り最も多様な鑿類が出土している青谷上寺地遺跡（鳥取県鳥取市）でも成田が指摘する八種の定型化された鑿の出土は確認できない。すなわち様相が明らかではないにせよ、登呂遺跡のみがすでに多様に機能分化した鑿類をもっていたと考えるのは不自然なのである。

つまり現代に比べて未熟・未分化の段階においては、形の同じ道具がさまざまな機能・用途を有していたと考えるべきであり、この仮説が正しければ木製品の製作技術と木工具編成の実態を照合することで、道具が未分化の段階における古代の人々の「技術」を垣間見ることができる。わが国において鉄の道具が伝来するまでは、伐採から加工に至るまでのすべての工程が「石斧《せきふ》頼み」であった（下條二〇〇八）という事実を決して忘れてはならない。

したがって本章では、鉄製の木工具の変遷を概観し、昭和初期に到達点を迎えた日本の木工技術史における古代以前の位置づけを考古学的に検証する。なお、古墳時代については古瀬清秀、古代・中世の建築道具については、すでに渡邉晶による一連の優れた研究がある（古瀬一九九一、渡邉二〇〇四ａｂ・二〇一四）ため、それを補うべく本章では弥生時代の記述に重点を置くこととしたい。

石器から鉄器へ　鉄の木工具が登場する以前は、木の伐採から加工に至るまで石器が使われていた。斧類を主とする木工具は、弥生時代に中国大陸からもたらされた新来道具の中で、「常に基層的で中心的位置を占めた」とされ、それは「水田を主とする生産から生活まで、全面的に木材の利・活用に依拠していた」（下條二〇〇八）ことに起因する。鉄の導入はまず木工具から始まるのである。

弥生時代の木製品は、生活を支えるための多様な農具、容器、建築材など多岐におよび、それぞれの加工技術も決して単純ではない。たとえば建築材を組み合わせる技術の一つである「ほぞ穴」をあける技術は、富山県桜町遺跡で出土した建築部材の研究により、縄文時代中期にもすでにその技術があったことが明らかとなった。複雑で精密な製作工程を伴う加工を基本的に石斧・石鑿で仕上げてしまうのだから、そういった意味では鉄器導入以前にはすでに高度な木工技術があったと言える。木材獲得、加工における石器の実力、あるいはそれらを使いこなす技術を決して軽視すべきではないのだ。さらに渡邉晶は、建築部材の接合法の技術は、縄文時代中期末から継承されたものであり、弥生・古墳時代においても加工精度や加工効率の向上はみられたものの、飛躍的に発展した、という状況ではなかったと主張する（渡邉二〇〇四b）。つまり鉄器の導入によって木製品の伐採・加工技術の体系が一変するのではなく、石斧を中心とした石の道具が確立した木材加工技術の流れの中で、初期鉄器が登場することになる。

かつては稲作文化とともに中国大陸からもたらされた磨製石器群が出現してまもなく、鉄器も出現すると考えられていた。しかし、近年の新年代論に関わる遺跡の帰属年代の見直しから、鉄器の出現期は北部九州でも中期初頭とされ、それによって現状では前期末〜中期初頭に位置づけられる愛媛県西条市の大久保遺跡から出土した鋳造鉄器の再加工品が最古の事例として認識されることになった。

鋳造《ちゅうぞう》鉄器とは、土製の鋳型に溶けた鉄を流し入れて成形する鉄器のことである。含有される炭素分が高いことから硬くて脆《もろ》いという特徴があるが、利器としてのこの弱点を克服したのが鉄器表面の炭素分を減じて軟化させる「脱《だっ》炭《たん》」という技術であった。この脱炭技術を一つの手がかりとして明らかにされた鋳造鉄斧の産地は、戦国時代における中国東北地域の燕国であり、韓半島を介した流通ルートに伴ってそれらが日本列島にもたらされたと考えられている。この脱炭された鋳造鉄斧の破片の一辺を磨くことによって刃をつけ、工具として再利用する。これが日本における初期鉄器の受容のあり方であった。

再び大久保遺跡の出土例に戻ろう。大久保遺跡では鋳造鉄器の再加工品とともに、いわゆる扁平片刃《かたは》石斧《せきふ》が出土している（図1）。両者の平面形や刃幅はもとより、一辺を研磨することによって刃を付けるその製作技術の類似点に注目したい。つまり素材が鉄とはいえ、道具の作り方は加工石斧のそれを継承しており、あくまで木材加工における石器投入の流れの中に投入されたことを示している（下條二〇一〇）。この段階の鉄器は一工程を担う存在とまではなりえず、あくまで石器との協働者として存在感を示しはじめるのである。

初期の鉄製工具は、この鋳造鉄斧の破片から作られるため、基本的には分割・縮小・研磨の工程で製作された。つまり素材の質による威力や耐久性の向上はあるけれども、石器よりも柄に強く固定される、あるいは用途に応じて形を分化させることまでは達成されず、革新的に使い勝手の良い道具には至らなかった。石斧由来の製作工程を脱却し、鉄という素材の利点が活かされるのは、列島内における鉄器生産、つまり素材をもとに鉄器を製作する鍛冶技術の伝播を待たなければならなかった。

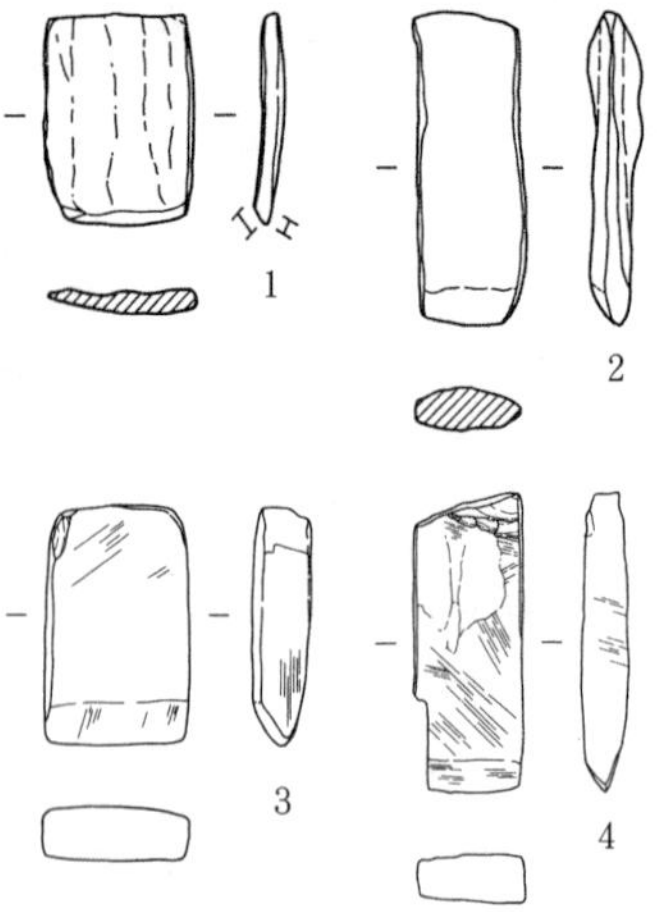

図1　愛媛県大久保遺跡出土の鋳造鉄器再加工斧（1・2）と扁平片刃石斧（3・4）（S＝1/3）（柴田昌児・圭子編2008より）

鍛造の木工具　列島内において鍛造鉄器の生産遺構、つまり鍛冶炉などの遺構がみられるのは弥生時代中期後葉である。鍛造とは、準備された鉄素材から製品を作り出す技術で、熱した素材を、裁断・鍛延《たんえん》（叩いて延ばす）・折り曲げ・鍛接という工程によって成形する。鋳型を利用する鋳造鉄器とは異なり、素材量や技術が伴うことによって目的に応じた形態を作り出すことができる。この技術が北部九州のみならず、瀬戸内以東にも普及しはじめたのが、弥生時代中期後葉以降であった（村上二〇〇七）。

鍛造で作られた木工具は、斧・鑿《のみ》・鉇《やりがんな》・刀子の四種に大別できる（図2）。工具編成において初期鉄器段階と大き

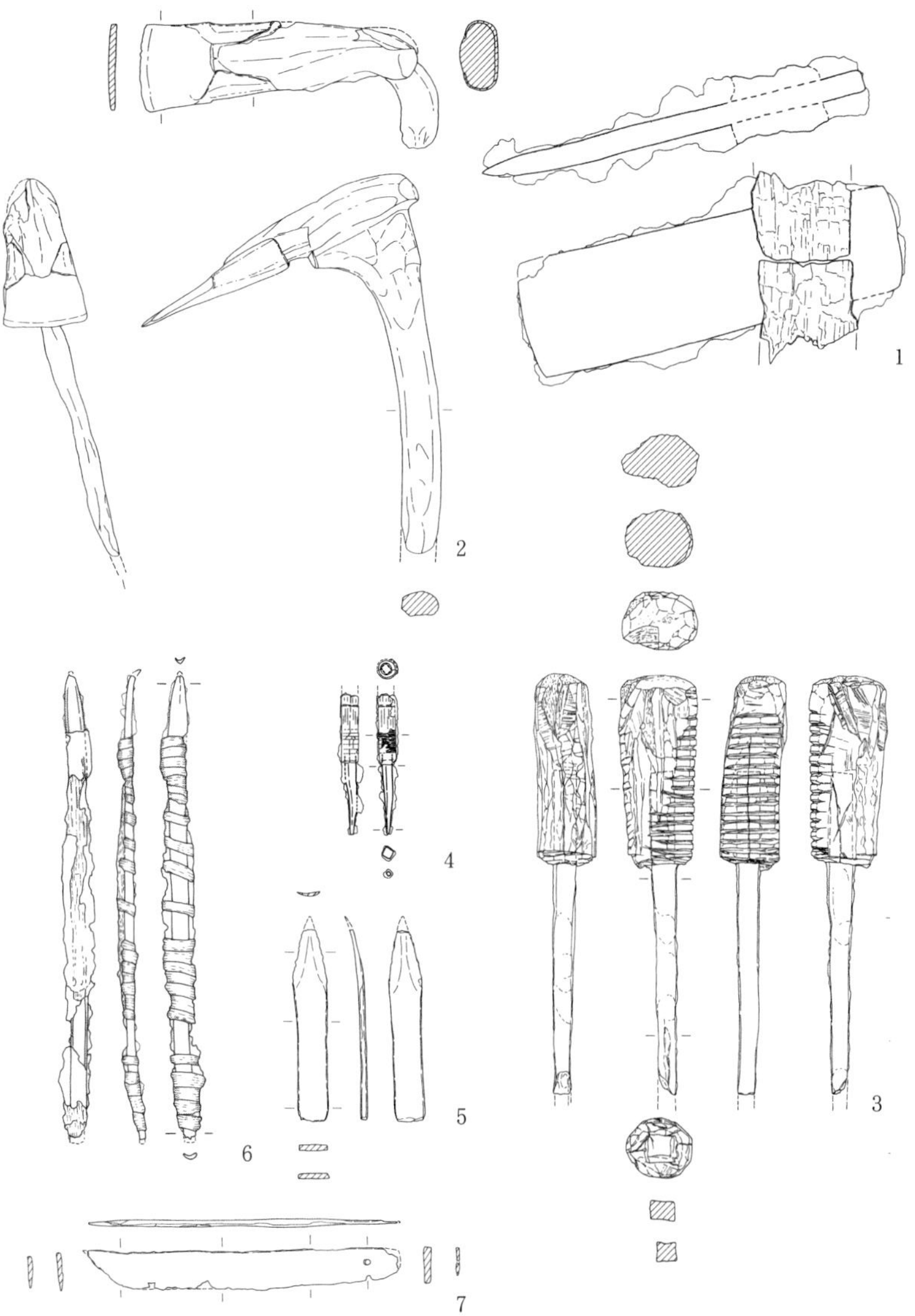

1 板状鉄斧(大分・下郡桑苗)後期後半〜終末期　2 袋状鉄斧(鳥取・青谷上寺地)後期末〜古墳時代前期初頭
3 鑿(青谷上寺地)後期〜古墳時代前期初頭　4 穿孔具(熊本・下扇原遺跡)後期後半
5 鉇(青谷上寺地)後期　6 鉇(佐賀・牛原原田)後期後半　7 刀子(青谷上寺地)後期中葉〜後葉

図2　保存状態の良好な弥生時代の鍛造木工具の一例（S＝1/4）（1 稗田・佐藤編 2010 より，2・3 北浦編 2001 より，4・5・7 筆者実測，6 鳥栖市教育委員会編 1994 より）

く異なるのは、鉇と刀子といった利器が新たに普遍的な存在となったことである。いずれも小型の木工具で、鉄身が一〜三ミリ前後と非常に薄いことが特徴である。鉇は、先端が槍の形をした工具で、時代によって寸法・構造、そして用途が異なるが、基本的に木の表面を切削し平滑にする仕上げ機能を果たした工具である。刀子は、刀の形をした小さな刃物のことで、万能利器としてよく紹介される。調理具などの用途も想定されるが、木工具ならば、鉇と同様に、木・骨製品の表面を薄く削り、平滑に仕上げる最終工程に使用された道具である。あるいは皮革に対しては「切る」という用途もあったであろう。いずれにせよ、鉄斧や鉄鑿の形態や使用法は石斧や石鑿から継承されたものであるのに対し、鉇や刀子は鍛造技術の普及によって普遍化された器種と考えてよい。

弥生時代中期後葉における鉄斧、鉄鑿の全長や刃幅のバリエーションは、基本的に加工用の石斧の範疇で捉えられる。大きな違いは何かと言えば、それは柄を装着する部分の構造である。斧類の形態は、着柄構造の違いにより大きく二種に分けられる。一つは板状鉄斧と呼ばれるもので、扁平片刃石斧の形態を継承するものである。もう一つは、柄の装着部分を鍛えて延ばし、両側の延びた部分を折り返して、断面U字あるいは円形の袋状（ソケット）にするもので、袋状鉄斧と呼ばれることが多い。このソケットは、北部九州や山陰などでは鑿にも採用された。板状鉄斧は、鉄身自体を木柄にあけた孔に差し込み、あるいは木柄の先端に段状に削り出された斧台に置いて、繊維で緊縛して固定するものである。それに対して袋状鉄斧は、袋部（ソケット）に柄を差し込み、閉じ合わせの部分を叩いて木柄に食い込ませることで固定する。斧・手斧は遠心力によって木に打撃を与えるものであるから、固定力が強い後者の方が、前者に比べて優れた道具であると言える。

建築史においてもこの弥生時代中期後葉から末の段階は一つの画期として捉えられてきた。村上恭通の研究（村上一九九八）を受けた渡邉晶は、この後、鉄素材から多種多様な鉄器を鍛造する鍛造技術が北部九州から瀬戸内海以東へ普及していく時期として当該期を評価した。そして次に迎える画期は高温による鉄加工技術が九州に伝来し、東方へ伝播する弥生時代終末期から古墳時代初頭としている。

これは鍛冶技術の観点からみた画期であるが、視点を変えて、機能分化による工具編成の多様化という視点でみた場合、弥生時代後期とりわけ後半にも一つの画期を見出すことができる。

多様化する木工具——弥生時代後期　石から鉄へ、その材質転換こそが弥生時代における一大画期であるとし、手工業生産や社会変革において多大な影響をもたらしたと評価されてきた。道具の威力の増大はもちろんのこと、鉄素材と鍛冶技術の取得を背景として、着柄部分の強化による使い勝手や耐久性の向上を実現したというものだ。昨今では埋蔵文化財の活用事業などで盛んに行われている伐採実験では、同じ太さの木を伐った場合に、鉄斧は石斧の四分の一、あるいは二分の一の時間で済むといった実験結果が示されている。鉄器化の恩恵といえば、その威力や耐久性の向上が強調されてきた。

しかし手工業生産における鉄器化の恩恵はそれだけであろうか。筆者がそう思う契機となったのは、鳥取県青谷上寺地遺跡で出土した保存状態がきわめて良好かつ豊富な鉄製工具の出土であった。この遺跡の凄さは、これらの鉄製品で加工したであろう木製品や骨角器が共伴するということである。右手に工具、左手に製品を持ち、両者を突き合わせて詳細に観察すれば、弥生時代後期の人々と鉄の道具との関係を読み取ることができるのではないか、そう考えたのである。

弥生時代後期における基本的な木工具編成は、斧・鑿・鉇・刀子であり、広義では中期のそれと同じである。しかし、詳細に刃先のバリエーションを観察すると、従来は認識されていなかったさまざまな道具が生み出されていることがわかったのだ。斧・鑿・鉇・刀子の大分類のまま集計を行い、遺跡の性格を導き出そうとする研究もみられるが、

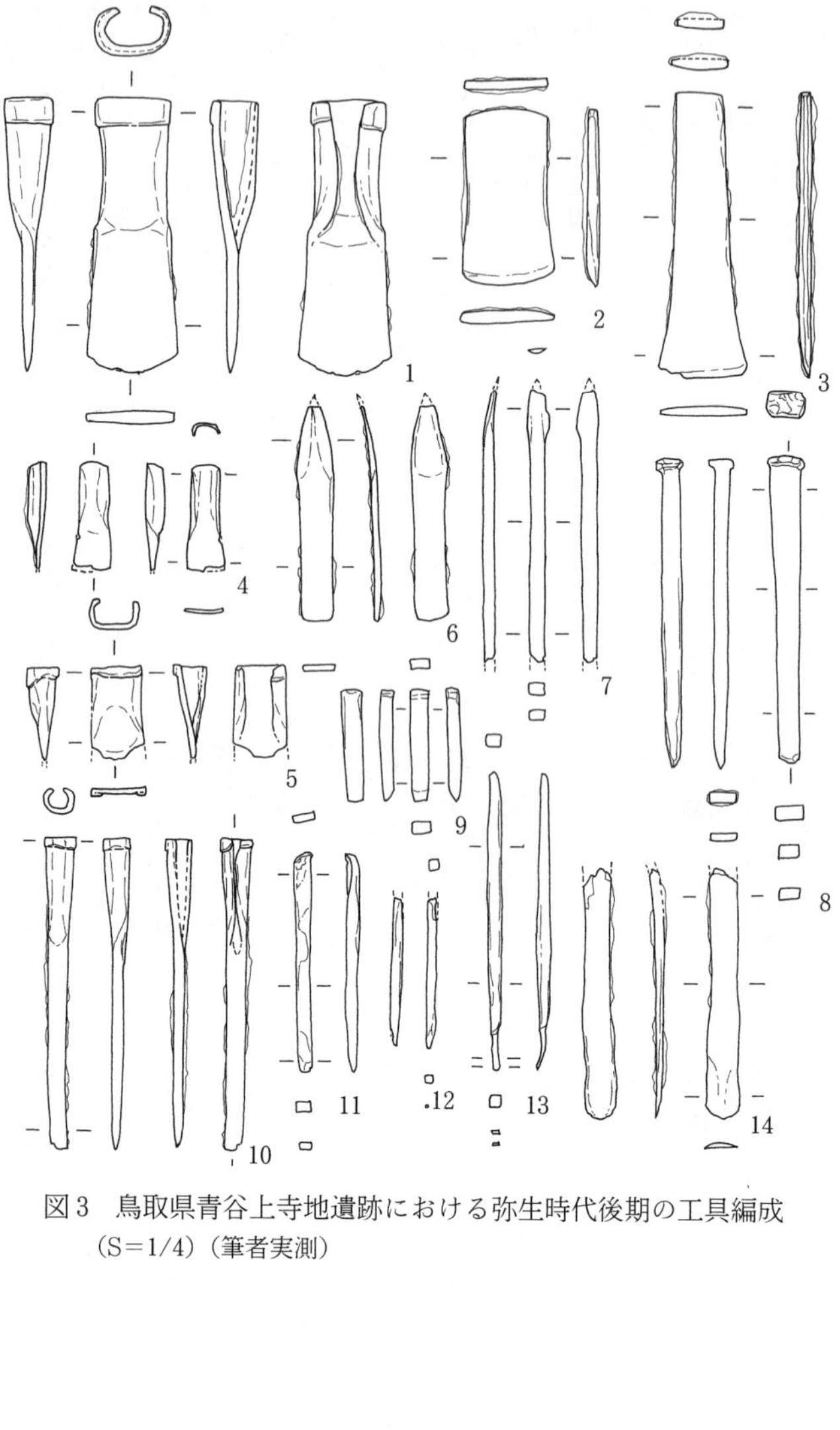

図3　鳥取県青谷上寺地遺跡における弥生時代後期の工具編成
（S＝1/4）（筆者実測）

それでは道具の機能分化の実態はみえてこない。

青谷上寺地遺跡における弥生時代後期から古墳時代初頭に位置づけられる工具組成を示した（図3）。1・2は中型の鉄斧で、1が袋状、2が板状鉄斧である。図示していないが刃幅が五㌢の大型鉄斧も存在し、これらは刃の片側が顕著に減っているため縦斧として使用された。1・2は中型の横斧であったと考えられる。3も板状鉄斧の可能性があるが、刃部が非常に薄い形態から、斧のように打撃による加工する道具ではなく、突鑿として使用された可能性もある。斧では刃先が届かない木製容器の内面には、これらの刃幅と同様の長い加工痕が見られることから、筆者はこれらのタイプを幅広の突鑿とした。4は刃が約〇・一㌢と非常に薄く、横断面が若干凹字形になる。形態的には袋状鉄斧に分類されるが、斧ではなく薄い丸鑿を想起させる。5も小型であり身が非常に薄い。小型の横斧か柄を付け替えて突鑿として使用された可能性がある。6・7は鉇である。いずれも刃が若干反り上がるが、両者の形態は大きく異なっていることは一目瞭然である。おそらく加工部位に応じた使い分けがあったのだろう。8は鏨、9〜12は鑿である。9・10は刃先の形態は類似しているが、前者は棒状、後者は袋状の基部である。11はさらに身幅の狭い鑿である。12は先端が尖る穿孔具（錐《きり》）であろう。13・14は決して普遍的ではない特殊な形態である。13は耳かきのような形態をしているが、刃先は薄く扁平で、彫刻刀のような形態である。14は一見鉇に見えるが、刃こぼれが確認できるのは先端であり、鉇とは使用法が異なっている。むしろ手前から前へ押すことで切削する鑿であろう。青谷上寺地遺跡では出土していないが、小型の袋状鉄斧の形態でありながら、身が重厚で全長の長い工具が北部九州や中九州で確認されている。出土地域が限られており、資料数が少ないため決め手には欠けるが、身の重厚性から叩鑿の可能性がある。

青谷上寺地遺跡は、日常で消費される木製品の量を凌駕した特殊品を生産した遺跡と考えられるため、日本列島すべての集落が同じタイプの道具を揃えているというわけではない。ただ青谷上寺地遺跡ほどではないにしろ、弥生時代後期の西日本各地では、鑿類や鉇の反りの多様化に代表される小型工具の機能分化が認められることがわかっている。

たとえば、青谷上寺地遺跡を凌駕する一五〇〇点以上に及ぶ鉄器の出土した中九州・阿蘇地域の下扇原遺跡では、中型横斧（袋状）、小型横斧（袋状）、小型鑿（幅広の薄鑿、袋状）、鑿状工具（細身の彫刻刀に近い鑿）、穿孔具（錐状）、鉇、刀子の七種類が主要な工具で、刃先を細かく観察するとさらに道具の種類が増えることが判明した（田中二〇一四）。この様相の類似性は、熊本平野に位置する二子塚遺跡などでも確認でき、他地域でも、淡路島の五斗垣内遺跡で穿孔具が多く出土している状況や、徳島県でも刃先の多様な鑿状工具類が発見されており、弥生時代後期に木工具の機能分化という段階が認められつつある。つまり、加工に適した多様な刃先をもつ小型工具の創出を可能にしたことこそ、モノづくりの視点からみた弥生時代における鉄器普及の恩恵なのである。しかしこのことは、逆に言えば、中型・大型工具へ鉄素材を投入できなかったといった弥生時代における鍛冶技術の限界も示している。

弥生時代の継承と新器種の登場——古墳時代前期　古墳時代における木工具については、長年にわたる研究の蓄積がある。ただし、かつて対象とされた資料は古墳の副葬品であることが多く、村上・山村が指摘したように、「「副葬」という特殊性を排除し、一般社会での農工具所有や使用状況へ置き換えることが可能であるのか」（村上・山村二〇〇三）という重大な課題の検証はいまだ途上にある。対象となる資料が実用品であるのか、副葬用に製作されたミニチュア品であるのかで、その評価はずいぶんと異なってくるため、渡邉芳貴が取り組むように、個々の詳細な観察による実用性の検証が必要になろう（渡邉二〇〇八）。近年では、集落出土農工具についても関東地方を対象として、大村直の優れた研究がある（大村二〇〇三）。

本章では、西日本の数少ない良好な集落資料として大分県久住町（現竹田市）の都野原田遺跡や近接する板切遺跡を紹介しよう（図4）。木柄の一部が残存する袋状鉄斧や鉇、そして刀子などの工具類が出土した。袋状鉄斧は袋部、つまり柄を装着するソケット部分の長さに比べて、作業部位である身部から刃部が極端に短いことから使い込まれた状態であることがわかる。この形態の特徴は、刃の使い減りと研ぎ直しを繰り返すことによって消耗した結果である。刃部が直線的かやや中央が凹む形態に減っているので、柄に対して横に身を装着する横斧、つまり手斧（釿）の可能性が高いと言えるだろう。手斧は、基本的には縦斧を使用する木の伐採や製材工程ではなく、その後の加工工程に使用された。鉇は全長約一一㌢と約一九・六㌢の二点がある。刃部はいずれも三㌢以下と短く、弥生時代の寸法と大きく変わらない。ただ弥生時代後期の九州では、身から刃にかけて全体に裏すきをもつ形態が主体であったが、すでに身が板状のものが主流となっている。

これまでの研究でも指摘されているように、古墳時代前期の木工具編成と個々の特徴は、弥生時代のそれを継承したもので、革新的とも言える技術の向上は現状では確認できない。ただし、このの ち主流となる工具も登場する。鉄鎚《かなづち》や鉄鋸《てつのこぎり》である。兵庫県権現山五一号墳など前期の鉄鋸は、一般的に想像する現代の鋸とは異なり、鋸身の両端に木柄があるものである。アサリやナゲシといった鋸刃の特徴は初期にはみられず、その発生は五世紀末と考えられている。

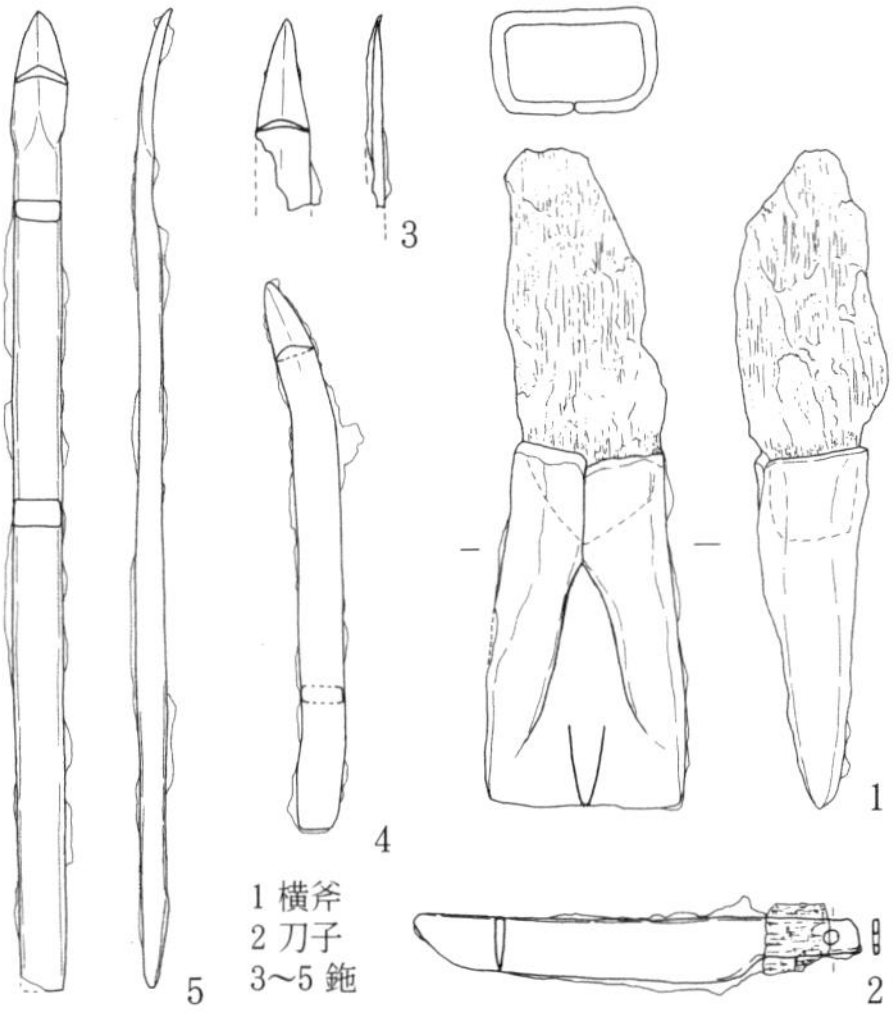

図4　大分県都野原田遺跡（1～3）・板切遺跡（4・5）古墳時代前期の木工具（S＝1/3）（1～3宮内編 2001 より，4・5宮内編 1999 より）

木工具編成の画期——古墳時代前期末～中期以降　古墳時代前期の終わりから中期（四世紀後葉～五世紀）にかけて木工具編成の画期がある。古瀬清秀の見解に従って紹介すると、①強靭な伐採斧の出現、②大型有袋鉄斧、中・大

表2　『倭名類聚抄』（935年）に掲載された大工道具（竹中大工道具館編 1989 より一部引用）

	漢語（名）	和名
斧の類	釿	天乎乃
	鐇	多都岐
	鉄釿	万佐加利
	斧	乎能・與岐
槌（鎚）	鉄鎚	加奈都知
	椓撃	阿比
	柊揆	散伊都遅
錐	鈹	毛遅
	鑴	玖之利
	錐	岐利
鉇	鐁	賀奈
鑿	鐫	加布良恵利
	鑿	能美
鋸	鋸	能保岐利
墨掛道具と定規類	準縄	美豆波加利
	曲尺	麻可利加禰
	墨芯	須美佐之
	縄墨	須美奈波
	墨斗	須美都保《スミツホ》

型鉇（刃長三㌢以上）、茎式（柄に差し込むタイプ）鋸という製材用工具の充実、さらに③突鑿の形態の多様化を挙げている。先に述べたとおり、弥生時代後期における機能分化の実態は、鑿類や鉇を中心とした小型木工具の刃先のバリエーションの多様化であったが、古墳時代中期は、古代以降へと続く大型工具の充実にその特徴を見出すことができる。その背景に朝鮮半島との交流が盛んになったことによる鉄素材の供給増加や、鍛冶技術の飛躍的向上があることは言うまでもない。

古墳時代における木工具編成は、斧（縦斧）、手斧（横斧）、鑿、鉇、錐（穿孔具）、鋸《のこぎり》、鎚《つち》に大別される。それぞれに寸法や刃先のバリエーションが認められ、目的に応じた道具へさらに機能分化が進む。古瀬清秀は、古代の文献である『皇太神宮儀式帳』（八〇四年）、『倭名類聚抄』（九三五年）にみられる工具の大半が古墳時代後半期にはすでに出揃っているとした（古瀬一九九一）（表2）。

古代の木工具・大工道具　古代・中世の工具組成については、工学的視点により文献、絵画、実物資料を総合的に分析した渡邉晶の右に出るものはいないが、筆者は発掘調査によって得られた情報を紹介することでそれを補おう。

古代以降、木工具・大工道具は使用目的に応じてますます多様化し、都城あるいは寺院の建設・建築といった大規模な事業を背景に、より機能性の向上を要求され、それを実現していくと考えられる。

奈良県の飛鳥池遺跡は、七世紀後半から八世紀初頭の工房跡で、金属製品、ガラス、漆製品、瓦、貨幣など古代の手工業生産が集積する官営工房群である。鍛冶に関する遺物が多く発見されているが、古代の工具を知るうえで重要な遺物が木製の「様」である（図5）。様とは簡単に言えば製品の見本であり、工具では鑿と刀子が発見されている。鑿の刃幅は大小の二種があり、同じ刃幅でも柄に装着する茎部分の長さが異なるなど、用途に応じた鑿の細分化をみることができる。刀子についても全長や刃長、刃幅が多様化している。製品の注文者や供給先、数量などが記された例もあり、これらが規格品であり、受注生産を行っているようすが見受けられる。細分化された鑿や刀子は規格品なのである。官営工房による道具生産のあり方、さらには工具の規格化を知ることができる貴重な遺跡であろう。

古代の工具の実物資料として正倉院の「工匠具」が有名である。『第六二回「正倉院展」目録』によると、宝庫に納められた工匠具は六種類二一点と、部材二点が伝えられている。いずれも実用品とされ使用による磨滅が認められるという（奈良国立博物館編二〇一〇）。具体的には鉇が五点、錯《やすり》三点、刀子二点、錐一点、打鑽《うちぎり》（用途は鏨）六点、多《た》賀禰《がね》四点、そして斧柄一点と角製工具一点である。古墳時代以前にみられなかった器種として錯がある。柄を含めた全長は二五㌢前後で、それぞれ形態ややすり目の特徴が異なっている。木工細工などに使用されたと考えられているが、作業部位に応じて使い分けられたのであろう。工具の使用フローを考えた場合、縦斧が存在するため、その後に使用する製材用の楔や鋸、加工用の横斧・鑿なども本来は揃っていたのかもしれない。

出土した中世前期の木工具　近年、静岡県磐田市の御殿・二之宮遺跡で、土坑墓に副葬された工具一式が出土した（図6）。十二世紀末ごろの鎌倉時代前期の遺構と推定され、その被葬者は「番匠」と考えられている。出土し

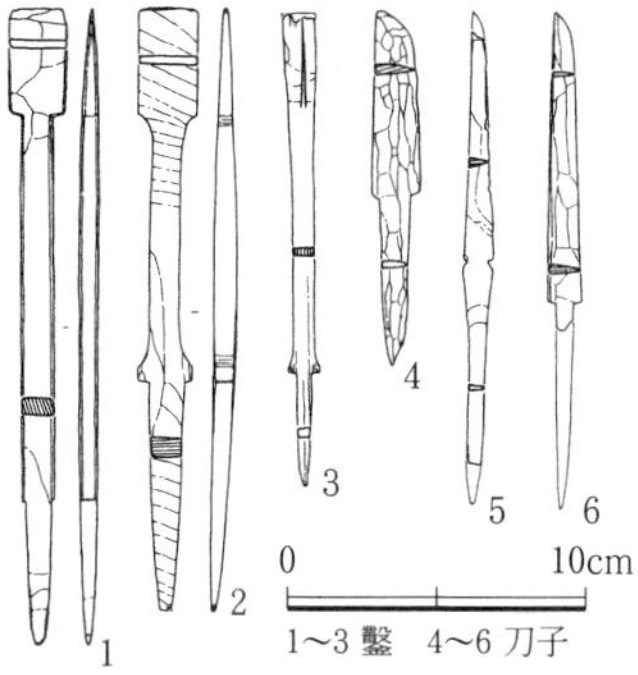

図5　飛鳥池遺跡出土「様」（山中編2004より）

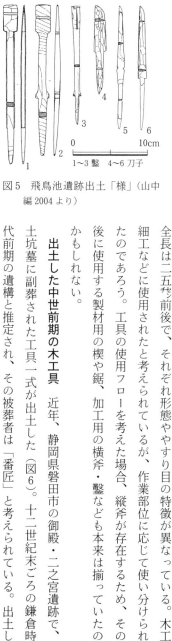

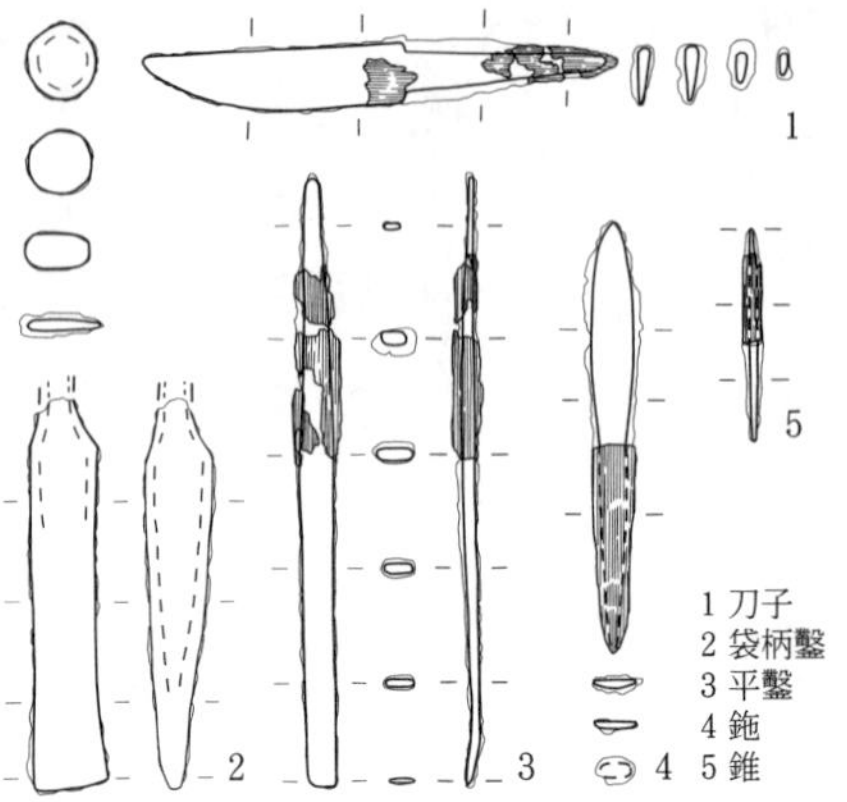

図6 静岡県御殿・二之宮遺跡出土工具（S=1/6）（安藤編 2006 より）

た工具は、刀子、袋柄鑿、平鑿、鉇、錐各一点で、砥石も共伴している。袋柄をもつ鑿は、全長一五・五㌢、刃幅が一寸（三㌢）で厚みが〇・四〜〇・五㌢と重厚であり、木工細工用ではなく建築部材の荒加工用の工具と推定された。未報告で図化されていないが、直径三㌢ほどの冠《かつら》も出土している。平鑿は全長二四・一㌢、刃幅〇・九〜一・二㌢で刃部がやや屈曲しているという。鉇は刃部長が一〇㌢にも満たない中型のもので、刃部の明瞭な反り上がりが見られないことから、建築部材の仕上げ用とは限らない。錐は刃長約四㌢、厚み約〇・三㌢の四ツ目錐と考えられる。重厚な袋柄鑿が出土したことから、建築道具一式と考えられているが、他の工具はやや小振りであることから木工用の工具とも考えられなくはない。いずれにせよ、中世の工具の実物資料、しかも一括資料として貴重な事例であると言えよう。

本節では、鉄製の木工具・大工道具の変遷とその画期について、とくにその初期である弥生時代を中心にその概要を述べてきた。日本における木工技術・建築技術史の特色を考古学的に紐解いていくうえでは、本来すべての道具について詳述が求められるのだが、紙面の都合によりそれは叶わない。そこで大工道具の「日本化」の象徴とも称される「カンナ」を取り上げ、弥生時代から中世に至るまでの形態・使用法の変遷とその画期を垣間見ることとしよう。

2 鉋――ヤリガンナ

日本における初期のカンナ

日本史上、カンナと呼ばれる道具は大きく二種類が存在する。一つは「ヤリカンナ（鉇）」で、もう一つが「ツキカンナ（鉋）」である（渡邉二〇〇四b）。中世以降になると木材に「鉋」を使用したと思われる切削痕が確認されるというが、それ以前においては、木材を平滑に仕上げる道具として「鉇」が使用された。考古学においては、壱岐ハルノツジ・カラカミ遺跡出土の弥生時代鉄器の研究（岡崎一九五六）以来、この「鉇」を「ヤリガンナ（鉇）」と呼称することが多い。

中国の春秋・戦国時代には、青銅製の「削」と呼ばれる道具が存在し、おもに木簡を削る文房具としての役割を担った。日本におけるカンナの歴史は弥生時代に遡り、その起源を探るうえで、この青銅製文房具「削」と密接な関係にある。

弥生時代前半期には青銅製の鉇が北部九州およびその周辺で使用された。現在三点の鋳型が出土していることから、青銅製鉇が国内で生産されていたことは間違いない。一方、初期鉄器の特徴である鋳造鉄器再加工の中には、「鉇」形の再加工品も存在する。弥生時代中期前半ごろの福岡県上の原遺跡が代表的な事例である。これらの鉇形再加工品の直接のモデルはいったい何であろうか。石器の中で強いて挙げるならば剥片石器やスクレイパー（搔器）など刃幅の広い道具が想起されるが、その形態はずいぶんと異なる。そこで筆者は、形態の類似性から青銅製鉇をモデルとした可能性が高いと考えている（図7）。

鍛造で製作されるようになった鉇も、中期の事例は身幅が広く、刃部が反らない形態が一般的で、この類型の起源は青銅製鉇、つまり中国春秋・戦国時代の青銅製の削であろう。

「削」は木簡の文字を削る文房具として利用された。日本における初期の鉇は全長が短く、刃先は反らないことから、片手で柄の部分を握り親指の腹で押し出すようにして削る、切り出し刀のような使用法が想定できる。出土した青銅製の鉇は刃が著しく消耗しており、全長が非常に短くなった状態で出土する。熊本県神水遺跡例のように、刃の片側の研ぎが非常に顕著な場合も多く、まるでナイフのような形態をしていることが使用法の推定根拠の一つである。文字の普及しない弥生時代において「文房具」の評価は適切ではないが、加工面に対する手の動きや機能は同様であり、対象物を鏃（木、骨製）などの小型木製品の製作に置き換えて使用されたと考えられよう。

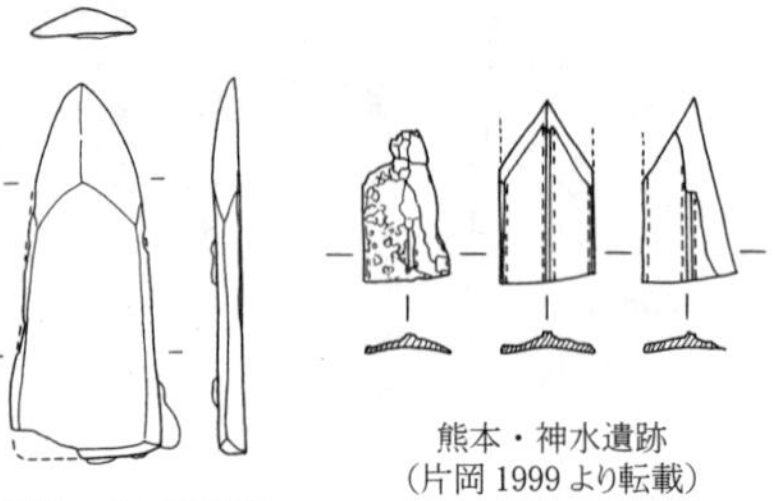

図7　鋳造鉄器再加工鉇と青銅製鉇
（S＝1/3）

鍛造の鉇の普及――弥生時代中期　鍛造品の鉄鉇が普及しはじめるのは弥生時代中期である。中期後半から後期前葉にかけては、北部九州で資料が増加し、その分布は周辺地域や瀬戸内海、山陰にかけて拡大する。

北部九州で出土する中期の鉄鉇は、身の全長が非常に短く一五チセン未満のものが多い。身幅は一・五～二・〇チセンであり、続く後期の一般的なサイズ（身幅約一・〇チセン）と比べると幅広であり、青銅製鉇および鋳造鉄器再加工品鉄鉇の特徴を継承している。とりわけ特徴的なのは、刃先から身の端部にかけて、竹を半裁したように横断面がU字形になっていることである。凸面側が表、凹面側が柄を装着する裏で、この凹面のことをわれわれは「裏すき」と呼んでいる。刃部、つまり刃が研ぎだされた部分の長さは使用の頻度によってさまざまだが、おおむね二チセンに満たないものがほとんどで、側面から見た場合「反らない」ことが機能性を推し測るヒントとなる。裏すきの湾曲に合わせて、断面円形の木柄を抱かせ、鉄身と木柄を繊維によって緊縛して固定する。これが中期における九州タイプ（愛媛県域にも分布）の鉇である。

このように柄から刃先までが短く、刃が反らないこのタイプの鉄鉇は、加工可能範囲が非常に狭いことは一目瞭然である。つまり青銅製鉇の使用法と同様に、親指の腹で刃を押し出すように動かし、木製品の小物を切削、あるいは表面を平滑に仕上げるための木工具であった。この幅広で、刃が短く、反らないタイプは、弥生時代後期後半にも継続して使用されるものの全体としては減少し、逆に、裏すきの有無を問わず、さまざまな刃先のバリエーションをもった鉇が普及する。その芽生えはすでに中期後半の瀬戸内海以東で始まりをみせていた。

弥生時代中期後半の岡山県沼遺跡の例を解説しよう（図8）。木柄が残存する稀有な鉄鉇で、全長約一一・二㌢、鉄身幅約一㌢、木柄装着幅約一・五㌢の小型品である。前掲の九州タイプと異なるのは、鉄身の形態である。沼遺跡の鉇は、いわゆる裏すきがなく身部が板状になる点である。このタイプの鉇は中期後葉に姿を現し、瀬戸内海以東で顕著に出土することが村上恭通や野島永の研究ですでに明らかにされている（村上一九九八、野島一九九三）。木柄は、裏すきに抱かせるのではなく、木材におそらく浅い溝を削り込んで断面凹字形とし、この溝に鉄身をはめ込んで、柄と鉄身を繊維で緊縛して固定している。しかも九州タイプは裏すきに抱かせていたのに対し、鉄身の表側に木柄を装着していることがわかる。さらに刃部が真っ直ぐではなく、表側に向かって緩やかに反っている。柄の装着方法や刃部の反りは、一見小さな変化だが、前掲の中期九州タイプとの使用法の違いを示す重要なヒントがある。

柄を鉄身の表側につけ、刃を反らせることによって、加工面に刃先を添わせるようにして広い木材の表面を薄く削ることが可能になった。さらに刃部の反りは、容器の内面など曲面加工も可能になったのである。ただし決して中世の絵巻物に描かれているような建築部材を平滑に削る両手持ちの鉇を想像してはならない。沼遺跡例は全長約一一㌢の短さであるため、片手で柄を握るのが精一杯である。

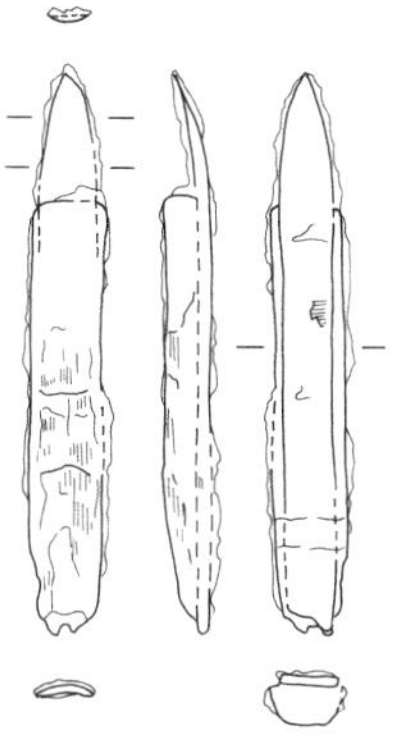

図8　岡山県沼遺跡出土鉇（S＝1/3）（筆者実測）

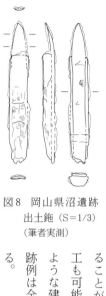

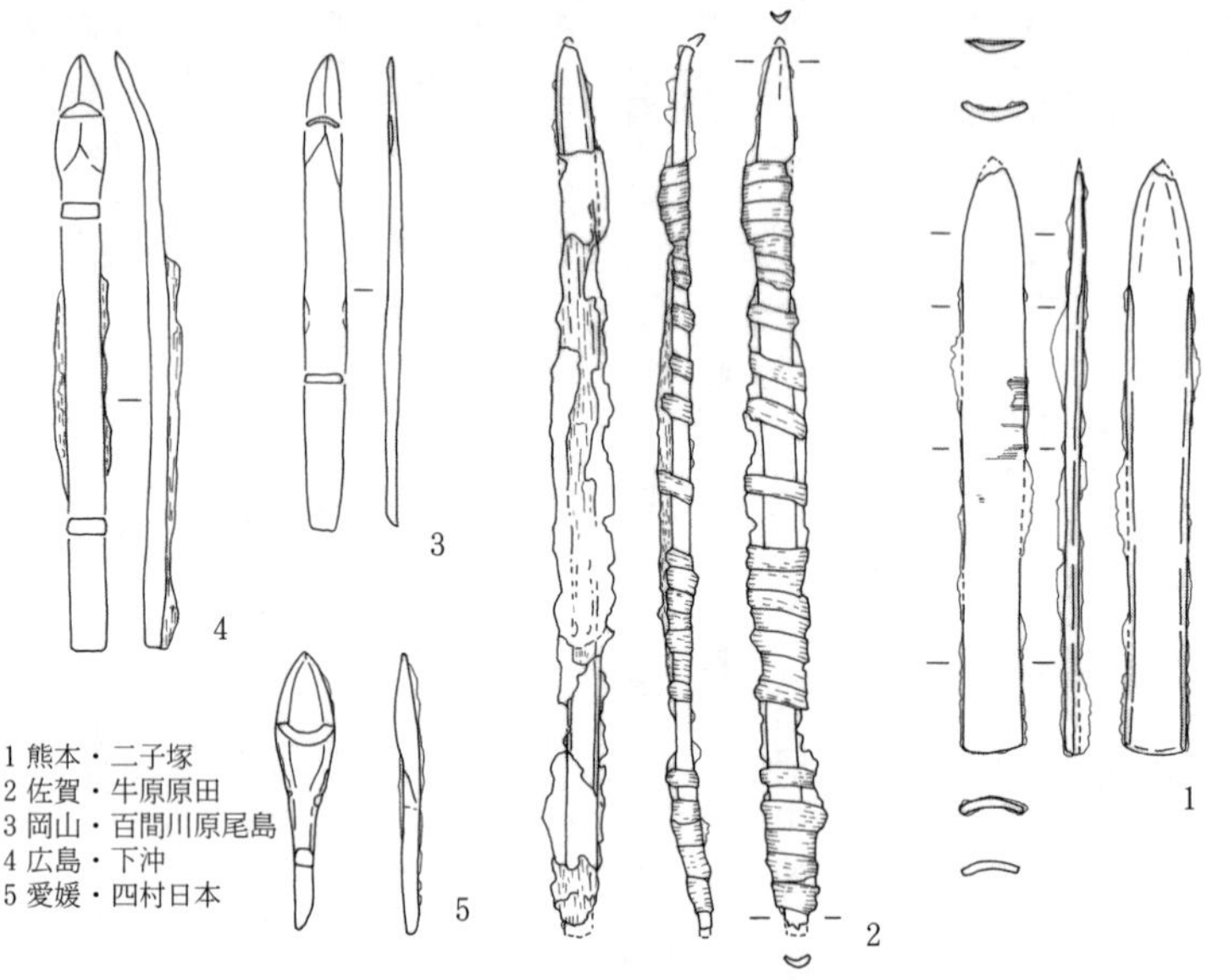

図9　多種多様な弥生時代後期の鉇（S＝1/3）（1筆者実測，2鳥栖市教育委員会編1994より，3村上1998より，4幸田・若島編1988より，5谷若編1998より）

大胆に想像してみよう。右利きの工人ならば、右手で柄を握り、左手の人差し指と中指を刃部に添えて力を込めて手前に引く姿が想像できる。その傍証となろうか、沼遺跡の鉇は刃部の左側の減りが大きいとも言える。

形態と反りの多様化――弥生時代後期　弥生時代後期とりわけ中ごろ以降になるとさまざまな形態の鉇が登場する（図9）。この変化を総じて述べれば、全長は長く、身幅は狭く、そして多様な刃部の反りが生じ、さらにその形態に応じた着柄方法が採用されていくという傾向である。その一方で平面形や着柄方法の地域差は解消されず、むしろ顕著になる。九州では刃先から身の端部にかけて裏すきをもつ九州タイプが使用されるが、全長二〇㌢程度、身幅が約一・〇㌢のタイプが中心になる。山陰や北陸といった日本海側や瀬戸内海以東では、裏すきはなく身が板状・棒状を呈するタイプが主体である。その中でも山口県東部から広島県にかけての西部瀬戸内地域では、刃部が鏝状になる鉇が出現する。刃部が鏝状の鉇は、古墳時代以降、列島的に普遍化する形態の一つとなっていく。さらにこの鏝状の鉇は、他のタイプと比べて刃部が長く、三㌢以上のものも散見される。このタイプの鉇が古墳時代後半期以降に長大化していくものであるが、その傾向はすでに弥生時代に表れはじめていると言えよう。その他にも愛媛県四村日本遺跡や熊本県小糸山遺跡など中九州では、一見、鉄鏃のような短い茎をもつ鉇も散見される。

一方、形態の地域差を問わず共通する現象もある。刃部の「反り」の多様化である（田中二〇〇八）。刃の反り方は、形態や曲率によって三種類に大別できる。まずは直線的で「反らない」タイプ（A類）。そして明瞭な反りは見られるがその度合いが弱いもの（B類）、刃部の反りが明瞭で大きく、あるいは極端に湾曲するもの（C類）である。C類のなかでも刃部が直線的なもの（C1類）、全体が大きくU字状になるもの（C2類）、あるいは切先付近のみがU字状に短く湾曲するもの（C3類）などさまざまなタイプが確認された。弥生時代中期における九州タイプはほとんどが直線的なもの、つまり「反らない」刃部であったが、後期中ごろ以降は、刃先にバリエーションが生じ、加工に応じて工夫された鉇が次々に生み出された。川越哲志は、鉇は初期の段階で木工具に転用され、日本独自の発展を遂げた器種（川越一九九三）と評価したが、青銅製「削」に由来する中国大陸的使用法からの脱却の時期を述べるのであれば、この後期中ごろが一つの画期であろう。

それでは反りが多様化することで、どのような加工が可能になったのであろうか。木製品の加工技術は、その対象物とりわけ対象面の状態から系統立てて分類することができる。たとえば、板材などの建築材は広い「平坦面加工」、容器の内面などは「凹面加工」で捉えられる。それに「浅い」「深い」、また、容器の底が「曲面」であるか「平面」であるかで細分できる。鍬や鋤などの農具や狩猟具の矢柄などは、対称面の広さや形状に違いがあるにしても「凸面加工」という系統で整理できる（図10）。

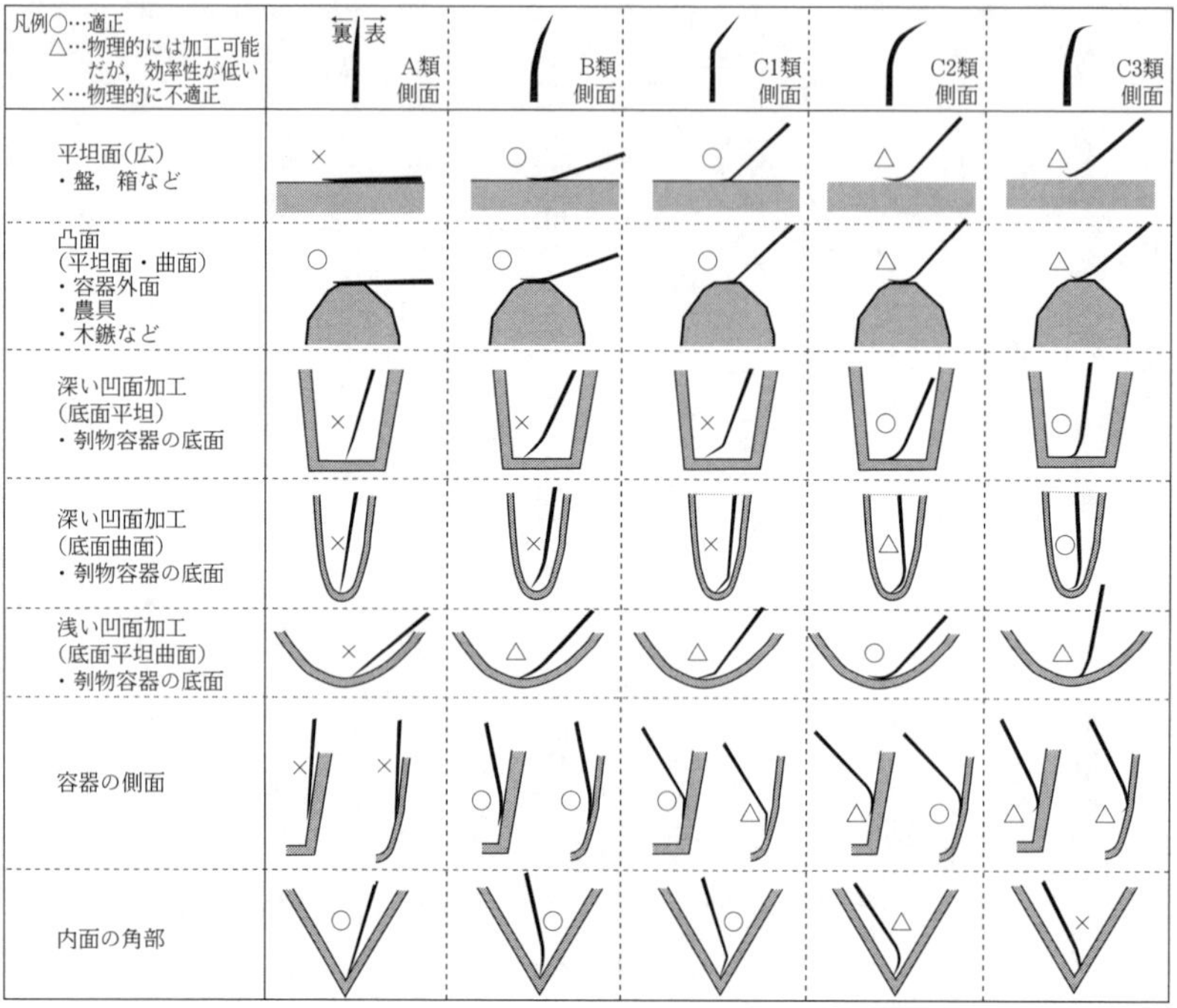

図10　鉇の反りの分類と加工面の関係

刃部の反らないA類は、接地面積の狭い凸面加工、角部の削り出しといったきわめて限られた用途が想定できる。それに対して、刃部が反るB類、反りの大きいC類は万能だ。複数タイプの鉇を道具箱に入れておくことにより、適材適所で使用されたことがわかる。熊本県下扇原遺跡のように反りの異なる鉇が複数で出土する場合や、北部九州や中九州では、身の両端にそれぞれ反りの異なる刃部をもった両刃の鉇が存在する事例はこの見解の補強となろう。

木製品に残る鉇の加工痕　従来の研究においては、「鉇と思われる加工痕」という表現はみられるものの、明確な判断基準は提示されていない。加工痕から工具を想定する方法として、木製品の観察のみで行うのは少々不安である。それは、鍛冶技術の高低差や遺跡の性格、あるいは地域差によって、工具編成に違いが想定されるためで、当然、石か鉄かという材質の議論にもなろう。未発達の工具で優れた製品を作る。この想定が正しければ、そこに弥生時代人の「技術」を垣間見ることができるのである。しかしながら、現状においてこの分析に堪える遺跡は青谷上寺地遺跡をおいて他はみられない。そこで再び同遺跡に頼ることとし、加工痕から使用工具を想定する方法を提示しよう。

結論をまず述べると、図10に提示した容器の内面、あるいは匙の内面に見られる加工痕は鉇とみてよい。具体的な特徴は、刃端痕が不明瞭で、加工痕は細長く、端は丸くなり、横断面形は非常に浅い。また加工痕が密集しており、ある程度一定方向へ削られる傾向がある。図11―1の壺形木製品は、口が狭く、内部が袋状に広がる形態であるが、内面には横方向あるいは斜め方向に細長く浅い加工痕が見られる。青谷上寺地遺跡の弥生時代後期における工具編成をみると、刃幅の広い斧・鑿類、刃幅の狭い鑿状の工具による内部の横方向の削りは物理的に困難であることは言うまでもない。したがって適応工具は鉇に絞られる。

しかも曲面の加工であるため、刃に反りのあるB類、あるいはC類の使用が想定されよう。図11―2・3の内面にも同様の加工痕が見られるため、これも刃に反りのある鉇による仕上げである。木製匙の内面にも同様の加工痕が残ることから、使用された工具はおのずと鉇がその候補に挙がる。

筆者は以前、青谷上寺地遺跡の出土鉇と類似した形態の復元鉇を使用した加工実験を試みたことがある。刃部の長さ約一㌢の鉇で木材の表面を削った（図12・13）。使用者は日常的に大工道具の鉇を用いる宮大工であった。

鉇の刃に対して直角方向、つまり軸に対して横方向に削ることは、刃が深く食い込みスムーズに削ることができなかった。そこで宮大工は、大工道具の鉇と同様に、図12のように加工方向に対し、刃を斜めにあて手前に引くように木材の表面を削ったところ、薄くスムーズに削ることができた。驚いたことに、刃部長は約一㌢の鉇であるものの、薄く長い木屑の幅は〇・五㌢にも満たない細さであった。刃端痕は不明瞭で、加工痕の端、つまり削り始め部分は直

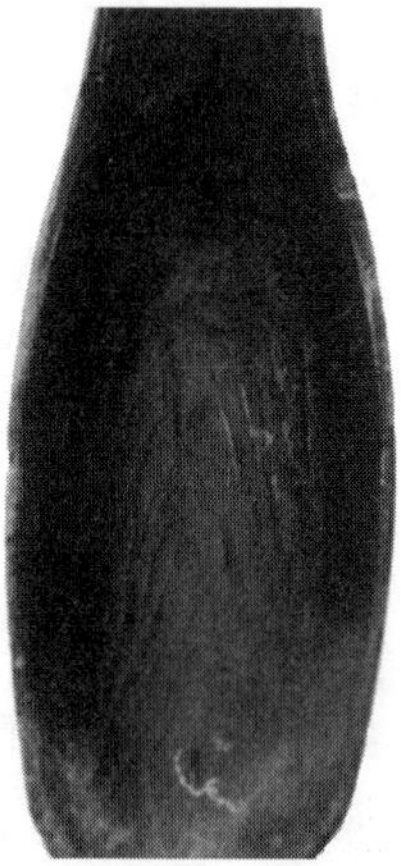

鳥取県青谷上寺地遺跡
木製匙(弥生時代後期)
(鳥取県埋蔵文化財センター所蔵)

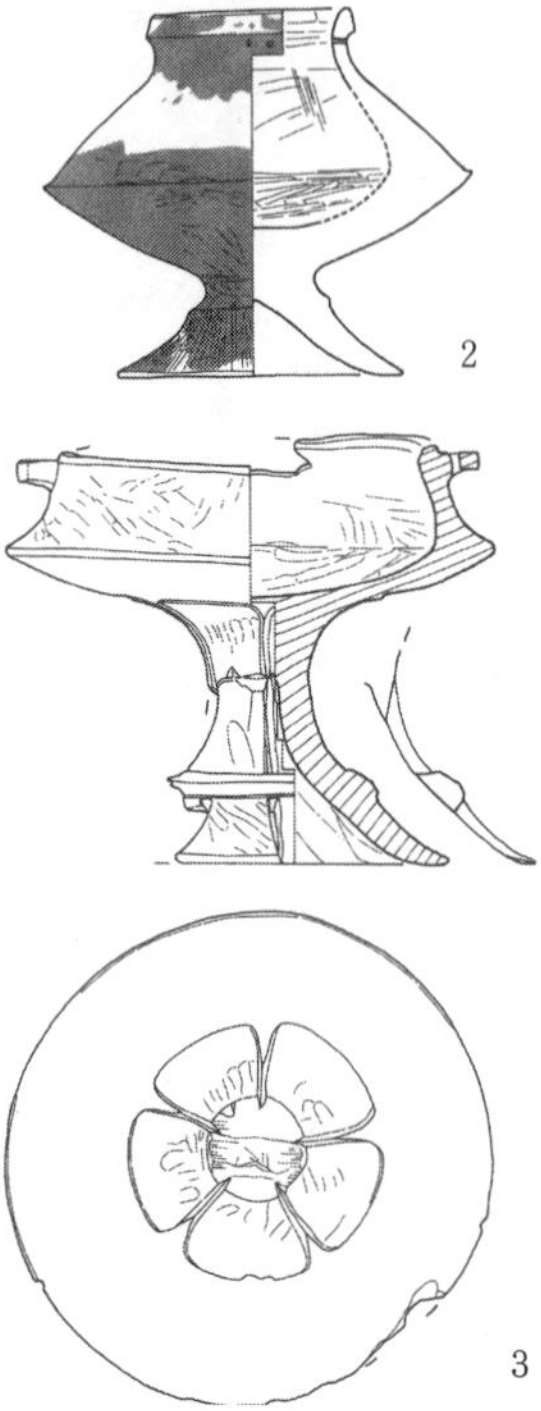

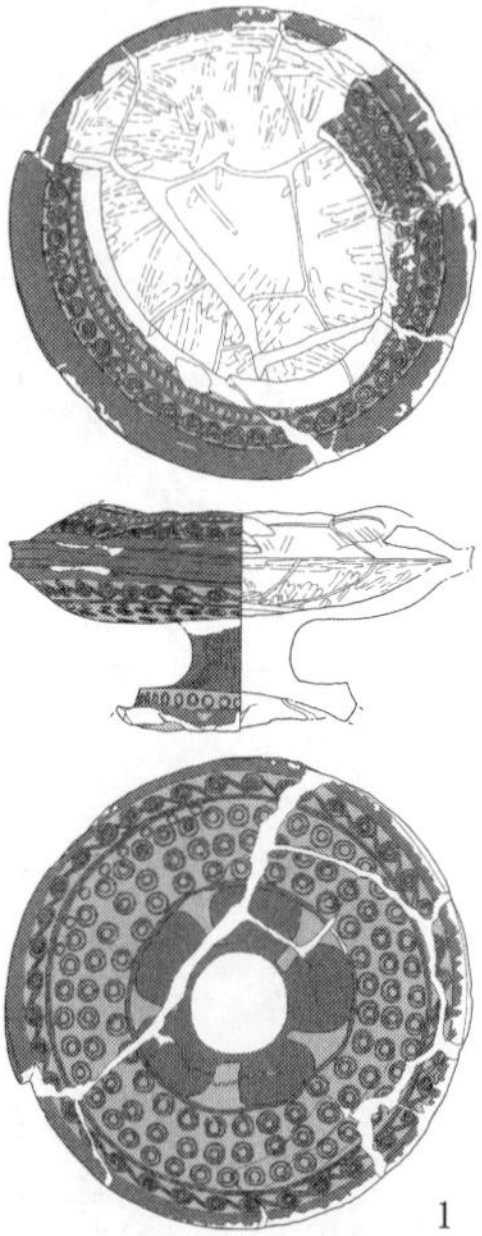

鳥取県青谷上寺地遺跡
1 壺(弥生時代後期)
2 壺(弥生時代後期)
3 高杯(弥生時代後期)

図11　木製容器・匙の内面に残る鉇の加工痕 (S=1/6) (野田・茶谷編 2005 より)

図13　青谷上寺地遺跡復元鉇 (白鷹幸伯氏作, 愛媛大学考古学研究室蔵)

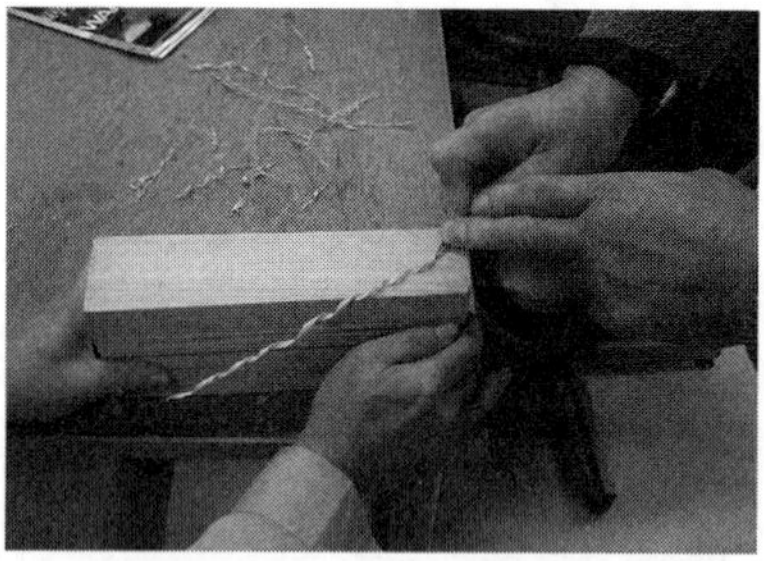

図12　復元“弥生”鉇による木材の加工実験

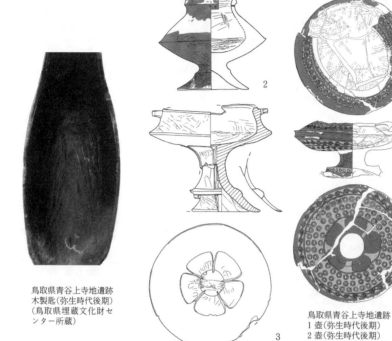

線的ではなく丸みがある。青谷上寺地遺跡の出土木製容器に残る加工痕ときわめて類似する形態である。宮大工の手の動きはこうであった。利き腕の右手で身部を握り、刃の動きを安定させるため、左手の中指と人差し指を鉇の刃部にあてていた。簡易な実験であるため、再現性の検証が必要であることは言うまでもないが、この宮大工の所作に弥生時代の工人の姿を重ねることができないだろうか。

弥生時代の鉇は木工具　弥生時代の鉇は、全長が二〇チセンに満たないものが多い。鏝状の刃部をもつ鉇が登場することにより、刃部長が長くなる傾向がみられるが、三チセン以下がほとんどである。このような特徴の鉇で建築用木材の広い表面を平滑にするにはきわめて非効率であると言えるが、想像の域を脱するためには、建築材の表面にどのような加工痕が残っているのかを検証する必要がある。

たとえば青谷上寺地遺跡で出土した弥生時代後期の板材は（図14）、まるで魚の鱗のような加工痕が全面に残存する。加工痕から工具の幅は約三チセン以上であることから、適応する工具が斧類に絞られ、袋状鉄斧を装着した横斧（手

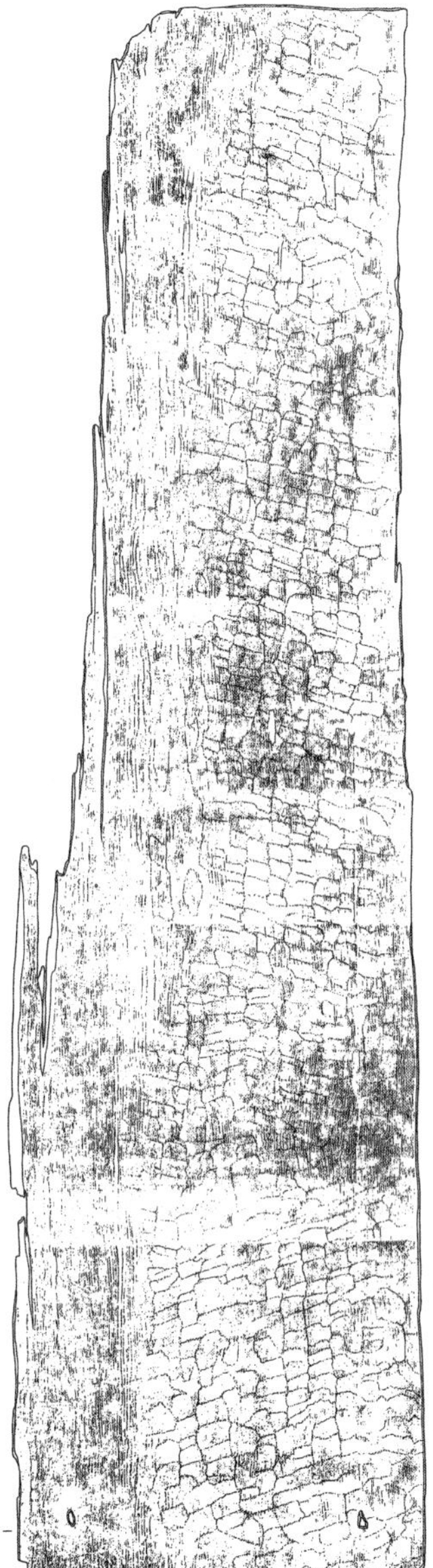

図14　鳥取県青谷上寺地遺跡出土の板材に残る加工痕（S=1/16）（北浦編 2001 より）

斧）による「はつり」の痕跡と考えられる。「はつり」とは、遠心力を利用して木材の表面をリズムよくすくい取るように削っていく技術である（成田一九八四）。

以上のように弥生時代の鉇は、文房具として使用された中国春秋・戦国時代の青銅製「削」の使用法を継承しつつも、文字の普及しない弥生時代においては木製品の仕上げなど木工具に転用された。後期にはやや全長や刃部長が伸び、刃の反りが多様化することで加工対象や加工範囲を拡大させるといった進化をみせたが長大化には至らず、建築道具への分化は確認できなかった。

渡邉晶は、柱などの建築主体部分を切削するためには、穂（刃）部分の長さが一〇㌢以上、茎（身）部分の長さがその二倍から三倍は必要と考えられるが、弥生・古墳時代の中にその条件を満たすものはみられない、という。さらに弥生・古墳時代のカンナの用途は、建築の開口部（出入口・窓など）の精巧な加工を必要とする場合に部分的に使われることはあったと考えられ、主として、小型の木製品の加工にあったと評価している（渡邉二〇〇四b）。出土遺物を精緻に観察した結果、筆者も同様の認識である。

古墳時代前期の鉇　この時期になると初期の特徴であった全体に裏すきを有する九州タイプの鉇は姿を消し、身部が板状で、刃部が身と同幅か、鏝状を呈する瀬戸内タイプが継承され、定型化していくことになる。

鳥取県倉吉市の中峰二号墳は四世紀後半の箱式石棺をもつ古墳である。同古墳の周溝から出土した鉇は着柄状態で出土した稀有な例で、全長二一・五㌢、刃部長約二・八㌢を測る。刃部は鏝状ではなく身と同幅のタイプで、表側には明瞭な鎬《しのぎ》が入り、断面が低い三角形となる。刃部は緩やかに反り上がり、加工可能範囲を確保している。木製の柄は断面が凹字形のものを用い、その溝に板状の鉄身をはめ込み、さらに鉄身と同幅の薄板をその上に置き、最後に木皮で固く緊縛している（図15）刃部の反対側の端部はやや欠損しているが、もともと鉤《かぎ》状にフックしていた可能性がある。弥生時代鉇と同様に小型品であり、渡邉晶の見解および筆者の整理では（図10）、刃部の反りはあるものの加工物への接地面積は狭く、部材を平滑に仕上げる建築用具というよりはやはり木工具として有用であろう。

副葬品と比較して点数は少ないが、前掲の大分県の板切遺跡などで集落遺跡出土の良好な鉇も確認できる。全長は二〇㌢以下、刃部も三㌢以下で若干の反りがある。古墳のみならず、集落で木工具としての鉇が使用されたことを示す実物資料である。

ところで古墳出土資料には、これまで述べた刃部三㌢以下の小型品とは異なり、刃部が七〜八㌢で短い茎（柄に差し込む部分）を有する「削り小刀」とも呼ばれるタイプが数例確認される（古瀬一九七七）。刃部の長さから建築部材への適応も考慮する必要があるが、少数であり、建築用具として定型化したものではなかった。あくまで当該期の古墳出土鉇で大半を占めるのは刃部長三㌢以下であり、関東の集落出土鉇を分析した大村の見解においても、拡大の傾向はみられるものの刃部長は約一・五〜四㌢であるという（大村一九九六）。全長は二〇㌢以上が増えるなど、長大化の兆しこそみられるが、作業部位である刃は小型が主であり、弥生時代の木工技術の延長であった（古瀬一九七七）。

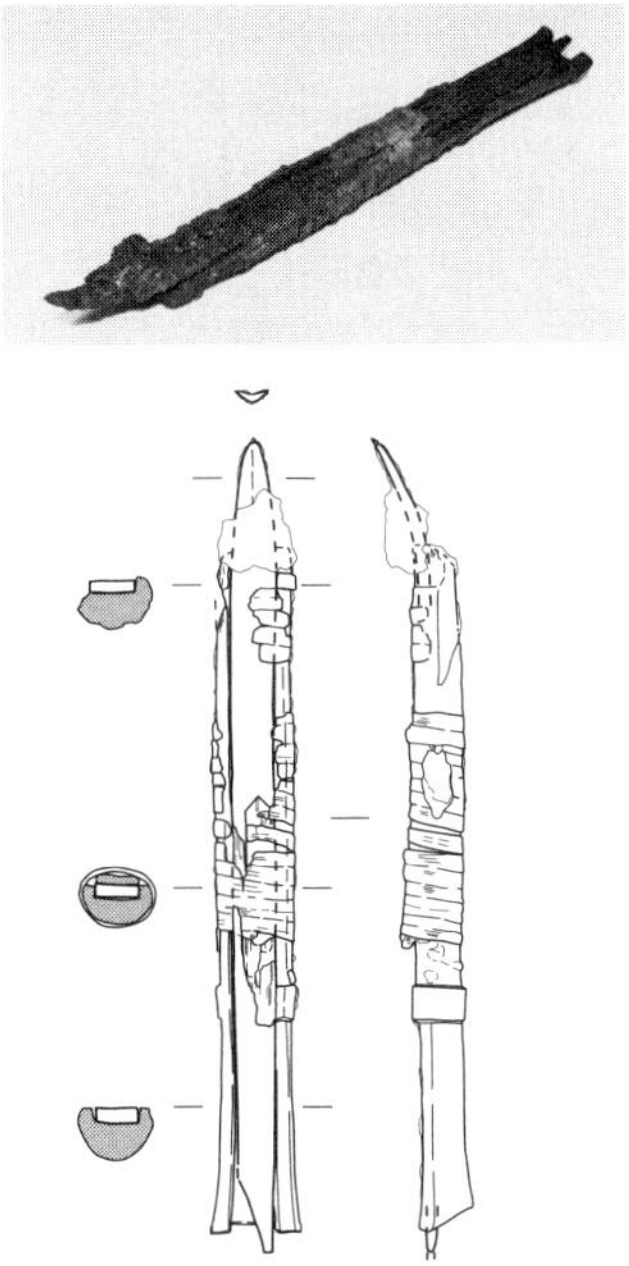

図15　鳥取県中峰2号墳出土鉇（写真）（倉吉博物館所蔵）と実測図（S＝1/4）

長大化の兆し——古墳時代中・後期　古墳時代中期以降の副葬品では、古瀬清秀が指摘しているように、刃部の長さが三〜五㌢の中型品、そして六〜一〇㌢の大型品が出現し、とくに古墳時代後期以降は、中型・大型品の出土量が刃

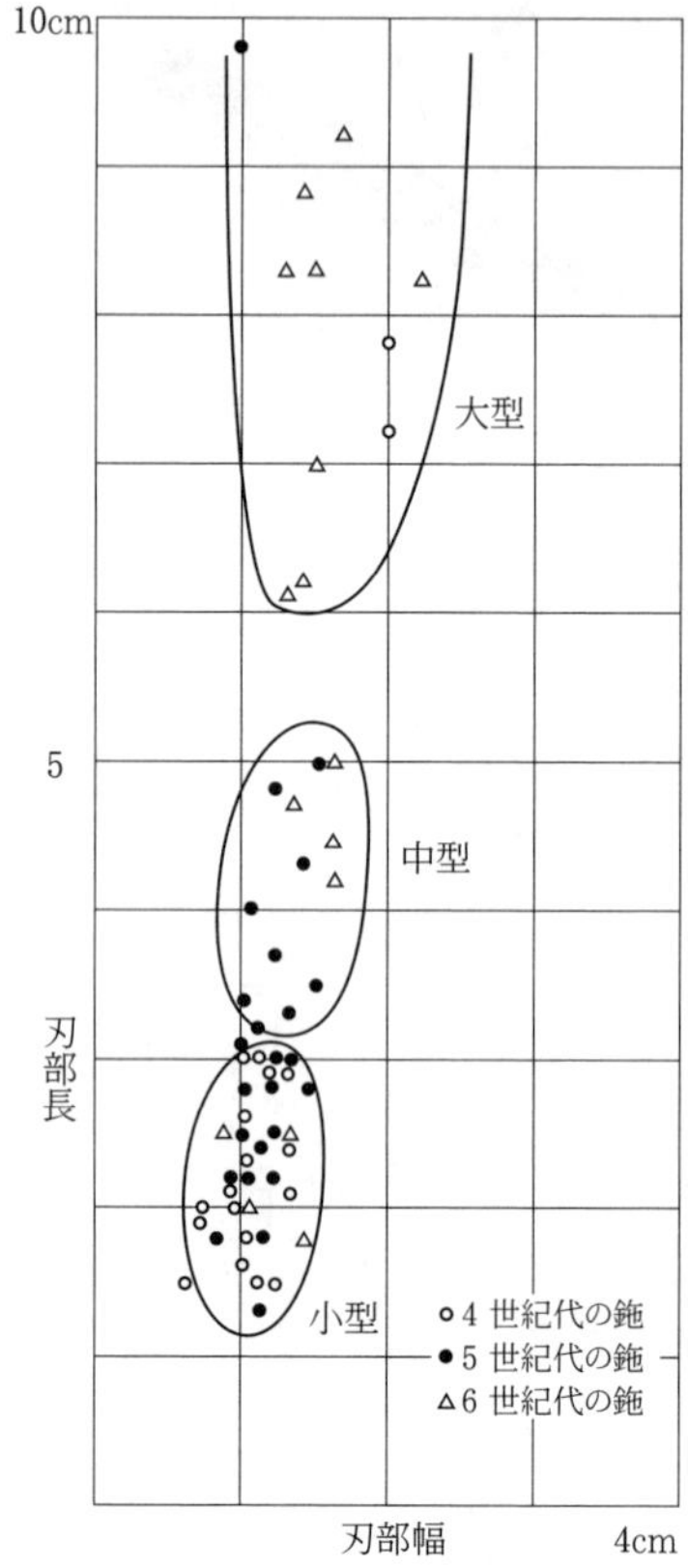

図16　古墳出土鉇の大きさ（古瀬 1977 より作成）

部長三㌢以下の小型品を凌駕する（図16）。大型・中型品の鉇は、刃部が大きく反り上がるものが顕著に見られることがわかり、中世絵巻物に見られる鉇の形態に類似しつつある。平安時代中期の辞書である『倭名類聚抄』（九三五年）には、「平木器也釈名云釿有高下之跡鐁以此平其上也」、すなわち「手斧のはつり痕には高下（凹凸）があるので、それを削り取り、平滑にする」道具として「鐁」が紹介されている。

また岡山県随庵古墳例、あるいは島根県松迫横穴群の鉇など多くに柄が残存しており、その特徴は古墳時代前期の断面凹字形の木柄ではなく、木柄の小口部分に差し込み口を穿ち、鉇の茎を挿入するといった着柄方法に変化している。全長が一〇〜二〇㌢と短く、鉄身全体の半分を占めるほど刃部が長いのは、この着柄方法への変化によるものであろう。

古墳時代の鉇の変遷における明確な画期は、古墳時代中・後期にみることができる。具体的には刃部長三㌢以下の小型品が継続して使用されながらも、中・大型品が顕著になる点である。ただし柱などの建築主体部分を切削するためには、「穂（刃）部分の長さが一〇㌢以上、茎（身）部分の長さがその二倍から三倍は必要とされる」という工学的立場からの慎重な意見（渡邉二〇〇四ｂ）があるため、ただちに建築用へと分化し、定型化したと判断することはできない。加えて、弥生・古墳時代の建築部材には手斧によるはつり痕は見られるが、鉇による切削痕は確認できない（渡邉二〇一四）という指摘にも説得力を感じる。

古墳時代における中型・大型品の鉇が木工あるいは建築の現場でどのように使用されたのか、今後の課題として、出土した木製品の加工痕の客観的な分析が必要であることは言うまでもない。いずれにせよ、古墳時代後半期における鉇の長大化の傾向に、建築道具化への過程を明確に読み取ることができよう。

「カフラエリ」「クリカンナ」「ナマソリ」に似た鉇　古墳時代前期末～中期（四世紀末ごろ～五世紀）には、弥生時代には確認されなかった鉇が確認される。それは、全長が約一五～二〇㌢と短く、刃部がスプーン状にフックするタイプの鉇である（図17）。前期末の例として大阪府和泉黄金塚古墳、岡山県金蔵山古墳、中期の例として大阪府野中アリ古墳などで確認されており、このころに出土が集中する特殊な工具とされてきた（古瀬一九七七）。ただし千葉県我孫子市の日秀西遺跡〇四一Ｄ住居跡で同タイプの出土が確認されており（大村一九九六）、このことは大量副葬を伴う古墳における特殊な工具というかつての評価に止まらず、集落でも使用された可能性を示している。

ところでこの独特の形状から想起されるのは、現代木工具の「生反」ではないだろうか。繰り返しになるが、同様に先が曲がった削り道具として、古代から十四世紀に存在が確認される「カフラエリ」、十五～十七世紀初頭の「クリカンナ」、それ以降の「ナマソリ」がある。いずれも実物資料が存在しておらず、その類似性は文献および絵画資料によって考察されてきた（沖本一九九七）。形態とその使用法を推測できる資料として、『玄奘三蔵絵』（十三世紀後半）が紹介され（図18）、これには先が極端に曲がった道具を用いて仏像を細工する姿が描かれている。鉇の一種で、古代以来の「カフラエリ」に相当するとされるこの道具は、形態にのみ着目すれば、古墳時代中期にみられるスプー

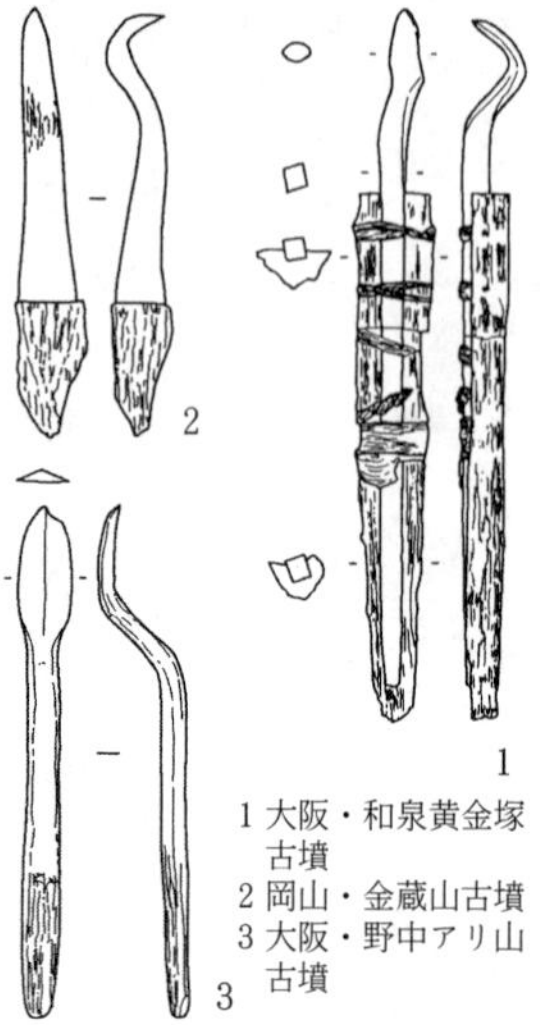

図17　刃先がフックした鉇
(S=1/3)(1末永ほか編1954より，2西谷・鎌木編1959より，3北野編1964より)

図18　『玄奘三蔵絵』に描かれた工具
(小松編1982より作成)

ン状にフックした鉇と近似している。これらの鉇が実用品もしくは実用品をモデルとしたミニチュア品という前提で使用法を想定するならば、木製品の曲面を削り出すような細工に適した木工具と推測できよう。ただし、推測の域を脱するためには、古墳時代後期以降の集落におけるこれらの出土の増加を待たねばならない。

いわゆる「轆轤カンナ」をめぐる問題　「生反」タイプの鉇を含め、弥生・古墳時代に主体となる小型鉇の用途の一つとして、轆轤《ろくろ》細工用のカンナと想定する見解がある（古瀬一九七七）。

紙面の都合上、各論の詳述は避けるが、いわゆる横軸の木工轆轤の出現時期に関しては、それ自体の出土が確認されていないことから、小林行雄の『古代の技術』以降、さまざまな議論があり、いまだ決着をみない（小林一九六二、成田一九八四、工楽一九八九ほか）。

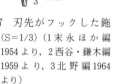

この論争は、轆轤本体の出土をもって解決に向かうと思われるが、現段階でそれを証明すべく研究者たちは、木製品に残るロクロ目、轆轤に固定する際の爪痕、そして轆轤カンナからアプローチを試みてきた。

筆者の論点も弥生・古墳時代の小型鉇の用途の一つとして、轆轤カンナを想定できるか否かにある。丹下昌之は、現在の木地師が使用する轆轤カンナを観察した結果、古墳時代のスプーン状とは刃の形成位置・形状がまったく異なっていると主張し、これを否定した。つまり弥生・古墳時代の鉇は、槍のように左右に刃を有し、面で切削するのに対し、現在の轆轤カンナは、先端に刃をもち、点で切削する特徴があるという（丹下二〇〇四）。さらに現在の轆轤カンナは、太い柄を両手でしっかりと握り、成田が「過酷」と称した大型品の回転に耐える。一方、古墳時代のスプーン状の鉇は、全長は一五～二〇㌢と小型であり、木柄を装着したとしても茎が短く、その固定は脆弱である。もちろんこれら自体がミニチュア品である可能性もあるため断定はできないが、実用であるならばその旋削技法に耐えうるかどうか疑問を禁じえない。ましてや刃部の厚みが三㍉にも満たない弥生時代の鉇では困難であろう。

論争の種となった西念・南新保遺跡と同じタイプの木製高坏《たかつき》が青谷上寺地遺跡でも出土している（図19）。坏部の外面にかすかに残る加工痕を観察したところ、おおむね同心円状にも見えるが、よく見ると直線的な加工痕も見られる。また加工痕の一つ一つが短く、その幅が必ずしも一定ではない。旋削加工後に花弁を削り出す際の加工痕という見方もできるため、木工轆轤の存否を加工痕で判断することは難しい。ただし青谷上寺地遺跡における弥生時代後期の鉇は、全長、刃部帳ともに小型で非常に薄く、おそらくは片手持ちである。大型品の回転に耐えうるとは考えにくく、轆轤が存在したと仮定して道具を想定するならば、その工具は鉇ではなく、斧や鑿に分類される比較的頑丈な工具であろう。したがって弥生・古墳時代の小型鉇の用途の一つとして、現状で轆轤カンナを想定す

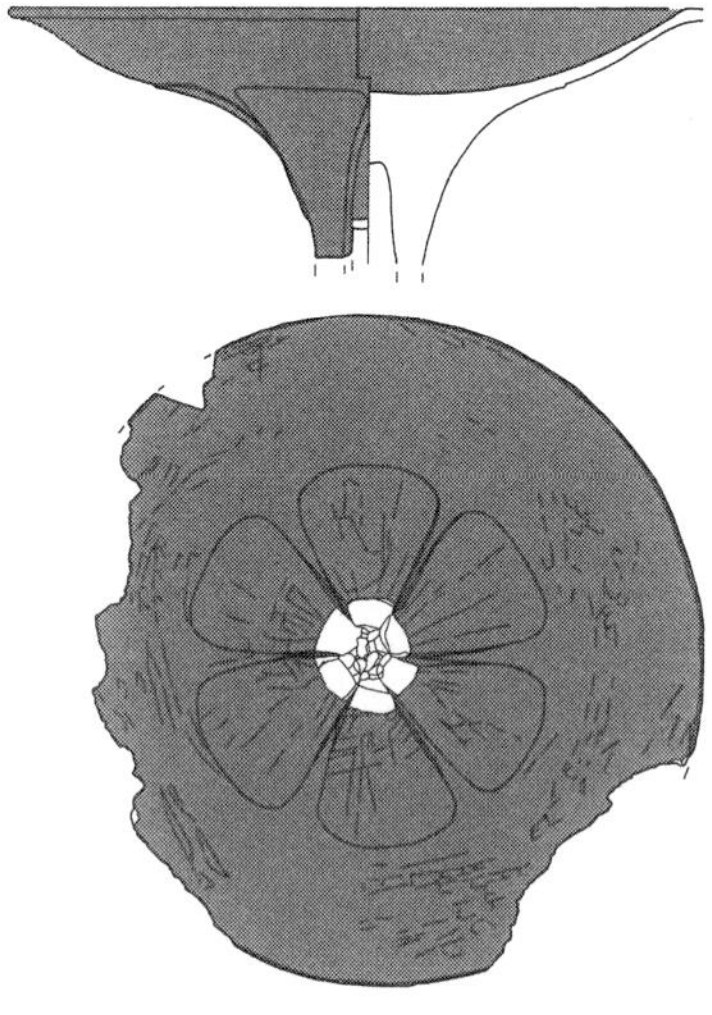

図19　青谷上寺地遺跡出土の木製高坏
（S＝1/6）（野田・茶谷編2005より）

ることは困難であると言わざるをえない。

逆に、これらの木製高坏が木工轆轤による製作ではない、と仮定すると、その道具も含め弥生時代人の木工技術の高さを窺うことができる。未分化・未発達の道具であっても、時間と熟練の技術をもってすれば、製作が可能であったのだろうか。現代工人が使用する木工轆轤や頑丈な道具を使用した製作実験は行われているが（島根県立古代出雲歴史博物館二〇一三）、むしろ轆轤を使用せず、忠実な弥生時代の木工具の復元品（寸法や形態はもとより、鉄の成分も含めて）を使用して、これらの木製高坏が製作できるかどうか、比較実験の必要性を痛感する。

3　鉇から台鉋へ

大型鉇の普及——古代　七世紀前葉から中葉ごろと考えられている愛媛県の東山鳶が森古墳群八号墳A石室から、刃部長約一〇チセンの大型鉇が出土している（図20）。刃部は中ほどから大きく反り上がり、まさに広い建築部材を平滑にする建築道具の鉇の可能性がある。この石室からは平安時代の瓦器も出土しているというので、詳細な時期を絞ることはできないが、古墳時代の終わりから古代における大型鉇の存在を示す貴重な実物資料である。

七世紀に建立された法隆寺の建築部材には、手斧、鑿、鉇の使用を思わせる材が多くみられることはよく知られている。多くの研究者によるこの見解に従えば、たとえば金堂には刃部の曲率（反り具合）が大きな鉇の切削痕が、そして五重塔には曲率の小さな鉇の切削痕が見られるという。仏教建築が伝来した古代以降に建築部材を切削する大型鉇が使われはじめ、刃の曲率も多様化したと評価された貴重な資料である（渡邉二〇一四）。ただし、出土遺物の観察にこの見解を反映していくためには、どのような加工痕が古代の鉇であるのか、その明確な判断基準の提示が期待される。
その他に渡邉晶は前掲文献で岐阜県尾崎遺跡（八〜十世紀）と大分県一木ノ上遺跡（十一〜十二世紀）出土の鉇を紹介している。いずれも刃部長が一〇チセン前後あり、緩やかに反り上がっている。建築部材を切削する大型鉇の普及を示唆する貴重な実物資料である。

古代の良好な実物資料の不足は否めないが、少ないながらも古墳時代の終わりから古代にかけて、建築部材用に使用されたと考えられる大型鉇の存在を確認することができたことで、古代を木工具から建築工具への分化における一つの画期として認めることができよう。

建築部材用と木工用の鉇　一方、弥生時代以来、使用されてきた刃部長の短い木工用鉇の姿も見ることができる。稀有な実物資料として奈良の正倉院に納められた「工匠具」を紹介しよう。

宝庫に納められた工匠具はいずれも実用品と考えられ、使用による磨滅が著しいものも少なくないという。実物が出陳された『第六二回「正倉院展」目録』によると、宝庫には五口の鉇が伝わる。全長の小さなものから、一八・〇チセン、二三・七チセン、二四・〇チセン、二八・九チセン、三〇・三チセンであり、全長から推測する刃部の長さは三チセン程度であり、模式図に示したとおり、その刃先の形状にはバリエーションがある（図21）。これらを分析した沖本弘および目録の見解では、建築用の鉇と比較して小型であることから、木工具であると考えられており（沖本一九九七、奈良国立博物館編二〇一〇）、

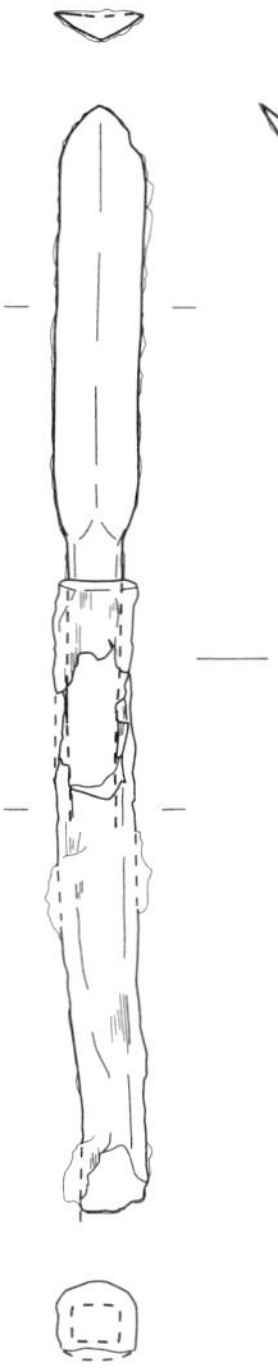

図20　愛媛県東山鳶が森古墳群8号墳A石室出土の大型鉇（S＝1/3）（筆者実測）

筆者も同意見である。

古代には、建築部材の切削用としての大型鉇と木工用の小型鉇、大別してこの二種が使用される状況を実物資料で確認することができた。両者においても刃部の反り具合やその形状が多様化しており、加工の場面に応じて、使い分けられていたと推測できる。その他にも鉇の形をした道具として、『倭名類聚抄』

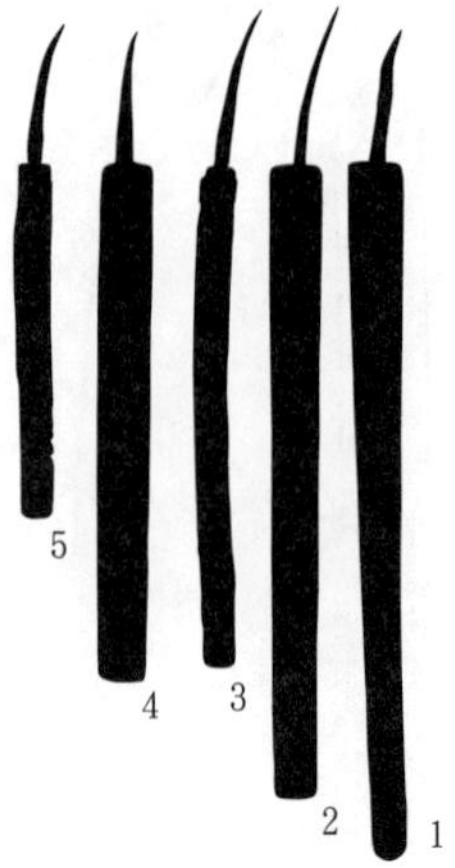

図21　正倉院に伝わる鉇側面模式図（奈良国立博物館編 2010 より作成）

（九三五年）の「造作具」の中に、「轆轤之裁刀」と紹介されている「鋋」があり、のちの『類聚名義抄』（一二四一年）ではこれを「ロクロカナ」と読むとしている（沖本一九九七）。丹下昌之によると、長野県佐久市の芝宮遺跡群の竪穴住居址から轆轤カンナの可能性が高い十世紀の遺物があり（丹下二〇〇四）、これが轆轤カンナの最古の実物資料の可能性がある。さらに前掲の「カフラエリ」（『倭名類聚抄』九三五年）と呼ばれる「曲刀」の存在を加えることができ、木工用の鉇の機能分化をわずかな実物資料とともに、文献からも読み取ることができる。

代表的な事例ばかりを取り上げてきたが、当然のことながら工人の専業分野によってもその編成が異なるであろうし、工人の技術差や、地域性・時代性による差異が存在するであろう。資料の増加を待って検討する必要がある。

中世の鉇　中世の絵画資料には、建築の現場で鉇を使用する工人の姿が多く描かれている。工人は坐位、つまり座った状態で作業を行い、右手は柄の中ほどか端付近を持ち、左手は刃部に近い部分を持つ。ほとんどが刃を前方から手前に動かす引き使いであるが、逆に押して使っている事例もあるとされる（渡邉二〇一四）。日本の建築技術に革新をもたらした縦挽製材用の大鋸（オガ）が出現・普及したとされるのは十五世紀ごろであるが、それ以前は、木材にクサビを打ち込んで割る方法で製材し（打割製材）、凹凸のある割裂面を手斧で荒加工し、その後、大型鉇によって平滑に仕上げるための切削が行われていた。少なくとも古代から台鉋が普及する十五世紀ごろにかけて、建築部材の仕上げ用道具の主役は鉇であった。

中世の鉇の遺跡出土事例の数は弥生・古墳時代に比べて極端に少ない。刃部長が一〇㌢程度と推定される建築部材用の大型鉇は、青森県の境関館遺跡などで発見されている（小野編二〇〇一）が、出土遺物以外の実物資料として、いくつかの伝世品が確認されている（沖本一九九七、渡邉二〇〇四b）。

また十二世紀後半〜十四世紀前半に位置づけられる神奈川県鎌倉市の若宮大路周辺遺跡では、木工轆轤に固定する際についた爪痕を残す木製品とともに、同遺跡から内刳り用の鉇、つまり轆轤カンナと考えられる工具が出土した（図22）。鎌倉時代における漆器の木地生産に伴う轆轤師の活動を窺うことができる好例である。このカンナは、全長が二三・三㌢で柄は残存していない。刃部は全長の十分の一にも満たないほど短く、側面から見るとU字状に短く湾曲する。刃先だけを見ると古墳時代のスプーン状にフックした鉇を思わせるが、寸法を含めた身の重厚性がずいぶんと異なっている。刃の横断面は明瞭な三角形であり、左右に刃をもつ。刃部に近い身の部分は断面が円形であるが、先端に向かって板状に鍛延され、板状になり、先端は尖る。これはおそらく木柄に差し込むための茎であろう。

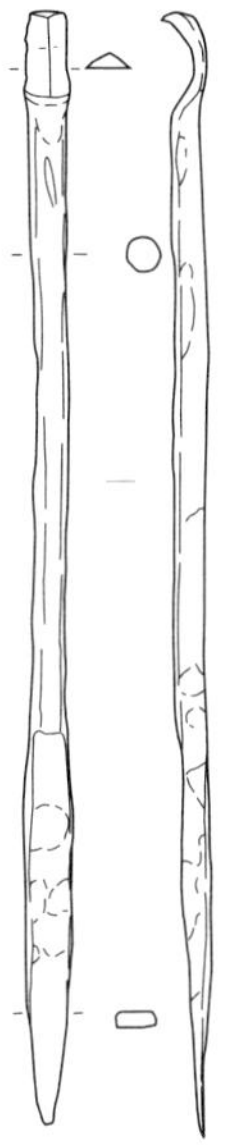

図22　神奈川県若宮大路周辺遺跡出土の轆轤カンナ（S=1/3）（汐見編 1999 より）

文献においては、「カフラエリ」「クリカンナ」「ナマソリ」といった先の曲がった鉇が確認され、一部の絵画資料にそれに相当する道具が描かれている。その使用法は、仏像などの精巧緻密な曲面を加工するためのもので、建築部材用の大型鉇とは系統の異なる木工用の鉇であった。

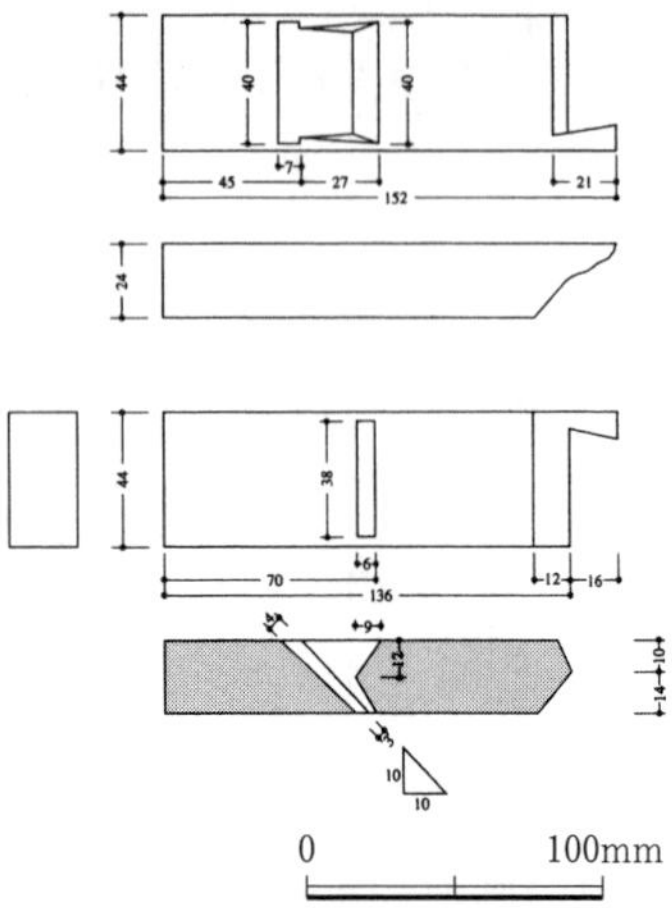

図23　大坂城出土の最古の台鉋寸法図（渡邉2014より転載）

台鉋と道具の日本化　日本における台鉋の普及は、その切削痕から十五世紀ごろとされ、文献上では十五世紀初頭に姿を現す大鋸とほぼ同じ時期と考えられている。二人で使用する大型の製材道具である大鋸が中国大陸から伝わったことによって、製材方法が変化し、従来、手斧で荒く削り、鉇で仕上げる必要のあった面が平滑になったことから新たな切削道具が工夫されていった（渡邉二〇一四）。

最古の実物資料は、大坂城跡から出土した台鉋である。出土した層位から十六世紀末に位置づけられ、鋸と鑢《やすり》も同層から出土した。刃は発見されておらず、木製の台のみの出土であった。台鉋自体が非常に使い込まれていると判断されたことから、使用期間を考慮すると製作年代はさらに古くなる可能性があるといった見解も示された。台の一部が欠損しているが、渡邉晶が復元した寸法は、長さ約二一㌢、幅約四・五㌢、刃口の幅は約三・九㌢である（図23）。この台鉋の使用法は明らかに引き使いであり、日本に先行して台鉋を使用してきたヨーロッパや中国の押し使いとは異なっている。ユーラシア大陸を中心に世界の鉋を調査した渡邉によると、引き使いは日本独自のものである可能性が高いという（渡邉二〇一四）。まさに建築道具の「日本化」の象徴であろう。

大鋸、台鉋の出現と普及によって、建築部材の加工方法が変化し、大型鉇は台鉋と併用される場面もみられるものの、基本的には建築現場における仕上げ工具の主役の座を譲ることになる。そのきっかけとなった大鋸もまもなく文献上から姿を消し、十六世紀後半以降の製材用具は、一人挽きの「前挽大鋸」と小割用の「鑼《ががり》」になっていく（竹中大工道具館二〇〇九)。

本章では、弥生時代から中世における「カンナ」を手がかりとして、木工具・建築道具の変遷の一端を紹介した。昭和初期の工具編成を到達点として、弥生時代以来の鉄製工具は、用途に応じた機能分化を繰り返してきたことを確認した。新来の「鉄」を受容した弥生時代の人々は、石の道具が確立した木材加工の流れの中で鉄を使いはじめ、やがて石とは異なる素材の特質、つまり使い勝手の良い道具へと変化が可能である鍛造という技術に出合った。以後、鉄を扱う技術、すなわち鍛冶技術の進化を背景として、中国大陸文化の影響を受けた社会の要請に応えるべく、工人たちは新たな道具を創出し、日本独自の工具編成を確立させていったと考えられる。

参考文献

秋岡芳夫監修・吉見誠著『木工具・使用法』創元社、一九八〇年
安藤寛(編)『御殿・二之宮遺跡第84次発掘調査報告書』磐田市教育委員会、二〇〇六年
大村 直「鉄製農工具の組成比」『史館』史館同人、一九九六年
大村 直「古墳時代集落出土の鉄製品」『考古資料大観』小学館、二〇〇三年
岡崎 敬「日本における初期鉄製品の研究——壱岐ハルノツジ・カラカミ遺跡発見資料を中心として」『考古学雑誌』第四二巻第一号、一九五六年
沖本 弘「ヤリカンナについて」『竹中大工道具館研究紀要』㈶竹中大工道具館、一九九七年
小野正敏(編)『図解・日本の中世遺跡』東京大学出版会、二〇〇一年
片岡宏二『弥生時代渡来人と土器・青銅器』考古学選書、雄山閣出版、一九九九年
川越哲志『弥生時代の鉄器文化』雄山閣出版、一九九三年
北浦弘人(編)『青谷上寺地遺跡3』㈶鳥取県教育文化財団、二〇〇一年
北野耕平(編)「野中アリ山古墳」『大阪大学文学部国史研究室研究報告』第一号、大阪大学、一九六四年
工楽善通「木製高杯の復元」『古代史復元』講談社、一九八九年

幸田淳・若島一則（編）『一般県道原田五日市線（石内バイパス）道路改良工事事業地内遺跡群発掘調査報告書』広島市教育委員会、一九八八年
小林行雄『古代の技術』塙書房、一九六二年
小松茂美（編）『続日本絵巻大成9　玄奘三蔵絵 下』中央公論新社、一九八二年
汐見一夫（編）『若宮大路周辺遺跡群』若宮大路周辺遺跡群発掘調査団、一九九九年
柴田昌児・柴田圭子（編）『大久保遺跡（大久保・竹成地区・E地区）・大開遺跡・松ノ丁遺跡（1次・2次）』㈶愛媛県埋蔵文化財調査センター、二〇〇八年
島根県立古代出雲歴史博物館『匠の技―弥生木製品から出雲大社まで―』島根県立古代出雲歴史博物館、二〇一三年
下條信行「第四章 様々な道具 第一節 新来の道具 一 磨製石器と鉄器」『山口県史 通史編 原始・古代』山口県、二〇〇八年
下條信行「初期鉄斧と石斧」『季刊 考古学』雄山閣、二〇一〇年
末永雅雄ほか（編）『和泉黄金塚古墳』（日本考古学報告第5冊）綜芸社、一九五四年
竹中大工道具館（編）『竹中大工道具館展示解説』㈶竹中大工道具館、一九八九年
竹中大工道具館（編）『常設展示解説　道具の歴史』㈶竹中大工道具館、二〇〇九年
田中　謙「弥生時代鉄製工具論の可能性」『鉄器文化の多角的探究』鉄器文化研究会、二〇〇四年
田中　謙「弥生時代における鉇の機能分化とその意義」『地域文化の考古学』下條信行先生退任記念事業会、二〇〇八年
田中　謙「弥生時代後期における鉄製工具の機能分化―中九州・下扇原遺跡を対象として」『九州考古学』九州考古学会、二〇一四年
谷若倫郎（編）『四村日本遺跡』㈶愛媛県埋蔵文化財調査センター、一九九八年
丹下昌之「古代木工轆轤の基礎的研究」『鉄器文化の多角的探究』鉄器文化研究会、二〇〇四年
鳥栖市教育委員会（編）『牛原原田遺跡』鳥栖市教育委員会、一九九四年
奈良国立博物館（編）『第六十二回「正倉院展」目録』㈶仏教美術協会、二〇一〇年
成田寿一朗『木の匠―木工の技術史―』鹿島出版会、一九八四年
西谷真治・鎌木義昌（編）『金蔵山古墳』（倉敷考古館研究報告第1冊）倉敷考古館、一九五九年
野島　永「弥生時代鉄器の地域性―鉄鏃・鉇を中心として―」『潮見浩先生退官記念論集考古論集』潮見浩先生退官事業会、一九九三

年
野田真弓・茶谷満（編）『青谷上寺地遺跡出土品調査研究報告1　木製容器・かご』鳥取県埋蔵文化財センター、二〇〇五年
稗田智美・佐藤良子（編）『下郡遺跡群Ⅷ』大分市教育委員会、二〇一〇年
古瀬清秀「古墳出土の鉇の形態的変遷とその役割」『考古論集』松崎寿和先生退官記念事業会、一九七七年
古瀬清秀「農工具」『古墳時代の研究』雄山閣出版、一九九一年
宮内克己（編）『板切遺跡群（第Ⅰ～Ⅴ）・小原田遺跡』久住町教育委員会、一九九九年
宮内克己（編）『都野原田遺跡』久住町教育委員会・大分県教育委員会、二〇〇一年
村上恭通『倭人と鉄の考古学』青木書店、一九九八年
村上恭通『古代国家成立過程と鉄器生産』青木書店、二〇〇七年
村上恭通・山村芳貴「農工具」『考古資料大観』小学館、二〇〇三年
村松貞次郎『大工道具の歴史』岩波文庫、一九七三年
山中敏史（編）『古代の官衙遺跡　Ⅱ遺物・遺跡編』㈱文化財研究所奈良文化財研究所、二〇〇四年
渡邉　晶『大工道具の日本史』吉川弘文館、二〇〇四年a
渡邉　晶『日本建築技術史の研究』中央公論美術出版、二〇〇四年b
渡邉　晶『大工道具の文明史』吉川弘文館、二〇一四年
渡邊芳貴「鉄製農工具から見た古墳祭祀の変容」『地域文化の考古学』下條信行先生退任記念事業会、二〇〇八年

釣針

村上恭通

釣針が鉄製品として登場するのは弥生時代後期後半である。釣針は、細く短い角棒を研いで丸棒にし、その一端をわずかに鍛え、研いでアグを付け、腰部を曲げて完成する。こうみると鉄製釣針は弥生時代の鉄製品のなかでも最も繊細な技術を要する器種の一つであることがわかる。鉄製釣針は九州で多く出土し、太平洋側の高知にかけて一定の分布域を形成する以外は、各地で単発的な出土状況しか見せない。「弥生文化の博物館」といわれる鳥取県鳥取市青谷上寺地遺跡では中期に属する大小の骨角製釣針が顕著で、一般的な鉄製品が盛行する後期から古墳時代にいたる段階では鉄製漁具の姿は目立たない。釣針が骨角製から鉄製へ材質転換する様相、そして広く普及するプロセスは今後解明すべき課題である。

釣針の大きさ、形状の多様性はいうまでもなく、釣りや漁の対象となる魚種や漁法の多様性に対応している。発掘調査によって発見された鉄製釣針となると、その多様性と魚種との対応について議論できるようになるのは古代以降である。大宰府、鴻臚館の厨《くりや》（津厨《つのみくりや》）とされる玄界灘に面した福岡県福岡市海の中道遺跡では二〇〇点を超える鉄製釣針が発見された（山崎一九九三）。この遺跡では腰部を曲げる前のアグを削った軸がまとまって出土しており、釣針の生産から消費までが行われていたことがわかる。内田律雄氏は海の中道遺跡出土の骨角製擬似餌をイカ釣用擬似餌（しらやき）と評価し、これにはアグのない小型の釣針が装着されたと見る（内田二〇〇九）。また、この遺跡に延縄用の釣針の存在を指摘している。海の中道遺跡では魚介の残滓を廃棄した貝塚が検出されており、魚骨や鱗を含む層よりアグをもつ針部や軸部など小型釣針の小片がまとまって出土している。その出土状況から、発掘中も魚が飲み込んだ釣針の破片であると判断していたが、延縄用の釣針であったことは間違いなかろう。また内田氏は長さ五㌢以上の大型釣針の対象魚としてサメやタイなどを挙げている。ただ大型釣針はとくに形状が多様であり、なかには軸部がアグ側に湾曲し、腰が深いものもある（写真左）。海の中道遺跡の発掘調査時、遺跡に近い志賀島のある漁師はこの釣針を見て、冬場の高級魚アラ（クエ）用釣針にそっくり、と教えてくれた（写真右）。同形同大でアグがない釣針もあり、その判断に対して少し疑問を抱いたが、これについては、アラの下顎喉部がたいへん柔らかいためアグが機能せず、そのためアグがなくてもアラ釣りには問題ないという明快な解答を頂き納得した。

出土品から釣りの対象魚まで議論ができるとは実に楽しい。釣針もまた考古学的な研究のみでなく、民具資料の調査や漁業従事者からの情報によって新たな研究の世界が開かれるであろう。

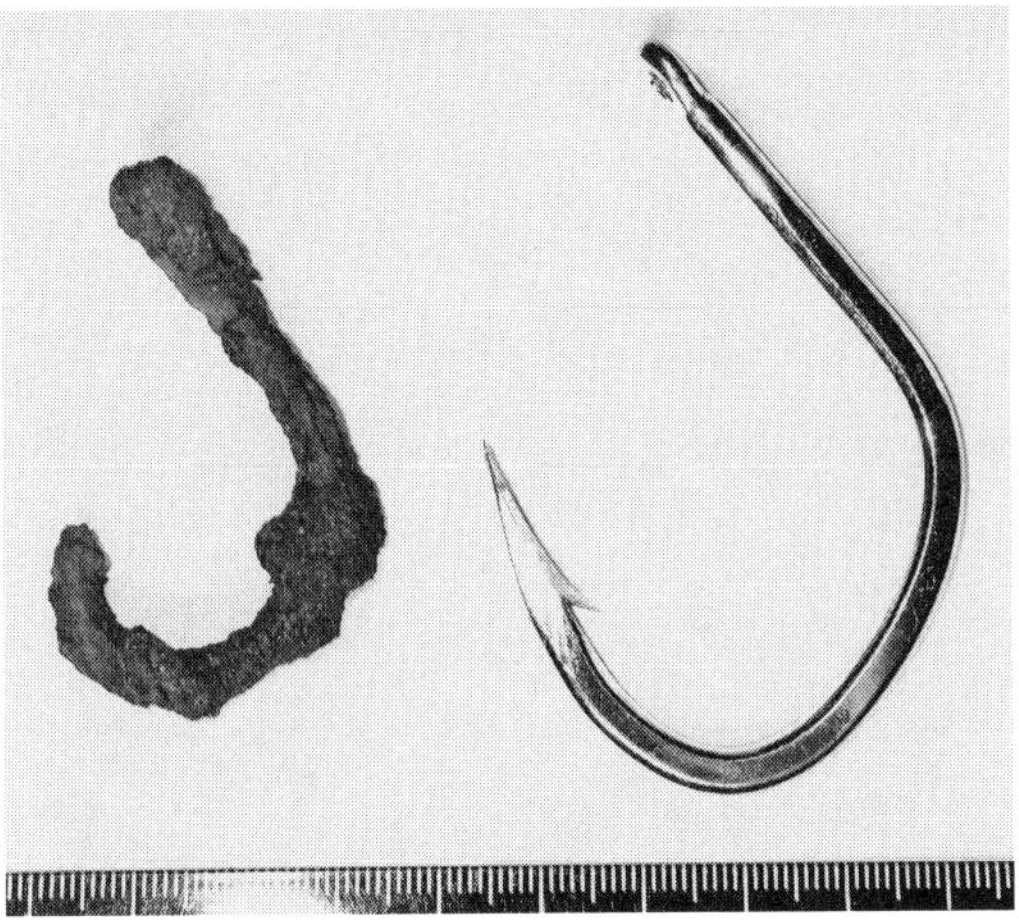

図　海の中道遺跡出土鉄製釣針（左）と現代のアラ用釣針（右）（海の中道遺跡発掘調査実行委員会提供）

参考文献
内田律雄『古代日本海の漁撈民』ものが語る歴史17、同成社、二〇〇九

年

山崎純男（編）『海の中道遺跡』海の中道遺跡発掘調査実行委員会・朝日新聞社西部本社、一九九三年

二　武器・武具・馬具

津野　仁
内山敏行

1　武器——古墳時代から古代へ

古墳時代は、地方では製作できない金銅製品などを近畿地方の政権が日本列島の各地に配布していた。これによって支配と被支配の関係を築き、列島を支配する政権と各地の政権で相互の利益関係を造っていた。金銅製品には、刀剣や飾り馬に付ける馬具などが含まれ、鉄製でも複雑な製作技法を要する甲冑なども地方に配布されたと言われている。また、東日本では鉄資源がなくて、中央政権を介して供与を受け、地方において小型の武器を製作することや補修することなどは行われていた。地方生産が推測されている武器には矢の先端に付ける鉄鏃《てつぞく》、刀やそれに付ける装具、馬具の一部で馬の口に咬ませる轡《くつわ》などが挙げられる。考古学でこのようなことを論証するには、列島各地でさまざまな形や異なった造り方を確認していく必要がある。鉄鏃のように小型で武器の中では比較的造りやすい物は地域により形が違っており、地方での生産が進んでいったと考えられている。

古墳を造る時代が終焉して、律令という法に基づき支配を行う時代になると、武器生産はさらに地方で行われるようになる。法を実行する地方の役所を設置し、そこにおいて軍事を担当する指揮官（官人）と庶民から徴募した兵士を編成して軍団を置いた。そこでは、画一的な武器を必要数生産し、把握していた。そのために、これまで地方で生産する技術のなかった甲冑なども、大化の改新直後には地方で生産していたことが明らかになっている。さらには、その武器を使って兵士の戦術である陣法も地方に伝えられた。地方へ製作技術を伝えることは武器に限ったことでなく、当時地方で造れなかった絹織物の技術なども広く伝えられた。これらは多くが七世紀後半に伝えられ、この時期は列島各地でさまざまな技術革新が行われた。このような、中央政府から伝わった技術だけでなく、古墳時代に地方にすでにあった技術が継承されていったのも事実である。それらを混在させても新たな軍事制度、軍事組織を造る必要に迫られていたのがこの時代の特徴であり、それは日本を取り巻く東アジア全体の動きで、日本の国家制度が造られた要因でもあった。

2　刀剣と装具

青銅剣から鉄製刀剣へ、鉄剣から鉄刀へ　武器は、刀や剣のような短い武器、ヤリ（槍）やホコ（矛・鉾）のような長い武器、弓矢や投げヤリのような飛び道具……に区別できる。これらをそれぞれ、「短兵」「長兵」「射兵」と呼ぶこともある。

中国社会科学院の王魏《ワンウエイ》氏によると、中国を中心とした東アジアの短い武器は、大まかに銅剣↓鉄剣↓鉄刀へと変遷し、中国の中原に近い地域ほど鉄剣から鉄刀へ早く移行するという。その理由として、騎馬戦が普及することによって、突き刺す武器（剣）から断ち切る武器（刀）へ移行することをあげている。別の理由として、剣は両側に刃をもつ武器であるために薄く、片側だけに刃をもつ武器である鉄刀は厚くてより丈夫であり、また両刃の剣よりも片刃の刀は作るのも容易であるとも述べている（王魏二〇〇四）。

日本列島の短い武器も、弥生時代の銅剣から始まって、鉄剣に加えて鉄刀も少し見られる弥生後期と、鉄刀が鉄剣よりも多くなる古墳中期を経て、古墳時代後期にはすべて鉄刀に移行する。もっとも、青銅製武器が細身の実用品だったのは最初に朝鮮半島から導入した弥生前期末から中期前半で、その後の青銅製武器は長くて幅広い儀器《ぎき》または祭器に変化する。古墳時代前期に多い鉄剣は、中期には鉄刀より少なくなり、後期には鉄刀だけが残って鉄剣はほとんど見られなくなる。ただし、鉄刀を用いて古墳時代中期・後期に騎馬戦が普及したとは、馬具の数からみて考えにくい。

初期の鉄刀は、柄の先端に鉄環《てつかん》を作りつけた「素環頭鉄刀《そかんとうてっとう》」として弥生後期から古墳中期まで輸入された。素環頭鉄刀は、振り回した刀が手から抜けないように柄頭に大きな環を付けた刀で、古墳時代では長さ七〇〜一二〇㌢の長大な「素環頭大刀《たち》」が多い。鉄を高温にするためにフイゴで風を送る管《くだ》（羽口）がまだ現れていない弥生後期や、羽口を導入しても簡単な木製・石製鍛冶具で加工していた古墳前期には、長大な鉄刀を製作する技術が倭になかったとみる意見が多い。大刀を倭で作れるようになる時期を、鉄製の鍛冶具が現れて鍛冶遺跡も増加する古墳中期まで遅らせる考えである。短い鉄刀や鉄剣は倭でも生産可能で、北部九州では遅くとも弥生後期には製作を始めていた。

古墳前期までの大刀は中国および朝鮮半島から輸入したと考える意見が有力である。後漢の「中平」年間（西暦一八四〜一八九年）の象嵌《ぞうがん》銘文をもつ鉄刀が奈良県東大寺山古墳で出土したことや、景初三年（二三九）に魏皇帝から銅鏡一〇〇枚などとともに「五尺刀」（およそ一二〇㌢の長い刀）二口を卑弥呼が下賜されたという『魏志』倭人伝の記

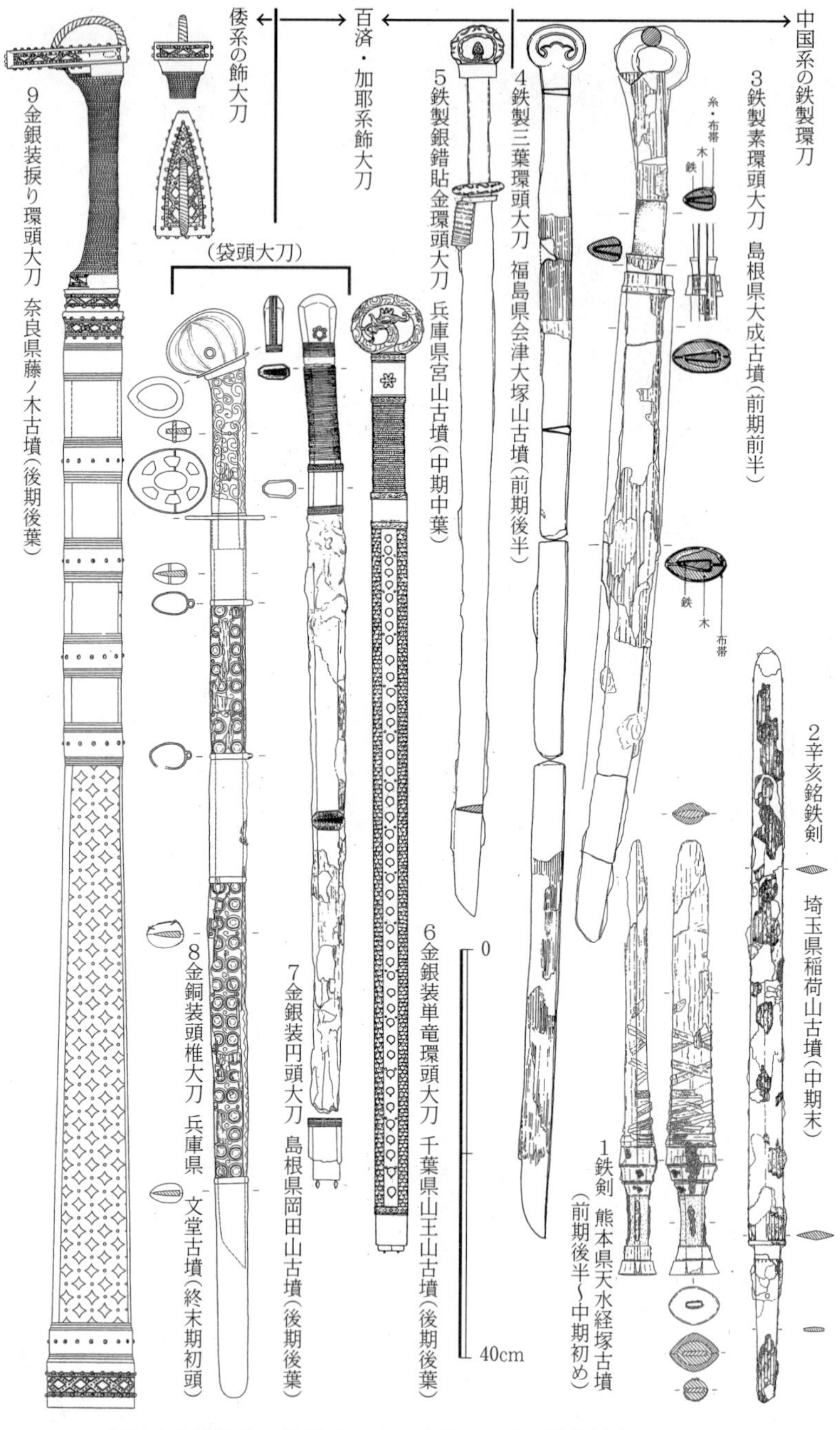

図1　古墳時代の鉄剣（1・2）・鉄刀（3・4）・装飾付大刀（5〜9）

事が背景にある。中国・朝鮮半島南部・日本列島で製作した鉄刀を識別する基準が明確にできていないために、鉄刀の各製作地やその構成割合を具体的に考えることは難しい。つまり、倭に輸入された素環頭大刀が中国製品だけでなく、朝鮮半島製品も含んでいたのかどうかが、よくわかっていない。

素環頭大刀は、古墳時代の倭人にとっては外来の異質な刀であった。倭に定着して重視された刀であるとは言いにくい。倭風に作り替えた事例が多いからである。具体的には、鉄製の環頭を切断あるいは取り外して通常の鉄刀に変えたり、鉄製の環頭の大半を木製の柄で隠すように改造している。東大寺山古墳出土鉄刀の場合は、鉄製の環頭を切断して、倭で製作した青銅製の環頭装飾に取り替えていた。

先行する弥生後期には地域差があり、北部九州では輸入した大刀の環頭を除去しないが、山陰・北陸では除去する（村上二〇〇七）。鉄刀を墓に副葬する行為とともに、同じく弥生後期の山陰・北陸で始まった現象が、古墳前期に各地へ広がるということができる。

古墳時代の鉄剣は、時期が新しくなると長くなることが知られている。短い武器の主力が鉄刀へ移行すると、時代遅れの武器である鉄剣は長くて見栄えのよいものが増える……ということもできる。鉄剣を用いる古墳時代中期まで剣が長くなってゆく日本列島において、長い鉄製品を作る技術が進展していたことがわかる。また、倭が鉄や鉄製品を輸入していた朝鮮半島南部の加耶地域でも、六世紀前半には日本と同じく鉄剣が衰退する。ただし、刀剣のうちの一割ほどは剣も残り、鉄刀へ移行する時期は、日本の方が急速である。

鉄剣がほとんど消滅する直前の時期である古墳時代中期末（五世紀末）に副葬された埼玉県稲荷山古墳の鉄剣は、長さが七三・五センあり、非常に長くなった段階の製品である。合計一一五文字という長い銘文が両面にあることからみても、この剣は実戦用の武器ではないとみるべきである。金糸を埋め込む技術（金象嵌《きんぞうがん》あるいは金錯《きんさく》と呼ばれる）で銘文を両面に記しているので、焼き入れを行っていないか、あるいは硬さに乏しい鉄（つまり炭素の含有量が少ない鉄）で作られていたことを推定したいが、十分な金属学的調査はこの剣に対して行われていない。葬送儀礼の行為として折り曲げられた鉄剣が前期古墳から出土することがあるので、硬さが伴わない儀礼用（非実戦用）の武器が古墳時代に存在していたことは認められる。

古墳時代後期の六世紀初め以後になると、剣は原則として古墳に副葬されなくなるので、実際に使われることもほとんどなくなったとみられる。非常に特殊な武器として鉄剣が後期古墳に副葬される事例もごく稀に残る。奈良県藤ノ木古墳・京都府井ノ内稲荷塚古墳・千葉県木更津市塚原二九号墳などの後期古墳から鉄剣が出土しているのが、例外的な場合である。

装飾大刀　おもに金や銀で飾った金具をもつ「装飾大刀」が古墳から出土することがある。「飾大刀」「装飾付大刀」「金銀装大刀」などとも呼ばれている。

古墳時代の装飾大刀には、いくつもの種類があって、種類ごとに構造や製作技術が違う場合も多い。柄の構造（一本の木に溝を彫るか、二枚を合わせるか）、柄の形状（非対称形の曲線状と、対称形の直線状）、鐔《つば》の有無と大小、鍛造（打ち物）と鋳造（いもの）、接合方法（釘による接合とロウ付け接合）などである。それぞれの構造・技術・デザインは、倭系と外来系のような、系統差を示す。製作した近畿中央政権と、各地の所有者との間の、複雑で多様な関係が多種の装飾大刀に反映している。

古墳時代中期（五世紀）後半には、朝鮮半島の百済地域や加耶地域から倭に輸入された装飾環頭大刀が出土する。素環頭大刀が格式の高い刀として原三国時代から扱われていた朝鮮半島において、鉄製の素環頭大刀に金・銀の装飾を加えることで装飾大刀に変化したものである。金線や銀線を埋めて飾る「象嵌」の装飾は百済で行われた。環頭大刀ではなく鉄剣の事例ではあるが、七支刀のように文字を表すこともあった。金薄板・銀薄板を貼りつけて鉄製の環頭を飾り、環頭の中央に竜や唐草文様の装飾金具を取り付ける装飾法は加耶《かや》で行われたことがわかっている。

素環頭大刀が重視されていなかった倭においては、鉄製素環頭大刀を金や銀で飾ることで装飾環頭大刀を生み出したようすはない。倭における金・銀象嵌技術は五世紀に導入されたが、環頭大刀の柄頭部を飾るのではなくて、刀身に銘文や図像を表現する方法として、埼玉県稲荷山古墳の鉄剣や熊本県江田船山古墳の鉄刀のように用いられている。弥生後期から古墳前期に輸入された中国系の鉄製素環頭大刀は、倭で流行・定着しなかった。それとは別に、新しい種類の朝鮮半島系の刀として、装飾環頭大刀が古墳中期後半の倭に再登場したというべきだろう。

中国でまず装飾環頭大刀が成立して、その影響を受けた朝鮮半島から古墳中期の日本列島へ製品が輸入されたことを推定できる。ただし、墓に武器を副葬することが稀な中国では、六世紀以前の装飾大刀がほとんど判明していない。

倭で製作した装飾大刀は、古墳時代中期の後葉から現れる。刀を握っている手を保護するベルト部分を、主として銅製の「三輪玉」という金具で飾る「倭系装飾大刀」で、古墳後期の六世紀初めころからは大阪府峯ヶ塚古墳のように「捩り環頭」と呼ばれる半環状の金具を柄の上端に取り付けることも特徴である。輸入した鉄製素環頭大刀の柄を倭で改造して、素環頭の下半分を木製の柄で隠すことが古墳時代前期・中期に行われていた。そのような倭風の刀装を装飾大刀に変換することで、捩り環頭装飾大刀が成立した可能性を橋本英将・池淵俊一らが示唆している。

古墳時代後期の後半には、「環頭大刀」と、柄頭部分を銀板や鍍金（メッキ）した銅板で覆う「袋頭大刀《ふくろとうたち》」の、大別して二種類の外来系装飾大刀が百済・加耶から伝わり、倭で盛んに作られた。環頭大刀は、竜や鳳凰の文様で飾る「竜鳳文環頭大刀」が代表的である。「袋頭大刀」という総称名はあまり広く使われないが、その中では柄頭部分が丸い「円頭大刀」が代表的で、柄部を左右非対称に作る倭の特徴をまぜた「頭椎大刀」なども生み出した。

環頭大刀は、銅で鋳造した環部に金の薄板を貼り、竜の形を鋳造した装飾を環の中央に取り付けるものが最初に現れた。このような作り方は、鉄製環頭に金の薄板を貼る五世紀の装飾法を銅製の柄頭に応用したもので、加耶から伝わったとみられている。しかし、竜の文様をもつ環頭大刀のデザインは、加耶ではなく百済の装飾大刀から採用したことがわかっている。部品をロウ付け（はんだ付けと同様の方法）で接合し、銅で鋳造してからタガネという工具で彫刻して鍍金するなどの新しい製作方法も伝えられた。古墳時代終末期には環頭大刀と倭系装飾大刀が衰退して、袋頭大刀の一種である「方頭大刀《ほうとう》」が装飾大刀の主流になる。

朝鮮半島系の刀から唐風の刀へ　古墳時代後期には、朝鮮半島からの影響を受けた環を付けた大刀（環頭大刀）が流行した。しかし、古墳時代も終わりになり、朝鮮半島系の大刀もその役割を終えてきた。ただし、現在半島系の大刀の終わる時期をめぐっては論争が起こっている。半島系大刀も遠くは中国の系統であったが、七世紀になると東アジアに君臨する大国唐の影響を受けた大刀が積極的に倭（後の日本）にも取り入れられる。

唐では、周辺の民族を支配するために礼を重んじた。礼は儀礼・儀式として体系化され、守衛や防備を担当する武官は、儀礼の場で刀＝儀刀を持って臨んだ。倭でも古墳時代には環頭大刀を持って儀礼に臨んだが、東アジアに広まった儀礼の整備に伴って、新たな儀刀が必要になってきた。これが、七世紀以降に一般に使われた方頭大刀と呼ばれている。この刀は、柄の先端が方形であることから呼ばれているが、その製作技術について触れておく。

方頭大刀は、当初柄の先端（柄頭）や鞘《さや》の先（鞘尻）に筒金を被せて作った。その後、柄頭や鞘尻には縁のみに金属の覆い（覆輪《ふくりん》）を付けるようになる。この覆輪式が日本では長く流行して、使われた。次に、刀を握る部分（柄）は凹凸の付いた鮫皮を張る。鮫皮が入手できない場合は、銅板に点を無数に打ち、その裏面を表にして鮫皮風に仕立てるものもある。鐔も古墳時代後期のような倒卵形の大きなものでなく、さらに古墳時代に盛んであった鐔の四角形

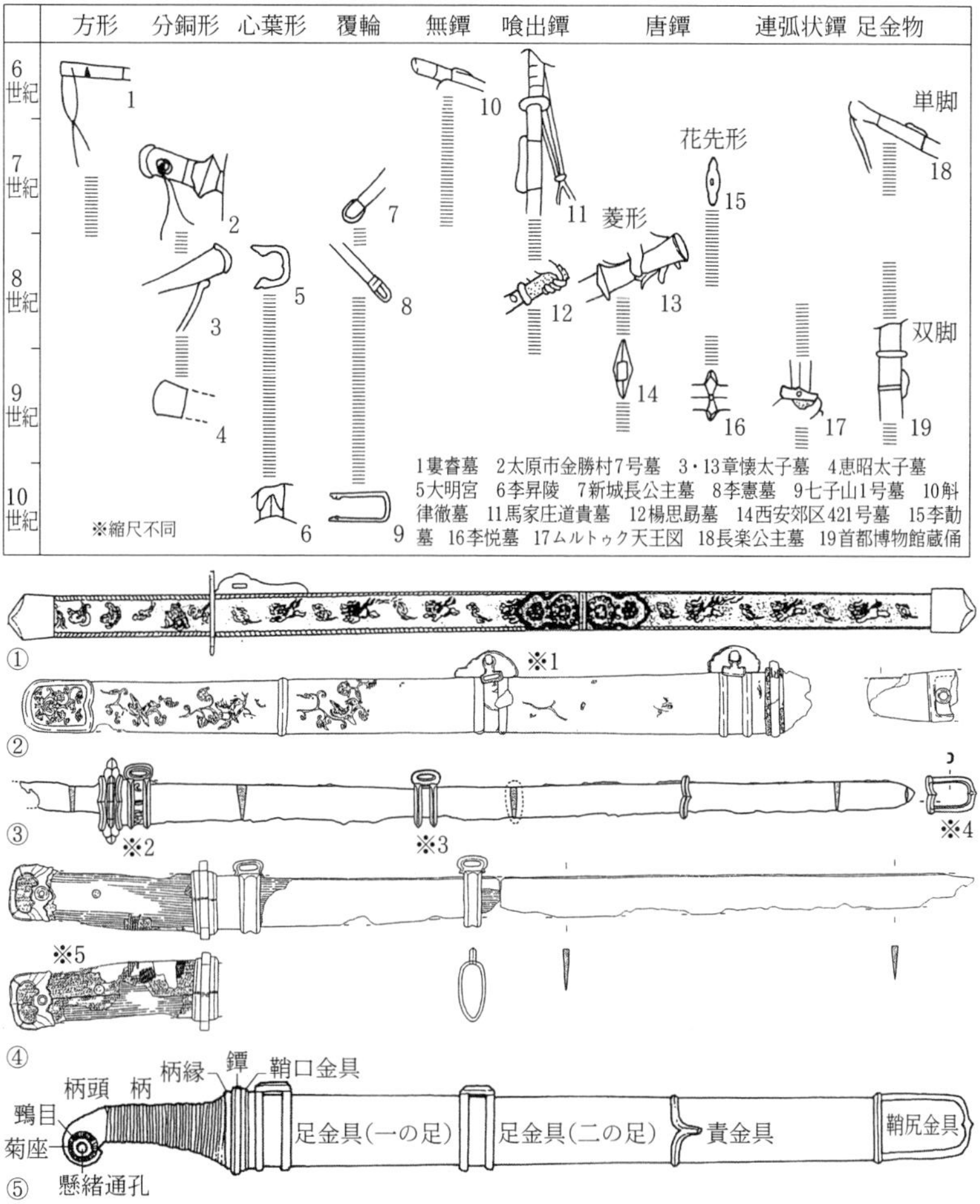

①唐 季勣墓　②日本 東大寺大仏殿出土唐様大刀　③西野山墳墓出土唐様大刀
④樋殿谷出土方頭大刀　⑤蕨手刀と部位名称(八木2010による)
※1 山形金　※2 唐鐔　※3 双脚足金物　※4 鞘尻の覆輪　※5 鮫皮の柄

図2　唐の装具と日本の刀

の窓もなくなる。鐔は刀を握った拳をまったく防護できないほど小型になり、縦五㌢、横三～四㌢で、楕円形をしている。この鐔を喰出鐔《はみだしつば》と呼ぶが、平安時代の後半まで長く使われた。唐鐔と呼ぶ先端が花先形をした鐔も儀仗《ぎじょう》用の刀に付けられた。鞘は古墳時代と違って薄くなり、実用の大刀では馬皮を巻いて黒漆を厚く塗って作ることもあった。

鞘には魚の鰭のような形をした金具を付けることも奈良時代以降の大刀の特徴である。これを山形金と呼ぶが、この金具はアジア大陸の西方から中国に入り、奈良時代初めに日本に移入されたものである。

さらに、それまでの刀との大きな違いは、大刀を腰に下げるが、このさいに紐で鞘を巻いて吊り下げる留金具（双脚足金物）が出現した。それまで、鞘を巻いた金具の穴に紐を通して吊り下げていたが、この新しい留金具によって鞘が落ちることがなくなった。この金具は鞘の前の方に二ヵ所取り付け、紐を左腰に巻いて大刀を佩用した。

この時期の大刀の特徴は、唐風に変化している点である。上述の諸要素のうち、柄頭や鞘尻の金具や小型の喰出鐔や鞘の留金具（足金物）・山形金・唐鐔の形態はいずれも唐に類品が見られることから、唐の刀制を律令国家の儀礼を整備した時期に取り入れたと考えられている。

唐における使い方では、唐の皇帝などに列する儀礼のときに、柄頭が環状になって華美な文様のある剣を体の前に立てて用いていた。腰に下げる刀は守衛などの武官が用いていたのであり、これが日本の儀礼用の刀にあたる。唐の儀仗品は日本に取り入られず、唐の兵士の用いる横刀が、日本の儀仗刀になったのである。

日本刀への階梯　一般に日本刀と呼ばれる刀は、刀身に反りがあり、よく切れて、折れない特徴がある。古墳時代から奈良時代の大刀は刀身がまっすぐな直刀《ちょくとう》と呼ばれていたが、平安時代後期以降の大刀は反りがあり、彎刀《わんとう》と呼ばれる。この太刀は硬軟の鋼を重ね合わせて鍛えていき、刃の部分は鋭利で、折れにくくなっていた。また、刃部に硬質の鋼、棟に軟質の鋼を用いる場合もあった。このような、日本刀への階梯については、刀身の彎曲化をめぐって定

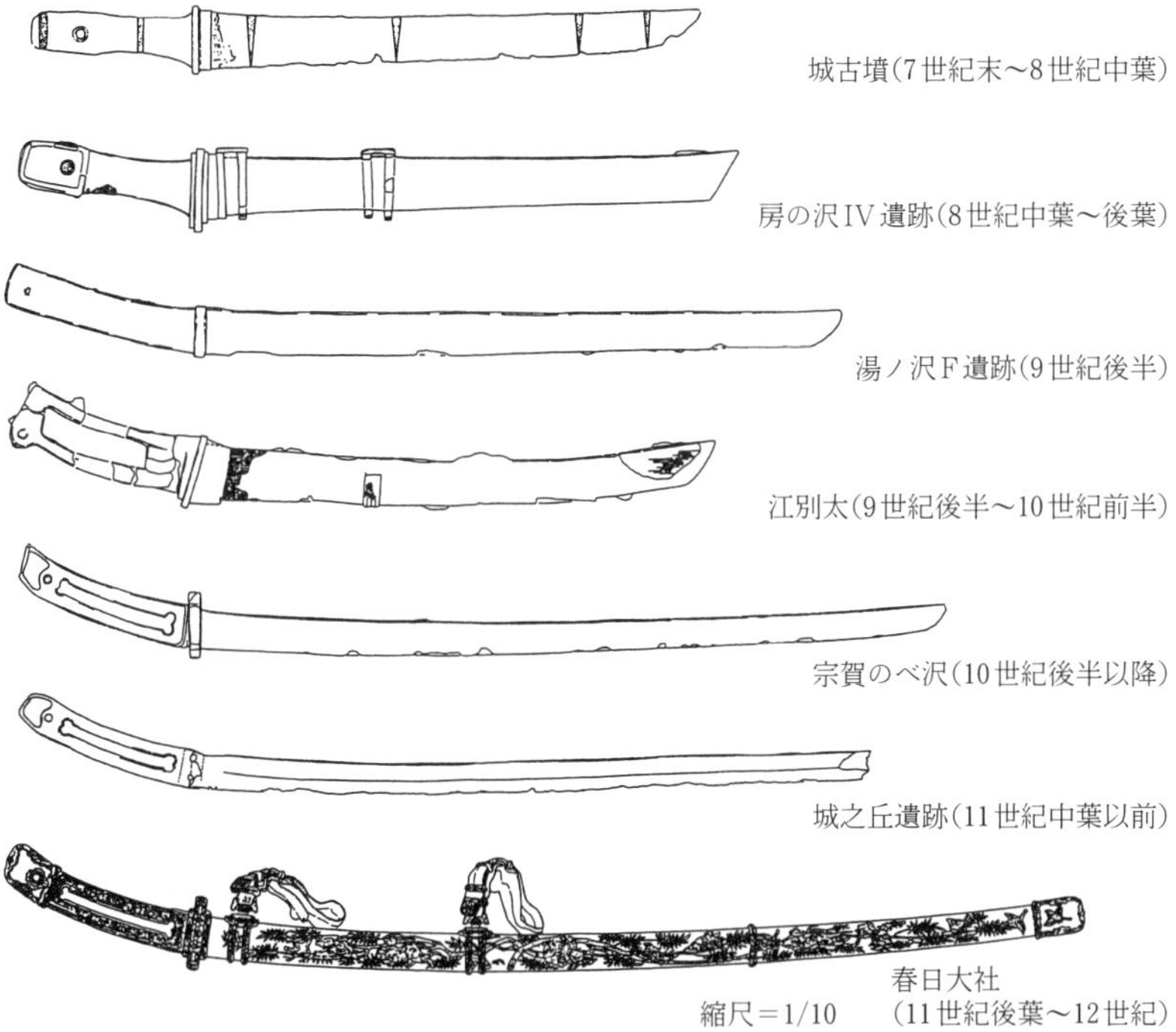

図3　毛抜形太刀への過程

説がないのも現状である。正倉院に残る大刀にもわずかな柄反りの観察されるものがあり、彎刀化する前から柄反りが発生していたという見解もある。

しかし、日本刀への変遷に関する最も有力な学説は刀を握る部分が蕨のような形をした蕨手刀から握る部分に透かしのある毛抜形太刀を経て古太刀、いわゆる日本刀が成立したという石井昌國氏の見解であろう。列島各地の出土品を集成した、氏の説は大きな影響を与えた。しかし、鉄を地とする共鉄の蕨手刀から毛抜形太刀に展開する点は支持を得たが、茎《なかご》に木板を合わせて柄を作る日本刀に変わる点が不自然であるとの指摘も出されていた。

そこでは、柄の変化に関する点が問題視されていることから、木の柄に茎を入れる茎式が奈良時代から平安時代まで連続しないか確認すること、及び木を伏せない共鉄の柄が毛抜形太刀

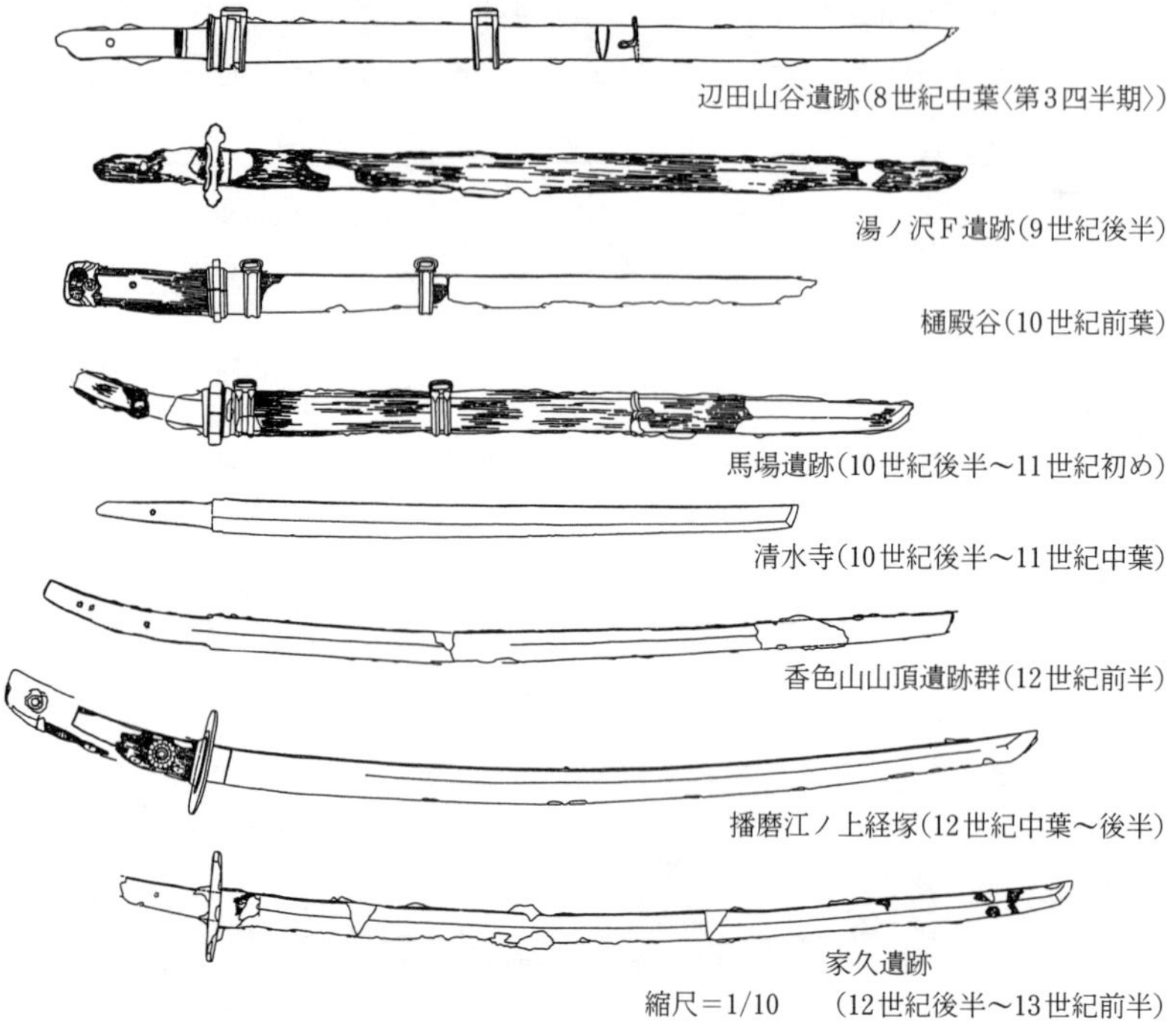

図4　日本刀（木柄刀）への過程

であるが、この前身に共鉄の大刀はないか確認することが課題となった。

共鉄柄の刀は石井氏が立鼓柄刀と呼び、柄の中央が括れて鼓のようになっている。この刀は七世紀末ごろに出現し、刀身が短く、柄には搾りがあるが、反りのない直刀であった。八世紀中葉から後葉には刀身が長くなり、柄反りが出る。その後、九世紀後半には、さらに刀身が長くなり、柄の反りが増して搾りがなくなる。このような刀を石井氏は長柄刀と呼んだ。その後、毛抜形の刀になり、毛抜形太刀に展開していくと判断された。毛抜きのない段階の刀は一貫した形の変化が確認できたことから、津野は柄の特徴により方頭共鉄柄刀と呼んだ。これがやがて毛抜形太刀になると判断した。これで、共鉄柄の流れが把握できた。一方の茎式柄の刀の変化は、東北北部の出土品では八世紀前半には柄反りが確認できる。しかし、東北南部より南の地域では柄反りが見られるのは十世紀以降であり、直刀が続く。十一世紀中葉の段階で刀身の腰が反った太刀が確認できるようになる。しかし、この段階では刀身断面に稜のない平造で明瞭な鎬造や刀の棟が断面三角形をした庵棟《いおりむね》は十二世紀になってから出現する。十一世紀代の資料がきわめて少ないが、茎式刀でも奈良時代からの流れが把握できたことから柄の作り方で茎式と共鉄造りで変化しなくても、木柄刀と方頭共鉄柄刀として別な流れとして理解して、日本刀の成立を説くべきと考える。さらに日本刀の成立時期に関して、考定する必要がある。

従来は、平安前期の大刀使用者の伝承や刀剣書に記載された刀工の記述をもって、大刀（太刀）の変遷を説いていたが、出土資料と共伴土器などから時期を導くと、それまでの諸説の最も新しい時期、すなわち十一世紀中葉以降に日本刀が成立したと判断されるようになった。

さらに、七世紀に唐から伝わったとみられる喰出鐔は十世紀前半までは鐔の主流であった。奈良時代に高級刀に付いていた木瓜形鐔は、鐔の四隅に切り込みが入る。これが、十一世紀まで徐々に大型化していき、やがて切り込みと突起のない板鐔が十二世紀に出現するようになる。この鐔の大型化によって柄を握る拳を防護する機能が増したと推定される。

3 矢（鉄鏃）

弥生時代：石鏃から鉄鏃・銅鏃へ　弥生時代中期・後期には、石鏃の形を鉄に置き換えた鉄鏃を各地域で作りはじめる。矢に取り付ける突出部である「茎」をもつ鉄鏃が瀬戸内中部から近畿中央に多く、他の地域では茎がない鉄鏃が多い。鏨（タガネ）という鉄工具で鉄板を切って簡単に作る薄い鉄鏃は近畿以東に多く、鉄素材を叩いて作る高い技術が必要な厚い鉄鏃は瀬戸内から九州に多い（村上二〇〇三・二〇〇七、松木二〇〇三）。一回に複数の鏃《やじり》を鋳造できる銅鏃も量産されて、九州から関東までの広い範囲で併用された（高田二〇〇二）。鉄鏃の不足を補う必要から、青銅の実用武器・利器が鏃だけ残っている。

古墳時代前期：儀礼用の鉄鏃と銅鏃　儀礼用の鉄鏃と銅鏃を作る体制が古墳時代の初めに成立する。とくに目立つのは厚くて稜線や端面を砥ぎ出した美しい外見の鏃で、松木武彦氏は「有稜系鏃」と呼ぶ。平たく大きい「平根系鏃」とともに、鏃が「中央政権配布威信財」および「首長間交流威信財」として機能したと松木氏は考えている（松木二〇〇七）。鉄鏃や銅鏃を付けた矢が広い地域の間でおそらく儀礼的に移動・交流していたと考える意見である。数十本から時には二〇〇本もの矢を古墳に副葬する現象が始まることも、葬送儀礼の重要な品目に美しい矢が使われたことを示している。

古墳時代前期前半に、銅（鋳造品）と鉄（鍛造品）で同じ形状の鏃をそれぞれ作るようになる。砥ぎあげて輝く鏃を付けた当時の矢では、鉄鏃と銅鏃の区別が難しい。スズを多く混ぜた青銅を使うように素材も変わるので（高田二〇〇二）、銅鏃は五円玉のような黄金色ではなく、百円玉のような銀色になる。鉄鏃と同じ銀色を目指して素材や配合を変えた可能性もあろう。古墳や遺跡で出土した鏃は錆びているので、緑色の銅鏃と茶色の鉄鏃をすぐに区別できる。

異なる材質の鏃が他の鏃を模倣する関係が成立するわけであるが、その順番には諸説がある。鏃の先が将棋の駒のように角張った厚い「定角式」の鏃は、木製や骨製の鏃から材質転換して北部九州または西部瀬戸内でまず鉄鏃が現れる（村上二〇〇七）。少し遅れて、同じ「定角式」の銅鏃も作りはじめる。中央の稜線と両側の逆刺（カエリ）をもつ形の「腸抉《わたくり》形鏃」は、古墳時代の最初期に銅鏃が現れ、鉄鏃として作られることが少ない（水野二〇〇八）。

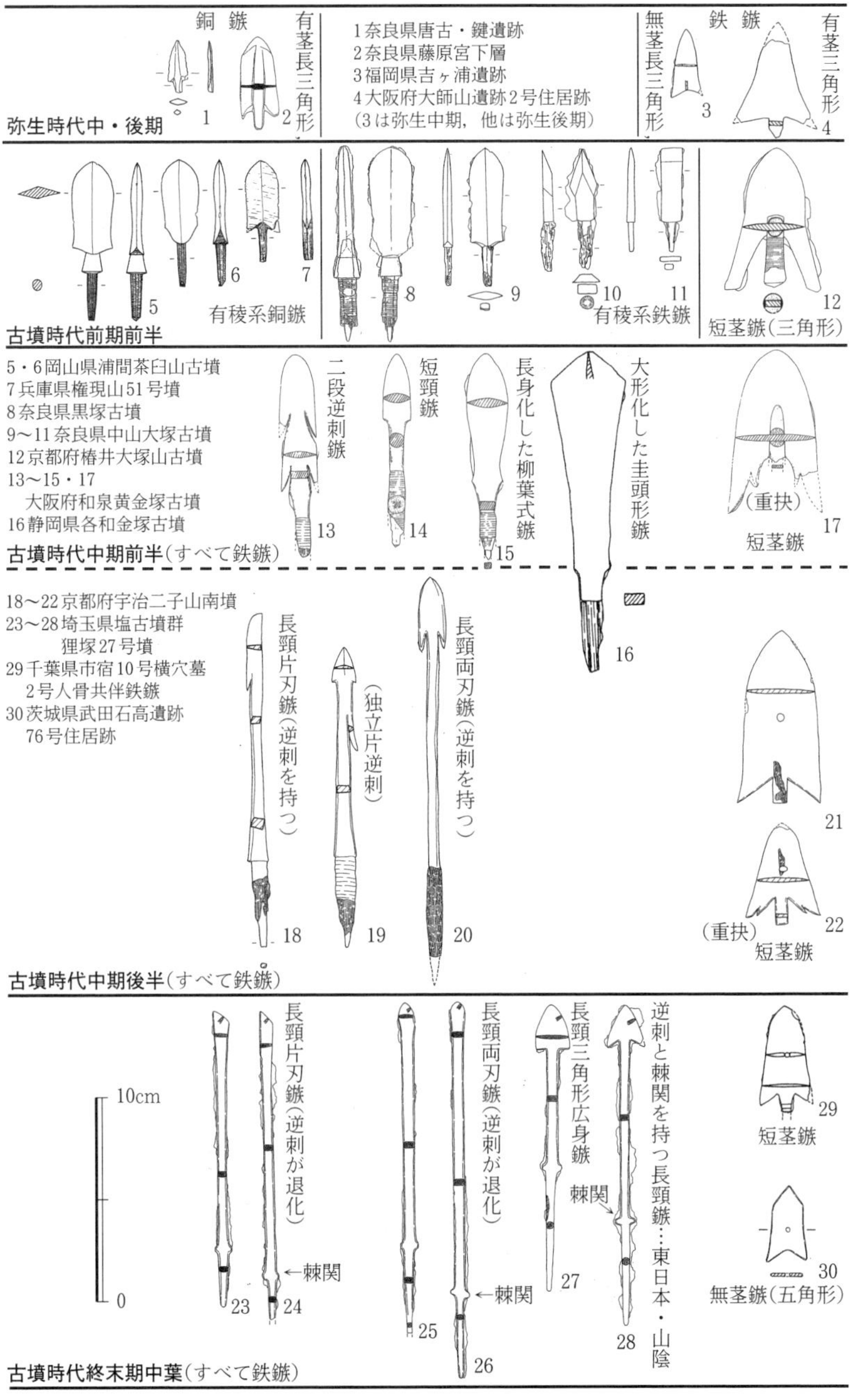

図5　弥生時代と古墳時代の鉄鏃および銅鏃

厚く小形で、明確な稜線や端面や段をもつ古墳前期の鏃を量産するのに鋳造が向いているので、武器と利器のほぼすべてが鉄になっても、鏃だけ青銅製品が残るのだろう。銅鏃は古墳中期初めまで古墳に副葬され、扁平で大形の鏃が増える古墳中期前半に消滅する。

古墳時代中期：頸部をもつ鉄鏃　古墳時代前期の鉄鏃をもとにして、それを長大化・大形化あるいは幅広化した鉄鏃が、古墳時代中期の前半を中心として使われる。鏃が大形化することは、古墳に多量の鉄鏃を納めるような儀礼の場面で矢を目立たせる効果と、矢を重くする効果がある。軽い石をぶつけられるよりも、重い石をぶつけられた方が痛い。ただし、重い石を投げるときには、より多くの力を使う。このことからわかるように、重い矢を強力な弓で射ることで矢の戦闘効果が向上する。つまり、甲を着た敵を傷つける力を高めるために、重い矢と、それを飛ばせる強い弓が使われるようになったと考えられる。

古墳中期の前半には短い頸部をもつ鉄鏃が、中期の後半には長い頸部をもつ鉄鏃が現れる。「短頸鏃から長頸鏃へと変遷した」といわれる現象である。長頸鏃を使うことで矢の貫通力がさらに向上した、と説明されることが多い。長頸鏃は細く重いので、中期前半の広く大きく重い鏃よりも敵の甲を貫く力が向上した。古墳時代中期から古代にかけては、長頸鏃が実戦用の鏃の主力である。

中世や近世の鉄鏃では、竹でできた矢の内部に差し込む「茎」（中子・なかご）の部分が非常に長い鉄鏃もある。これも古代以前の長頸鏃と同様の効果をもっている。「鏃身」と呼ばれる鉄鏃先端部だけを重くすると、古墳中期前半の鏃のように鏃が広く大きく、刺さりにくくなるだけでなく、矢全体の重心が先端に偏ってしまう。鉄鏃の頸部あるいは茎部を前後に長くすると、重心を矢の中央部に近づけることができるので、安定して矢を左手に載せて、弓につがえることができる効果があるのだろう。

両側ではなくて片側だけに刃を持つ「片刃鏃」という種類の、変わった形の鏃がある。作って研ぎあげる作業が両刃鏃の半分の手間で済むことが、作られた理由の一つかもしれない。両刃の鉄剣に比べて、鉄刀は片側の刃だけを研げば容易に製作できる……という指摘と同様の解釈である。次項で説明する、古墳時代後半期における鏃の製作の省力化とも関わるであろう。片刃鏃は、古墳時代中期後葉以後の倭と、同時期の朝鮮半島南部（新羅・加耶・百済）で広く使われ、奈良時代まで続く。ただし、片刃鏃が作られた理由を説明する明確な定説はなく、製作の手間が両刃鏃の半分だから広く作られたと考える説がこれまでに示されたこともない。

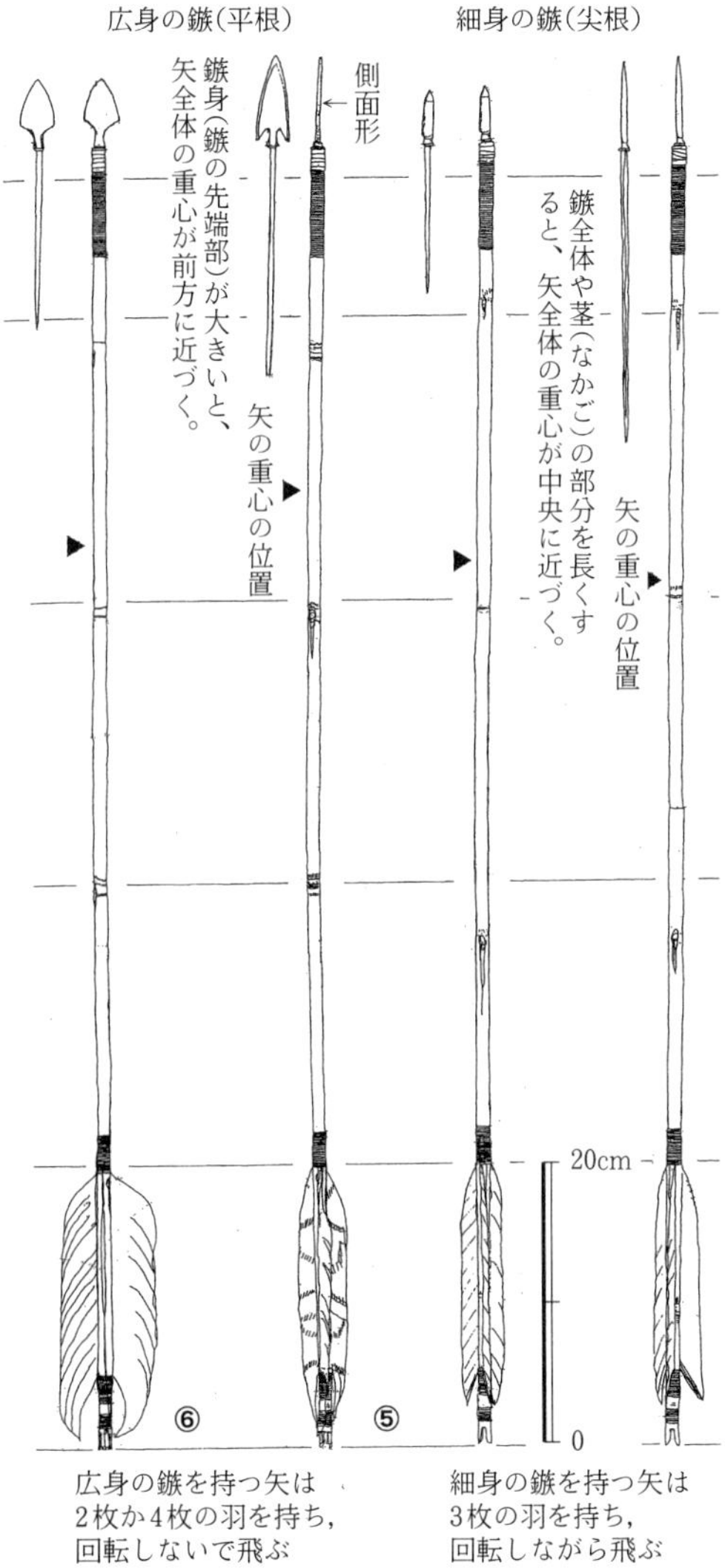

※ 近藤2014による。

図6 鏃全体の長さ・鏃身の広さと，矢の重心の位置

古墳時代後期・終末期　製作工程を省略すると、鏃の製作に費やす手間と時間が短縮して、量産を促進する。古墳時代中期（五世紀）の鏃には深い逆刺が付けられていたが、古墳時代後期（六世紀）には鉄鏃の逆刺が退化する。敵を深く殺傷するという「強さ」よりも、多くの矢をもつという「武力の量」を求める変化である。終末期（七世紀）には刃部が短くなって、鏃の先端だけに刃を付けるようになる。また、鏃の四面を丁寧に成形して作る太い断面形の鏃から、輪郭を切りそろえて平面形を簡単に整える平たい断面形の鏃へと変化する。これらの現象も、鏃を製作するさいの省力化が進められたことを示している。

機能的にはどうであろうか。岡安光彦氏（二〇一三）は、倭の七世紀の鉄鏃が「敵に優しい鏃」に変化したと評価した。同類の倭人（百姓・おおみたから）を相手に戦う矢だから、敵を深く傷つけない配慮があるという。壬申の乱に用いられた武器を考える文脈で、岡安氏はこのように興味深い評価をしている。

しかし、鏃の製作方法と機能の変遷は、倭の中央政権だけの事情による現象ではない可能性がある。七世紀後半には、唐・新羅の連合軍を相手にして、百済を救援するために、倭は白村江の戦いを行った。この場合、敵は倭人ではない。白村江の戦いで唐・新羅に攻略された百済の公山城《コンサン》で出土した多数の長頸鏃も、倭の長頸鏃と同様に逆刺が退化している。また、倭でも七世紀には地域ごとの生産が盛んに行われるようになり、関東・東海地方で製作した鉄鏃には逆刺をもつものがしばしば含まれている（図5—28）。倭でも地域によって武器の「強さ」や「量産」に対する考えが異なっていたようである。

古墳時代の弓矢との関連　奈良時代の矢の先端に付ける鉄鏃は、形や組み合わせが基本的に古墳時代の流れにあった。この時期の鉄鏃も、殺傷用の尖った形（尖根《とがりね》）と音を出して矢を放つ最初の矢と言われる鏑矢《かぶらや》（平根《ひらね》）に大きく分かれる。鏃を竹の先端に差し込むが、竹の先端を受ける部分が、七世紀までは正倉院の片刃箭《かたばや》式のように両側に突出部があり、竹を二点で留めており、これを棘《きょくのかつぎ》篦被と呼んでいる。奈良時代になると二点の突出部が消えて、竹よりもひとまわり大きな段全体で竹を留めるようになり、関篦被《まちのかつぎ》という。この場合には甲などに貫通したときに二点で当たった衝撃を受けるよりも強くなり、矢柄の先端の割れも少なくなったと推測される。この点は、奈良時代における矢の技術改良といえる。

尖根の鏃は、東日本では全般に短くなる傾向がある。鉄鏃が短くなることで矢の先端が軽くなり、同じ弓の力で矢を射ると遠くまで飛ぶが、刺さったときの威力が少なくなる。しかし、西日本の矢は奈良時代になっても長さが変わらず、飛距離よりも貫通力重視であったと考えられる。日本列島の東西でこのような違いがあったことが少しずつ明らかになってきたが、その原因はまだ明らかになっていない。

奈良時代の集落や官衙（役所）から出る弓は、古墳時代後期の集落遺跡で出るような長さ一五〇㌢ほどの丸木弓で、大きな変化はない。曲がる弓の内側を少し薄く削って、撓りやすくする工夫がされている。

鉄鏃の規格　鉄鏃は鉄を叩き鍛えて形を作る。奈良県明日香村の飛鳥池遺跡で、鉄製品と同じ形をした木製品が出土した。この遺跡は鉄のみでなく金・銀・銅やガラスまでも作り、国営の総合工房と言われている。そして、ここで出た木の型は金属製品を作るさいの見本＝様《ためし》とみられるようになった。矢の先端に付ける鉄鏃の見本も出土した。列島各地でも共通の形をした鉄鏃が出土するが、それは型見本が全国に配布されたことによると考えられるようになった。

ところで、この武器の規格に関する研究はこれまであまり深化してこなかった。画一的に規格化された武器は、軍団兵士の武力を把握するうえでも大きな関心事であったと思う。しかし、武器の規格の実態について、図面などが残っていないことから、不明であった。この点で古代の遺跡から出土する鉄鏃は、その数が多いことから規格の実態を

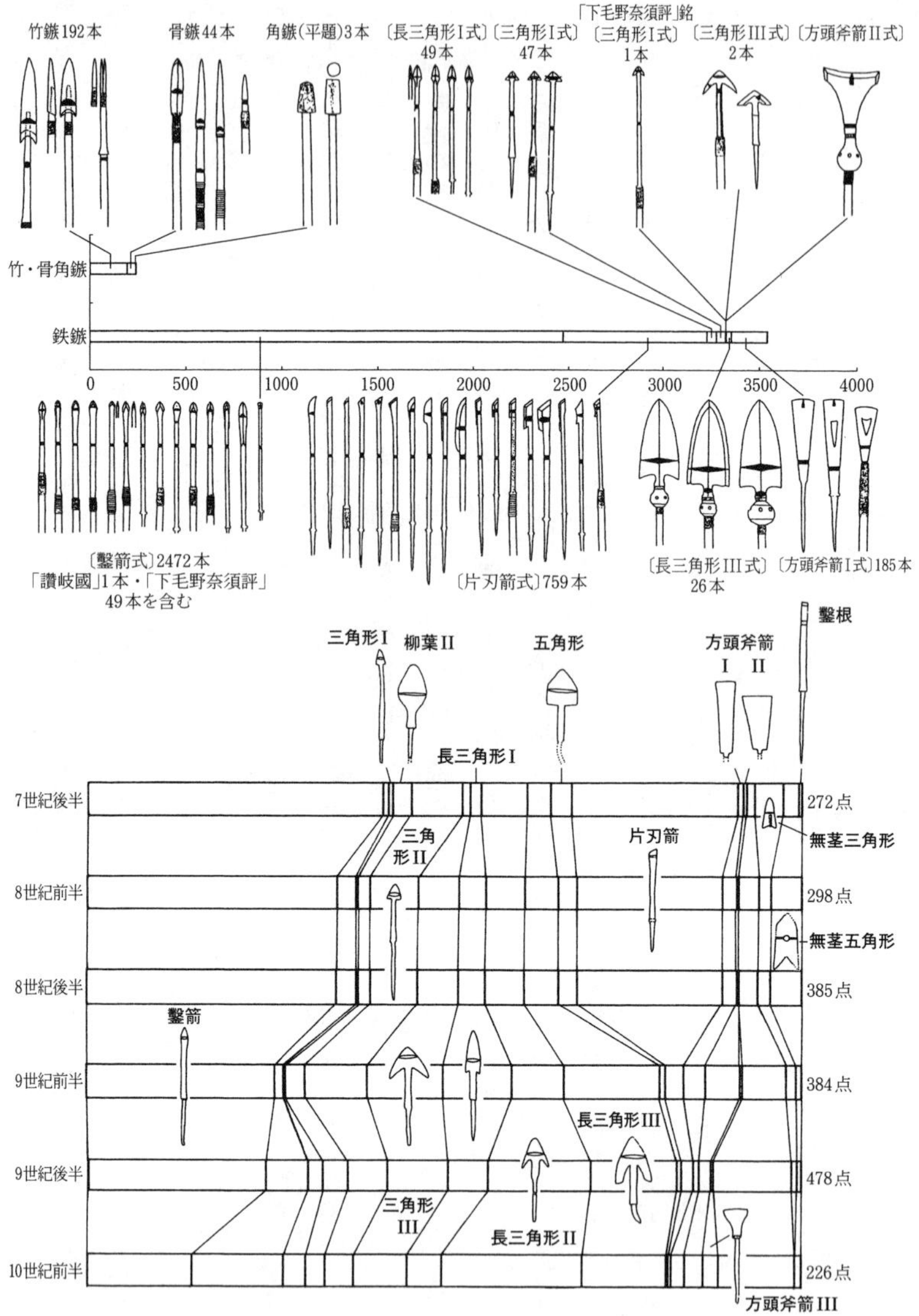

図7　正倉院（上）と東日本（下）の鉄鏃組成

知るのに有効である。

尖根の鏃もその先端の形が多様で、鑿箭《のみや》式・片刃箭式や長頸の三角形式などに分類される。平根は燕《つばめ》の尾の形をした飛燕《ひえん》式（長三角形式）や先端が平らな方頭斧箭《ほうとうおのや》式、U字形やV字形をした雁又《かりまた》式、竹で鏃を挟んで留めた無茎《むけい》式などがある。一本の鏑矢に三〇〜五〇本の尖根の矢が組んで使われた。しかし、上述の鏃のさまざまな形は列島各地で盛衰のあったことが明らかになってきた。

具体的には、東日本では鑿箭式と片刃箭式の尖根に飛燕式の平根の組み合わせが一般的である。しかし、関東地方から東北地方では無茎鏃が古墳時代以来残る傾向がみられる。一方の中国・四国・九州の西日本では、片刃箭式はあまり用いられず、方頭斧箭式が広く確認でき、雁又式や飛燕式が加わる組成になっている。

政府の鏃は正倉院に伝わる矢に付くものから判断できる。これらには、地方から貢がれたことを示す「讃岐」や「相模」のような国名が刻まれたものもある。正倉院の矢にも時期差があるが、まとめてみると鑿箭式が約七割、片刃箭式が二割強、その他の矢は方頭斧箭式などが主であって、三角形や長三角形の鏃は少ない。

法律である令では、武器を造るときには、様＝見本に従うように規定しており、七一五年以降は各地から造った武器のサンプルを政府に納めるようになった。正倉院の矢には地方から貢いだものがあることからも政府の矢（鏃）の規格を反映するとみてよい。

そこで、中央に納められた鏃の組成と東西日本の組成を比べると、大局的には東日本の鏃は中央の規格に合うが、西日本では片刃箭式が少なくて、方頭斧箭式が多いなど、中央の規格によっていない。この事実を生産と武器政策という観点からどのように解釈するかが問題である。従来、武器の規格は律令制の及ぶ範囲では、画一的であると言われてきた。しかし、巨視的にみても東西日本で鏃の組成が異なっていたことから、政府は東西日本で異なった矢を認めていたと判断せざるをえない。とくに、西日本では政府への貢納品と違い、方頭斧箭式は古墳時代以来、西日本で継続していることから、西日本の武器生産の伝統を容認したものと考えられる。そこには、律令政府の武器政策に関する限界と在地の武器生産に対応した政策であったことが考えられる。

4　甲　冑

木・革の甲から鉄製甲冑へ：古墳時代前期　鉄製の甲《よろい》は古墳時代前期に登場する。中国製と考えられている小札革綴冑・小札革綴甲と、朝鮮半島南部系統の竪矧《たてはぎ》板革綴短甲という二種の鉄製甲冑が現れる。竪矧板革綴短甲は日本では三例だけが知られ、加耶・新羅の「縦長板甲」から影響を受けているが、相違点も多い。古墳時代前期後半の甲は方形板革綴短甲に移行する。方形板革綴短甲は日本でやや不確実な事例も含めて一九例が出土し、他は韓国南端部の釜山市福泉洞六四号墳などに三例あるだけなので、日本独自の鉄製甲といえる。これらの短甲は、加耶・新羅の鉄製板甲をそのまま輸入・導入したようすではない。鉄製甲冑が現れる以前の弥生時代に木製甲、古墳時代にも木や革など有機質の甲が知られている。有機質の甲から鉄製甲へ影響を与え、材質転換した要素を含む可能性がある。

「帯金式甲冑」と二種の冑：古墳時代中期　代表的な倭独自の鉄製冑《かぶと》として、古墳時代中期初めから「衝角付冑《しょうかくつき》」が現れる。水滴あるいは桃のような形に丸めた皮革などを頭の前面で綴じ合わせた冑の形を、鉄に置き換えた冑ではないか……と、四〇年以上前の研究初期から想定されている。しかし、鉄製衝角付冑よりも先行する古墳前期の有機質製冑は未発見で、毛皮製の衝角付冑が中期中葉の大阪府七観古墳などで少しだけ知られている。頸の背面を防御する「小札錣《こざねしころ》」を取り付けた衝角付冑と、小札甲との組み合わせが古墳中期後葉に成立して、古墳後期から奈良時代ま

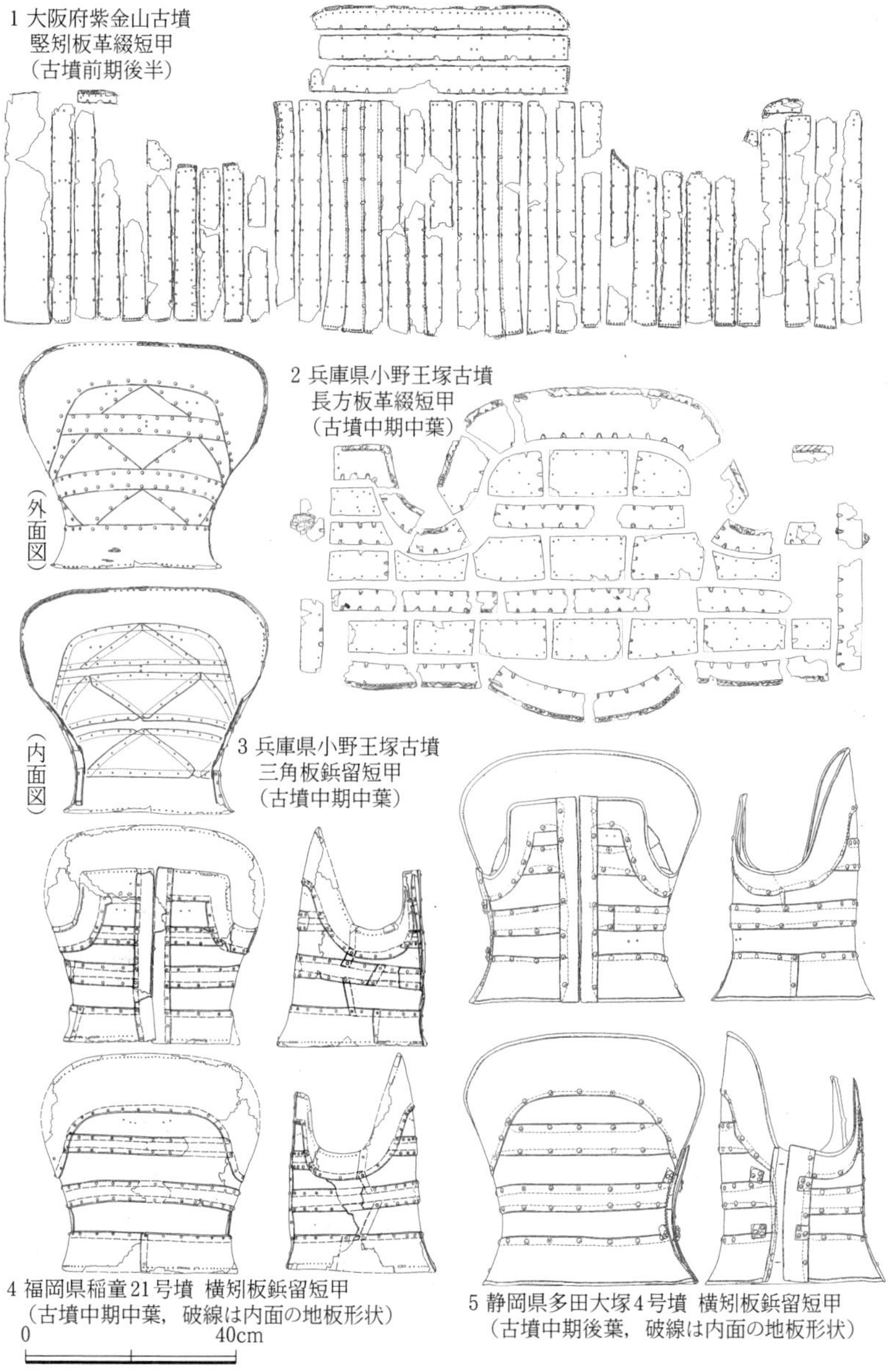

図8　古墳時代前期・中期の短甲

で続く。頸の背面を「板錣」で防御する衝角付冑は、短甲と組み合わせて中期のあいだ使われ、中期末で消滅する。
これとは別種の「眉庇付冑《まびさしつきかぶと》」は古墳中期中葉から用いられる。縦方向に長い鉄板を使う新羅・加耶の革綴冑の形状と、「頸甲《くびよろい》（襟甲）」や馬冑の製作技術から取り入れた鋲留法と庇を加えて、倭で創出された。中期後葉には眉庇付冑と短甲の組み合わせが成立して継続するが、中期末で消滅する。

鋲留甲冑に対する評価　古墳時代中期の中ごろ（五世紀前葉）に、倭の鉄製甲冑に、朝鮮半島の甲冑の製作技術がまとまって取り入れられた。「外来系甲冑技術体系の導入期」ということが正しいと考えるが、さまざまな外来技術の一つである鋲留技術で代表させて、「鋲留技法導入期」と呼ぶことが多い。それまで鉄板を革紐で綴じて製作していた倭の鉄製甲冑に、新しい外来技術……鋲留技術、上下に伸縮する甲をつくる小札縅《こざねおどし》構造、銅板に金メッキを行う鍍金技術、着用しやすいように甲を開閉する蝶番構造、新種の覆輪、冑の前面に付ける庇など——が、まとまって取り入れられる。

革綴短甲と革綴衝角付冑の製作方法を、鋲留技術に一変させたことに対して、さまざまな視点から研究と技術史的評価が進められてきた状況を、三つの段階に分けて紹介しよう。

（一）鋲留技法は、重ね合わせた鉄板の穿孔《せんこう》位置を一致させることが必要なので、高精度の作業である……とみる評価がまず示された。二枚の鉄板にあける孔の位置を一致させることは技術的に難しい。鉄板三枚が重なる場合もあり、さらに精密さが要求された、と考える意見である（小林一九六四）。この意見は、三〇年ほどのあいだ広く信じられ、古墳時代遺物の一般的な概説書でも紹介された（古瀬一九九一）。

（二）鋲留では重ね合わせた二枚の鉄板にある孔の位置を一致させるが、上板の孔から下板に目印を付ける方法をとれば、穿孔位置が一致することはさほど難しくない……と考える正反対の見方が、一九九〇年代に提出される。従来の見解をくつがえしたこの説は、工学部で金属加工を専攻した研究者によって提唱された（塚本一九九三）。

鋲留技術を採用したことで、内面側の鉄板である「地板」の形を整える作業が省かれたとみる評価も、このとき示された（塚本一九九三）。時期が新しい鋲留甲冑では、地板の輪郭は鉄板を鍛造したときのままで、整形を省略したものまで現れる（古谷一九九〇・一九九六）。きれいに整えた形ではなくて、楕円形に近い地板が現れてくるのである。

鉄板を革紐で綴じる革綴甲冑の場合には、表側の板（帯金）と裏側の板（地板）に同様の精度で外形を整える作業が要求される。つまり、すべての部品鉄板に対して、端面から孔までの距離を一致させる精度が必要である。

このような革綴甲冑から鋲留甲冑へ代わると、裏側の鉄板では、板の端から鋲孔までの距離を一致させる必要がなくなる。つまり、表から見えない地板では帯金ほどの製作精度を必要としないので、省力化が可能になる（塚本一九九三）。鋲留技法は大量生産に適した技術で、鉄板の裁断や部品の組み上げといった作業に省力化を促すことが、現在の教科書的な概説論文においても述べられている（阪口二〇〇八）。

（三）鋲留技法によって地板の整形が省かれていったという現在の定説を、再び見直す意見も現れている。鋲留甲冑でも後半期の型式である「横矧《よこはぎ》板鋲留短甲」では、鋲で鉄板を留める位置によって、地板の隅角形または隅丸形を意図的に整形した場合がある。楕円形に近いような不整形の地板は、整形を省いた結果として現れるだけでなく、鋲留位置から遠い鉄板の角が内面に反り返るのを防止するために隅を切ることからも生じる。一方、三枚の鉄板に鋲を通す「三枚留」を行う場合は、隅を四角く整形した「隅角形」の地板が必要な場合もある。時期が新しくなると、見かけが「不整形」の地板が増える傾向は正しいが、隅角形鉄板で三枚留を行う方法も一方では継続し、製作者グループの違いを反映していると考える（滝沢二〇一五）。

ここで紹介した（一）から（三）の意見は、いずれも正しい部分をもつ。当初の説の過大評価を修正し、技術の意義を評価する視点を変え、議論する範囲を分けて考えることで、新しい意見を加えて研究が深化してきた。過去の学説を破棄しながら研究が置き換わってきたのではない。

鋲留技法を取り入れたのち、古墳時代中期後半の甲冑は、難度と精度を下げる方向へ省力化する。簡単に、雑に、早く、多く仕上げるようになるということである。ただし、革綴は、甲冑を作ったことのない人でも、教えてもらえばまもなくできる作業であるのに比べて、鋲留作業は誰でもできる作業ではないことも確かである。

倭在来の短甲から外来の小札甲へ　古墳中期に盛んに用いられた短甲は、後期になると消滅する。古墳中期中ごろに新羅・加耶地域から渡来した工人の技術によって登場した小札甲《こざねよろい》（挂甲《けいこう》）が、古墳後期からは主力の甲になる。

これは、攻撃への防御力を優先させた変化である。一枚の薄い鉄板で身体を守る短甲は廃止された。左右に並べた小札を、さらに上下方向に伸縮できるように連結した小札甲は、防御力が高い。古墳後期末から奈良時代へ向けて小札の枚数は増え、左右方向に小札が二枚重なる部分が増えて、防御能力をさらに高めてゆく。

軽さと製作コストは、防御力向上の裏で犠牲にされた、つまり優先されていない要素である。軽い短甲と鉄板製附属具から、小札甲に転換したときに重くなり、古墳後期末からは小札を二枚重ねる部分が増えることで、奈良時代まででさらに重くなってゆく。多数の小さな部品と紐を連結して作る小札甲は、短甲よりもはるかに多くの製作コスト（手間と材料）が必要である。小札の幅は狭くなり、使う枚数が増えてゆく。すると、部品を作り、穿孔し、横方向に綴じて、上下方向に連結する作業量も増えてゆく。

甲が重くなり、着た人物が動きにくくなった欠点は、馬に乗ることで補うことができる。古墳中期末に短甲が姿を消した後、後期には甲冑副葬古墳よりも下位層の古墳まで馬具の副葬が一気に拡大する。重い鉄の小札だけで作った甲は重いので、革の小札を併用する小札甲もあり、これも甲が重くなる欠点を緩和した。中期末の富山県加納南九号墳や、後期の静岡県高尾団子塚九号墳などで確認されているが、どの程度一般化したのかは不詳である。

奈良・平安時代の甲冑へ　甲冑は、古墳時代に近畿地方の政権が集中的に生産していたが、地方官衙造営が始まる七世紀後半に地方生産が開始される。奈良時代の甲は、小札と呼ばれる長さ七〜八センチの短冊状の鉄板を縦横に綴じ合わせて造ったもので、古墳時代後期の甲の延長上にある。しかし、奈良時代の甲冑で全体がわかるものはなく、部品の変化で全体の変遷を追究している。古墳時代の小札は幅二センチ以上あったが、奈良時代に向かい幅が狭くなっていく傾向がある。最も細い時期は八世紀中ごろで、幅一センチほどまで細くなる。細くなると一人分の甲を造るには、幅広い小札よりも多くの枚数を綴じ合わせることが必要になり、一人分の甲を造る手間が掛かるようになったのである。しかし、防御性能の面では、奈良時代中ごろに小札が横に半分ずつ重なるようになり、甲が厚くなって、矢が貫通しがたくなった。

古墳時代の甲は多くが胴丸式と言い、胴の甲が横一続きになっていたが、奈良時代には胸に付ける甲と背に付ける部分が別造りの両当甲になったと考えられる。奈良の平城京で出た木の荷札には甲の構造が書かれていた。そこには「左甲作千代　背一尺一寸　胸一尺二寸　下三尺八寸　前八行中甲　後九行」と記載されていた。背中の後甲は幅一尺一寸で九行（段）、胸側の前甲は幅一尺二寸で八行（段）、下とは下半身の大腿部をスカートのように巻いて覆う甲（草摺《くさずり》）が一続きで、全長三尺八寸であった。段数によって中甲とあることから、身長の大きさによって大中小のサイズに分かれていた可能性がある。

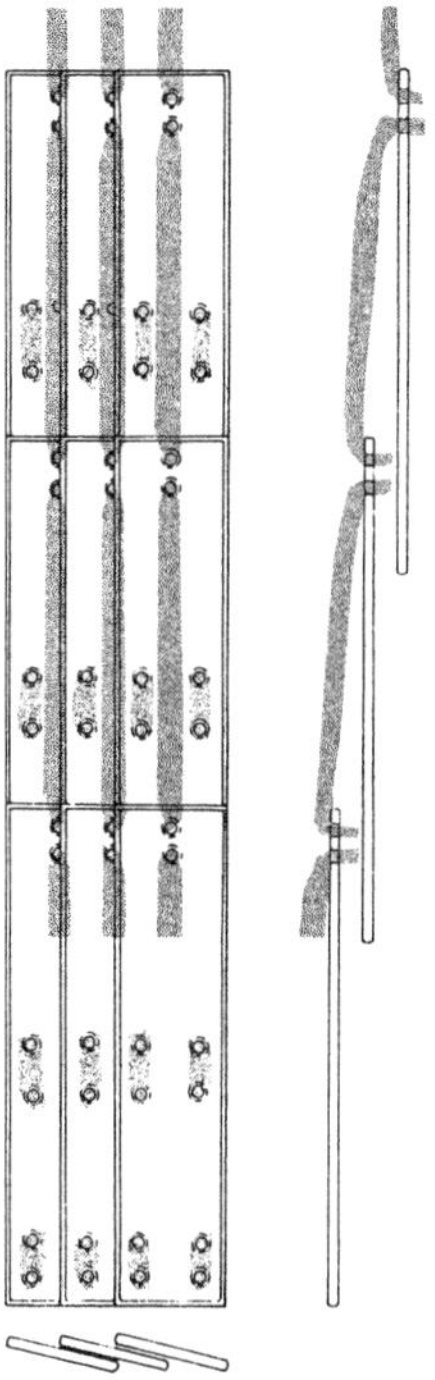

図9　小札の綴じ方

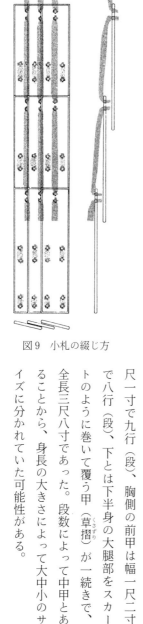

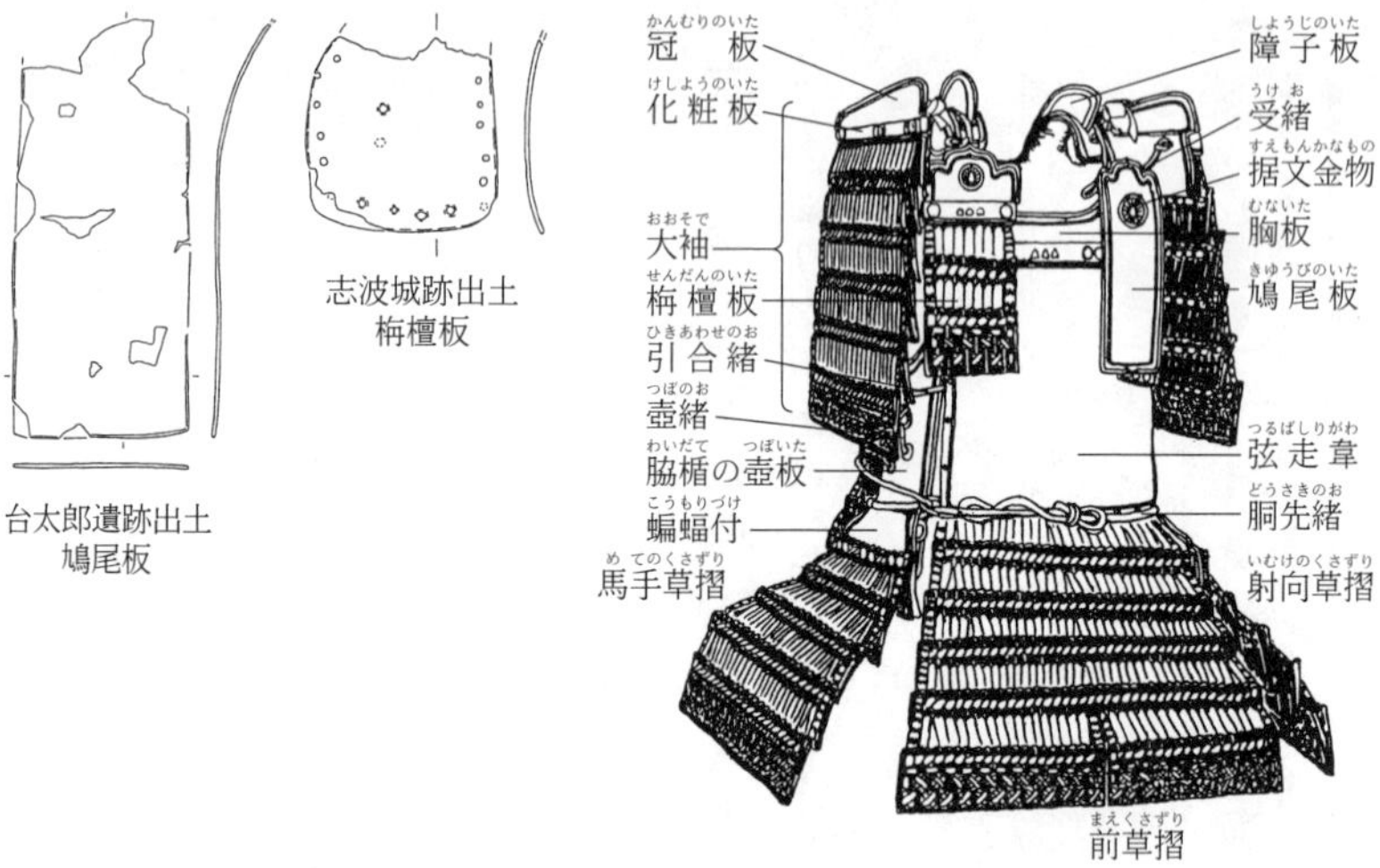

台太郎遺跡出土
鳩尾板

志波城跡出土
栴檀板

大鎧の名称（山岸・宮崎1990による）

図10　大鎧と古代の付属具

正倉院には一人分の甲が破片となって伝わるが、これが両当甲で、奈良時代甲の典型と考えられていたが、木簡によって、足を覆う部分はスカート状の一続きになっていたことがわかった。そして、中世の歩兵が着用した胴丸は、一連の草摺を八つに縦に分割している。木簡に記載された一続きで巻き付けた草摺が、中世になり徒歩に適するように分割したものと考えられる。

冑は破片しか残っていないが、古墳時代の衝角付冑と呼ばれる頭の正面が角張っている冑が変化した。古墳時代の終わりごろには一〇枚ほどの鉄板を鋲で留めて冑を造ったが、奈良時代には最も少ないもので四枚造りになった。甲の造りが細かくなる一方で、冑は簡略化されていった。

この時期には、鉄製以外でも綿や革製の甲が使われていたことを文献史料が伝える。革甲が大量に造られたのは、奈良時代の後半に東北地方北部の対蝦夷戦争のなかである。天応元年（七八一）四月十日太政官符（『類聚三代格』）では、牢固で軽便にして、箭が貫き難く、成し易い理由により、鉄甲をやめて革甲を造るようにしている。ただし、この場合も前からある鉄甲は修理するように規定している。

この時期の革甲は出土していないが、平安時代後半の文献に綴牛皮《てごい》と呼ばれる革甲の名称が見える。この間に時期的な隔たりがあるが、奈良時代後半の革甲の奨励が中世の鎧に繋がっていくのである。

ところで、中世の武士が着用した日本独特の大鎧《おおよろい》がどのように、いつできたのか未解明な課題である。しかし、徐々に出土品からこの点が解明されてきた。大鎧の両胸に付ける鳩尾板《きゅうびのいた》や栴檀板《せんだんのいた》と呼ばれるものは、鎧の隙間を防御するために造られたが、奈良時代後半から平安時代初めには出現していたことが明らかになってきた。大鎧が出来上がる平安時代中期まで二世紀ほどあるが、必要な防具は早い段階から開発されていたようである。その一方で、古墳時代からの伝統である頸の周りに取り付けた甲（頸甲）や腰の部分に付ける括れた腰札、手の甲を覆う甲などが九世紀前半ごろまで確認されている。このように、奈良時代後半から平安時代初めの甲冑は、古墳時代から続く要素と平安時代後期の大鎧に続く要素の交替する時期であったといえる。

奈良時代の甲冑には、奈良東大寺の正倉院や大仏殿出土品、京都長岡宮の天皇の居所である内裏から出た小札のように絹糸で造った紐で小札を繋いだ甲もある。このような華美な甲が都で使われるようになったことも、この時代の特色で、中国の唐や朝鮮半島の新羅という外交使節を迎える儀礼のさいに、国威を視覚的に見せるために造られたと考えられる。しかし、先述の刀の装具が唐風にして、儀仗用としているが、甲冑は古墳時代以来の造り方に、華美な装いを加えて儀仗用とした。

5　馬　具

乗馬・馬具の伝播と鉄製轡の製作技術　馬に乗るために重要な道具である轡は、鉄や銅などの金属で作るので、地中でよく残存して多く出土する馬具でもある。鞍や鐙は、木と革紐で作った簡易な品も使われ、発掘調査では確認できない場合も多いとみられる。

日本の古墳時代の轡は、馬の口に咬ませる「銜《はみ》」が左右にずれることを防ぐ銜留として、板状の「鏡板」を使う場合が多い。また、手綱を轡に取り付けるために長い金属棒の「引手」を使う。引手の機能は、馬が嚙むことや唾液で手綱を損傷するのを防ぐという説と、手綱から手を離して弓矢を射るときなどに馬の口角を下げて落ち着かせるとともに、頸の付け根の定位置に手綱を止めて再び手に取りやすくするという説がある。長い引手と板状鏡板は、中国北部の胡族と呼ばれる少数民族、実例としては東北地方の鮮卑《せんぴ》族の馬具から、朝鮮半島の三国と加耶を経て、古墳時代中期（五世紀）には倭まで伝播し、この範囲に分布する。他地域の轡は、たとえば中国南部の馬俑や絵画をみても、引手がなく、銜留は棒状鏡板である。そのため、銜留や鏡板を意味する中国語「鑣《ひょう》」は、韓国・日本の考古学では棒状鏡板を意味する語として使っている。

「二条線引手」と呼ばれる長い銅製引手と、心葉形の板状鏡板をもつ華麗な馬具が奈良県藤ノ木古墳で発掘された一九八五年から三年後、日本に招かれた中国社会科学院の揚泓氏は、製作地が中国・朝鮮・日本のどこか断定しないが、「藤ノ木古墳の馬具が南朝でつくられたということは絶対にないと思います……中国製であったとしたら、北朝系のものであると確信しています」と国際シンポジウムで発言した。具体的な根拠は示されていないが、中国北部・

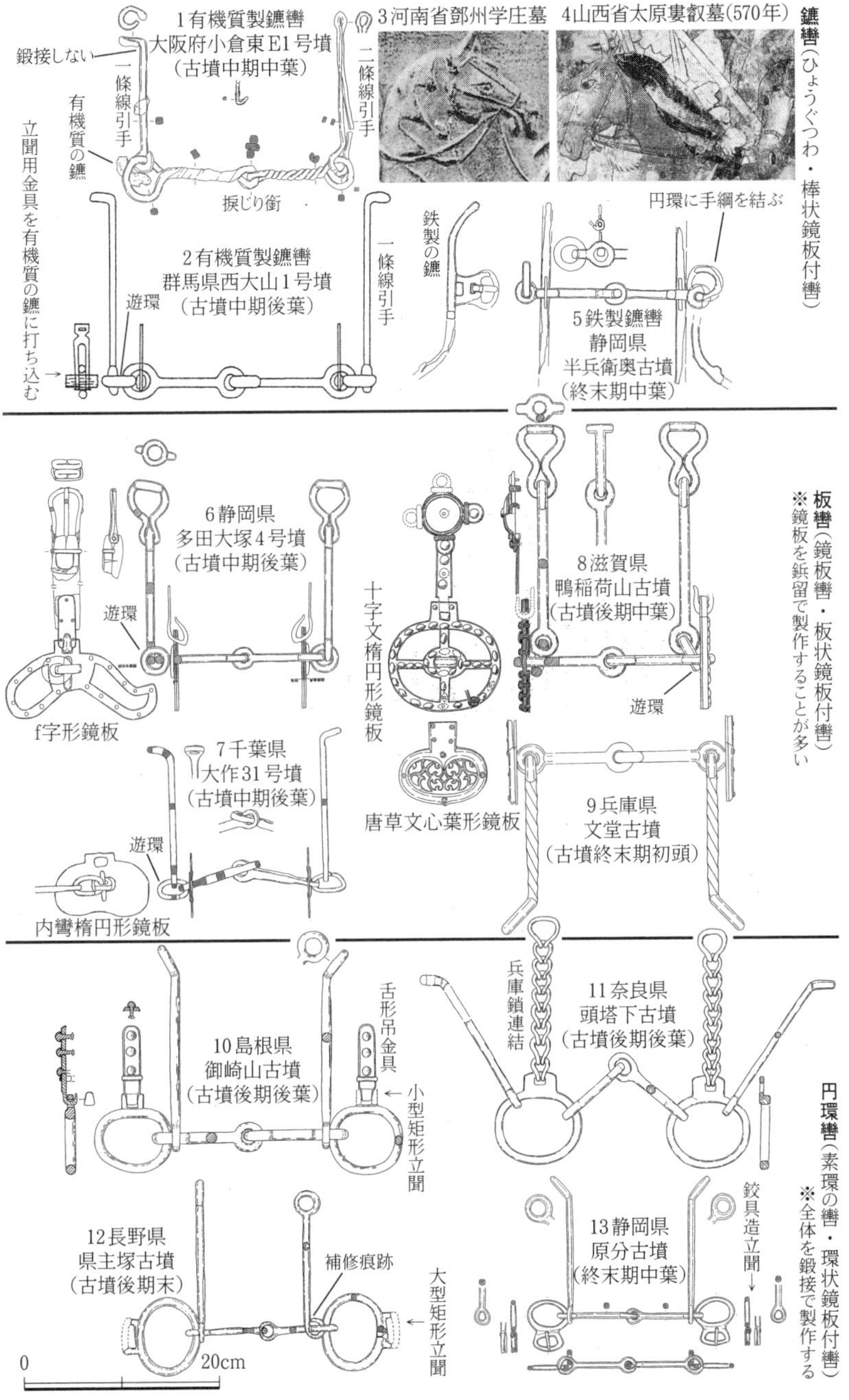

図11　古墳時代の3種類の轡と関連資料

朝鮮・日本の馬具が、中国南部とは大きく違うことを早い段階で指摘した発言である。藤ノ木古墳出土馬具は朝鮮半島東部の新羅系とみる意見が現在では有力で、その源流を中国北部にみる指摘は正しい。この馬具の製作地は、現在も議論が続いている。

古墳時代の実用的な鉄製轡は、棒状鏡板付轡（鑣轡）から、板状鏡板付轡（板轡）を経て、環状鏡板付轡（素環の轡・円環轡）を用いるように流行の中心が移ってゆく。古墳中期には有機質の鑣を付けた鑣轡が多く、中期後半から後期前半には鉄製板轡の方が多くなり、後期から終末期には鉄製円環轡が主体になる。板轡と円環轡の中間的なものとして「環板轡」と呼ばれる種類もあるが、日本では非常に少ない。

古墳中期に朝鮮半島南部から日本列島へ馬具と乗馬が伝わって以降、朝鮮三国と加耶地域から繰り返して影響を受けながら、日本でも馬具を製作することで、轡も上記の変遷をたどる。古墳後期や終末期にも鑣轡が少しみられる背景には、棒状鏡板が主流であり続ける中国周辺からの間接的な影響が考えられる。一方、金銅製や鉄地金銅張製の装飾馬具の場合は、外形や文様に装飾を加えやすい板状鏡板が、古墳時代を通じて主流である。

銜と鏡板（銜留）を繋ぐ技術に注目すれば、鑣へ金具を「打ち込む」ことから、板轡への「鋲留」を経て、円環轡の「鍛接」へ、中心的な技術が移りかわる。鹿角のような有機質で作ることが多い鑣には、「立聞用金具」を打ち込んで銜の外環に連結する。金具を鉄棒に鍛接する技術がまだ難しい五世紀以前には、立聞は鉄製でも、鑣を鹿角で造り続けることが多い理由の一つである。板轡の場合には、銜と繋ぐ短い鉄棒の「連結軸」（銜留金具）を板状鏡板に鋲留することが多く、折り曲げ接合や鍛接で連結軸を鏡板に固定する場合もある。「鍛接」は、高温にした鉄と鉄を接合する鍛冶技術である。円環轡になると、鉄棒を環状に丸めて鍛接する技術を、轡の全部品に用いることが普通になる。古墳後期からようやく一般化する鉄製の輪鐙も、二又あるいは三又状の複雑な形に鉄棒を鍛接する技術によって作られるようになった。それ以前の鐙は、木で作った鐙に補強鉄板を釘で「打ち込む」技術で作っていた。

轡は、端に環がある四本ほどの鉄棒を、動くように連結している。馬の口に咬ませる銜は二本の鉄棒を連結し、その左右にそれぞれ鉄棒の引手が繋がる構造が一般的である。鉄棒を動かせるように連結するなら、ヘアピンのように端を丸めて環をからめた構造（二條線）か、両端に環を作るように折り曲げた棒を捩り合わせた構造（多條捩り）が簡単である。だから、多條捩りの銜に、二條線や多條捩りの引手を繋げた構造の轡が最初に用いられる。

一本の鉄棒（一條線）の両端に丸い環を作りだす構造の引手や銜は、環を作るために鍛接技術が必要な場合が多いので、多條捩り（の銜・引手）や二條線（の引手）よりも遅れて広がる。一條線の銜と一條線の引手の端にある小さな環をそれぞれ鍛接してたがいに連結する作業は、最も高い鍛冶技術が必要である。だから、使い込んで破損した轡を、地元の鍛冶工人が修理したとみられる事例では、環の部分がきちんと再生されていない場合も多い。また、五世紀中ごろ以後の百済系の技術では、引手と銜の間に小さな環を介在させて最後に連結する轡が目立つ（遊環連結：金斗喆一九九三）。日本で出土した轡の中に百済系の製品を見つける手がかりになる。鉄棒の環どうしを連結する作業が難しいから、遊環で繋ぐことが行われたものである。

古墳時代からの伝統技術と唐からの影響　飛鳥・奈良時代以降の馬具は古墳時代に比べれば、発見されている数が格段に少なくなるが、官衙や集落遺跡などから散見するようになり、実態が明らかになってきた。ここでは、馬具のうち馬の口に咬ませて制御する轡と騎乗者の足を掛け、馬の扶助操作を行う鐙について述べる。

轡　奈良時代の轡の種類は古墳時代よりも減る。馬の口の両端に付ける金具を鏡板と呼び、この鏡板の形によって鉸具造り立聞環状鏡板付轡・矩形立聞系環状鏡板付轡・素環系環状鏡板付轡・葓蔾《うばら》轡・鑣轡・複環式轡・杏葉《ぎようよう》轡に分けられる。鉸具造り立聞環状鏡板付轡は環状の鏡板を馬の口に添え、馬の顔から繋ぐ紐をバックル（鉸具）で結ぶも

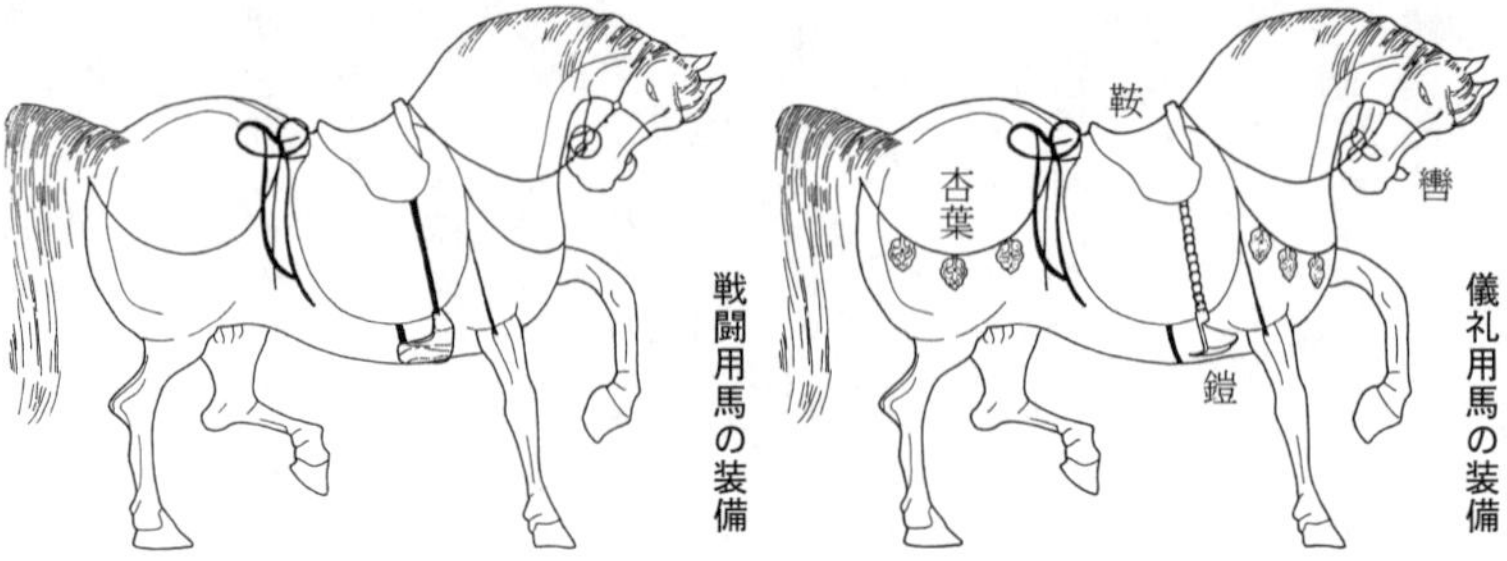

鞍
杏葉
轡
鐙
戦闘用馬の装備
儀礼用馬の装備

※　馬は平城京二条大路出土絵馬とその復元をもとに作画。

図12　奈良時代の馬具の部位と馬の装備

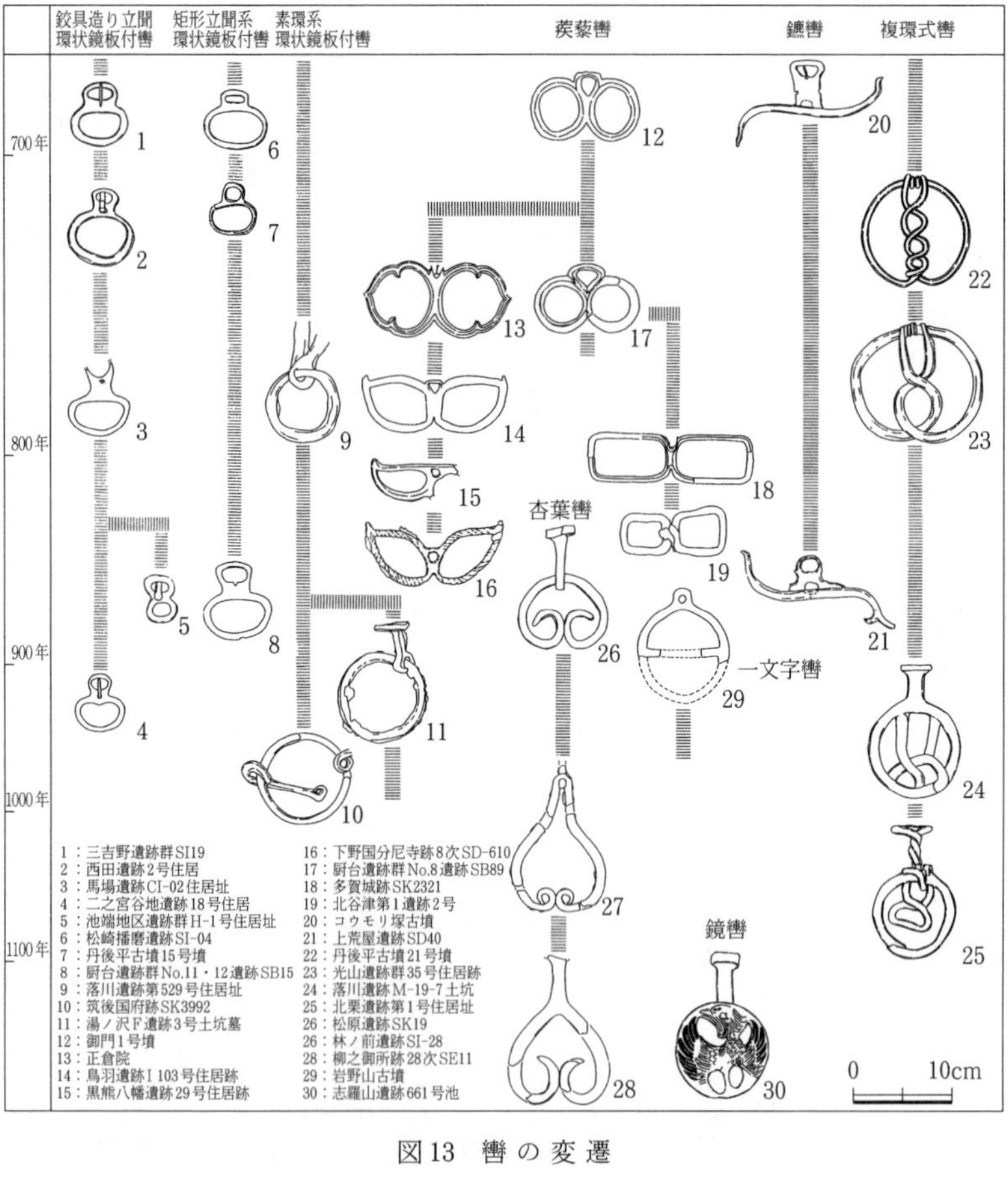

鉸具造り立聞環状鏡板付轡
矩形立聞系環状鏡板付轡
素環系環状鏡板付轡
蕨藜轡
鑣轡
複環式轡
杏葉轡
一文字轡
鏡轡
700年
800年
900年
1000年
1100年
0　10cm
1：三吉野遺跡群SI19
2：西田遺跡2号住居
3：馬場遺跡CI-02住居址
4：二之宮谷地遺跡18号住居
5：池端地区遺跡群H-1号住居址
6：松崎播磨遺跡SI-04
7：丹後平古墳15号墳
8：厨台遺跡群No.11・12遺跡SB15
9：落川遺跡第529号住居址
10：筑後国府跡SK3992
11：湯ノ沢F遺跡3号土坑墓
12：御門1号墳
13：正倉院
14：鳥羽遺跡I 103号住居跡
15：黒熊八幡遺跡29号住居跡
16：下野国分尼寺跡8次SD-610
17：厨台遺跡群No.8遺跡SB89
18：多賀城跡SK2321
19：北谷津第1遺跡2号
20：コウモリ塚古墳
21：上荒屋遺跡SD40
22：丹後平古墳21号墳
23：光山遺跡群35号住居跡
24：落川遺跡M-19-7土坑
25：北栗遺跡第1号住居址
26：松原遺跡SK19
26：林ノ前遺跡SI-28
28：柳之御所跡28次SE11
29：岩野山古墳
30：志羅山遺跡661号池

図13　轡の変遷

の、矩形立聞系環状鏡板付轡は同様の轡であるが、バックルを使わないもの、葵萎轡は眼鏡形の鏡板を口に添える轡である。鑣轡とは細長いS字状の棒で留め、複環式とは一本の鉄棒を巻いて環状にした轡である。杏葉轡は一本の鉄棒をハート形に曲げた轡である。

これらのうち、古墳時代から続く鏡板は鉸具造り立聞環状鏡板付轡・矩形立聞系環状鏡板付轡・素環系環状鏡板付轡・複環式轡である。古墳時代の終わる時期以降に出る轡は葵萎轡である。

奈良時代では、三つの環状鏡板付轡が最も多く発見されている。この鏡板は古墳時代後期に多くて、奈良時代の馬の装備は古墳時代の延長上にあったことがわかる。これらの轡は、古墳時代では実用・戦闘用の馬に着用するものと理解されており、馬を制御する性能が完成された轡ともいわれる。このような轡が、奈良時代の騎兵などの主流になっていた。しかし、これらの轡も素環系轡を除き、十世紀前半には消えていく。

葵萎轡とは、正倉院に伝わるものや平城京、地方の役所や国分尼寺から出ており、最も華美な轡である。このため、外国使節が来たさいなど、国家を挙げての儀礼のときに用いた装備と考えられる。そして、この轡は平安時代前半でほとんど造られなくなるが、鎌倉時代初めには神の調度（神宝）として継承されていく。

鑣轡とは、中国で最も使われた轡で、広く東アジア全体で見られる。しかし、日本では奈良時代以降には少数確認できる程度で、広く使われなかった。平安時代の法律『延喜式』によれば、朝鮮（新羅）や中国北東部（渤海）などから使節が来た場合には、「唐鞍」に乗るように規定している。この馬具は唐風のものであり、轡は唐で最も使われた鑣轡と考えられる。この形の轡が金沢市から出ているが、この地域に日本海を挟んだ渤海国の使節が来たことが記録されており、外国使節が使った馬具の可能性が高い。

杏葉轡は、平安時代初めの九世紀前半に出現し、徐々に縦長のハート形に変化し、鎌倉時代の主要な轡になってい

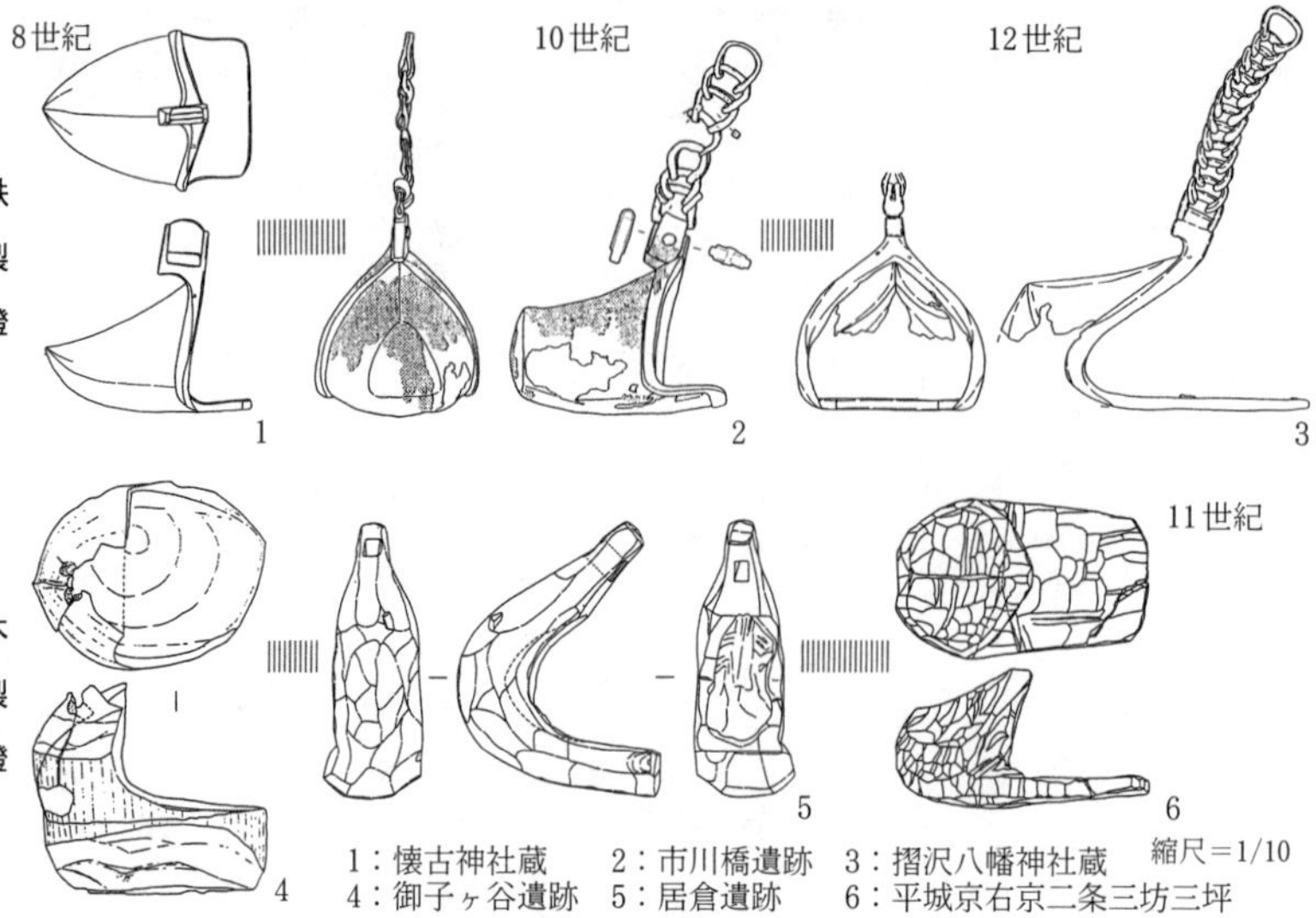

図14　鉄製鐙と木製鐙の変遷と関連

く。古墳時代から続いた環状鏡板付轡が十世紀には消え、中世に続く轡がこの時期に出現することから、平安時代前期はその交替期であったといえる。

鐙　奈良・平安時代の鐙も多くの種類がある。大きく金銅製や銅製・鉄製などの金属製と木製に分けられる。金属の鐙で最も多いのは鉄製であるが、華美な鐙には透かし文様や金・銅を用いて唐草の文様が造られるものもある。金属製鐙は足を乗せる部分（舌）と足を差し込む部分（壺）の外枠を鉄などで造る。一方で鉄板を木型などで壺と舌の部分のカーブを造形する。金枠にこれを差し込み、釘で四ヵ所ほど留めて固定する。最後に錆止めのためにも黒漆、場合によって内面は赤漆を塗る。

この鐙は古墳時代から形を継承し、平安時代になると側面から見て抉れが深くなり、足を乗せる部分（舌）が長くなる傾向がある。十一世紀になると、舌長鐙と呼ばれるように足全体が乗せられるように変化していく。

鐙は馬の背に乗せた鞍の左右脇から紐で吊り下げるが、足を入れる壺の部分の上には、鉄の輪を輪ゴムを繋ぐようにして連結していく兵庫鎖があり、その先端で馬の背からの紐と繋ぐ。古墳時代後期には鎖は長くて、最も少なくなると二段まで減るが、奈良時代以降には五から一〇段前後まで増えて細かな足の動きが馬に伝わるようになる。兵庫鎖は可動性があり、動きやすいが、直接馬を制御しやすい固定式の方向に向かい、鎌倉時代には兵庫鎖をかたどった固定式の紋板に変化していく。

木製の鐙には、馬の頭の側から見たときに三角で錐の形をしたものや無花果の形をしたものなどがあるが、古墳時代から続いた形で、奈良時代には衰退する。一方、先述の金属製鐙を真似た形の鐙も現れる。奈良時代から平安時代初めの木製鐙の最も大きな特徴は、それまで木を縦にして、横から足を入れる穴を彫っていたが、このころから木を横にして、横から穴を彫るように変化したことである。これを舌長化と呼び、足全体を乗せる鐙が造られるようになった。そして、鉄製では技術的に長い鉄板を造ることが容易でなかったが、木製では舌長化が可能になり、鉄製よりも実用として使われた。

木製の鐙は、騎兵などが使用したと推測されるが、金銅などの象嵌で唐草文を付けた鐙や金銅製の鐙は、儀礼用と考えられる。金銀の馬飾りは、官人で五位以上の者のみに許されていた（『続日本紀』霊亀元年九月己卯条、『続日本後紀』承和九年五月甲午朔乙未条、『延喜弾正台式』）。刀を含めた儀礼用の武器は、色によって位階を表示しており、衣服の規定に準じて決められており、儀礼の馬装もその規定によっていたのである。

6　武器組成と戦術

武器組成と戦術　古墳に副葬された武器・武具・馬具の使用法や使用者像を復元することは難しい。品目の組み合

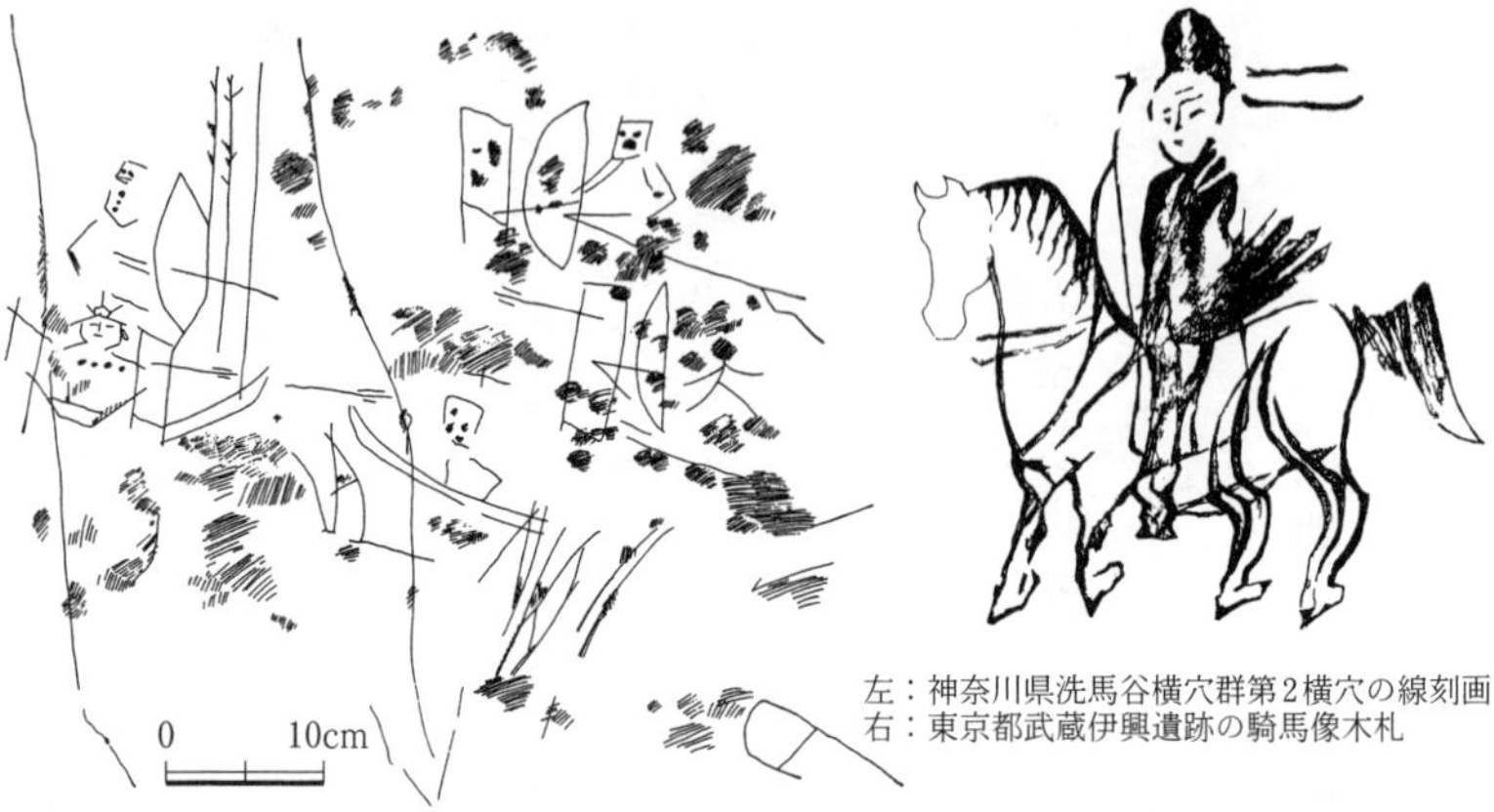

左：神奈川県洗馬谷横穴群第2横穴の線刻画
右：東京都武蔵伊興遺跡の騎馬像木札

図15　戦闘風景と騎馬像

わせに注目して被葬者の性格を考える研究がある。また、鉄刀・鉄鏃のように広範囲の人物が使う武器と、甲冑・矛・装飾馬具・装飾大刀など高位の人物が使う品の数や割合から、軍事組織の上下関係や、各武器の普及度・重要性も検討されている。

日本（倭）の古墳に納められた武器の数をみると、鏃が最も多く、鏃＞刀剣類＞槍鉾類の順になる。つまり、射兵＞短兵＞長兵ということである。短兵は、古墳前期から後期へ向けて、主体が剣から刀へ移行し、古墳後期に剣がほとんど消滅する。長兵は、古墳前期は槍が多く、木柄を差し込むソケットの製作が難しい鉾は中期以後に一般化する。

同時期の朝鮮半島東部（新羅）、南部（大加耶）では、鏃＞鉾＞刀剣となる場合が多いことを張相甲《チャンサンガプ》氏や金斗喆《キムトチョル》氏が示している。剣から刀へ移行することは日本と同様である。新羅・加耶は長兵が主体になる「鉾《ほこ》の国」（原文の表現は「槍《やり》の国」）、日本列島は固有の短兵の武装体系をもつ「刀の国」という評価もある（金斗喆二〇一一）。

矢は数多く携帯して使う消耗品で、一人が二本以上を同時に使わない刀剣・槍鉾より多いのは当然である。狩猟・儀礼用の矢を含むことも想定され、刀剣より多いことがただちに重要性を示すのかどうか評価が難しい。鉄製甲冑を着用した相手を攻撃する武器は何か？　という点に注目すると、新羅・加耶は鉾が主力で、倭は重く細い長頸鏃を付けた矢が主力とみることもでき、その場合、倭は「弓矢の国」ということになる。射兵・短兵・長兵は使う場面も異なるので、どの場面で使う武器を当時の人々が重視したのかを葬儀用品の数から推測した議論であることには注意する必要がある。

古墳中期の甲冑、古墳後期の馬具　古墳前期の甲冑は近畿地方を中心としてごくわずかな出土例しかなく、馬具の出土例はほぼ皆無である（奈良県箸墓古墳の鐙だけが例外）。古墳中期になると、馬具が限られた古墳に副葬され（古墳数は約一一〇基）、普遍的に馬具が出土するわけではなくて、高い階層の人物または馬匹飼養者層の墓だけに副葬された。甲冑はそれよりもはるかに多くの中期古墳（甲冑出土古墳は約四四〇基、埋葬施設数は約四八〇ヵ所）で出土している。

古墳後期には、馬具と甲冑の割合が一気に逆転する。後期古墳では甲冑は限られた古墳に副葬される（甲冑出土は二一四基、冑をもつものは三五基）。馬具はきわめて多くの古墳に副葬される。馬具出土古墳は約三〇〇〇基とされ（宮代二〇一三）、ここから中期の馬具出土古墳を除くと約二九〇〇基となる。先に述べたように、甲が重くなった欠点を馬に乗ることでカバーしたとみられる。ただし、自分の墓に甲冑や馬具を持ち込むことができた古墳被葬者は、実際に着用・使用した軍人層の一部にすぎないとみられる。古墳時代は墓から出土する武器などの数が日本の歴史上で最も多い時期だが、それでも、争いの場面で実際に甲冑を着用し、馬に乗った人たちの割合を推測することは難しい。

古代の武器組成と陣列・隊・軍の編成　古代における戦闘で用いる武器の組成は、遺跡から出土する武器が比較的少ないこともあり、考古学では不明な点が多いが、軍防令という軍事に関する法律に規定されている。それによれば、兵士が持参する武器のリストがあり、弓、弓の弦を入れる袋、予備の弦二本、矢五〇本、矢を入れる容器（胡簶《やなぐい》）、大刀、小刀、砥石《といし》、帽子、飯を入れる袋、水筒、塩を入れる容器、足のすねを守る布、わらじを用意することになっていた。このうち武器は弓矢・大刀で、その他は日常の生活用品である。これが古代の兵士の基本的な武器であるが、兵士が自分で弓矢や大刀を用意できたのか、さまざまな説がある。しかし、古代の遺跡を発掘すると、矢の先に付ける鉄鏃はしばしば出土し、奈良時代には弓矢が広く一般に使われていたことは明らかである。本来、この法律は、中国の唐で使われていた法律であったが、日本で軍団を造るさいに日本流に適用したものである。唐では矢は三〇本用意することになっていたが、日本では五〇本用意する必要があった。その背景には、民間で弓矢が広く使われていたことや、弓矢が戦闘の主要な武器であったことが挙げられる。有名な『日本書紀』に載る壬申の乱の記事で、大友皇子の近江方、穂積臣百足《ももたり》が飛鳥京小墾田の兵庫にあった武器を近江に移そうとしたときのことである。

爰に百足、馬に乗りて緩く来る。飛鳥寺の西の槻の下に逮るに、人有りて曰く、「馬より下りね」という。時に百足、馬より下りること遅し。便ちに其の襟を取りて引き堕して、射て一箭を中《あて》つ。因りて刀を抜きて斬りて殺しつ。

として、百足の襟を取って馬から引きずりおろし、矢で射て当ててから刀で撃っている。ここでは馬から下ろしてから矢で一撃して致命傷を負わせて、最後に刀でとどめを刺すが、このような弓矢と刀の使い方は、文献史料にはしばしば見られる。

平安時代の平将門も、「中㆓貞盛矢㆒落馬。秀郷馳至。斬㆓将門頸㆒」（『扶桑略記』）とあり、将門は平貞盛の矢に当たり落馬して、藤原秀郷が首を斬ったのである。また、弓矢で一撃して、射殺した場合も散見し、平城京から長岡京への遷都を実行していた藤原種継も賊に射られて亡くなった。

文献史料をみる限り、古代の武器では弓矢が最も攻撃力があった。兵士が最も弓矢を使うことに通じていたことは、天平勝宝五年（七五三）の官符（『類聚三代格』）で、「国司違レ法。苦二役私業一。悉棄二弓箭一。還執二鉏鍬一」とあり、兵士は弓箭を棄て鋤・鍬を持って、国司の農事に使役されていた。このため、本来兵士は弓箭を専ら使っていたと考えられる。

古代の武器には、大量の矢を放てる機械仕掛けの弩《ど》《いしゆみ》や長い柄の付いた鉾《ほこ》などもある。しかし、奈良時代には弩の数が少なくて、威力はあるが、主戦力ではなかった。

次に、戦術では楯の陣列・隊・軍と兵士集団が組まれる。楯は防御の基本で、日本では置楯が一般的であった。『令義解』という法律の注釈書によれば、一つの楯で五人を防御する。五つの楯で横に陣列を作り、前後二列で先鋒・次鋒とし、これを隊と呼んだ。実際の戦闘記録では時代が下るが、寛平六年（八九四）に朝鮮半島の新羅賊の舟が対馬に来たさいに兵士の軍を編成した。そこでは一〇〇人を軍として、軍を五人ごとの番に分け、楯を立てて弩で矢を放った。楯を並べて、矢を放つ戦術は後の有名な平将門や源平の内乱でもみられ、日本の基本戦術である。軍は、白村江の戦いにおける倭軍の編成にもみられ、前将軍・中将軍・後将軍の職名があることから、前軍・中軍・後軍という前後の軍編成を行い、その数二七〇〇〇人で新羅を撃った。しかし、白村江で倭軍は舟の並び方＝陣形を崩して戦ったことから、敗戦に繋がる。

このような兵士軍の編成の仕方をマニュアルにした陣法が重要視され、敗戦後の天武十二年（六八三）には諸国に陣法を習わせ、持統七年（六九三）には陣法を教える陣法博士を諸国に遣わしている。

ところで、前後の軍編成は、奈良時代後半からの政府と蝦夷間の戦闘でも確認できる。延暦八年（七八九）に「中後軍各二千人」や「左中軍」という記述があり、前中後の三軍編成で、各軍二〇〇〇人以上からなり、軍の中核となる中軍は左右軍が分かれていた。このような軍編成に関連して、延暦年間には軍を編成するさいのマニュアルである

「陣図」が作られ、これに従って陣列を編成しようとしていた。

これまで述べたのは歩兵のことであるが、古代には馬に乗る騎兵もいた。文献史料によれば、奈良時代後半以降は騎兵が重視され、馬上で弓を射る騎射も行われた。遺跡から出土する馬具の数の変化をみると、馬の口に咬ませる轡は奈良時代にも環状のものがしばしば出土するが、足を乗せる鐙はきわめて少なくて、九世紀後半ごろに増加してくる傾向がある。奈良時代には、文献にあるように騎兵を重視しているが、遺跡出土の鐙は平安時代になって多くなる実態をどのように解釈するか、古代の戦闘像を改めるときが来る予感がする。

参考文献

諫早直人『東北アジアにおける騎馬文化の考古学的研究』雄山閣、二〇一二年
石井昌國『蕨手刀―日本刀の始源に関する一考察―』雄山閣出版、一九六六年
今尾文昭『古墳文化の成立と社会』青木書店、二〇〇九年
王　魏「東アジアにおける金属武器の変遷とその歴史的背景」『国立歴史民俗博物館研究報告』第一一〇集、二〇〇四年
岡安光彦「壬申の乱の武器と兵士」『土曜考古』第三五号、土曜考古学研究会、二〇一三年
小林行雄『続古代の技術』塙書房、一九六四年
近藤　敏「弓具としての矢―その製作と考古学資料―」『土曜考古』第三六号、土曜考古学研究会、二〇一四年
阪口英毅「紫金山古墳出土武具の再検討」『紫金山古墳の研究』京都大学大学院文学研究科、二〇〇五年
阪口英毅「いわゆる「鋲留技法導入期」の評価」『古代武器研究』9、古代武器研究会、二〇〇八年
高田健一「弥生時代の銅鏃の地域性と変革」『古代武器研究』3、古代武器研究会、二〇〇二年
滝沢　誠『古墳時代の軍事組織と政治構造』同成社、二〇一五年
千賀久・村上恭通（編）『考古資料大観』第七巻　弥生・古墳時代　鉄・金銅製品、小学館、二〇〇三年
塚本敏夫「鋲留甲冑の技術」『考古学ジャーナル』三六六、ニュー・サイエンス社、一九九三年
津野　仁『日本古代の武器・武具と軍事』吉川弘文館、二〇一一年

津野　仁『日本古代の軍事武装と系譜』吉川弘文館、二〇一五年
橋本達也「東アジアにおける眉庇付冑の系譜」『国立歴史民俗博物館研究報告』第一七三集、二〇一二年
橋本英将・豊島直博・阪口英毅・水野敏典・内山敏行ほか『古墳時代の考古学』四　副葬品の型式と編年、同成社、二〇一三年
樋口隆康・坪井清足・森浩一・辛島昇ほか『海のシルクロードを求めて―シンポジウム・シルクロード―』三菱広報委員会、二三三頁、一九八九年
深谷　淳「金銀装倭系大刀の変遷」『日本考古学』第二六号、二〇〇八年
古瀬清秀「鉄器の生産」『古墳時代の研究』第五巻　生産と流通Ⅱ　雄山閣出版、一九九一年
古瀬清秀「古墳時代前半期における鉄鍛冶技術」『製鉄史論文集』たたら研究会、二〇〇〇年
古谷　毅「古墳時代甲冑研究の方法と課題」『考古学雑誌』第七六巻第一号・第八一巻第四号、一九九〇・一九九六年
松木武彦「古墳出現期の鉄鏃の一様相―腸抉三角形鉄鏃について―」『初期古墳と大和の考古学』学生社、二〇〇三年
松木武彦『日本列島の戦争と初期国家形成』東京大学出版会、二〇〇七年
水野敏典「前方後円墳出現前後の副葬品構成と鉄鏃」『ホケノ山古墳の研究』奈良県立橿原考古学研究所、二〇〇八年
宮代栄一「長野県出土の五～六世紀の馬具」『日本考古学協会二〇一三年度長野大会研究発表資料集』二〇一三年
村上恭通「大和における古墳副葬鏃の形成」『初期古墳と大和の考古学』学生社、二〇〇三年
村上恭通『古代国家成立過程と鉄器生産』青木書店、二〇〇七年
八木光則『ものが語る歴史二一　古代蝦夷社会の成立』同成社、二〇一〇年
山岸素夫・宮崎眞澄『日本甲冑の基礎知識』雄山閣出版、一九九〇年
金斗喆「三國時代轡의研究」『嶺南考古學』第一三号、嶺南考古学会（韓国語）、一九九三年
金斗喆「三国（古墳）時代　韓日武装体系の比較研究」『嶺南考古学』第五六号、嶺南考古学会（韓国語）、二〇一一年
張相甲「後期加耶의軍事組織에 대한研究」『嶺南考古学』第五四号、嶺南考古学会（韓国語）、八七～一一六頁、二〇一〇年

コラム

螺旋状鉄釧

村上恭通

弥生時代には多様な材質のブレスレットが製作され人々の腕を飾った。その中でもとりわけ異彩を放つのが鉄製の螺旋状鉄釧である。一㍍近く延ばされた鉄板が幅八㍉、厚さ二㍉前後しかないという例もある。幅の狭い鉄釧のなかには砥石で丁寧に研がれ、中央に稜線が際立つものもあった（岩本二〇〇二、土屋二〇〇九）。

弥生時代の鉄器製作には鉄素材を叩き伸ばし、折り曲げ、切断するという技術があった。異なる鉄板の鍛接技術は、鍛接材がない時代、鍛接面を熱して半熔融状態にし、その面どうしを合わせて一気に叩きつなぐという技術しかない。この技術は鉇や方形板鋤先にしばしば観察されるが、現状では九州北半部で認められるのみである。その場合でも鍛接線は明瞭に残るため、継ぎ目の見えない鍛接は弥生時代においてはきわめて高度な技であった。

このような前提を踏まえると、螺旋状鉄釧の製作技術は弥生時代の技術の限界をはるかに超えている。まずは細く、長い角棒が丁寧に鍛延によって準備されなければならない。ときには熱しながら引き延ばす「張力」も援用されたであろう。針金づくりに通ずる技術である。この方法を可能とするさらなる前提は鉄素材の低い炭素含有量である。大澤正己氏の金属学的分析によれば、長野県佐久市五里田遺跡出土品はその素材に炭素分〇・一五％以下の極軟鋼を採用していた（大澤一九九二）。極軟鋼は古墳時代に入って祭祀行為に供された小型の列島産鉄鋌などには見られるものの、弥生時代の鉄製品への採用は稀である。以上の点から細く、薄い螺旋状鉄釧は日本列島外で製作され、舶載された鉄製品と判断される。今のところ西日本での出土例はなく、北陸・中部・南関東という偏在した分布域を形成していることから、東日本の日本海沿岸地域のどこかにその輸入の窓口があったのであろう。

それでは日本列島外の製作地とはどこなのか？　形状は雲南省の石寨山文化にみられる連環状銅釧にそっくりである。しかし材質も異なり、何よりも雲南は遠い。朝鮮半島東海岸を北上して中国との国境を越えると弥生時代に併行する団結文化の中にも鉄釧がある。ただしこれは単環式である。螺旋状鉄釧の製作地とその舶載の背景については今後も東アジア的視野での検討が必要である。

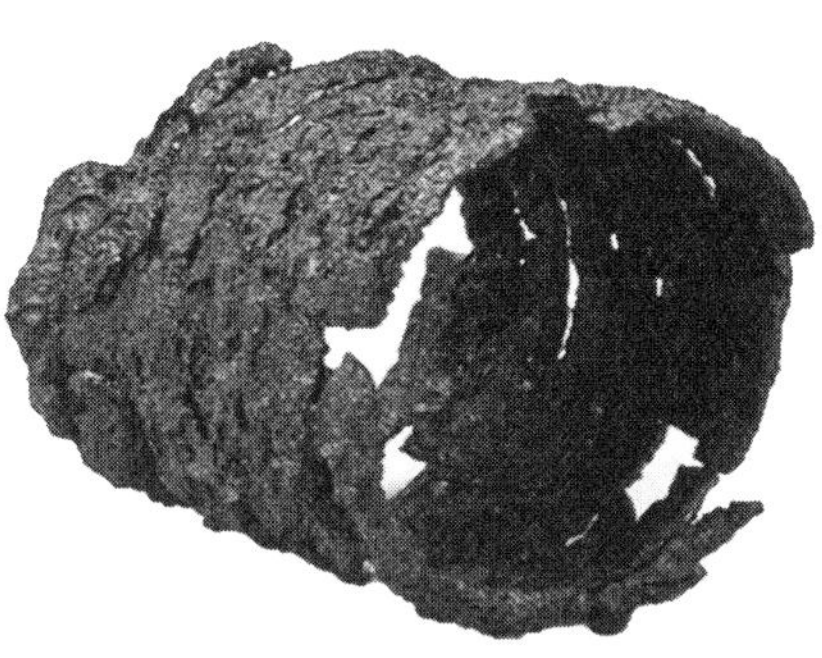

図1　七社神社前遺跡出土鉄釧（東京都北区飛鳥山博物館所蔵）

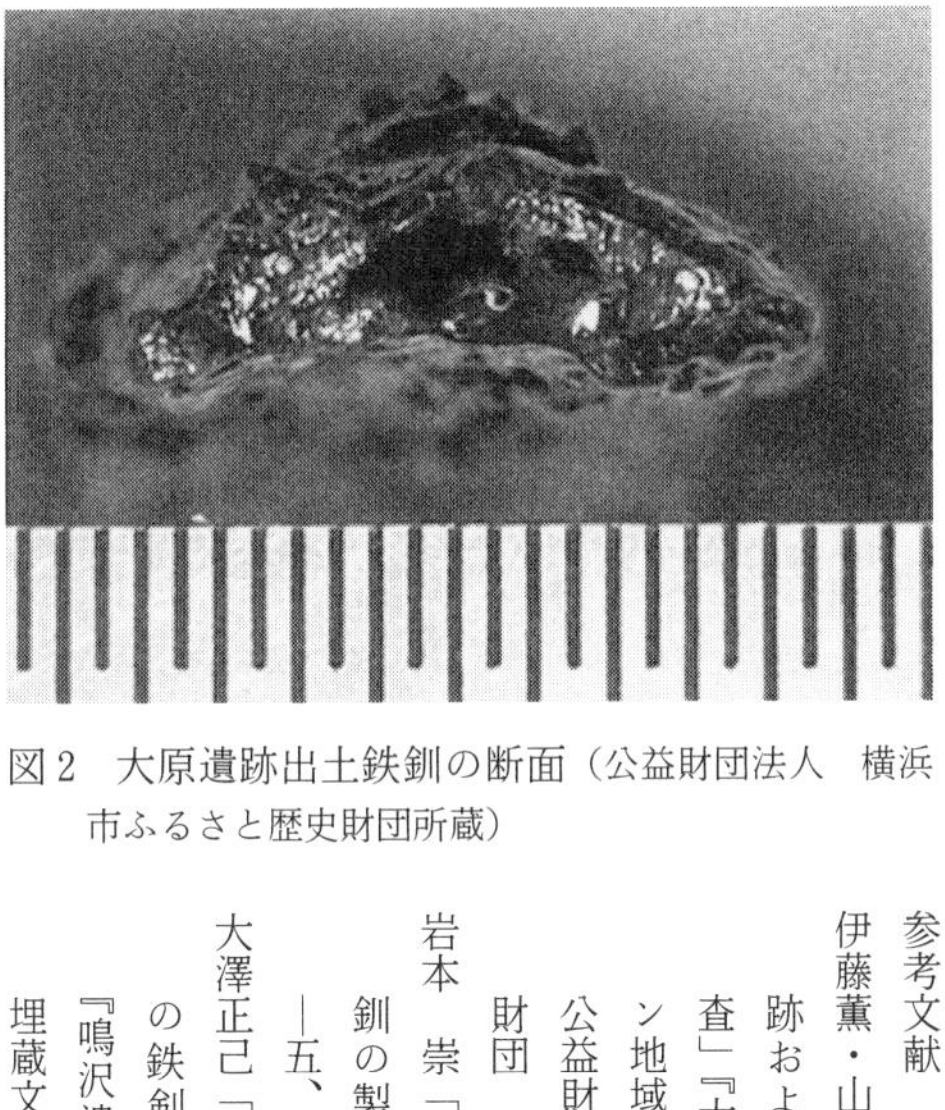

図2　大原遺跡出土鉄釧の断面（公益財団法人　横浜市ふるさと歴史財団所蔵）

参考文献

伊藤薫・山下真理子「付編1　大原遺跡およびE5遺跡出土鉄釧の調査」『大原遺跡』港北ニュータウン地域内埋蔵文化財調査報告四四、公益財団法人横浜市ふるさと歴史財団

岩本　崇「東日本における弥生時代鉄釧の製作技術」『古代文化』五四—五、二〇〇二年

大澤正己「鳴沢遺跡群五里田遺跡出土の鉄剣・鉄釧の金属学的調査」『鳴沢遺跡群五里田遺跡』佐久市埋蔵文化財調査報告第七四集、長

野県土地開発公社・佐久市教育委員会、一九九九年
土屋了介「螺旋状鉄釧の基礎的研究―形態と数量的要素を中心に―」『日々の考古学　2』東海大学考古学研究室、六一書房、二〇〇九年

三　鉄製農具

魚津知克

はじめに――本章のねらい

本章では、日本列島の弥生時代から古代に使われた鉄製農具、すなわち刃の部分が鉄でできた農具に関連する技術のあり方について論じる。

これらの鉄製農具は、耕起や掘削、あるいは収穫や刈払という、農業でおもに繰り広げられたと考えられる作業に用いられた道具である。ただし、掘削や刈払といった作業は、土木もしくは軍事といった社会活動の範疇でも実行された。その側面に注目すると、本章で鉄製農具とした考古資料の一部については、土木具や武器として評価できるかもしれない。しかし、石器から鉄器への変遷、あるいは渡来系技術の導入と定着といった事象を経ながら、これらの道具の構成が定まっていく中で、最も大きな社会的・文化的な影響を及ぼしたのは、農業生産に違いないというのが筆者の考えである。道具の個々の品目の用途は、単一の生産分野に限定されないかもしれない。しかし、さまざまな道具を構成的に評価する場合、その構成の動態に最も大きな影響を与えた生産分野をまず代表させなければ、議論が

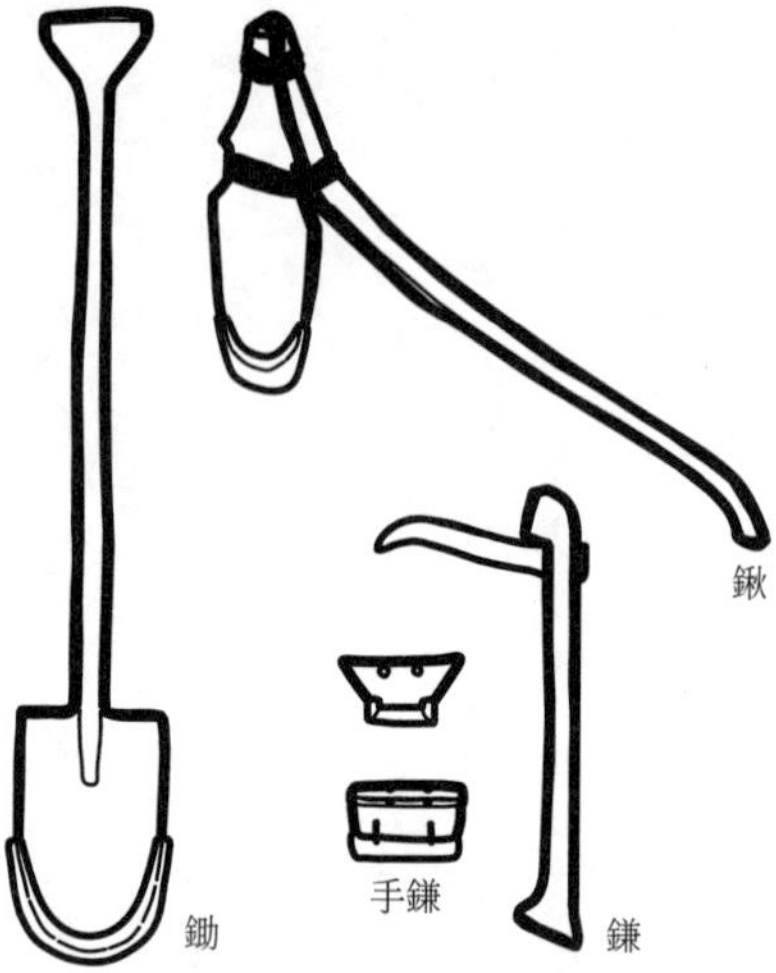

図1　主な鉄製農具の刃先と木柄（筆者作成）

堂々巡りするおそれがある。そのうえで、多様な用途を明らかにし、場合によっては別の生産分野からの視点で、道具の構成を再検討すべきであろう。

以上を前提として、本章ではまず鉄製の農具刃先の形態を概観する。次に、それらが装着された木製の柄や台の形状を復元する。そして、渡来技術の定着について触れながら、この時期の農具に関連する技術変遷について述べる。最後に、墳墓への副葬あるいは集落周辺での祭祀といった局面で鉄製農具がどのような役割を果たしていたのかについても検証していきたい。

1　鉄製農具刃先の形態

先に記したように、鉄製農具といっても、すべて鉄だけでできているのではない。弥生時代から古代という時期幅の中で、鉄製の刃先（歯）の採用が認められる農具としては、耕起・掘削具の鍬《くわ》や鋤《すき》あるいは犂、砕土・整地具の馬鍬、収穫具の鎌や手鎌が存在する。いずれも、図1のように、ほとんどが木製の柄や台の部分で、鉄製刃先（歯）の占める割合はごく一部に限定される。本節では、この点に留意し、全体形状の復元を念頭に置きつつ、鉄製刃先の形態を明らかにしていきたい。ただし、犂と馬鍬については、牛馬耕との関連があるので、別に一項を設けて論じる。

耕起・掘削具の鉄製刃先　日本列島では、伝統的に鍬と鋤とが、農耕のさまざまな場面で耕起・掘削具として用いられてきた。「打鍬」「引鍬」という区分があるように（田原一九七九）、鍬は、振り上げ―打ち込みの動作、もしくは地面と平行に奥から手前に引き込む動作で、耕起や掘削を行う。一方、鋤は、地面にほぼ直立させたり、手前から奥にかき出したりする動作で、耕起や掘削を行う。このように、両者は全く異なる身振りに支えられた道具である。ところが、本章の対象時期では、以下で触れるように、方形鍬鋤先やU字形鍬鋤先といった、鍬先と鋤先との両方に使用可能な鉄製刃先が採用された。この背後に、朝鮮半島から幾度となく波及した鉄器文化の新たな波を、列島各地の土壌に即した実用の農具様式に接続させようと苦心した、いにしえの人々の姿が垣間見える。

〔方形鍬鋤先〕　厚さ数ミリの鍛造鉄板の両側を折り返し、木製の鍬や鋤の身の先端を折り返し部分の中に差し込んで装着する方式の鉄刃である（図2）。横幅はおおむね五〜一五センチ、縦長は三〜八センチを測る。ただし、この数値は、古墳の副葬品も含んでいる。後述のように、古墳副葬品には、実用品を縮小したものも数多く含まれていると考えられる。

　方形鍬鋤先は、工具の一種と見なされたこともあったが、都出比呂志が農具としての位置づけを明確にした（都出一九六七）。横長のものや正方形に近いもの、先端が直線であるものや弧状をなすものなど、形態や法量に着目したグループ分けが可能で、松井和幸や河野正訓らによる型式分類の成果が存在する（松井一九八七、河野二〇一四）。

　本章では、方形鍬鋤先単体の形態差にはあまりこだわらず、川越哲志

図2　吉野ヶ里遺跡出土の方形鍬鋤先（佐賀県教育委員会2015より）

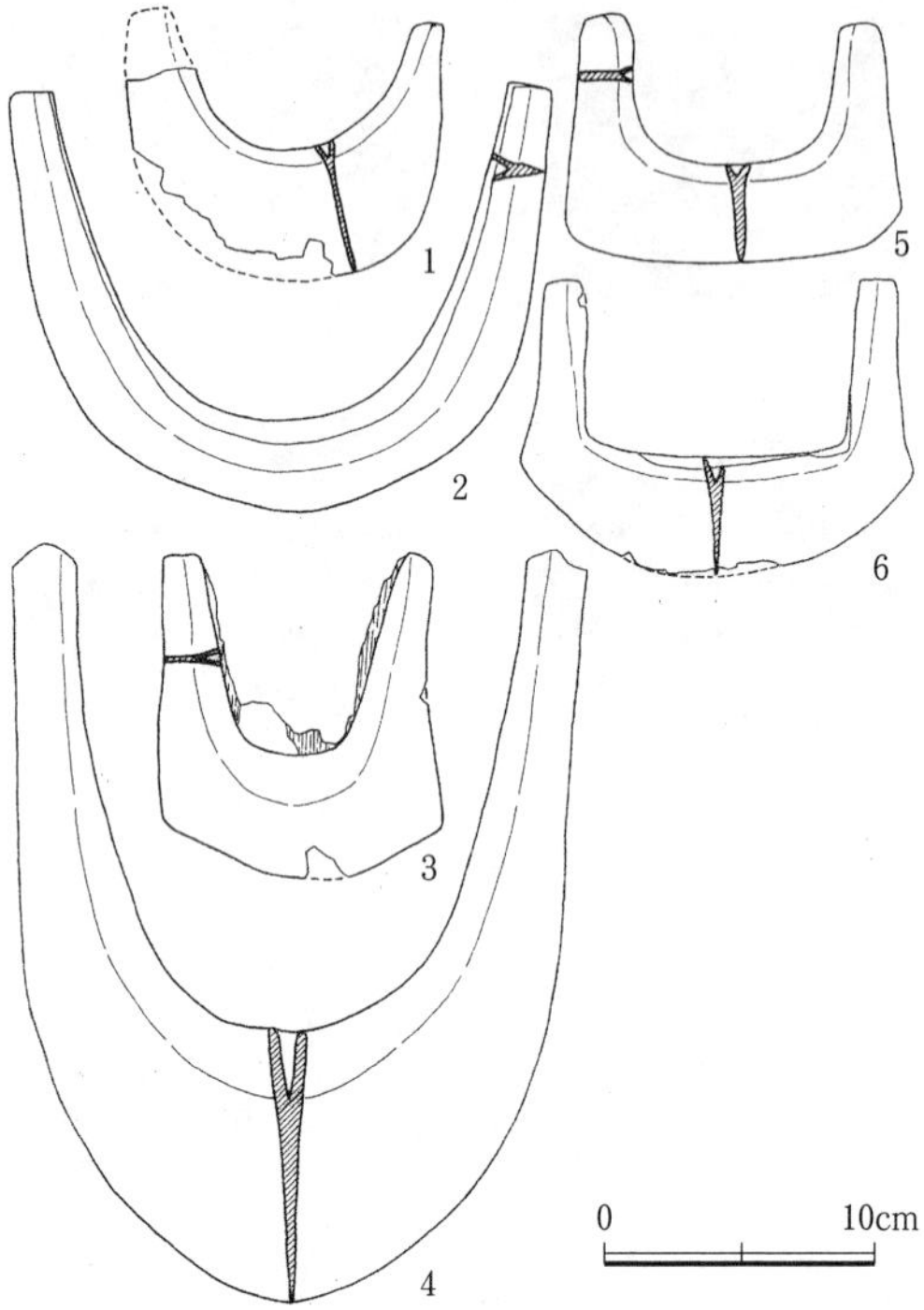

図3　U字形鍬鋤先（1筆者実測，2橋口編1983より，3北野編1976より，4前澤1985より，5八賀1982より，6堀部・清藤・上野1980より）

が行った区分（川越一九九三）のうち、縦横比に注目したものを大別基準とする。すなわち、縦長と横幅の比が一対一・八以下のものを1類、縦長と横幅の比がそれを超える横長のものを2類とする。その意義については、木製鍬・鋤との関連の中で明らかにしていきたい。

〔U字形鍬鋤先〕　平面形はU字形もしくは凹字形で、内周にはV字断面の溝が全周する。この溝に、木製の鍬・鋤の身を差し込む。最近まで、ほぼ同じ形の鍬先・鋤先を装着した風呂鍬（鋤）が、農耕に広く用いられてきた。

古墳時代のU字形鍬鋤先の類例は、横幅、縦長とも二〇センチ以内にほぼ収まる。また、古代の類例は、横幅、縦長が一〇センチ以内の小型品が引き続き存在する一方、横幅二五センチ、縦長三〇センチに達するものまで認められる（図3）。身の厚さも、古墳時代では方形鍬鋤先とほぼ同じ数ミリ程度のものが一般的だが、古代の大型品には厚さ五ミリに達する肉厚なものも存在する。溝の深さは、五ミリ程度の浅いものから、数センチに達するものまでバリエーションが認められる。以上のような形態は、鍛造の技術によって製作される。詳細な製作技法の復元については後で論じる。

先に記したように、平面形態には大きく分けてU字形のものと凹字形のものとの二種類がある。この視点は、都出比呂志、松井和幸の各氏による大別形式の設定に反映されている（都出一九六七・一九八九、松井一九八七・二〇〇一）。本章もこれに従い、U字形のもの（図3―1・2・4）をA型、凹字形のもの（図3―3・5・6）をB型とする。

〔又鍬先・又鋤先〕　鍛造により、熊手状に先端が分かれた身部と、木柄を挿入するために筒状に作られた袋部とを形成する（図4）。袋部の成形は、一旦板状に素材を延ばした後、両側を折り返すという技法による。身部と袋部とが屈曲して接続する又鍬先と、屈曲せずに接続する又鋤先との双方が存在する。

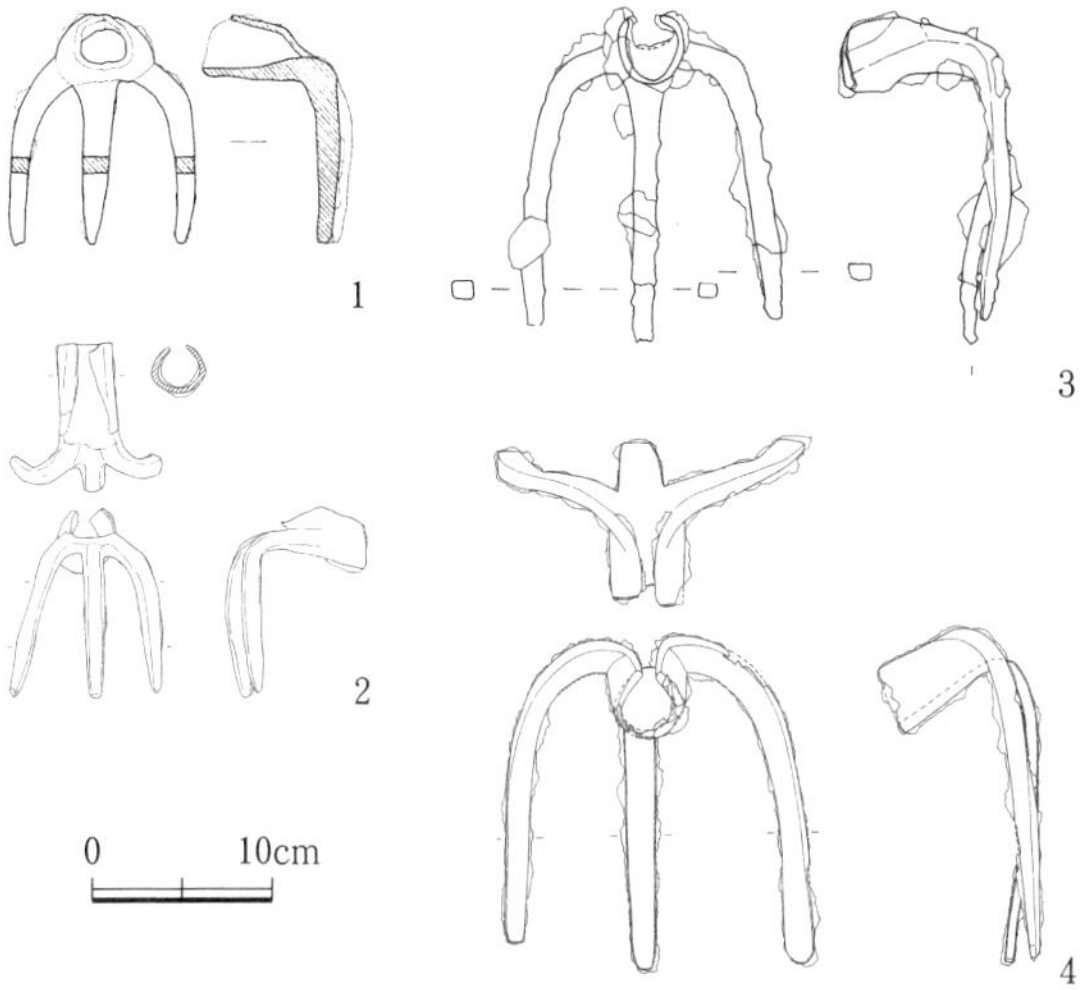

図4　又　　鍬（1中村1985より，2江見・松尾編2008より，3坂編1993より，4阪口編2005より）

管見に触れた又鍬先の類例は九点である（次頁表）。爪形に分かれた身部の上下長が一一～一七㌢、左右幅は一〇～一七㌢程度で、それぞれ幅が一～一・六㌢、厚さは一㌢弱の方形断面鉄棒が素材である。採集資料以外の七例は、すべて三又である。

又鋤先の類例は、現在のところ宮崎県六野原六号墳の一点のみである。全長一九・二㌢、幅一〇・五㌢を測る。朝鮮半島で三枝槍と呼ばれる、武器もしくは漁具と考えられる鉄器にある程度類似する。六野原六号墳埋葬施設においては、鉄矛と近接して出土しており、三枝槍と同様の用途に供された可能性も捨てきれない。しかし、袋部のつくりをみると、多く

表　又鍬又鋤先集成　　　　　　（単位：cm）

番号	古墳・遺跡名／遺構名	所　在　地	長さ	幅	時　期
又鍬 1	紫金山古墳	大阪府茨木市	17	16.6	前期中葉
2	出作遺跡／SX01	愛媛県松前町	12.8	12.2	中期中葉
3	伝如来堂	長野県伊那市			不明
4	三尾野 7 号墳	福井県福井市	17.4	14	前期後葉か
5	西堂四反田 1 号墳	福岡県前原市	12.5	13	中期後葉
6	窪木遺跡／竪穴住居 32	岡山県総社市	14.7	12.3	後期中～後葉
7	池の内 2 号墳	広島県広島市	11.6	10	中期中葉か
8	高畠古墳	佐賀県佐賀市大和町	12.6	13.2	中期
9	吉井町冨永（富永古墳？）	福岡県うきは市			後期？
又鋤 1	六野原 6 号墳	宮崎県国富町	19.2	10.5	中期後葉か

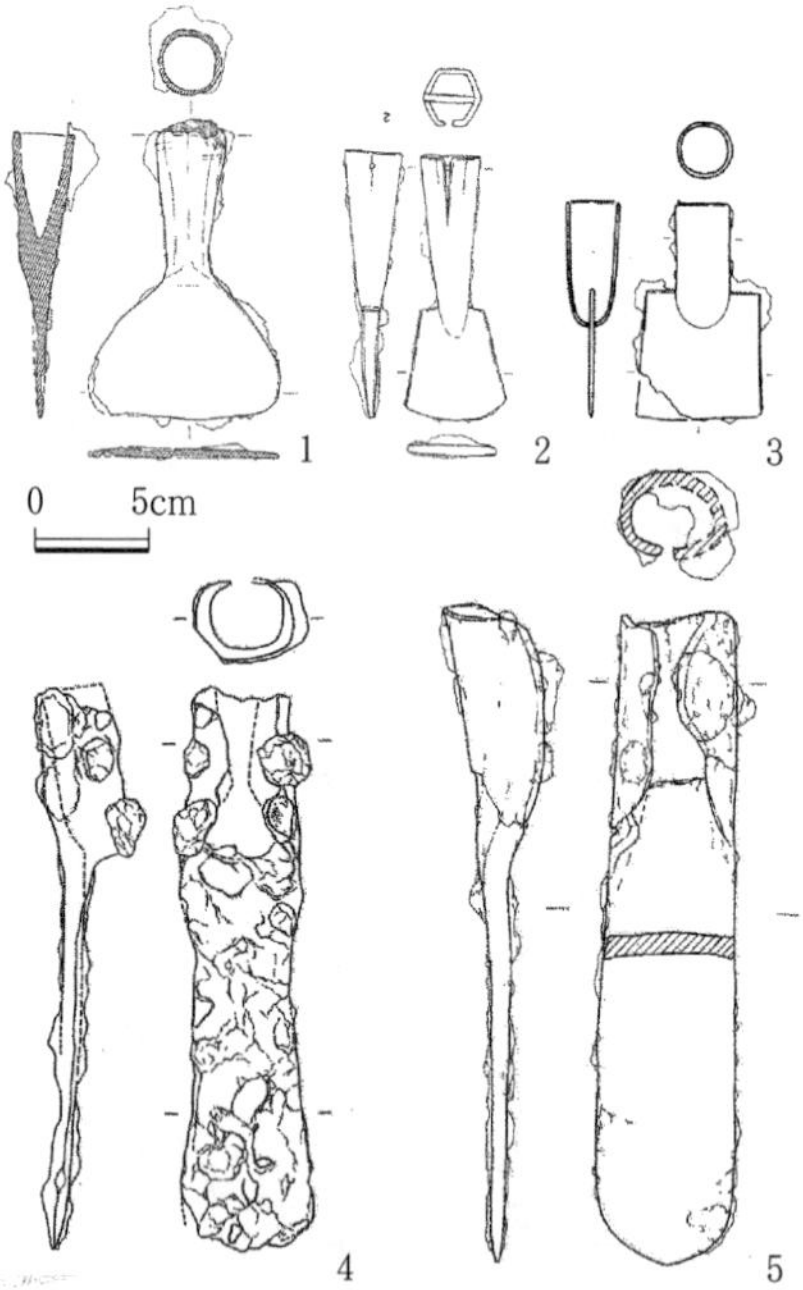

図5　サルポ形刃先（1〜3）タビ形刃先（4・5）（1小山編2003より，2新納・光本編2001より，3新納・尾上編1995より，4松山ほか編1993より，5福島ほか2001より）

の又鍬先と同様に、折り返しが密着していない。武器の矛や漁具の銛に用いられた類似形態の鉄器は、袋部折り返しが密着している点で異なる。

〔サルポ形刃先〕　鏟《さん》形鉄製品とも呼ばれる（岡林・水野編二〇〇八）。鍛造品で、身部の形状は、現在お好み焼きなどの粉物を焼くときなどに用いられる「コテ（起し金）」とよく似る。そして、木柄を挿入するための筒状の袋部が上に接続する。袋部の断面は、ほぼ正円である（図5―1〜3）。身部と袋部とを一体成形するものと、身部と袋部とを分割成形し両者を結合するものとの二種類が存在する（李東冠二〇一〇）。

形状としては、朝鮮半島の在来農具で、三国時代の墳墓にもしばしば副葬されるサルポの刃先（有光一九六七、東一九七九、金在弘二〇一一）ときわめて類似する。このため、日本列島のものもこれと同一系統に属し、朝鮮半島から導入されたサルポであると見なされる。筆者も、この理解を基本的に踏襲するのだが、すべての類例の用途を一括して取り扱うには、慎重に対処するべきだと考える。

その大きな理由として、奈良県ホケノ山古墳や京都府椿井大塚山古墳のような、早期から前期前半の古墳にこの種の鉄器が副葬されており、朝鮮半島のサルポの類例よりも時期的に先行していることが挙げられる。想定される導入元よりも、時期が遡っている現状には、不審を抱かざるをえない。むしろ、両者が、道具として、別系統に属することを示唆しているのかもしれない。ただし、前記の古墳副葬例の細部を観察すると、製作技術の点からは、朝鮮半島からの技術導入がうかがわれる。機能用途については、木柄を含めた道具全体の復元を経て、議論を進める必要がある。

〔タビ形刃先（鍛造）〕　厚さがほぼ一定の細長いヘラ状の身部と、素材鉄板を両側から折り曲げる鍛造技法により成形された袋部とで構成される（図5―4・5）。長さ二〇～三〇㌢、幅五～八㌢、身部の厚さ一㌢内外である。袋部は断面円形となり、左右からの折り曲げは密着せず中央に広い間隙が認められる。これは、朝鮮半島南半では原三国～三国時代に多くの副葬例がみられる（李東冠二〇一一）、踏み鋤の一種であるタビの形状とよく似ている。国内の類例で管見に触れたのは、島根県西谷一六号墳（一点）、鳥取県妻木晩田遺跡（身部の破片一点）、兵庫県姫路宮山古墳第二主体（三点）、京都府今林八号墳（一点）、三重県経塚古墳（一点）の合計七点で、古墳副葬品が多数を占める。

大きな問題となるのが、平面形が類似する有袋鉄斧との区別である。基本的に、タビ形刃先と有袋鉄斧とは、袋部と身部との長さの比率や、身部厚さの均一性により、区分が可能である。しかし、葬送儀礼のために製作された有袋鉄斧の一部は、タビ形刃先とほぼ同じ形態的特徴をもち、区別が大変難しい。

また、このような形状をもつ刃先の用途について、「手斧鍬」を想定する意見も存在する（松本・加藤編一九七〇）点も留意すべきである。古墳時代後期の横穴墓の掘削工具痕からは「手斧鍬」の使用が想定されており（石山一九七四）、現在のバチ鍬のような道具として定着していた可能性がある。

資料の現状による限り、本稿では、先述のサルポと同様、鍛造の鉄製刃先をもつタビも朝鮮半島から導入され、一部で実用されたとの理解に立つ。しかし、形態的に類似した別の道具との区別が大きな課題である。日本列島の類例に対しては、サルポと同様に、慎重な手続きを踏んだうえで、用途を認定する必要があると考える。

〔断面梯形鋳造斧形品〕　系統の大きく異なる一群である。古代中国の鉄器文化は、鋳造鉄器が多い点が特徴である。遅くとも戦国時代後期には、きわめて高度かつ大量生産可能な鋳造の技術や、炭素量調整（脱炭・浸炭）の技術が確立した（村上二〇〇三）。この鋳造鉄器主体の鉄器技術体系は、基本的には漢帝国の版図に限られ、その外側には鍛造鉄器主体の鉄器文化が広がる。しかし、一部の鉄器鋳造技術は、現在の中国東北部にあたる燕の領域を通じて、あるいは現在の平壌を中心に設置された楽浪郡から拡散する形で、朝鮮半島に浸透していった。本章で断面梯形鋳造斧形品と呼ぶ鉄器は、楽浪郡で技術導入がなされた可能性があり（鄭仁盛二〇一二、金武重二〇一二）、その後、三国時代から統一新羅時代初頭にかけての朝鮮半島で盛んに製作され、日本列島にも流通範囲を広げた。現在、列島各地で八〇ヵ所以上の古墳副葬品や集落出土品の類例が知られている（日高二〇〇五）。

断面梯形鋳造斧形品は、一般的に鋳造鉄斧の範疇で扱われることが多いが、早くから農具刃先としての可能性が指摘されてきた（岡本一九六六、東一九七九）。日本列島で出土するものは、全長一五〜二〇チセン、先端の幅が五〜七チセン程度と縦長の平面形で、側面からみると先端へと一直線にすぼまるくさび形である（図6）。先端近くまで中空となり、

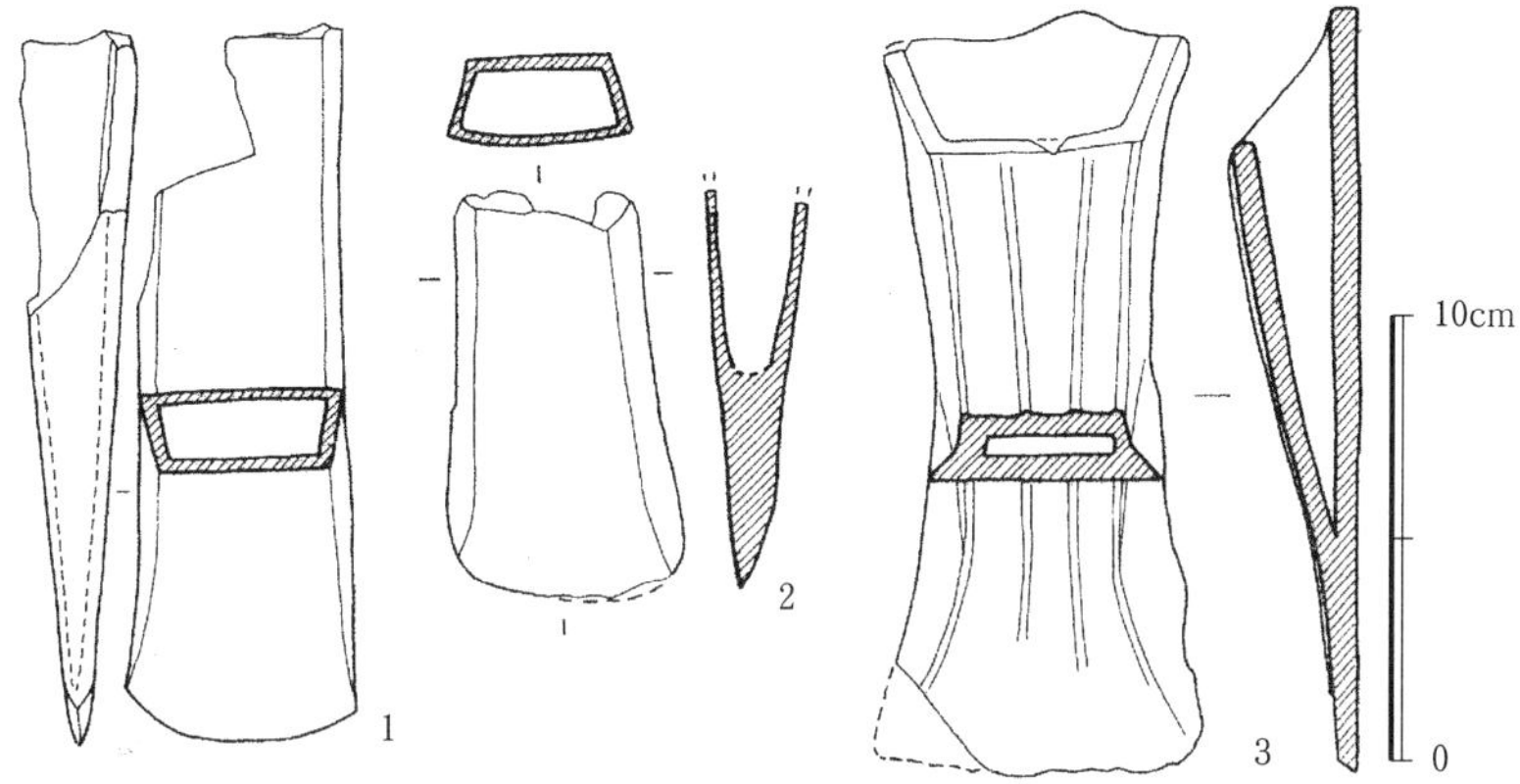

図6　断面梯形鋳造斧形品（1 西谷・鎌木 1959 より，2 兼保・堀内編 1978 より，3 宗像神社復興期成会編 1958 より）

袋部と身部との区分が、外見からはほとんどつかない。横断面は梯形（台形）を呈する。これは、合わせの鋳型が単合笵、すなわち表裏のうち一方のみ彫り込まれ、もう一方は単なる平面であることを如実に物語る特徴である。

日韓の鋳造斧形品については、東潮による詳細な研究がある（東一九九九）。この中でも指摘されているように、韓国の出土例の中には、木柄が装着された痕跡をとどめるものが一定数存在する。金属分析からは、硬いが脆い白鋳鉄でできていることが示されている。唐鍬に近い形態のクワンイの刃先（千末仙一九九四、金在弘二〇一一）、もしくはタビの刃先（東一九九九、李東冠二〇一一）というような差異はあるが、農具刃先として使用されていたことが朝鮮半島の資料から通説となっている。筆者も、これに異議をはさむものではない。

ただし、朝鮮半島と異なり、日本列島においては、刃先は存在するものの、農具として取り扱われたことを示す状況は、以下の理由でほとんど見出せないのが実情である。まず、木柄の痕跡を示す木質が付着している類例がほとんど存在しない。また、列島の木製農具の中にも、柄の候補となるような種類・型式を指摘できない。さらに、岡山県金蔵山古墳副葬例（図6—1）などの叩き割ったような破損品や、鳥取県長瀬高浜遺跡住居跡SＩ一九二例のような基端近くに一対の穿孔が認められる類例もある。

これらの状況は、日本列島においては、後世の「鍋はがね（鍋刃金）」（佐藤一九七九、朝岡一九八六）のような一種の浸炭用素材、もしくは舶載の儀器として取り扱われたと考えるうえで、有利な証拠である。なお検討の余地は大きいものの、断面梯形鋳造斧形品について、朝鮮半島でのあり方をそのまま日本列島に反映させるのには、時期尚早ではないか、というのが筆者の意見である。

収穫・刈払具の鉄製刃先

〔鎌〕　弥生時代から古墳時代にかけての鎌の鉄製刃先は、古墳時代後期後半以降で少数の類例が存在する有茎鎌を除くと、鉄板の片方の端を折り返し、木柄の固定装置とするもの（無茎鎌）が一般的である。無茎鎌は、鉄板の形態により、直刃鎌と曲刃鎌との二群に分けることができる。さらに、各群について、折り返しの方法により、端辺全体を折り返すもの（辺折り返し）と一方の隅角だけを折り返すもの（角折り返し）との二式に分類できる。結果として、無茎鎌は四つに大別することができ、全体形状により次のように細分することができる（魚津二〇〇三）。

〔直刃鎌〕　辺折り返し式直刃鎌は、全体形状により、短冊形の全形を呈するもの、外反ぎみのもの、直刃ながら背は曲刃鎌と同じく内湾してゆくものなどが存在する（図7）。角折り返し式直刃鎌は、上記三類の辺折り返し式直刃鎌と同じ形態のほかに、基部がやや幅広で先端刃側が弧を描き鋒となるもの（図7―9）が存在する。

〔曲刃鎌〕　辺折り返し式曲刃鎌・角折り返し式曲刃鎌とも、身部の背は直線で先端近くに急速に内湾するもの、比較的細身で先端にかけ緩やかに湾曲するもの、鳥首形ともいうべき特有の形状を呈するもの（図8―5）、背全体が弧を描くものといった形態のものが存在する（図8）。

〔手鎌〕　手鎌は、おもに、稲や雑穀の穂首を摘み取るために用いられた。西日本では、九州地方北・中部を中心に、弥生時代後期から使用されている。一方、東日本では、古墳時代後期から類例が急激に増加し、奈良時代以降の類例は関東・東北地方のものが大多数を占める。以下、筆者の分類を示す（魚津二〇〇九を一部修正）。なお、手鎌出土例の大多数が鉄製刃先単体に限られる。この状況では、割合としては多くないものの、存在の想定される麻皮剝ぎ具との区別が容易ではない。このため、本章では、鉄製穂摘具もしくは摘鎌という名称は用いない。

A群：方形鍬鋤先と同じく、長方形鉄板の両側を折り返し、木製台挿入装置とする（図9—1〜3）。ほとんどの類

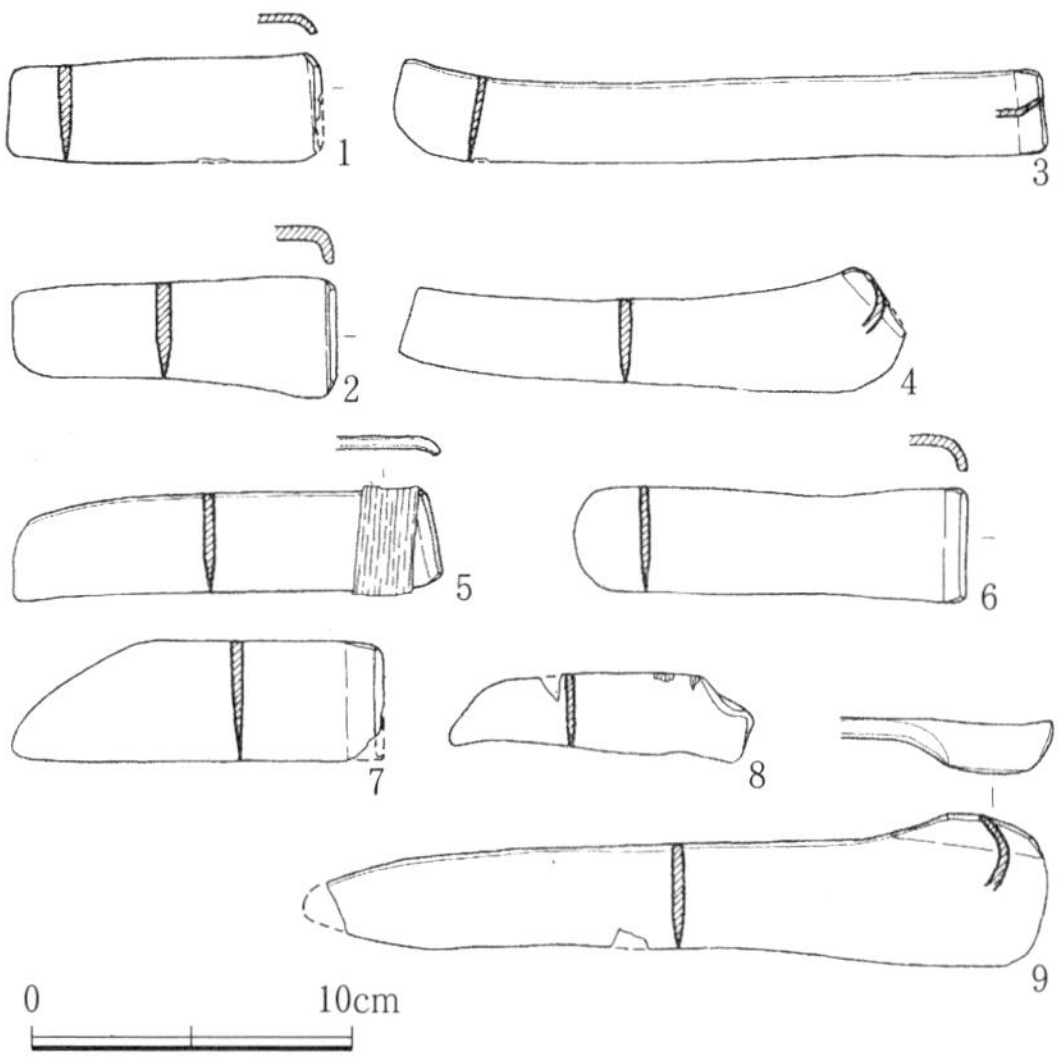

図7　直　刃　鎌（1〜6・9筆者実測，7楠本・朴編1986より，8山田ほか編1997より）

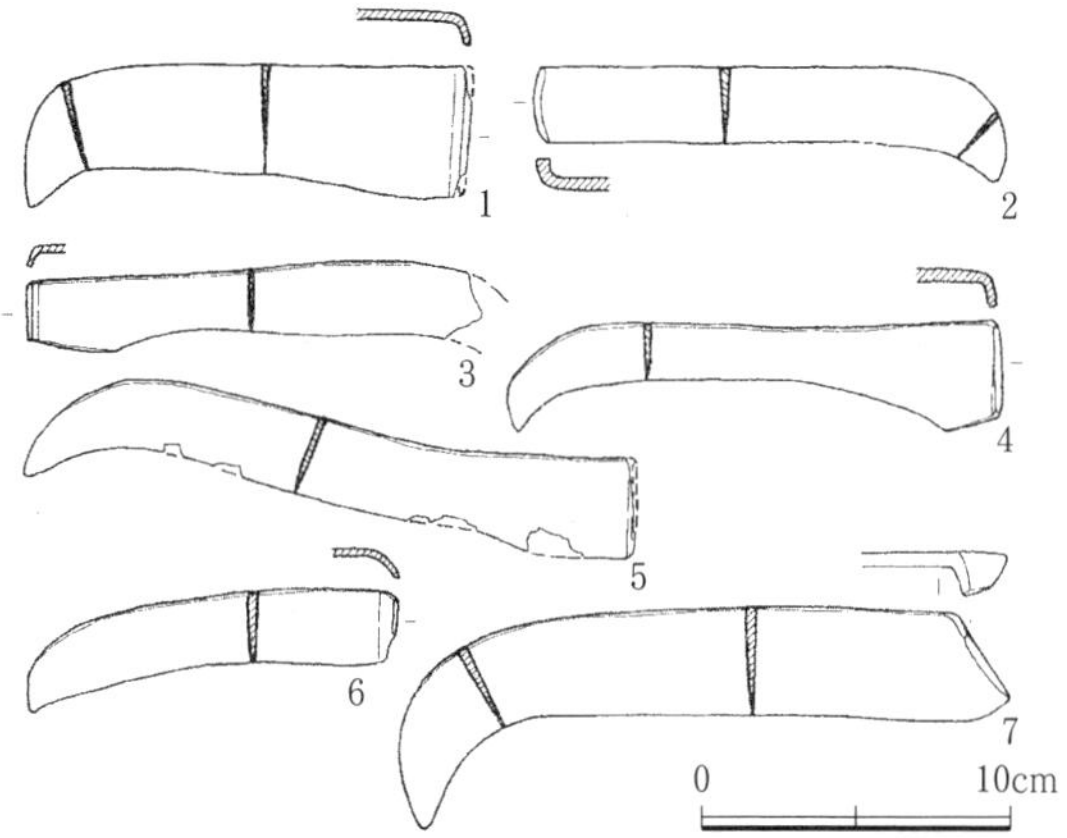

図8　曲　刃　鎌（1伊藤編1978より，2坂編1991より，3〜6筆者実測，7橋口編1983より）

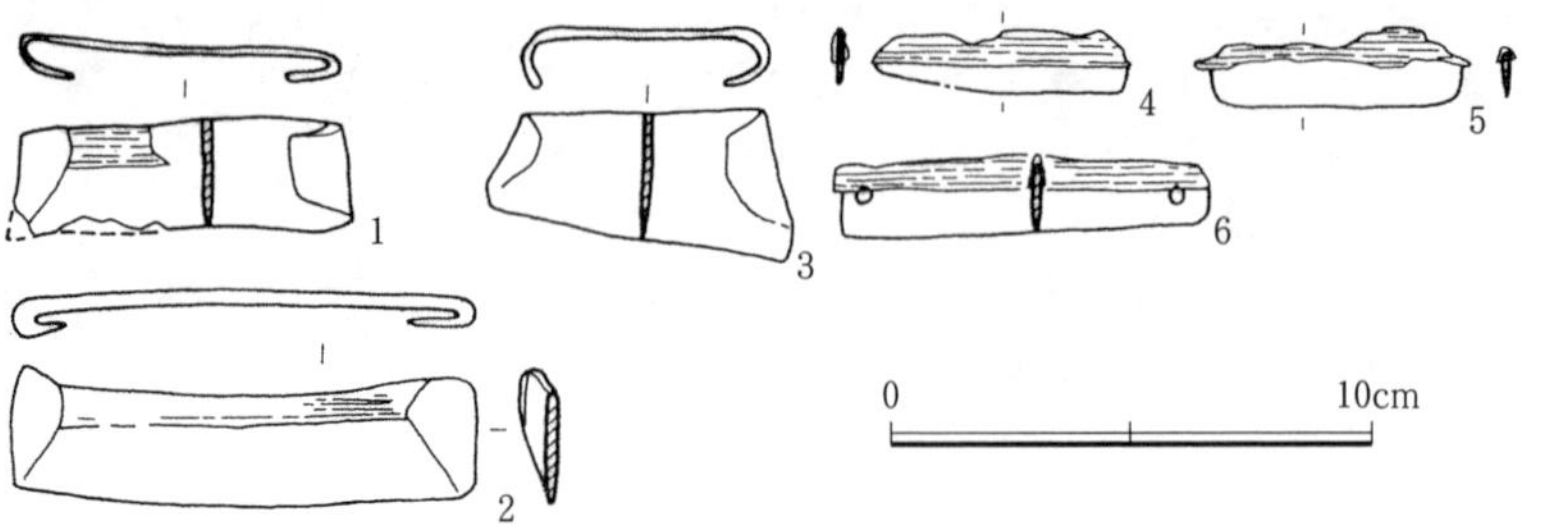

図9　手　　　鎌（1伊達編1977より，2柳田ほか1985より，3末永編1991より，4鍋田ほか1989より，5柳本編1987より，6加古川市教育委員会編1997より）

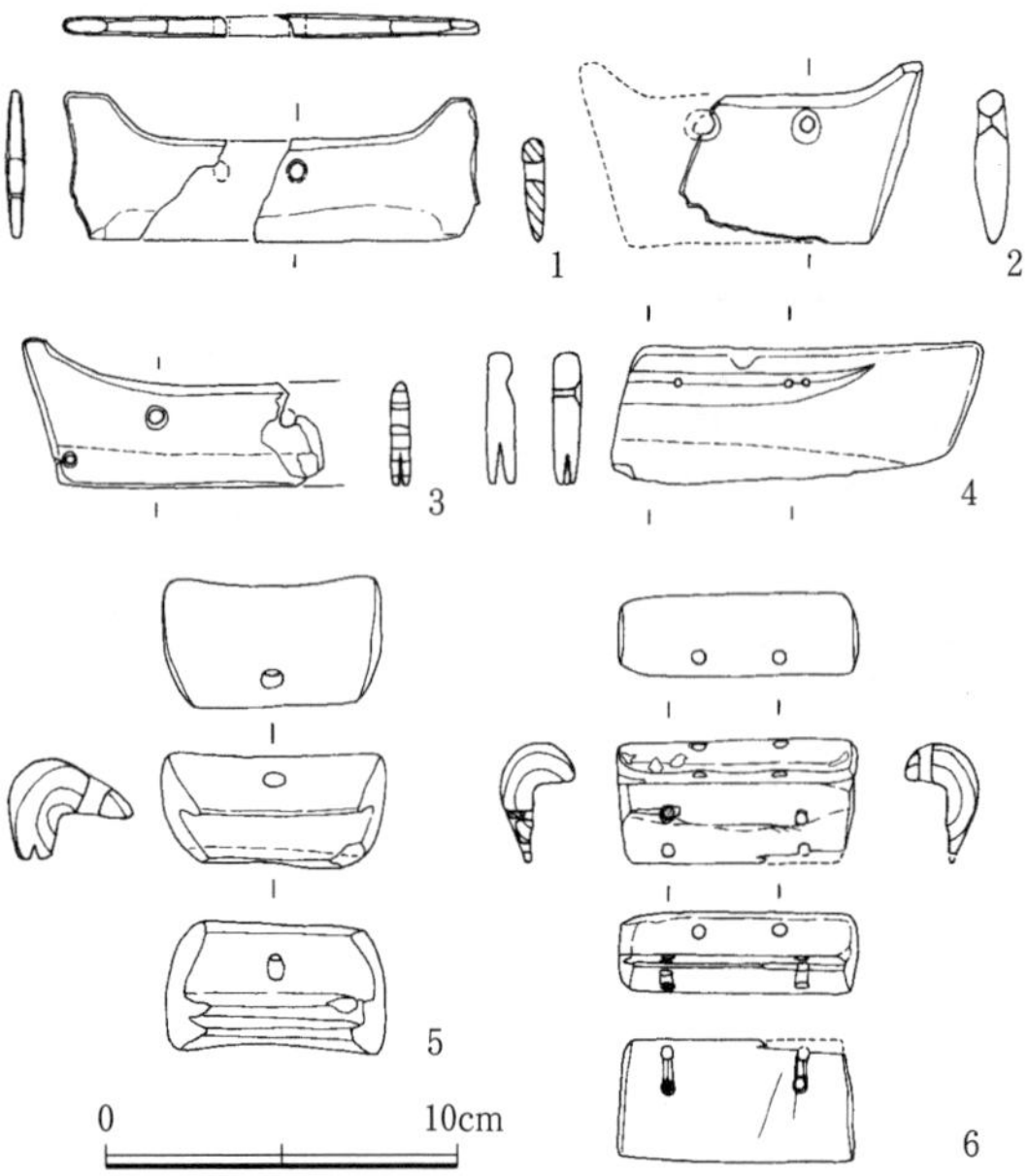

図10　木製手鎌台（1・3〜6筆者実測，2井石編1990より）

例が、方形鍬鋤先よりも細身で、横幅五〜一〇㌢、縦長一・五〜三㌢ほどである。折り返しの形状、背や刃の湾曲の程度、全長と幅との比率によって細分が可能である。

B群：折り返しが存在しない長方形鉄板である（図9―4〜6）。A群とほぼ同じ法量であるが、古墳副葬例は小型でさらに細身のものが目立つ。上辺に幅数㍉の木質が付着している例が多く、木製台の下辺に溝を穿ち鉄製刃先を差し込む装着法を復元できる。穿孔の有無や、背と刃の形状によって細分可能である。

Ｃ群：穿孔を有しない半月状鉄板をＣ群とする。管見では、数例にとどまる。

Ｄ群：釘固定の半月状鉄板をＤ群とする。

これらの鉄製刃先を装着する木製台の形状を述べておきたい。最も類例が多いのは、逆台形あるいは長方形を呈する長さ九～一〇㌢、幅三～四㌢程度の薄く扁平な板で、紐通しの孔が通常二つ中央付近の背側にあけられているものである（図10―１・２）。Ａ群の鉄製刃先を装着するものであり、これらを台Ⅰとする。また、外形は台Ⅰとほぼ同一であるが、下辺に溝を穿ち、Ｂ群の鉄製刃先を差し込むものを台Ⅰ′（図10―３）、同じくＢ群の鉄製刃先を差し込むもので、平行四辺形に近い扁平な板の下辺に溝を穿つものを台Ⅱとする（図10―４）。台Ⅱは、木製穂摘具（工楽一九八五）とほぼ同一形状をなす。さらに、小形の芯持材を素材とし、鉄製刃先を取り付ける部分（基部）と取手となる部分（突出部）とを抉って作り出すものを台Ⅲとする（図10―５・６）。

２　鉄製刃先の変遷と農耕技術の推移

以上の示した各種の鉄製刃先の変遷から、農耕技術の推移を跡づけていきたい。

鉄製鍬鋤先の変遷と木製鍬・鋤

〔方形鍬鋤先の位置づけ〕　方形鍬鋤先は、佐賀県原古賀遺跡出土例が示すように、九州地方北部では弥生時代中期

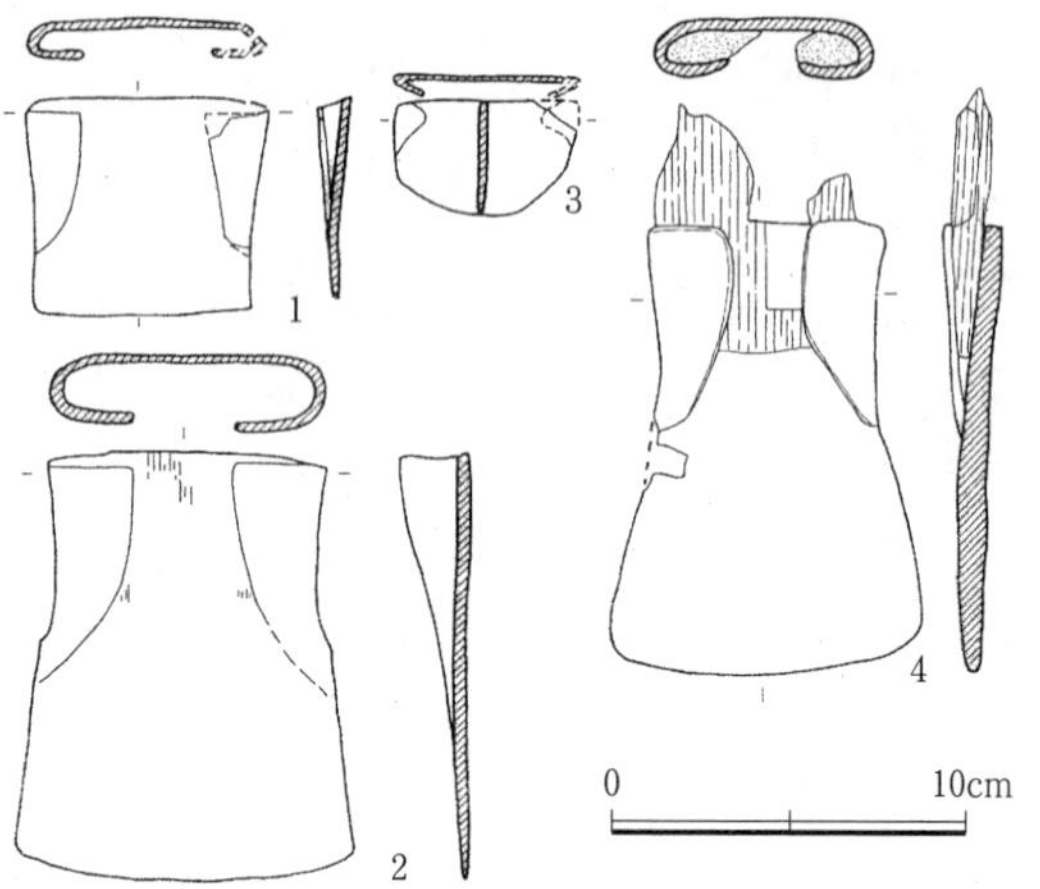

図11　古墳に副葬された方形鍬鋤先（1伊達編1981より，2三木1975より，3白石ほか1976より，4下村1981より）

後葉に出現する（村上・山村二〇〇三）。そして、弥生時代後期には、中国・四国地方、北陸地方までの日本海沿岸そして近畿地方へと波及していく。ただし、九州地方北・中部では比較的密集した分布を示すのに対し、その他では点的な存在である。

古墳時代前期も、ほぼ同様の分布様相である。九州地方北・中部では多くの出土例が認められる一方、それ以外の地域では、少数の分布にとどまる。ただ、分布範囲はさらに広がり、関東地方に至るまで存在する。

また、各地の前期から中期前半の古墳に方形鍬鋤先が副葬される（図11）。岡山県浦間茶臼山古墳をはじめ、瀬戸内・山陰より西では、前期初頭の古墳から認められるが、その他については、前期前葉でもやや遅い時期から副葬が開始される。

このような、方形鍬鋤先の出現や分布の拡大の様相は、農具鉄器化の指標として位置づけられてきた（都出一九八九）。これに対し、全国的な蓄積が徐々に達成されてきた木製農具資料（伊東・山田編二〇一二）をみると、方形鍬鋤先が装着された木製鍬・鋤は希少である。そのため、木器研究においては、方形鍬鋤先は土木耕具の刃先であるとする意見が根強い（樋上二〇一二）。

ともすると、これは、鉄器研究者と木器研究者との対立軸のように扱われがちである（樋上二〇一六、一一一〜一一二頁）。しかし、単に素材間の資料解釈の差によるものなのだろうか。細かく分析していくと、新たな道筋がみえてくる。

先に、縦長と横幅の比で方形鍬鋤先を区分した。比較的縦長の方形鍬鋤先1類は、装着される木製身の幅を示す上端の横幅が一〇㌢以内で、木製身の厚さを示す折り返し高（折り返しによってできる空隙の厚さ）が二㌢内外に達する類例が多い。そして、折り返し裾に巻き込み加工があったり、中央が張るように凹字状に反っていたりする類例（図12）も少なからず存在する。これは、木製身が外れないように、確実に固定するための加工だと考えられる。弥生時代から古墳時代にかけての鍬は、身に柄孔をあけて柄を差し込む直柄鍬と、柄と身とを緊縛する曲柄鍬との二つに大別される（上原編一九九三）。方形鍬鋤先1類は、前者のうち身幅の狭いもの（直柄狭鍬）に主に装着されたと考えられる。比較的硬い地質を掘削するための直柄狭鍬の鉄製刃先として、弥生時代後期には九州北部で「台地掘削用」として（山口一九九一）一定程度定着した後、弥生時代終末までに日本海沿岸、また瀬戸内海経由で近畿まで拡散したのであろう。この点は、木器研究の通説と同じである。

これに対して、比較的横長の方形鍬鋤先2類のほとんどは、折り返し高が一㌢程度に収まる。こちらは、ナスビ形鍬に代表される薄手の曲柄鍬、もしくは一木鋤や組み合わせ鋤の先に装着するのに適する。実際に、方形鍬鋤先2類に対応すると考えられる薄手の曲柄鍬に、鉄製刃先装着用の抉りが認められる類例が少なからず存在する。興味深いのは、これら木製品の中に、又鍬が認められる点である。鉄製刃先の方でも、古墳副葬品ではあるが、二又の木製身を装着したことを示す木質付着例が存在する（図13）。二又のフォークの先にキャップをかぶせるような、方形鍬鋤先の使用法が、古墳時代では定着していたのである。

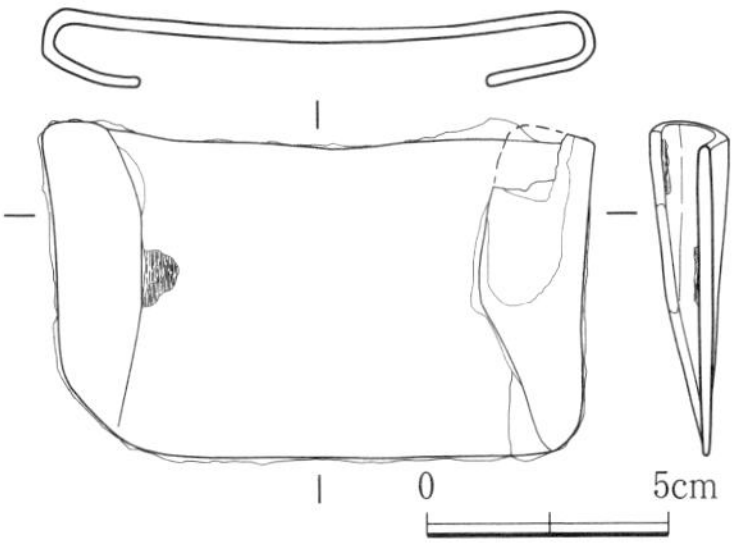

図12　反りを有する方形鍬鋤先（筆者実測）

この組み合わせ方は、常時装着するにはいかにも無理がある。むしろ、着脱可能のアタッチメントとして、方形鍬鋤先2類が（すべてではないだろうが）捉えられていたのではなかろうか。とすれば、木製曲柄鍬の方にも、顕著な鉄製刃先装着用の加工が認められない場合があることも想定される。

これまでの資料から、筆者は次のように考える。弥生時代後期から古墳時代前期前半の段階では、北部九州以外では方形鍬鋤先の定着には程遠い状況であるという、木器研究の通説に賛成する。先述したように、方形鍬鋤先の古墳への副葬開始時期に地域差が認められることとも整合する。その後、古墳時代前期後半には、いわば「パートタイムの刃先」として、急速に普及したことが鉄製品の状況から読みとれる。上原真人が指摘するように（上原二〇〇〇）、この体制を実現させるため、首長が方形鍬鋤先の管理に積極的に関与していた（口絵二頁下参照）ことも考えられる。

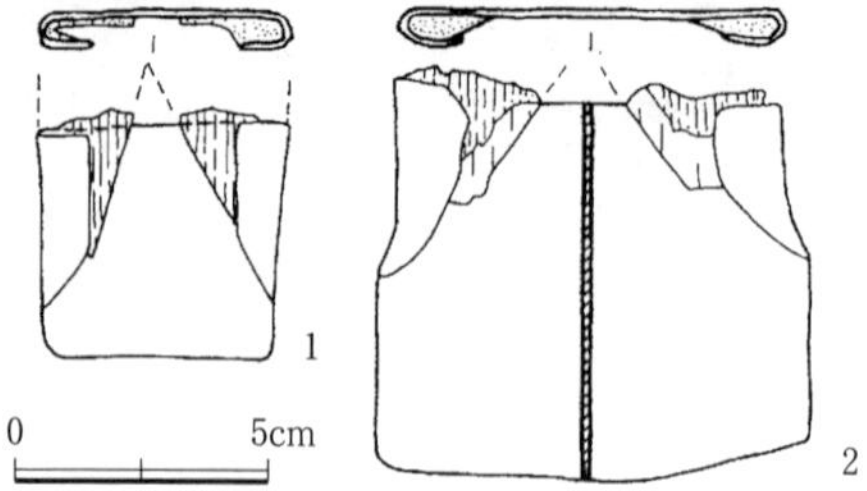

図13　V字形木質が付着する例（1筆者実測，加古川市教育委員会編1997より）

〔U字形鍬鋤先の変遷とその背景〕　日本列島へのU字形鍬鋤先の導入を示す資料として、九州北部では福岡県立明寺地区遺跡B地点出土例などの弥生時代終末に遡る類例が挙げられている（河野二〇一四）。朝鮮半島ではすでに紀元前後からU字形鍬鋤先の類例が知られており、九州北部において弥生時代に遡る資料が存在してもおかしくない。しかし、上記の資料は、法量からみて、鋳造鉄斧加工刃先もしくは青銅製鋤先を模倣した可能性が高く、別系統に属する資料として位置づけるべきであろう。

本格的なU字形鍬鋤先の出現は、古墳時代中期初頭で、同じく九州北部に限定された形で分布する。福岡県老司古墳三号石室において、U字形鍬鋤先A型が方形鍬鋤先と共伴している（図14）。古墳副葬例では、最も初期の例である。集落遺跡においても、福岡県生葉遺跡群からA型、福岡県今光遺跡溝2からB型が出土している。U字形のA型と凹字形のB型とは、ほぼ同時に導入されたことがうかがえる。

古墳時代中期後半になると、九州北部を越えて、U字形鍬鋤先の副葬が現れる。近畿地方では、大阪府土師の里八号墳ほかでA型、大阪府野中古墳でB型が副葬されている。集落遺跡においても、埼玉県御伊勢原遺跡といった東日本でのA型の出土例が知られる（図15）。この時期には、U字形鍬鋤先が装着された農具を実際に用いる集落が、間違いなく存在していることがわかる。

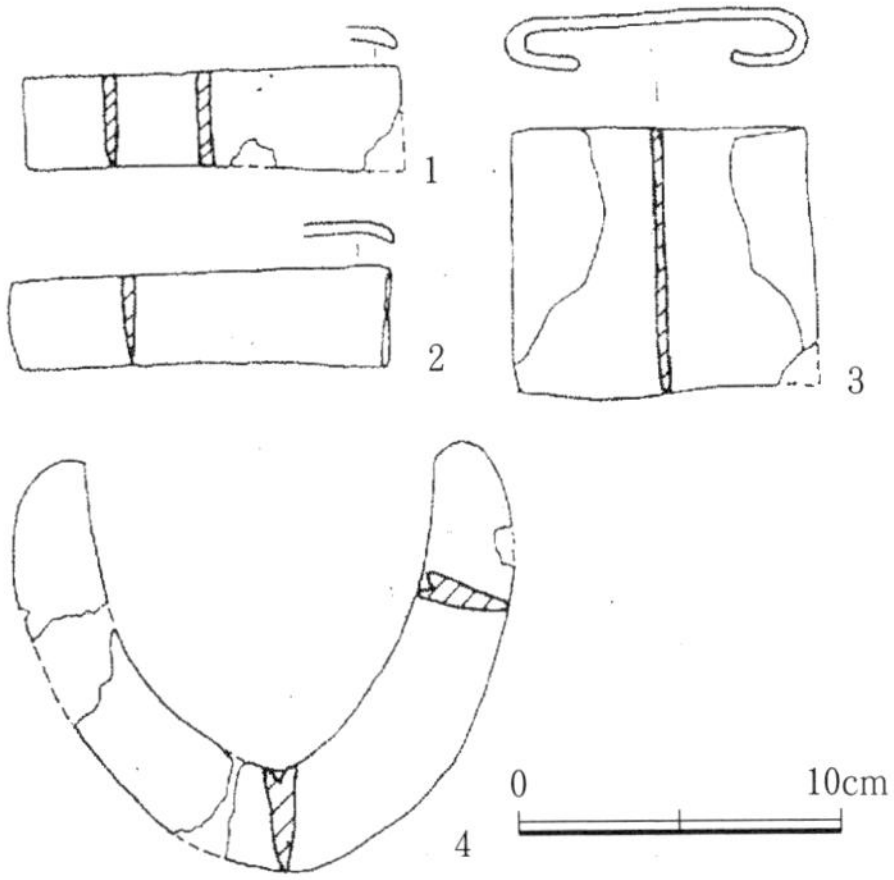

図14　福岡県老司古墳3号石室副葬農具（山口・吉留・渡辺編1989より）

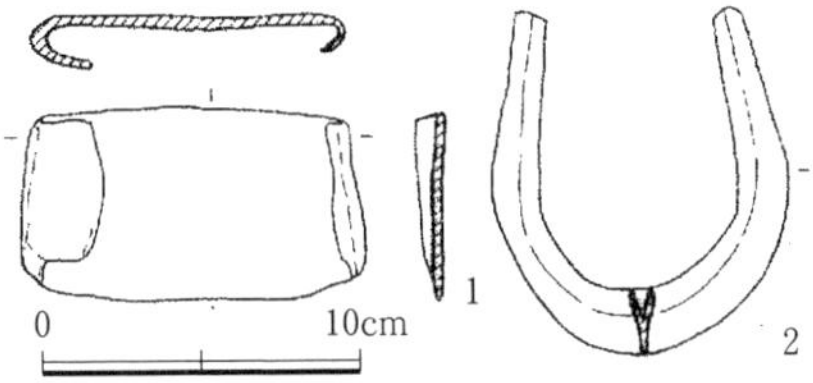

図15　古墳時代中期後半の関東における類例（1増田ほか1982・1983より，2鈴木・立石1989より）

このように、U字形鍬鋤先は、初めは九州北部限定で導入され、その後拡散していった。この背景として、古墳時代前期までに形成されていた木製鍬・鋤の地域性が影響を与えたことが考えられる。

先述のとおり、古墳時代の鍬は、直柄鍬と曲柄鍬との二つに大別されるが、古墳時代前期の西日本においては顕著な地域差が認められる。すなわち、九州北部では直柄鍬が主体であるのに対

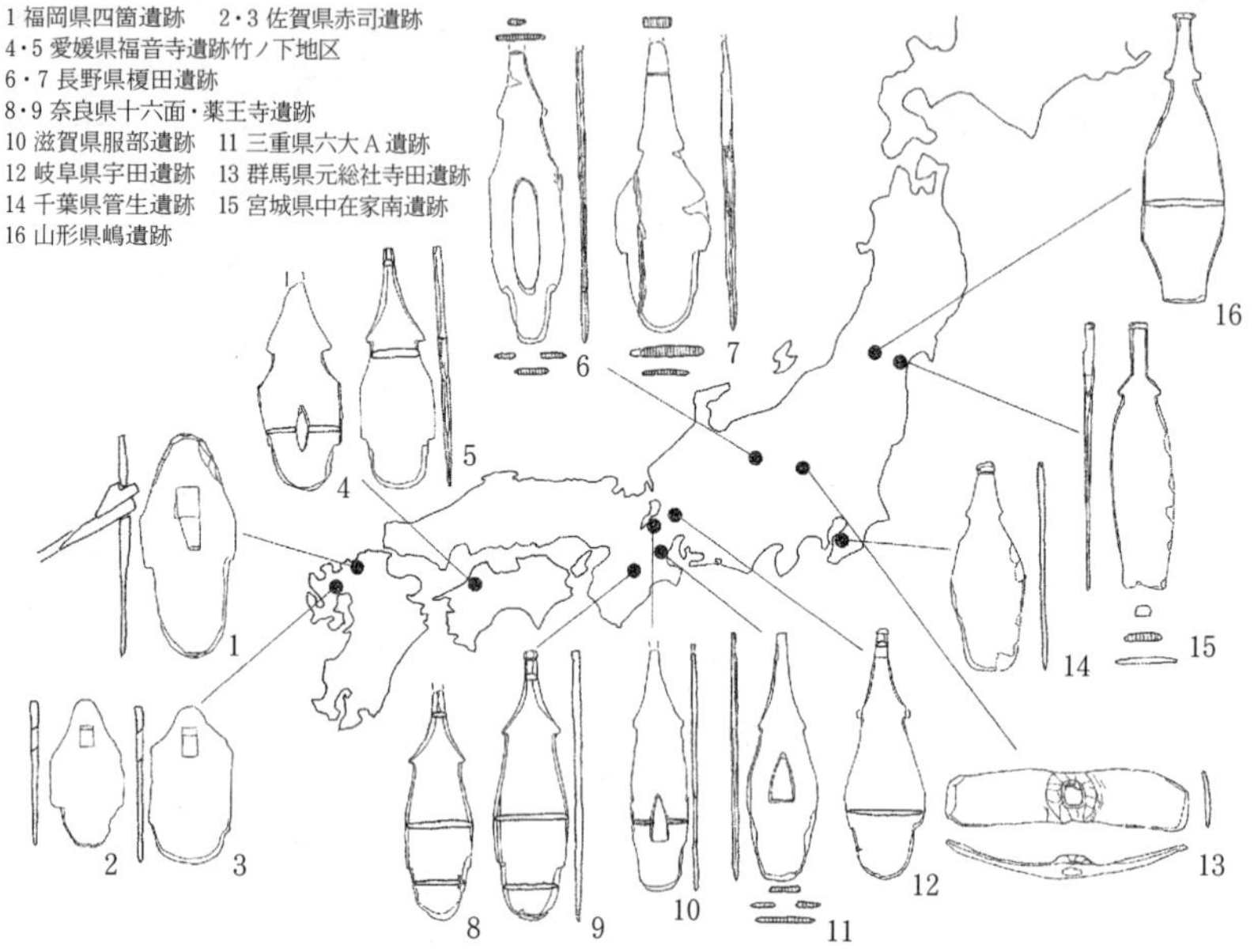

図16　古墳時代中期後半における鉄製刃先装着鍬の類例（筆者原図：魚津2003より）

して、関門海峡沿岸から近畿地方にかけては曲柄鍬の一種であるナスビ形鍬、さらに東方では伊勢湾型曲柄鍬が主体を占めていた（樋上二〇一〇）。つまり、U字形鍬鋤先の導入当初、中期初頭から前葉の時期においては、北部九州において直柄鍬（もしくは鋤）に装着される鉄製刃先として位置づけられていたと考えられる。これは、朝鮮半島と同じ状況である。

この木製鍬の地域色が、中期中葉以降、急速に消滅していく。近畿地方では、U字形鍬鋤先が受容されるのと同時に鍬の系統に大きな整理統合が行われる。東海地方から東北地方においては、U字形鍬鋤先が装着されたナスビ形鍬が伊勢湾型曲柄鍬などと置き換わる形で波及していった（上原二〇〇〇）。

つまり、U字形鍬鋤先の日本列島への導入・拡散・定着のプロセスは、漸進的に達成されたのではなく、まず九州北部で導入元と同様の形態の木製農具の刃先として一旦定着した後、日本列島固有の形態の鍬とのセットが改めて位置づけられ、それが東方を席巻していくという、断続的な道筋を想定できるのである（図16）。

なお、東海東部から関東にかけての一帯では、中期後半においても方形鍬鋤先がある程度まとまって残存する。この地域では、「諸手鍬」とも呼ばれる直柄の縦位横位両用鍬（図16—13）が弥生時代末から定着している。なかには、方形鍬鋤先装着用の加工が少なからず認められ、この種の農具には必要性の高い鉄製刃先として位置づけられていたことをうかがわせる。形態の特異性から考えて、ナスビ形鍬では置き換わることのできない農耕作業に用いられていたのかもしれない。鉄製刃先の動きが単独ではなく、木製農具の様相、農業の地域性と密接に関連していることを示す一例である。

鎌・手鎌の変遷

〔弥生時代の鉄鎌と手鎌〕　日本列島における最古の鉄鎌《てつがま》は、福岡県大板井遺跡の弥生時代中期中葉の類例である（図17—1）。全長二〇チセン前後の曲刃鎌で、着柄用の折り返しがないなど、他の列島内の資料とは大きく異なる形状をしている。むしろ、中国東北部の燕の領域から朝鮮半島北中部一帯に分布する鋳造鉄鎌に類似する（小林二〇一二）。基部と身部との間に段差があり、松井和幸が想定するように（松井二〇〇一）脱炭加工をした痕跡とするならば、舶載品を列島内で再加工した製品の可能性がある。

弥生時代中期後葉から後期前葉には、九州北部で曲刃鎌や曲背直刃鎌の類例が認められ、いずれも辺折り返し式である。角折り返し式の鉄鎌は、弥生時代後期後半の佐賀県町南遺跡出土例（図17—2）が初現であろう。

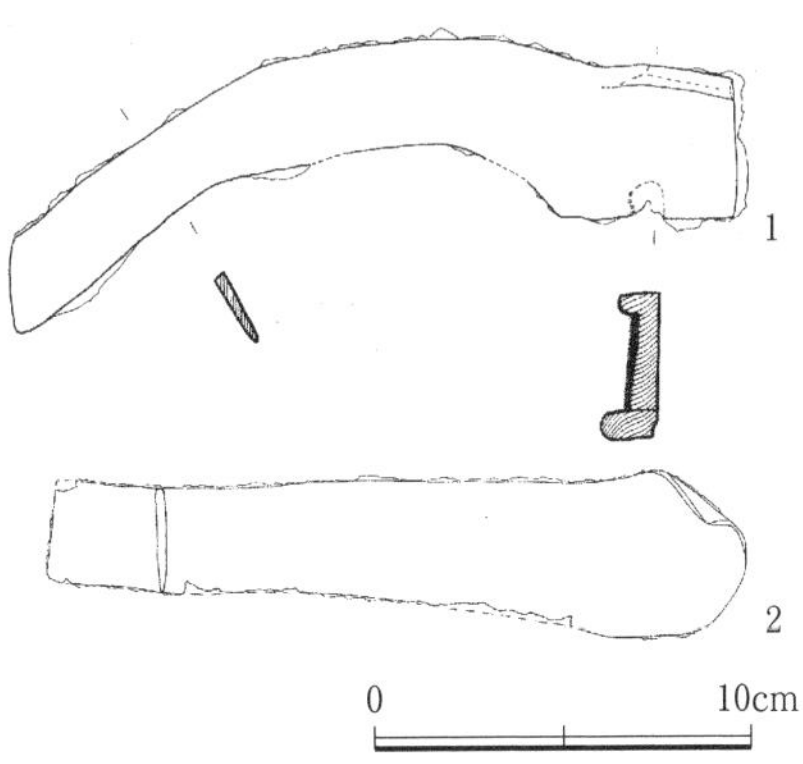

図17　鉄鎌出現期の資料（1片岡編1981より，2七田・天本1983より）

寺沢薫や松井和幸が指摘しているように、弥生時代の鉄鎌は、穀物収穫用ではなく、伐採もしくは刈払の用途が想定される（松井一九八五、寺沢一九九五）。弥生時代の穀物収穫法は、イネであっても、アワ・ヒエ・キビなどの雑穀であっても、穂摘みが主体であったと考えられる。弥生時代中期の段階では、石庖丁が代表的な穂摘具であるが、弥生時代後期以降、九州地方から中部瀬戸内にかけては鉄製手鎌、山陰地方から北陸地方と近畿地方においては木製穂摘具へと主体が推移していくと考えられる。ただし、九州地方から中国地方西部にかけては、収穫用に適した刃渡りをもつ曲刃鎌や曲背直刃鎌も少数ながら存在している。この一帯では、穂切りによる収穫も並行して行われていた可能性が高い。

〔短冊形直刃鎌の意義〕　古墳時代前期になると、九州地方北部などの一部で曲刃鎌が点在するもの、東京都神谷原遺跡出土例にみられるように、東日本一円に至るまで、広範な地域で直刃鎌が一般化する。辺折り返し式と角折り返し式との両者が存在し、古墳副葬品を中心に、短冊形の形態をなすものが目立つ（図7―1〜4）。

興味深いのは、短冊形の直刃鎌、なかでも先端が矩形を呈するものは、多くが古墳副葬品であり、集落遺跡出土品では手鎌が定着していなかった近畿地方以東に主に分布しているという点である。矩形先端の短冊形直刃鎌、なかでも辺折り返しのものは、「刈る」という動作には、いかにも不向きな形態をしている。

ここで参考になるのは、安里進が示す、沖縄グスク時代の小型鎌である（安里一九九六）。安里は、矩形先端の短冊形直刃鎌にも言及しており、グスク時代の小型鎌よりも刃渡りが長く、木柄の形態も異なることをもって、基本的に穂摘み用でないとしている。しかし、穂摘みとその後の残桿処理との二つの用途を併せもつものとして、矩形先端の短冊形直刃鎌を捉えるならば、上記の否定要素は解消できるのではないだろうか。

弥生時代後期の近畿地方以東では、石・木・貝といったさまざまな素材による穂摘具や残桿処理具が、地域ごとに複雑な様相を示していた。これらを、あえて鉄器で統一的に置き換えるならば、矩形先端の短冊形直刃鎌こそが、最大公約数的存在として落ち着くのではないか。つまり、矩形先端の短冊形直刃鎌は、農業生産の現場からの要請で生まれたというよりも、広域の地域連合が生み出した社会的な産物だというわけである。

現状では、資料が限られており、これは、やや突飛すぎる推測かもしれない。しかし、上記のように考えると、辺折り返し式の直刃鎌と手鎌との両者が古墳に副葬されることや、古墳時代前期末に至っても、木製穂摘具がなお一部で残存していたと考えられるような、鉄器化の跛行性（村上一九九八）を如実に示す状況も、理解が可能となる。今後、使用痕跡を含む資料の詳細な分析や、実験による使用方法の復元などによって、この仮説を検証していきたい。

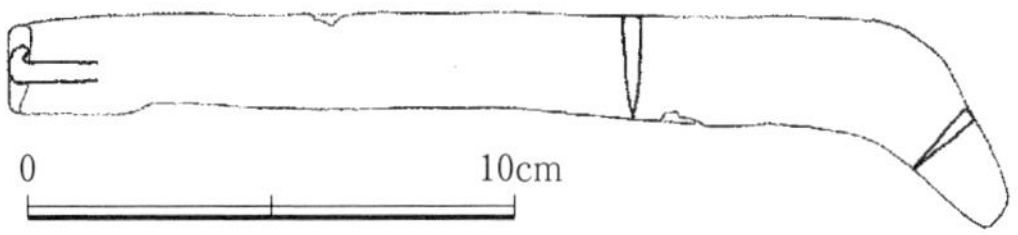

図18　古墳時代中期初頭の曲刃鎌（柳田ほか 1983 より）

〈収穫用曲刃鎌の導入〉　上記のような、錯綜した鉄製収穫具の様相を一変したのが、古墳時代中期における朝鮮半島からの曲刃鎌の導入（弥生時代からすれば再導入）である。中期初頭の曲刃鎌としては、福岡県池の上墳墓群のような副葬品や、福岡県三雲遺跡群寺口Ⅱ—17地区といった集落遺跡出土品が類例として挙げられる（図18）。

これらは、折り返しを表にしたとき先端が右を向く、「乙折り返し」とされる形態のものである。この形態は、日本列島では時期や分布が限定されるが、原三国時代から三国時代の朝鮮半島では通有のものである。古代の鉄鎌はほぼすべて両刃なので、使用時の利き手には関係がなく、おそらく、製作のさい、折り返すときの製品と鍛冶工人との位置関係の差（河野二〇一四）に起因していると考えられる。つまり、鍛冶工人の技術系統を明瞭に示す属性なのである。このことから、渡来系統に属する鍛冶工人によって、曲刃鎌の製作が開始されたことがわかる。

中期前葉になると、「甲折り返し」の曲刃鎌の副葬例が一挙に広がりをみせる。大阪府アリ山古墳、奈良県北原古墳、静岡県堂山古墳といった直刃鎌と曲刃鎌との双方を副葬する類例、そして東京都野毛大塚古墳（第3主体）のように曲刃鎌のみが副葬される例も少なくない。この時期になると、集落でも東日本に至るまでの広範囲に曲刃鎌が受容されたと考えられる。

焦点となるのが、U字形鍬鋤先との関係である。先に記したように、U字形鍬鋤先は九州地方北部でしばらく停留した後、中期中葉に他地域に拡散していくという断続的な過程を想定した。これに対して、曲刃鎌は、短期間かつスムーズに、列島の広範囲へと拡散していった状況が認められる。結果として、古墳の副葬品編年では、〈直刃鎌・方形鍬鋤先→曲刃鎌・方形鍬鋤先→曲刃鎌・U字形鍬鋤先〉という認識が定説となっている。

曲刃鎌とU字形鍬鋤先との拡散に時間差が生まれた原因として、筆者は、以下のように考えている。

1：曲刃鎌は九州北部ではすでに弥生時代から中型・大型品の使用実績があり、古墳時代中期初頭における「渡来の波」も比較的すんなりと受容できたのに対して、U字形鍬鋤先は次節で述べる製作技術系統の問題もあり、九州北部で受容にやや時間がかかった。

2：先にふれたように、九州より東方、特に近畿以東地域における直刃鎌は、広域にわたる社会統合の過程で生まれた最大公約数的な産物であり、より機能的な収穫具（収穫法）が求められる要素が、多分にあった。

以上の観点から、中期前半の古墳副葬例、さらには集落遺跡出土例を、地域ごとに詳細に検討することが望まれる。

古墳時代中期中葉から後葉になると、曲刃鎌とU字形鍬鋤先との組み合わせが一般化する。代表的な古墳副葬例は、兵庫県姫路宮山古墳第3主体で、U字形鍬鋤先A類と「乙折り返し」鳥首形曲刃鎌が一点ずつ副葬されていた（図19）。集落遺跡においても、中期後葉の京都府有熊遺跡で、U字形鍬鋤先A類と鳥首形曲刃鎌が同一住居から出土し

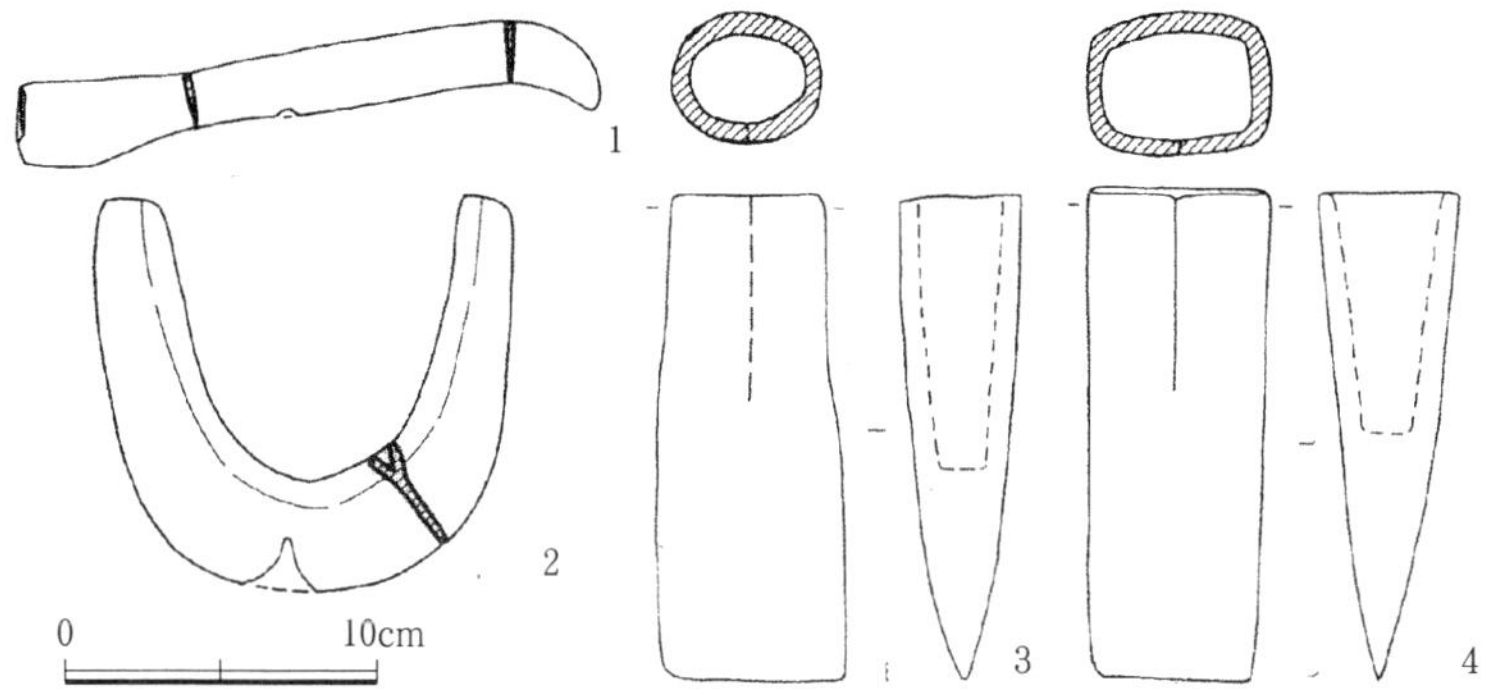

図19　兵庫県姫路宮山第3主体の鉄製農工具（筆者実測）

た。また、共伴事例ではないものの、U字形鍬鋤先A類が神奈川県手広八反目遺跡、鳥首形曲刃鎌は茨城県ヤツノ上遺跡で出土している。東日本に至るまでの各地において、この組成が実用されていることがわかる。

鳥首形曲刃鎌は、緩やかな弧を描く刃部から押さえとしての先端部に至る形態といい、一五㌢内外の全長といい、収穫用の刈鎌に適したものである。弥生時代からのさまざまな試行錯誤の結果生まれた、収穫具の地域差が、鳥首形曲刃鎌の拡散によって、ようやく、ほぼ取り払われたのである。

〔古墳時代の手鎌の動向〕　一方の収穫具である手鎌は、古墳時代以降どのように推移していったのだろうか。図20のように、木製部分を含んだ道具としての全形復元を行うことで、位置づけが明確になる。

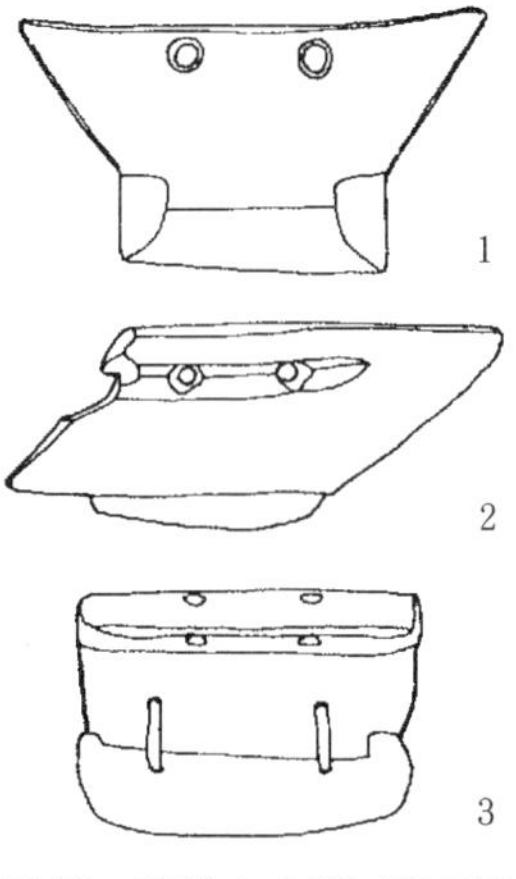

図20　手鎌の全形（筆者原図：魚津2009より）

弥生時代後期から終末、九州地方北部・中部から中部瀬戸内にかけて、多く

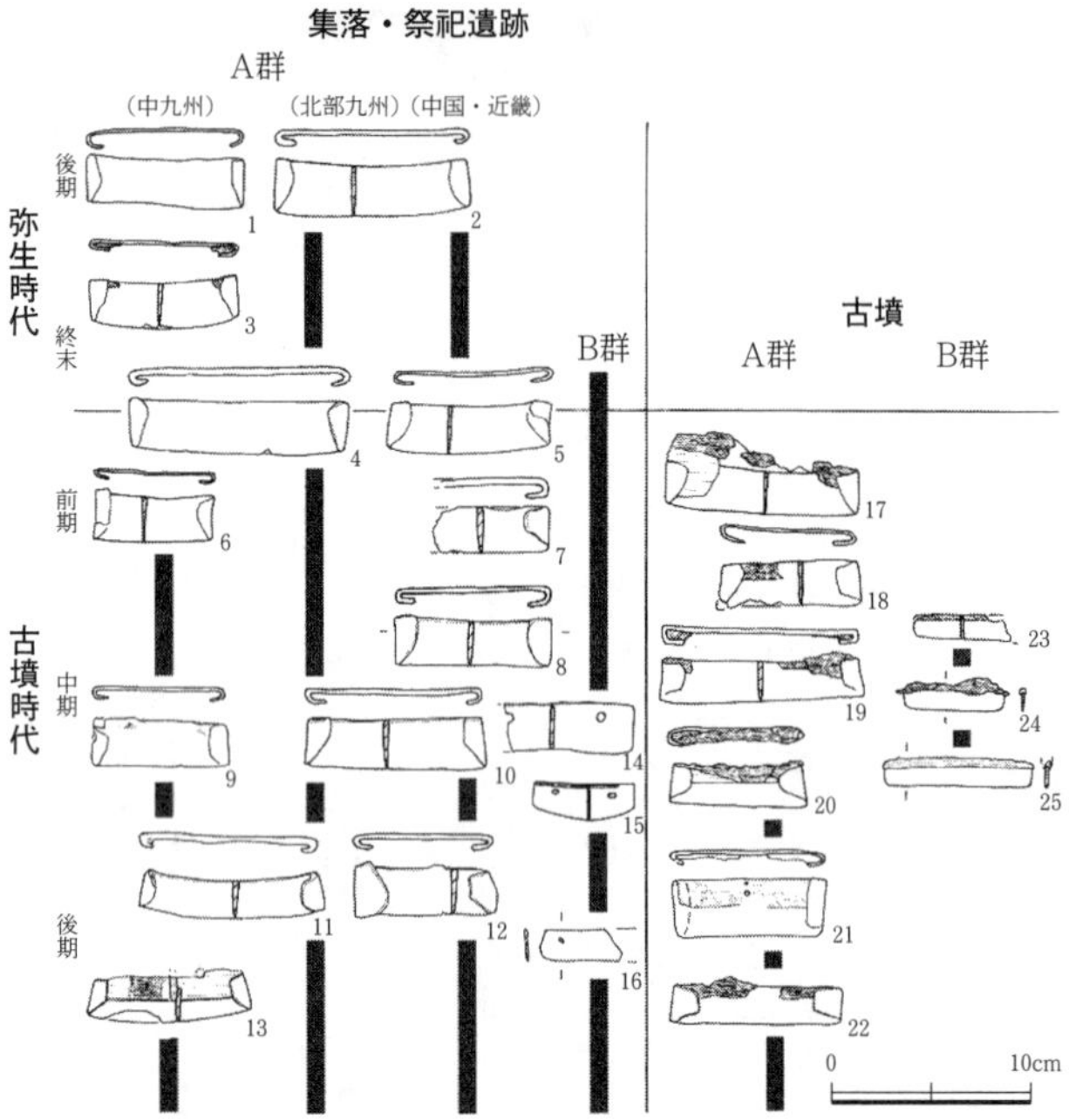

図21　手鎌刃先の変遷（筆者原図：魚津2009より）

のA群鉄製刃先の類例がある。これらは、先に台Iと呼んだ、逆台形あるいは長方形の木製台と組み合わされて使用されていた（図20―1）ものと考えられる。この地域には、木製穂摘具がもともと存在せず、外湾刃の半月形石庖丁がモデルとなったと考えられる。

古墳時代前期初頭になると、奈良県保津・宮古遺跡例のように、近畿地方で、台IIとした平行四辺形の木製台にB群の鉄製刃先を装着する手鎌（図20―2）の使用が開始される。近畿地方では、すでに木製穂摘具が使用されていた。鉄製刃先はそれとほぼ同じ形態の台に取り付けられたのである。すなわち、A群刃先＋台Iの手鎌が、石→鉄という二段階のプロセスによるのに対し、B群刃先＋台IIは、石→木→鉄という三段階のプロセスを踏んでいるのだ。B群刃先＋台IIの成立は、近畿地方における主体的な鉄器化の結果として評価できる。

さらに、おそらく東海地方で、台IIIとした独特の形態をなす木製台にB群鉄製刃先が取り付けられる。モデルがはっきりしないが、九州地方とも近畿地方とも異なる独自形態であることは間違いない。手鎌の地域性を考えるうえで非常に重要な組み合わせだといえる（図20―3）。

以上のように、全形復元を行うことで、手鎌が、各地の穂摘具の伝統的な志向性を色濃く受け継いだ形で成立していくことが、実にはっきりとする。

その後の展開をみていこう（図21）。A群刃先は、遅くとも古墳時代前期末には近畿地方にも波及し、中期古墳に多くの副葬例が存在する。大変興味深いのは、一つの古墳に多数の手鎌が副葬される場合でも、A群刃先とB群刃先とが一緒に副葬される類例は、まったくといっていいほど存在しないという点だ。古墳時代の人々は、両者が別系統の穂摘具であることを明確に認識していたと、筆者は考える。

古墳時代後期に入ると、この状況が変化する。まず、九州地方から近畿地方にかけての鉄製刃先出土例が減少し、A群にほぼ統一される。先に示したように、刈鎌に適した鳥首形曲刃鎌が、日本列島の広範囲に急速に波及したため、手鎌の比率が低下したためだと考えられる。一方、B群の鉄製刃先資料は、関東地方から東北地方にかけての範囲で、後期においても存続する。注目されるのは、刃先両端に穿孔される資料が徐々に増えていく点である。どうやらこれが、奈良時代前半ごろに出現するD群刃先へと繋がっていくようだ。この推測は、木製台からも裏付けられる。D群刃先に伴う台は、千葉県市原条里制遺跡市原地区4区などの類例（加藤・大谷二〇〇二）から、台Ⅲの範疇で捉えられる。つまり、台の形態がB群とD群とは共通しており、先の推測を補強する。

3　渡来農耕技術と鉄製農具刃先

以上、各種の鉄製刃先の変遷と、背景となる農耕技術の推移とをみてきた。その中には、多くの渡来系統に属する

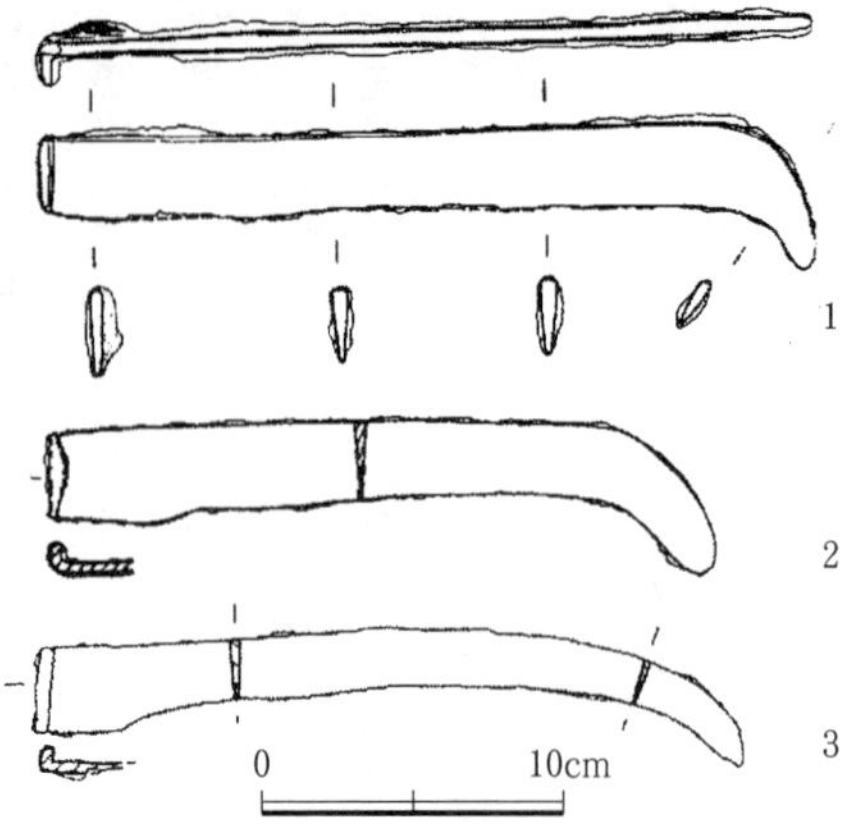

図22　百済・馬韓の曲刃鎌（1湖南文化財研究院・韓国水資源公社2006より，2車・趙・呉1995より，3忠清南道歴史文化研究院編2008より）

技術の影響が認められる。本節では、まず、鉄製刃先の製作技術が、朝鮮半島の主にどの地域から導入されたものであるのかを分析する。つづいて、畜力利用の農耕技術が、古代日本に渡来し、各地に定着していった状況を、考古資料から跡付けていきたい。

鉄製農具刃先の技術系統

〔曲刃鎌〕　前節で、（再）導入期である古墳時代中期初頭から前葉の曲刃鎌の類例を示した。管見に触れた限り、この形態の曲刃鎌は、韓国・大田広域市の九城洞D—三号墓など、漢城期百済もしくは馬韓の類例が比較的共通する（図22）。同じ時期に日本列島に導入された、鉄製馬具の少なくとも一部が、百済の領域に系譜が求められるとの評価がなされている（諫早二〇一三）。この問題を考えるうえで、大変示唆的である。

つづく中期中ごろから後半にかけて、鳥首形曲刃鎌が出現し急速に普及する。こちらも、先述したように、初期の類例は「乙折り返し」である。この形態は、韓国・慶尚南道の陜川地域や固城地域における出土例と近似する。おそらく、大加耶・小加耶と呼ばれた政治勢力の領域に、鳥首形曲刃鎌の系譜を求められるものと考えられる。ただし、基部から身部にかけて背が外反し段差をもつという特徴は、百済もしくは馬韓の領域にも少数ながら分布している。今後の資料増加に、注意が必要である。

〔U字形鍬鋤先〕　先述したように、導入期の古墳時代中期初頭から、U字形（A型）と凹字形（B型）との二者が併存している。

A型については、福岡県老司古墳三号石室や大阪府土師の里八号墳など、九州地方や近畿地方の初期の類例は、底浅で広口の平面形態を呈する。これは、韓国・慶尚南道金海大成洞三号墳副葬例と類似している。加耶地域からの導入と考えてよかろう。

これに対し、B型の形態は、朝鮮半島南部では認められない。凹字形を呈する形態は、ソウル・九宜洞遺跡出土例（図23―2）など、高句麗の影響下にあった領域に特有である。こちらに系譜を求めるのが、素直な解釈であろう。広開土王碑文が語るように、四世紀後半から五世紀前半にかけては、朝鮮三国・加耶諸国そして倭国が激しく拮抗していた。高句麗との直接的接触か、あるいは漢城期百済を介した間接的接触かは判然としないものの、技術移転の機会があったことを、十分想定できる。

A型とB型との差異は、製作技術の違いも反映している可能性もある。研究史上、U字形鍬鋤先の製作技法は、比較的薄い鉄板を折り返して着柄溝部分を残し鍛接する方法と、ある程度厚みのある鉄板の一方の縁に鏨割りで溝を拵え整形する方法との二者が想定されてきた。導入期のA型は、身部長（U字でいうと底の厚さ）があまりなく、前者の製作方法に適する。一方、初期のB類は、身部が縦長で、いかにも後者の方法で製作されたような形態を呈する。

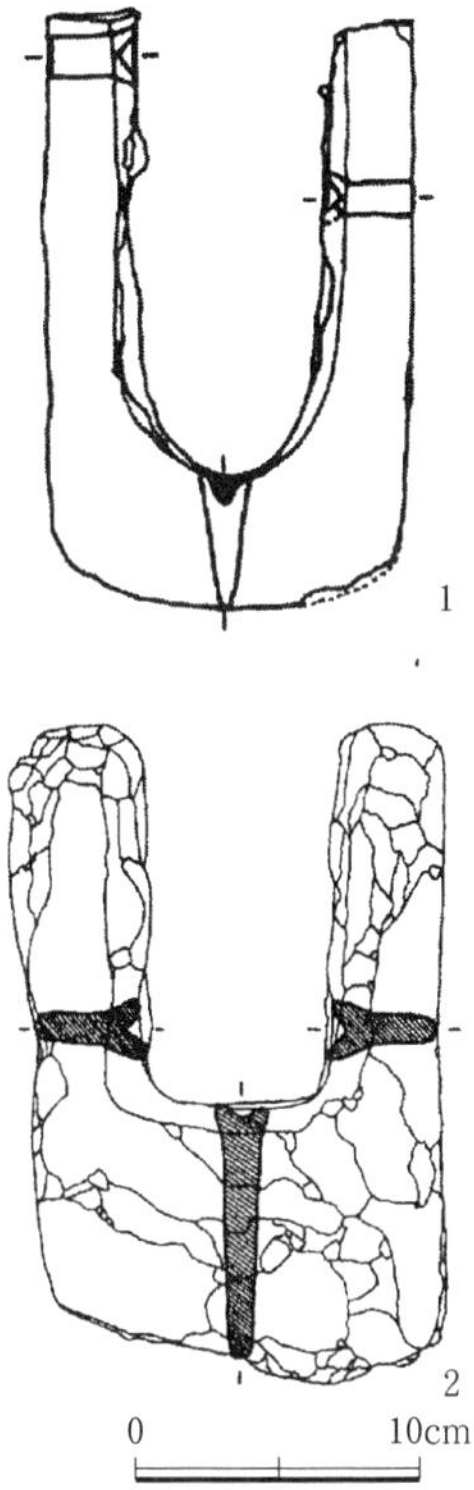

図23　朝鮮半島の凹字形刃先（1九宜洞報告書刊行委員会1997より，2ソウル大学校博物館1988より）

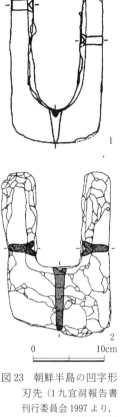

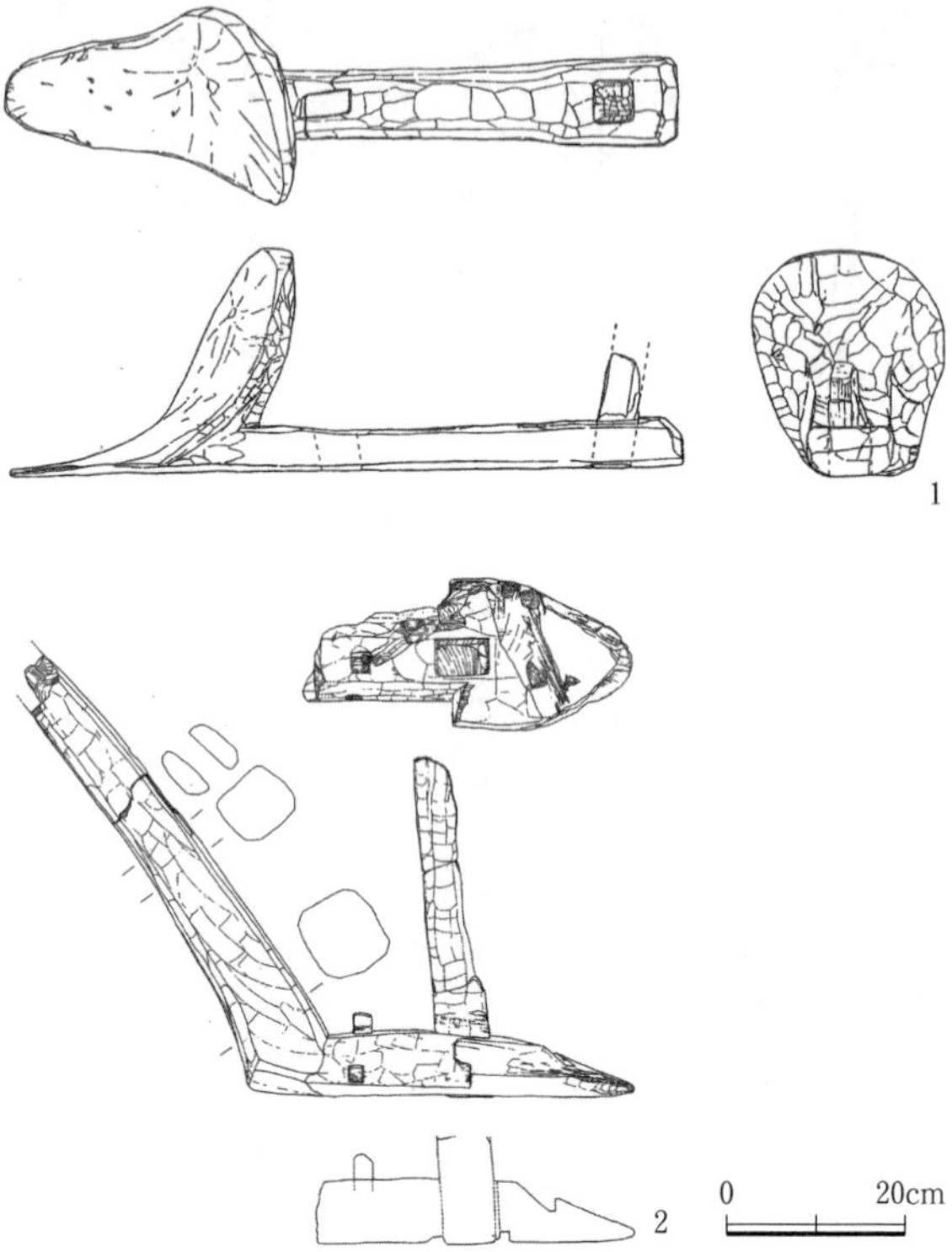

図24　初期の犁の類例（1藤好・西村編1990より，2畑本編1989より）

ただし、A型の中で身部長があるものも当初から一定量を占め、古代の類例は長大なものも存在する。B型も、古墳時代後期以降、東日本一帯に展開していく類例の中には、前者の折り返し鍛接が想定される形態のものも多く認められる（林二〇一〇）。U字形鍬鋤先の製作技法は、時期や地域で変化していると考えられる。各型式の細部を詳細に観察し、製作実験も行いつつ、より蓋然性の高い技術復元を行っていくべきであろう。

牛馬耕と鉄製農具刃先

〔犂先（犂鑱）〕　畜力で耕起をする農具である犂《からすき》は、古代中国に起源をもち、三国時代の朝鮮半島では最初は高句麗の領域、その後全土に広く普及していった畜力耕具である（李賢恵一九九八、金在弘二〇一一）。

日本列島では、香川県下川津遺跡の七世紀に属する木製部分の類例（図24—1）をはじめ、すでに、一〇例以上の古代の類例が知られている。導入の背景として、渡来人とともに伝来し、律令国家の地方経営において普及が図られたことが指摘されている（山田一九八九、河野一九九四、上原二〇〇〇）。

日本古代の犂は、ほぼすべてに鉄製刃先が装着された痕跡が認められる。しかし、実際に装着されたまま出土した類例は、まだ存在しない。犂に装着された鉄製刃先の候補として、U字形鍬鋤先が挙げられてきた。確かに、下川津例の犂身外周は、薄く削りだされたU字形を呈し、U字形鍬鋤先を装着した蓋然性が高い。ただし、装着されたのは、前節で触れたような鍬や鋤に用いられた形態とは、やや異なるものであった可能性がある。

中国大陸や朝鮮半島の古代犂先は、ほぼすべて鋳造品である。しかし、最近、朝鮮半島南部での鍛造犂先の存在が指摘されるようになってきた（金在弘二〇一一、宋閨貞二〇〇九）。内側が、表と裏で幅の異なる特徴を示す。スリッパ状の鋳造犂先を、鍛造品で模した結果だと考えられる。注意されるのは、日本列島においても、少数ながら、古墳時代中期に属する愛媛県出作遺跡などで似た形態の類例が存在している点である。下川津例にも、このような形態の刃先が装着された可能性があり、逆に言うならば犂の伝来時期が遡る可能性も捨てきれない。

図25　初期の馬鍬の類例（東近江市埋蔵文化財センター所蔵）

〔馬鍬〕　水田の代掻きに用いる馬鍬は、犂と同じく、古代中国に起源をもつ畜力耕具である。木製品としては、大阪府木の本遺跡や滋賀県石田遺跡で、古墳時代中期初頭に遡る可能性がある類例が存在する（図25）。これらの故地として、河野通明は中国江南地方からの直接移入を想定した（河野一九九四）が、他の考古資料との整合性をみる限り、松井和幸が想定したように（松井二〇〇四）、犂と同じ経路で日本列島に移入された可能性が高い。

馬鍬の歯は、当初木製であるが、奈良時代には鉄製歯の類例が出現する。鉄製歯は、平安時代には一定の普及がみられたようである。代表的な類例として、奈良県箸尾遺跡出土例（奈良時代）や宮城県富沢遺跡第三五次調査出土例（平安時代）が挙げられる。いずれも、全長二〇〜二五センチ、基端幅二センチ、基端厚一センチ前後である。中世の例も含め、鉄素材との区別は容易ではない（桃崎二〇〇八）が、水田遺構からの出土例も存在しているので、古代後期には、馬鍬の少なくとも一部が、鉄製歯を装着していたことは確実である。

4 鉄製農具刃先と祭祀

これまで、主として実際の農耕作業に使用された鉄製刃先をみてきた。一方で、儀礼の場で用いられた鉄製刃先の存在も、忘れることはできない。本節では、古墳に副葬された祭器としての鉄製刃先と、集落近辺の祭祀で大きな役割を果たした鉄製刃先に焦点をあわせ、その様相を明らかにしていきたい。

祭器からみた鉄製農具刃先の副葬

〔副葬鉄製刃先の中の「非実用品」〕 鉄製農具刃先は、奈良県ホケノ山古墳のような最古段階の古墳から、岡山県定東塚のような飛鳥時代墳墓（終末期古墳）まで、連綿と副葬されている。その中に、実用されたとは考えにくいものが含まれていることが、これまでも指摘されてきた（三木一九八六、坂二〇〇九ほか）。

問題となるのは、「実用されたと考えるには著しく小型」という認識である。はたして、客観的に裏付けることができるだろうか。この点について、寺沢薫が鉄鎌で重要な問題提起を行っている（寺沢一九九五）。寺沢は、従来の研究では実用品から除外されてきた小型品でも、民俗例を参照すると「穂切り鎌」として使用可能であることを示した。実用から除外されるべきものは、「刃部が全く形成されなかったり、柄などへの着装が全く無理で生産用具としての機能をもちえないもので、しかも、それが他の農工具雛型品とセットで副葬される場合」（寺沢前掲書、六八頁）に限定すべきと提起したのである。

寺沢の提起は、研究動向に大きな影響を与えた。たとえば、近年の河野正訓による論考（河野二〇一四）では、使用による刃部形態変化の有無によって「使用品」と「未使用品」を区分し、「使用品は実用品であり、未使用品は実用品と非実用品とを含む」（河野前掲書、一一四頁）としたうえで、主に法量によって未使用品を実用品と非実用品とに区分する。そして、副葬古墳を分析し、非実用品としたものが前期後葉から中期にかけて近畿地方の大型前方後円墳に多く認められるので、階層差の有力な傍証となると結論づけている。

寺沢の提起を一部取り入れつつ、遺物論にとどまらない次元の分析を行った点で、河野の論考は高く評価できる。しかし、大型前方後円墳においては、各種の鉄製農工具が多数副葬される。数を確保するため、実用品だろうと、非実用品だろうと、副葬直前に「未使用品」を製作して、葬送儀礼に備えた蓋然性がきわめて高い。まず「未使用品」を抽出し、大型前方後円墳副葬資料からその一部を非実用品として解釈することは、トートロジー（同義語反復）の危険性を常にはらむ。そもそも、寺沢の問題提起は、小型品でも実用にたえうることを示したものであり、議論がいささか噛み合ってはいない。河野の業績は尊重しつつも、論理を整合させる必要を感じる。

〔区分の基準〕　全国の古墳に副葬された鉄製農工具を集計すると、小型のものから大型のものまで、途切れなく存在している。法量だけでの分離は難しく、他の基準を導入する必要がある。筆者としては、次のような区分案を提示したい。

古墳副葬の鉄製農工具の中には、岐阜県昼飯大塚古墳副葬品のように、厚さ二ミリ以下の薄い鉄板を素材としているものが、しばしば存在している（図26）。実用性を明らかに疑わせるものであり、これらを、素材的祭器とする。

また、実用品と同様の素材によって製作された鉄製農工具であっても、共伴鉄器や副葬状況を分析すると、祭器と

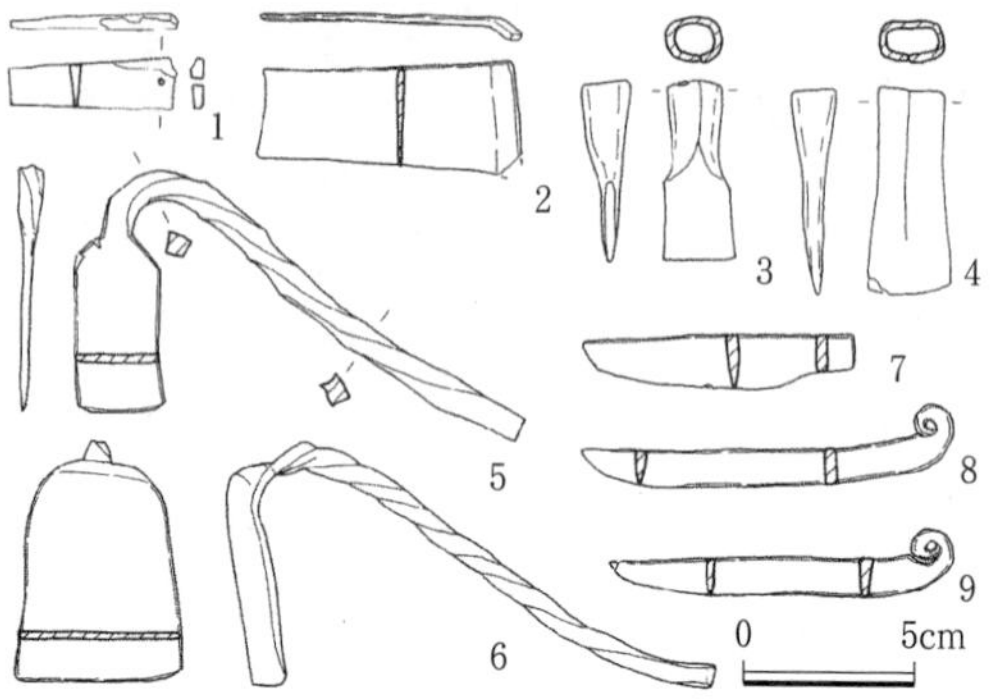

図26　岐阜県昼飯大塚古墳の祭器（阪口・林・東方編2003より）

して扱われた可能性が高いものを抽出することができる。たとえば、岡山県金蔵山古墳中央石室副室では、方形鍬鋤先や直刃鎌が、他の種類の鉄製農工具とともに土製の合子に納められていた。手鎌、鉇《やりがんな》、鑿《のみ》などには木質付着が認められるから、合子のサイズに柄が収まりきれないものは取り外されたものと考えられる。これらを、行為的祭器とする。

素材的祭器が、素材の非実用性によって抽出できるのに対し、行為的祭器は、取り扱われ方の非実用性によって抽出できる。両者は、位置づけが、大きく異なるものであるが、実際には、しばしば同時に副葬される。これが、現代の研究者を惑わせる原因になっているものと思われる。

ここまで考えていくと、刃部が磨り減るほどの期間、実際の生産活動に使用された鉄製農具が副葬されていることを明らかにしたのが、河野の功績だといえる。副葬という行為は、道具のライフサイクルでは最終段階に位置するものだから、「使用品」が含まれていることは、なんらおかしくない。裏を返せば、古墳への鉄製農工具の副葬は、素材や取り扱われ方に儀礼特有の様相は認められるものの、大枠としては形骸化したものではなく、各時期の農業や手工業の実態と深く関連していたのである。

祭祀遺構と鉄製農具刃先

〔祭祀遺構の展開〕　特別な取り扱われ方をした鉄製農具刃先は、古墳副葬品だけではない。古墳時代を中心に、祭祀遺構においても鉄製刃先が出土する類例が認められる。

初期の類例として、古墳時代中期初頭の京都府千歳下遺跡が挙げられる。獣帯鏡、玉類、有孔円板・臼玉といった石製祭器、鉄製武器や有袋鉄斧、鉄鋌とともに、方形鍬鋤先、直刃鎌、曲刃鎌、手鎌、断面梯形鋳造斧形品といった鉄製刃先が出土した。さらに、方形鍬鋤先や直刃鎌を模したと考えられる素材的祭器も共伴している。

中期中葉から後半には、西日本の広範囲で集落近辺の祭祀遺構からの出土例が認められる。愛媛県出作遺跡SX〇一、大阪府亀川遺跡落ち込み四〇〇、千葉県千束台遺跡祭祀遺構、マミヤク遺跡一号祭祀跡といったものである。これらの類例の多くが、U字形鍬鋤先A類や鳥首形曲刃鎌といった、新式の鉄製刃先を含んでいる点が注目される。ま

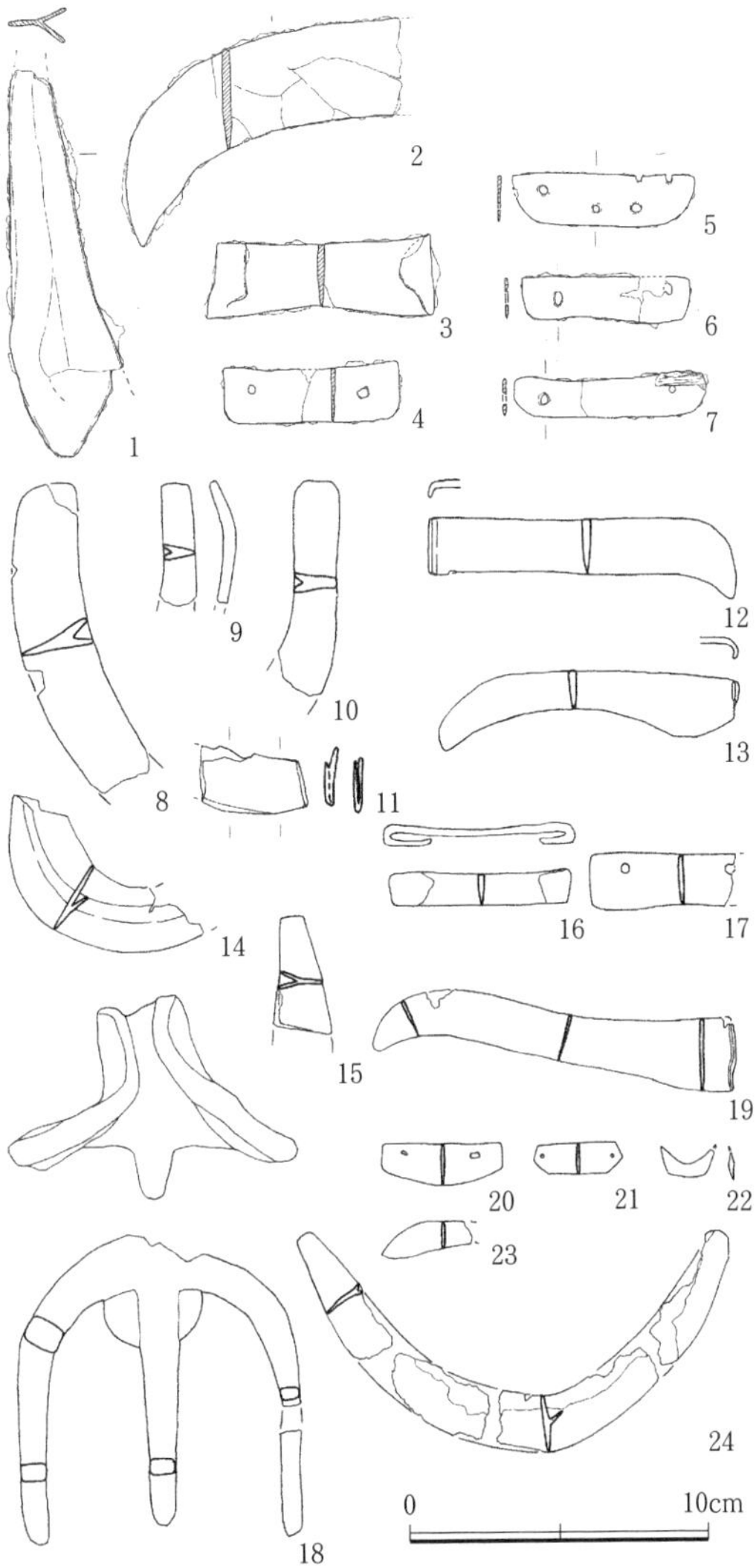

図27　祭祀遺構出土の鉄製農具と祭器（1〜7斎藤編2008より，8〜14・16〜18谷若編1993より，15・19〜23小沢1989より，24小松・玉川編1998より）

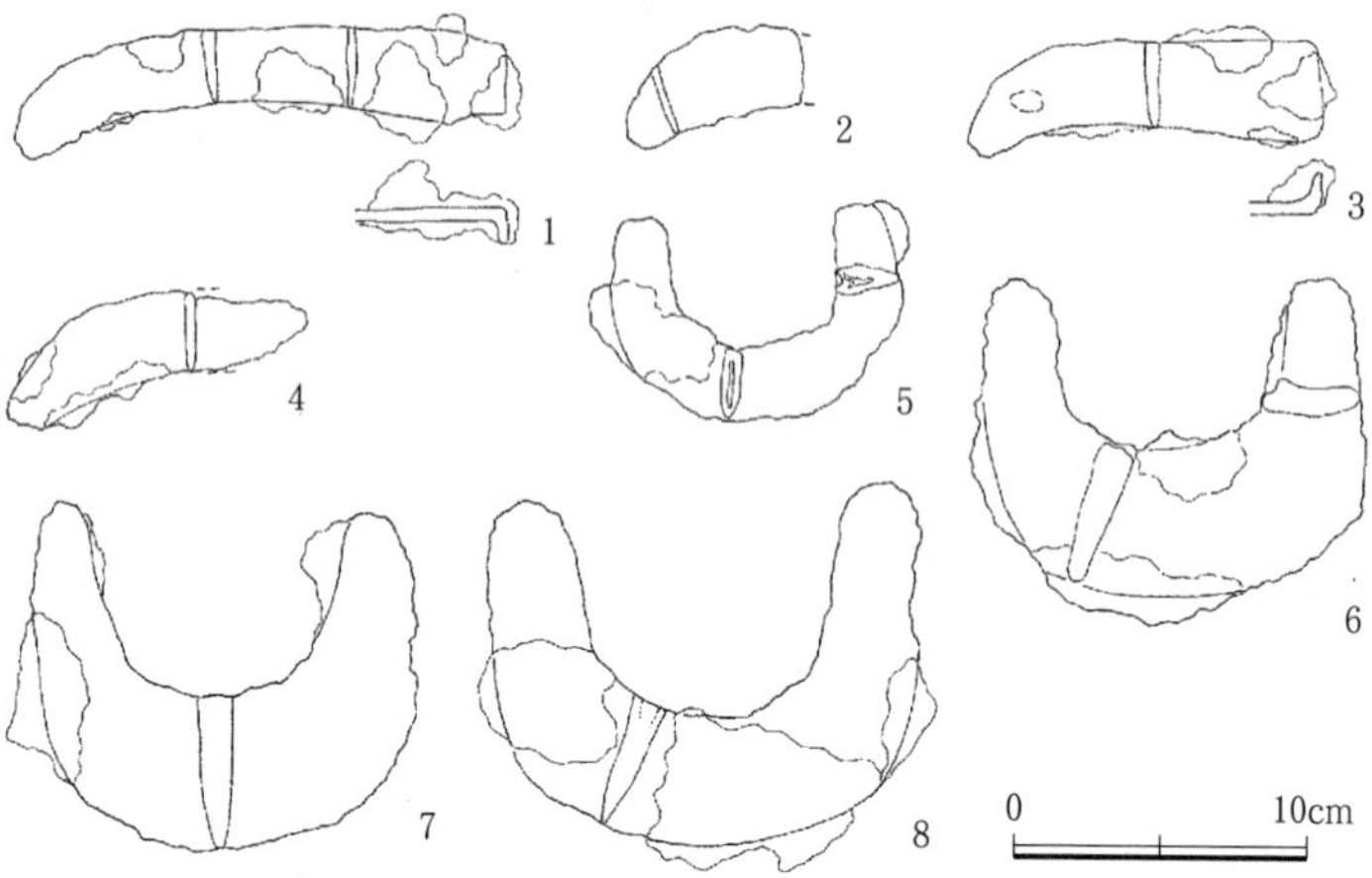

図28　長野県青木下Ⅱ遺跡の鉄製農具（助川・田中・萩野編2007より）

た、鉄製農工具を模した素材的祭器、鉄鋌、祭器製作時の端切れと考えられる鉄片も、多数共伴する（図27）。

村上恭通の指摘（村上一九九八）どおり、これらの祭祀遺構で、鍛冶工人が深く関与した祭祀が執行されたのは間違いない。実際、出作遺跡から出土した鉄板断片の中には、折り返した部分を鍛接した鉄片が存在する。古墳時代中期における、U字形鍬鋤先A類の製作技法と、きわめて近い。

集落近辺の祭祀で、鍛冶工人が鉄製刃先をその場で製作する。その行為自体が、各地における「農具の画期」の波及や定着と、深く関連していた。「製作実演付き新製品見本市」ともいうべき現象が、古墳時代中期の各地を席巻していたのである。

〔鉄製農具刃先祭祀の背景〕　この背景として、どのような社会的要因を想定できるだろうか。

野島永は、「航海や漁撈の安全祈願と鉄財入手祈願に関与した」との見解を示した（野島二〇〇九）。確かに、玄界灘の中央に浮かぶ福岡県沖ノ島祭祀遺跡、さらには大韓民国全羅北道の扶安竹幕洞遺跡から、鉄製農具刃先や素材的祭器が出土しており、野島の見解は大いに首肯できる。しかし、長野県青木下Ⅱ遺跡（図28）のように、古墳時代後期に入ると、内陸部でも出土例が認められる。海上の生産・流通活動と、常に一体であったとは言い切れない。

笹生衛は、祭祀遺構の遺物組成を詳細に検討し、各種生産用具が重要な位置を占めていることを明らかにした。そして、これらは、奈良時代以降の祭祀で用いられた「幣帛」の原型であるとの見解を示した（笹生二〇一二）。笹生の見解は、出土遺物を総合的に把握し、文献資料も援用しつつ、具体的な祭式の推定に至ったものであり、高く評価できる。ただし、こういった祭祀遺構が、なぜ古墳時代中期に一挙に増加するのかについては、すべてを説明しきれていないようにも感じる。

この二つの見解は相反せず、時期ごとの様相の違いとして理解すべきだというのが、筆者の考えである。渡来系統に属する技術をもった鍛冶工人集団の主体性を考慮に入れることで、祭祀遺構における鉄製刃先の供献を、各地の社会的文脈の中で位置づけることができる。

古墳時代中期の段階では、日本列島の広範囲に、渡来系統の鉄器製作技術が、比較的短期間で波及していった。野島が示したように、この時期の鍛冶工人が参与した祭祀行為は、海上の生産・流通活動と密接な関係をもっていたに違いない。鍛冶工人は、おもに海上交通のネットワークを最大限に活用し、受け入れ側の地域社会と協調しつつ、「製作実演付き新製品見本市」を各地で挙行した。結果として「農具の画期」が実現し、鍛冶工人集団も拡散していった。古墳時代後期に入ると、U字形鍬鋤先や曲刃鎌は、もはや集落単位での必需品として位置づけられる。内陸部を含め、地理条件に左右されない生産や流通が要請され、日々の農耕作業をより強く意識させるものへと転化する。笹生が提示したように、各地で祭式の整備が図られる。渡来系鍛冶技術者も、第二世代・第三世代となり、多くは拡散先で個別に定着していく。

以上のように、祭祀遺構における鉄製刃先の供献は、渡来系統の技術を携えた鍛冶工人集団の動向、さらには地域社会の変動様相を鋭敏に映し出すものであったのだろう。

おわりに――人と道具

ここまで、鉄製農具刃先の技術がもつ特徴について、いくつかの側面から論じてきた。古代における鉄製農具刃先の様相を考えるには、集落、墳墓、祭祀遺構といった多様な場からの出土資料を、木製、石製、貝製といった他の材質で作られた資料も視野に入れつつ検討し、総合的に理解する必要がある。

本章においては、筆者の考えを明確化するべく、いくつかの仮説を提示した。解釈を重ね過ぎとの批判を受けるかもしれない。しかし、鉄製農具刃先研究の面白さは、各地の資料を見比べ、地域ごとの特色も考えつつ、社会の実体を復元していくところにある。資料をあれこれ分析しているとき、背後に、その時代に生き、その道具に接した人々の眼差しを、ふと感じる瞬間がある。現代と大きく異なる社会であるが、人と道具との関係自体は、実は驚くほど共通しているのではないだろうか。

参考文献

朝岡康二『鉄製農具と鍛冶の研究』法政大学出版局、一九八六年
安里　進「グスク時代の小型鎌と穂摘み」『国分直一博士米寿記念論文集　ヒト・モノ・コトバの人類学』慶友社、一九九六年
東　潮「朝鮮三国時代の農耕」『橿原考古学研究所論集』第四、奈良県立橿原考古学研究所、一九七九年
東　潮『古代東アジアの鉄と倭』渓水社、一九九九年
有光教一「朝鮮―三国時代の農具と工具―」『日本の考古学』Ⅵ歴史時代（上）、河出書房新社、一九六七年
井石好裕（編）『岡村遺跡発掘調査報告書』㈶和歌山県埋蔵文化財センター、一九九〇年

郵便はがき

料金受取人払郵便

本郷局承認

9711

差出有効期間
平成30年7月
31日まで

113-8790

251

東京都文京区本郷7丁目2番8号

吉川弘文館 行

愛読者カード

本書をお買い上げいただきまして、まことにありがとうございました。このハガキを、小社へのご意見またはご注文にご利用下さい。

お買上**書名**

＊本書に関するご感想、ご批判をお聞かせ下さい。

＊出版を希望するテーマ・執筆者名をお聞かせ下さい。

お買上
書店名　　区市町　　書

◆新刊情報はホームページで　http://www.yoshikawa-k.co.jp/

◆ご注文、ご意見については　E-mail:sales@yoshikawa-k.co.jp

ふりがな ご氏名		年齢　　歳　男・女
〒 □□□-□□□□	電話	
ご住所		
ご職業	所属学会等	
ご購読 新聞名	ご購読 雑誌名	

今後、吉川弘文館の「新刊案内」等をお送りいたします(年に数回を予定)。
ご承諾いただける方は右の□の中に✓をご記入ください。　□

注文書

月　　日

書名	定価	部数
	円	部
	円	部
	円	部
	円	部
	円	部

本は、○印を付けた方法にして下さい。

. 下記書店へ配本して下さい。
(直接書店にお渡し下さい)
(書店・取次帖合印)

店様へ＝書店帖合印を捺印下さい。

ロ. 直接送本して下さい。
代金（書籍代＋送料・手数料）は、お届けの際に現品と引換えにお支払下さい。送料・手数料は、書籍代計1,500円未満530円、1,500円以上230円です（いずれも税込）。

＊お急ぎのご注文には電話、FAXもご利用ください。
電話 03−3813−9151(代)
FAX 03−3812−3544

諫早直人「日韓初期馬具の比較検討」『日韓交渉の考古学―古墳時代―第1回共同研究会』、「日韓交渉の考古学―古墳時代―」研究会、二〇一三年

石山　勲「結語」『九州縦貫自動車道関係埋蔵文化財調査報告Ⅳ』福岡県教育委員会、一九七四年

伊東隆夫・山田昌久（編）『木の考古学　出土木製品データベース』海青社、二〇一二年

伊藤勇輔（編）『兵家古墳群』奈良県史跡名勝天然記念物調査報告第三七冊、奈良県教育委員会、一九七八年

李　東冠「日韓における鐇（サルポ）の変遷と変容」『還暦、還暦?、還暦!』武末純一先生還暦記念事業会、二〇一〇年

上原真人（編）『木器集成図録』近畿原始編、国立奈良文化財研究所、一九九三年

上原真人「農具の変革」『古代史の論点』1環境と食料生産、小学館、二〇〇〇年

魚津知克「曲刃鎌とU字形鍬鋤先」『帝京大学山梨文化財研究所研究報告』第11集、二〇〇三年

魚津知克「弥生・古墳時代の手鎌」『木・ひと・文化　出土木器研究会論集』出土木器研究会、二〇〇九年

江見正己・松尾佳子（編）『南溝手遺跡・窪木遺跡』岡山県埋蔵文化財発掘調査報告一二四、国土交通省岡山国道事務所・岡山県教育委員会、二〇〇八年

岡林孝作・水野敏典（編）『ホケノ山古墳の研究』橿原考古学研究所研究成果第一〇輯、奈良県立橿原考古学研究所、二〇〇八年

岡本明郎「農業生産」『日本の考古学Ⅴ』河出書房新社、一九六六年

小沢　洋『小浜遺跡群2　マミヤク遺跡』㈶君津郡市文化財センター発掘調査報告書第四四集、㈶君津郡市文化財センター、一九八九年

片岡宏二（編）『大板井遺跡』小郡市文化財調査報告書第一一集、小郡市教育委員会、一九八一年

加藤正信・大谷弘幸「第5章　鉄製農具の変遷と農耕技術の内容」『千葉県文化財センター研究紀要』二三、二〇〇二年

兼保康明・堀内宏司（編）『森浜遺跡発掘調査報告書―本文編―』滋賀県教育委員会・㈶滋賀県文化財保護協会、一九七八年

川越哲志『弥生時代の鉄器文化』雄山閣出版、一九九三年

河野正訓『古墳時代の農具研究』雄山閣出版、二〇一四年

加古川市教育委員会（編）『行者塚古墳発掘調査概報』加古川市文化財調査報告書一五、加古川市教育委員会、一九九七年

北野耕平（編）『河内野中古墳の研究』大阪大学文学部国史研究室研究報告第二冊、大阪大学、一九七六年

金武重「原三国時代の鉄器生産と流通」『日本考古学協会二〇一二年度福岡大会研究発表資料集』日本考古学協会二〇一二年度福岡大会実行委員会、二〇一二年
楠本哲夫・朴美子（編）『宇陀　北原古墳』大宇陀町文化財調査報告第一集、大宇陀町、一九八六年
工楽善通「木製穂摘具」金関恕・佐原眞（編）『弥生文化の研究』5　道具と技術Ⅰ、雄山閣出版、一九八五年
河野通明『日本農耕具史の基礎的研究』和泉書院、一九九四年
小林青樹「燕国と遼寧・韓半島の初期鉄製農具」『弥生時代政治社会構造論』雄山閣出版、二〇一三年
小松清・玉川久子（編）『沢狭遺跡発掘調査報告書』金目郵便局建設用地内遺跡発掘調査団、一九九八年
小山浩和（編）『岩清水スゲ谷古墳』奈良県文化財調査報告書第九九集、奈良県立橿原考古学研究所、二〇〇三年
斎藤礼司郎（編）『千葉県木更津市千束台遺跡群発掘調査報告書7』木更津市教育委員会、二〇〇八年
阪口英毅・林正憲・東方仁史（編）『史跡　昼飯大塚古墳』大垣市埋蔵文化財調査報告書第一二集、大垣市教育委員会、二〇〇三年
阪口英毅（編）『紫金山古墳の研究』平成一四～一六年度科学研究費補助金（基盤研究(B)(2)）研究成果報告書、京都大学大学院文学研究科、二〇〇五年
佐賀県教育委員会『吉野ヶ里遺跡　弥生時代の集落跡』佐賀県文化財調査報告書第二〇七集（第三分冊）、二〇一五年
笹生　衛『日本古代の祭祀考古学』吉川弘文館、二〇一二年
佐藤達郎『鍬と農鍛冶』産業技術センター、一九七九年
七田忠昭・天本洋一『町南遺跡』佐賀県文化財調査報告書第六八集、佐賀県教育委員会、一九八三年
下村登良男『八重田古墳群発掘調査報告書』松阪市教育委員会、一九八一年
白石太一郎ほか『葛城・石光山古墳群』奈良県史跡名勝天然記念物調査報告第三一冊、奈良県教育委員会、一九七六年
末永雅雄（編）『盾塚　鞍塚　珠金塚古墳』由良大和古代文化研究協会、一九九一年
助川朋広・田中浩江・萩野れい子（編）『青木下遺跡』坂城町埋蔵文化財発掘調査報告書第三〇集、坂城町教育委員会、二〇〇七年
鈴木秀雄・立石盛詞『御伊勢原』埼玉県埋蔵文化財調査事業団報告書第七九集、㈶埼玉県埋蔵文化財調査事業団、一九八九年
伊達宗泰（編）『メスリ山古墳』奈良県史跡名勝天然記念物調査報告第三五冊、奈良県教育委員会、一九七七年
伊達宗泰（編）『新沢千塚古墳群』奈良県史跡名勝天然記念物調査報告第三九冊、奈良県教育委員会、一九八一年

谷若倫郎（編）『出作遺跡』松前町教育委員会、一九九三年
田原虎次「分類から見た鍬の特徴」『日本の鎌・鍬・犁』㈶農政調査委員会、一九七九年
鄭　仁盛「楽浪郡の鉄器生産」『日本考古学協会二〇一二年度福岡大会研究発表資料集』日本考古学協会二〇一二年度福岡大会実行委員会、二〇一二年
都出比呂志「農具鉄器化の二つの画期」『考古学研究』第一三巻第三号、一九六七年
都出比呂志『日本農耕社会の成立過程』岩波書店、一九八九年
寺沢　薫「収穫と貯蔵」『古墳時代の研究』4、雄山閣出版、一九九五年
中村眞哉「池の内第二号古墳について」『池の内遺跡発掘調査報告』広島市の文化財第三二集、広島市教育委員会、一九八五年
鍋田勇ほか「私市円山古墳」『京都府遺跡調査概報』第三六冊、㈶京都府埋蔵文化財調査研究センター、一九八九年
新納泉・尾上元規（編）『定北古墳』岡山大学考古学研究室、一九九五年
新納泉・光本順（編）『定東塚・西塚古墳』岡山大学考古学研究室、二〇〇一年
西谷真治・鎌木義昌『金蔵山古墳』倉敷考古館研究報告第一冊、倉敷考古館、一九五九年
野島　永『初期国家形成過程の鉄器文化』雄山閣出版、二〇〇九年
橋口達也（編）『古寺墳墓群II』甘木市文化財調査報告第一五集、甘木市教育委員会、一九八三年
畑本政美（編）『川原田遺跡発掘調査報告書』守山市教育委員会、一九八九年
八賀　晋『富雄丸山古墳西宮山古墳出土遺物』京都国立博物館、一九八二年
林　正之「古代における鉄製鍬先の研究」『東京大学考古学研究室紀要』二四、二〇一〇年
坂靖（編）『寺口千塚古墳群』奈良県史跡名勝天然記念物調査報告第六二冊、奈良県立橿原考古学研究所、一九九一年
坂靖（編）『福井市三尾野古墳群』福井市教育委員会、一九九三年
坂　靖『古墳時代の遺跡学』雄山閣出版、二〇〇九年
樋上　昇『木製品から考える地域社会』雄山閣出版、二〇一〇年
樋上　昇「農具と農業生産」『古墳時代の考古学』5、同成社、二〇一二年
樋上　昇『樹木と暮らす古代人』吉川弘文館、二〇一六年

日高　慎「松戸市行人台遺跡の鋳造鉄斧と多孔式甑」『海と考古学』六一書房、二〇〇五年
福島孝行ほか「今林古墳群」『京都府遺跡調査概報』第九七冊、㈶京都府埋蔵文化財調査研究センター、二〇〇一年
藤好史郎・西村尋文（編）『瀬戸大橋建設に伴う埋蔵文化財発掘調査報告Ⅶ　下川津遺跡』香川県教育委員会・㈶香川県埋蔵文化財センター・本州四国連絡橋公団、一九九〇年
堀部昭夫・清藤一順・上野純司『千葉県我孫子市日秀西遺跡発掘調査報告書』千葉県教育委員会・㈶千葉県文化財センター、一九八〇年
前澤輝政『多功南原遺跡』上三川町教育委員会、一九八五年
増田逸朗ほか『関越自動車道関係埋蔵文化財調査報告13（後張）』埼玉県埋蔵文化財調査事業団報告書第一五集、㈶埼玉県埋蔵文化財調査事業団、一九八二年
増田逸朗ほか『関越自動車道関係埋蔵文化財調査報告15（後張2）』埼玉県埋蔵文化財調査事業団報告書第二六集、㈶埼玉県埋蔵文化財調査事業団、一九八三年
松井和幸「鉄鎌」『弥生文化の研究』5、雄山閣出版、一九八五年
松井和幸「日本古代の鉄製鍬先・鋤先について」『考古学雑誌』第七二巻第三号、一九八七年
松井和幸『日本古代の鉄文化』雄山閣出版、二〇〇一年
松井和幸「馬鍬の機能と変遷」『考古学研究』第五一巻第一号、二〇〇四年
松本正信・加藤史郎（編）『宮山古墳発掘調査概報』姫路市文化財調査報告Ⅰ、姫路市文化財保護協会、一九七〇年
松山智弘ほか（編）『西谷一五・一六墓発掘調査報告書』出雲市教育委員会、一九九三年
三木　弘「古墳出土の鉄製雛型農工具について」『史学研究集録』一一、國學院大學日本史学専攻大学院会、一九八六年
三木文雄「大丸山古墳」『中道町史』中道町、一九七五年
宗像神社復興期成会（編）『沖ノ島』一九五八年
村上恭通『倭人と鉄の考古学』青木書店、一九九八年
村上恭通「黄海をめぐる鉄技術・文化の展開」『東アジアと日本の考古学』Ⅲ、同成社、二〇〇三年
村上恭通・山村芳貴「農工具」『考古資料大観』第7巻、小学館、二〇〇三年

桃﨑祐輔「中世の棒状鉄素材に関する基礎的研究」『七隈史学』第一〇号、二〇〇八年
柳田康雄ほか『三雲遺跡』福岡県文化財調査報告書第六五集、福岡県教育委員会、一九八三年
柳田康雄ほか『三雲遺跡南小路地区編』福岡県文化財調査報告書第六九集、福岡県教育委員会、一九八五年
柳本照夫（編）『摂津豊中大塚古墳』豊中市文化財調査報告第二〇集、豊中市教育委員会、一九八七年
山口譲治・吉留秀敏・渡辺芳郎（編）『老司古墳』福岡市埋蔵文化財調査報告書第二〇九集、福岡市教育委員会、一九八九年
山口譲治「比恵遺跡群出土の弥生時代の木器について」『比恵遺跡群10』福岡市教育委員会、一九九一年
山田昌久「日本における古墳時代牛馬耕開始説再論」『歴史人類』第一七号、筑波大学歴史・人類学系、一九八九年
山田幸弘ほか（編）『西墓山古墳』藤井寺市文化財報告第一六集、藤井寺市教育委員会、一九九七年

〔韓文〕

九宜洞報告書刊行委員会『漢江流域の高句麗要塞』九宜洞遺跡発掘調査総合報告書、一九九七年
金在弘『韓国古代農業技術史研究』図書出版考古、二〇一一年
湖南文化財研究院・韓国水資源公社『長興上芳村B遺蹟』湖南文化財研究院学術調査報告第五五冊、二〇〇六年
車勇杰・趙詳紀・呉允淑『清州新鳳洞古墳群』調査報告第四四冊、忠北大学校博物館・清州市、一九九五年
ソウル大学校博物館『夢村土城東南地区発掘調査報告』一九八八年
宋閏貞「統一新羅時代鉄製牛耕具の特徴と発展様相」『韓国考古学報』第七九輯、二〇〇九年
忠清南道歴史文化研究院編『瑞山　富長里遺跡』遺跡調査報告第五五冊、忠清南道歴史文化研究院・孝昌総合建設㈱、二〇〇八年
李東冠「古代タビに対する考察」『韓国考古学報』第七八輯、二〇一一年
李賢恵『韓国古代の生産と交易』一潮閣、一九九八年
千末仙「鉄製農具に対する考察」『嶺南考古学』一五、一九九四年

コラム

鋳造鉄斧

村上恭通

工具が石器から鉄器へと移り変わる過程で、舶載品である鋳造鉄斧はたいへん重要な役割を果たした。扁平片刃石斧、鑿形石器のような木工用磨製石器に代替する道具として登場し、原始的ではあるが日本列島における鉄器文化の幕開けに大きく貢献した。ただし、弥生時代前期末から中期にかけての鉄器は中国あるいは朝鮮半島産の鋳造品がそのままの形で使用されたのではなく、その破片を磨製石器のように研いで使用されていたことがわかっている。

鋳鉄（銑鉄）を鋳型に流し込んで作られる鋳造鉄器はそもそも春秋時代の長江下流域、楚の地域で生産が始まった。戦国時代には華北平原の雄国、燕でも生産されるようになり、燕に接する青銅器時代末期の朝鮮半島にも受容された。鋳造鉄器は含有炭素分が高いため、堅い半面、脆いという性質をもつ。戦国時代の中国ではすでにこの脆さを克服すべく脱炭という熱処理が行われていた。鋳造鉄器を鉄粉などの脱炭材でくるみ、それを密閉空間の中で九〇〇度程度の熱で長時間熱する装置が必要であった。密閉空間を作るための耐火煉瓦や脱炭材に対する知識があってはじめてできる高度な技術である。したがって朝鮮半島を含む燕国の周辺では鋳造鉄器は作り得ても脱炭はできなかった可能性が高く、楽浪郡の設置以降、その技術が普及したことが鉄器の観察から読みとれる。

このような鋳造鉄器であるから、もし脱炭していなければ砥石で研ぐこともできない。鋳造鉄斧の袋部は薄いため芯までほぼ完全に脱炭され、最後まで好みの形に研ぐことができた。福岡市比恵遺跡出土品や愛媛大学の復元鋳造鉄斧を切断して観察すると、縦断面に白い層が見られる（図）。これが脱炭層である。大陸で施された脱炭という〝魔法〟があったからこそ弥生人は鉄を研ぎ、好みの道具を作り得たのである。ただ厚い刃部の部分は表層しか脱炭できないので、砥石が機能しないことに困惑する彼らの姿も想像できる。いずれにせよ鍛造技術が伝わる中期末葉までの数百年間、鉄は石と同じく研いで整形する素材だったのである。ただ、ひとたびこの素材に触れた弥生人は鉄をもっと獲得したいという欲求に駆られたに違いない。中期末葉までの鋳造鉄器は利器の素材に対する意識改革を促したのであった。

ところで弥生人が鋳造鉄器について全く知識を持ち合わせていなかったのは脱炭だけではない。もっと身近な鉄器の〝色〟についても中国や朝鮮半島と人々とは共通の認識をもっていなかった。鋳型から取り出して、鋳砂を除去し、脱炭する前の鉄器は全体的に光沢のある淡い灰色を呈する。中国ではきわめて遺存状態が良好な鋳造鉄器がしばしば出土し、利器や容器類の表面全体が淡い灰色を呈する例がある。利器についていえば当然刃部に変形の痕

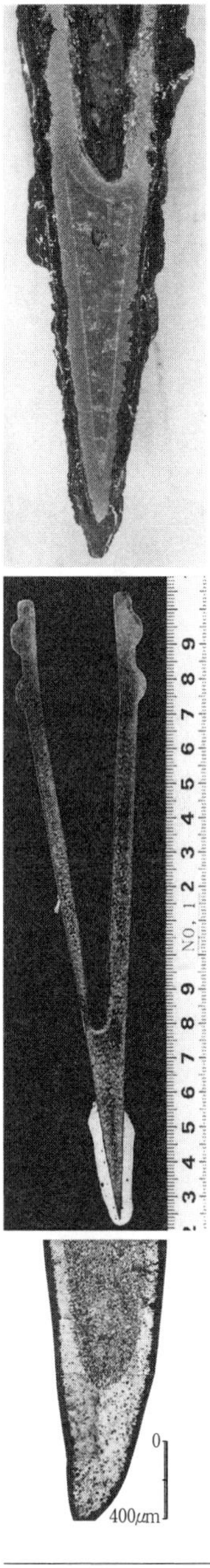

図　比恵遺跡出土鋳造鉄斧の断面図（上：福岡市埋蔵文化財センター提供）／復元鋳造鉄斧断面（中：愛媛大学提供）／（中）の刃部拡大写真（下：同上提供）

跡がなく、実用されたとは考えられない。四川省涼山彝族自治州西昌市の後漢墓から出土した鉄鍤《てっそう》（鉄製鋤先）はその好例である。しかしこれらも脱炭すると炭素分とともに鉄器の表皮が鱗のように剝がれ、その下から黒い肌が表れる。その刃部を研ぐと鋼色の地が露出するのである。

したがって弥生人が目にした鋳造鉄器の色は黒あるいは破面や研いだ後の鋼色であり、大陸人が経験した灰色の段階があったなど知るよしもなかったのである。

四 鏡

清水康二

1 鏡の概説

初期の鏡 現代の鏡はガラスを材質としたものが多いが、江戸時代以前の鏡は青銅で製作されることが多かった。青銅とは銅を主原料とし、それに錫《すず》や砒素《ひそ》などを加えた合金である。日本列島では銅と錫に鉛を加えた三元合金《さんげんごうきん》の青銅製の鏡が多いが、青銅鏡（考古学上の用語では銅鏡と呼ぶことが多いため、以後は銅鏡を青銅鏡の意味で使用する）は弥生時代前期末にもたらされ、その製作は弥生時代中期前半にまで遡ることができる。

考古学では銅鏡を扱うことが多いが、鏡の始源は金属鏡ではない。鏡《かがみ》を意味する鑑という文字が水を入れる鉢や水盤を指していることから容器に張った水を通じて鏡像を得ていたと想像できるが、たとえ容器がなくても水と水底の色調次第で鏡の機能が成立するため、人類が最初に鏡像を確認したのは湖沼や水溜りなど自然界に存在するものであったとされる。したがって、鏡を製作した最初の事例も水を利用したものであったと想定したいが、鏡像を得るための土器などは確認されていない。ただし、紀元前二八〇〇年ごろから紀元前二三〇〇年ごろのエーゲ文明の遺跡から

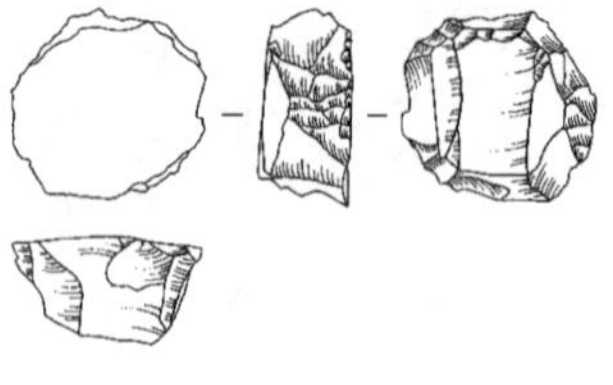

図1　黒曜石製の鏡——チャタル・ヒュユク遺跡（横4.2 cm）
（Carter 2004より）

出土した内面を黒色に処理したフライパン形の土器に水などの液体を張って鏡の役割をもたせたとされている。しかし、すでに金属鏡が登場している時期であることから、あくまで金属鏡の代用品であり、鏡の原初的な姿を示すものではないと思われる。

岩石や鉱物の鏡　人類史上初めて鏡が研究対象になるのは金属以外の材質を使用したものである。考古遺物として確認できる最古の鏡はトルコのチャタル・ヒュユク遺跡から出土した新石器時代（紀元前六〇〇〇年ごろ）の黒曜石製の鏡である（図1）。黒曜石は均質で、ガラス質の素材であるうえに漆黒色であることが多いため、細かく研磨できれば充分な鏡面《きょうめん》を確保できる。さらに中米の形成期時代以後（紀元前二〇〇〇年から二五〇〇年ごろ）には鉄鉱石や磁鉄鉱などを利用した鏡が製作されており、エジプト文明においては石製の鏡が存在していた可能性が示されている。

金属鏡以後　金属鏡の起源については紀元前三二〇〇年ごろの古代メソポタミア南部にあったテルロー遺跡で発見された銅製の円鏡《えんきょう》が最古とされているが、エジプト文明でも紀元前三〇〇〇年ごろの銅製の鏡が確認できる。錫青銅による青銅器製作の開始が紀元前四千年紀末とされていることから金属鏡の製作もほぼ同時期だったようである。

南アジアのインダス文明（紀元前二六〇〇から一八〇〇年ごろ）でも柄鏡《えかがみ》が確認されているように西方では柄鏡が主流を占めていたが、日本列島が位置する東アジアでは金属鏡の利用開始時点から円鏡が主流である。中国大陸では斉《さい》家《か》文化期（紀元前二四〇〇年から紀元前一九〇〇年ごろ）において鏡背《きょうはい》の中央に紐を通すための孔の開いた鈕《ちゅう》が付く円形の銅鏡が確認できる（図2）。これが東アジアの銅鏡の基本的な形状であり、中国大陸の宋代において柄鏡が見られるようになるまで替わることはない。また、日本列島においても室町時代後期に柄鏡が製作されるようになるまでは鈕付きの円鏡が主流であった。

ガラス鏡の製作は紀元前一千年紀のエジプトにまで遡るといわれているが、現代のガラス鏡とは異なり、不鮮明な鏡像が得られるだけであったと思われる。ガラス鏡が流行したのは中世ヴェネツィアのムラノ島でガラス鏡の画期的な製造技術が確立してからである。世界的にみても、ガラス鏡が普及するまでは基本的に鏡の材質には青銅が使用されていたが、まれに鉄製や銀製の鏡も製作されている。

本章では取り扱う対象を東アジアにほぼ限定し、そのほかの地域に関しては言及する必要があるときにのみ記述する。また、対象とする時代も中国大陸で初めて金属鏡が確認できる斉家文化（紀元前二四〇〇年から紀元前一九〇〇年ごろ）併行期から日本列島の奈良時代（七一〇年から七九四年）併行期ごろまでとする。

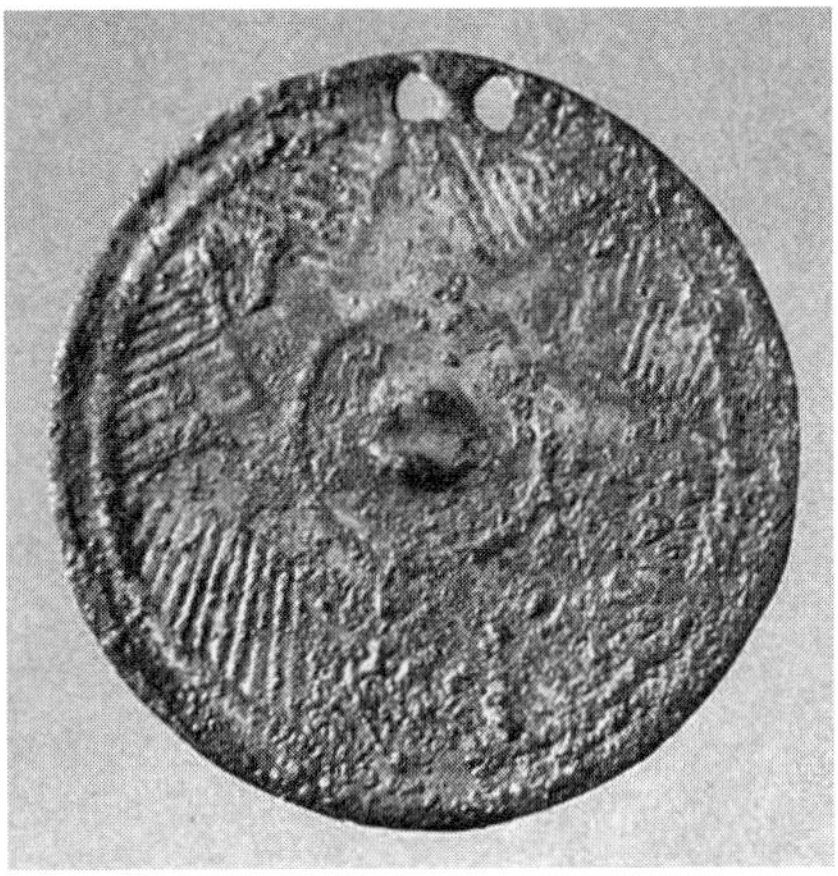

図2　斉家文化期の鏡——七星文鏡（青海省小馬台25号墳・面径9cm）

鏡の形　江戸時代前期に徳川光圀《とくがわみつくに》が指揮した上侍塚《かみさむらいづか》古墳と下《しも》侍塚《さむらいづか》古墳の調査（日本人による最初の発掘調査）では、さまざまな副葬品のなかに鏡が含まれており、副葬品を埋め戻す前には鏡の絵図も作られた。

このように鏡は日本の考古学開始時点から考古学者にとって縁の深いものであり、明治時代以後の近代考古学の幕開け後も日本列島における豊富な鏡の出土量や紀年銘鏡《きねんめいきょう》などの存在から古鏡の研究は重要視された。

ここでは一般的に使用されている鏡の各部位と部分名称を簡単に紹介する。鏡の形状は円形がほとんどで、ほかに八稜形《はちりょうけい》、八花形《はっかけい》、

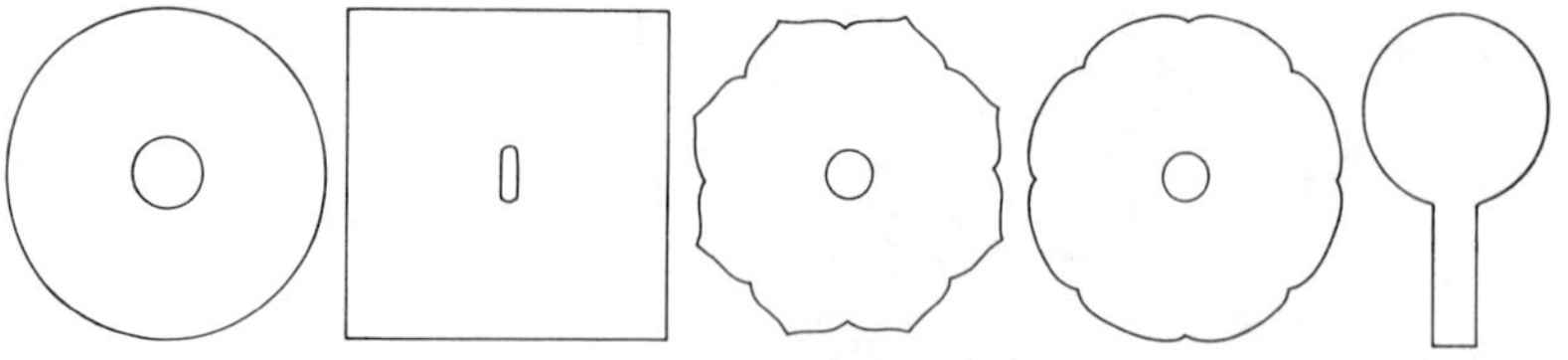

図3　鏡の形の類例模式図

図4　鈕の類例

方形などがあるが（図3）、前述したように柄は付いていない。鏡面の反対側は鏡背と呼ばれ、博物館などでは鏡背文様を見せるために鏡背側を上にして展示していることが多いが、復元製作した鏡はその機能を知ってもらうために鏡面側を上にすることもある。注意しなければならないのは鏡面側が表で、鏡背側が裏ということである。つまり鏡はほかの考古資料とは異なり、通常は裏面を上に向けた状態で展示されており、発掘調査報告書などでもまずは裏面である鏡背側の写真や図が掲載されている。

鏡の部位　鏡背の中心部には鈕が置かれるが、そのほとんどが半球状で、中心には鈕孔《ちゆうこう》と呼ばれる紐通しの孔がある。そのほかに海獣葡萄鏡《かいじゆうぶどうきよう》（隋唐代）などでは獣形鈕《じゆうけい》が、戦国や前漢代の鏡では三稜《さんりよう》鈕や蛙《あ》鈕など生物を象ったものが散見でき、多鈕鏡《たちゆうきよう》では三稜鈕に似た形の鈕が複数付く（図4）。鈕の下部に見られる鈕を据え付けた低い台を鈕座《ちゆうざ》と呼ぶが、その形状には円座《えんざ》や四葉座《しようざ》などがある（図5）。また、鈕を中心にめぐる同心円の線を圏線《けんせん》と呼ぶ。

鈕よりも外側で鏡背の主要な文様が表現されている部分を内区《ないく》と呼び、その外側の内区主文様に付属する鏡背文様の部分を外区《がいく》

図5　鈕座の類例模式図

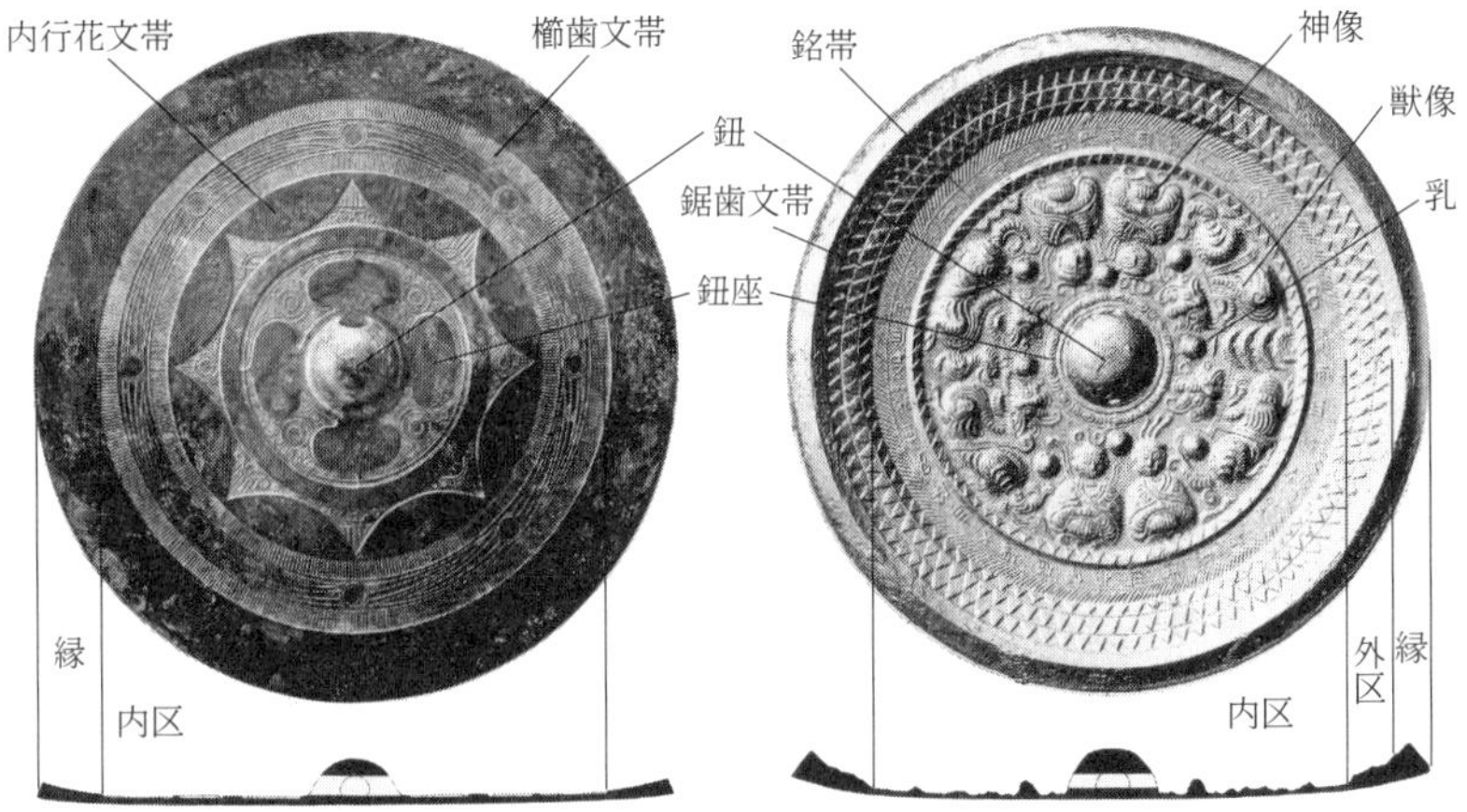

内行花文鏡（奈良県下池山古墳・面径37.6cm）（奈良県立橿原考古学研究所提供，阿南辰秀氏撮影）

三角縁四神四獣鏡（奈良県黒塚古墳22号鏡・面径22.5cm）

図6　鏡の部位と名称（断面は模式図）

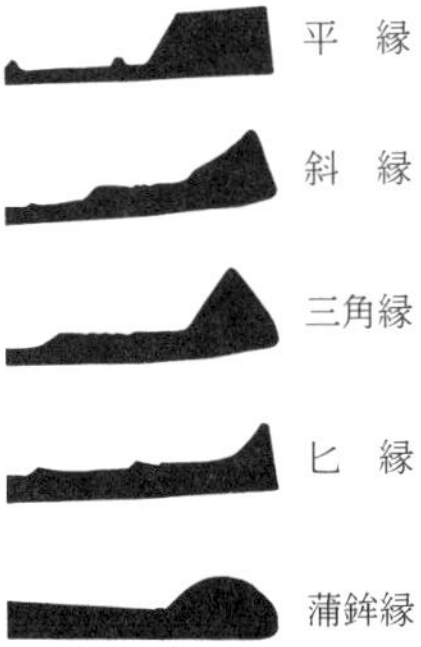

図8　鏡縁の類例

図7　鋳ビケで鈕孔方向の文様が不鮮明

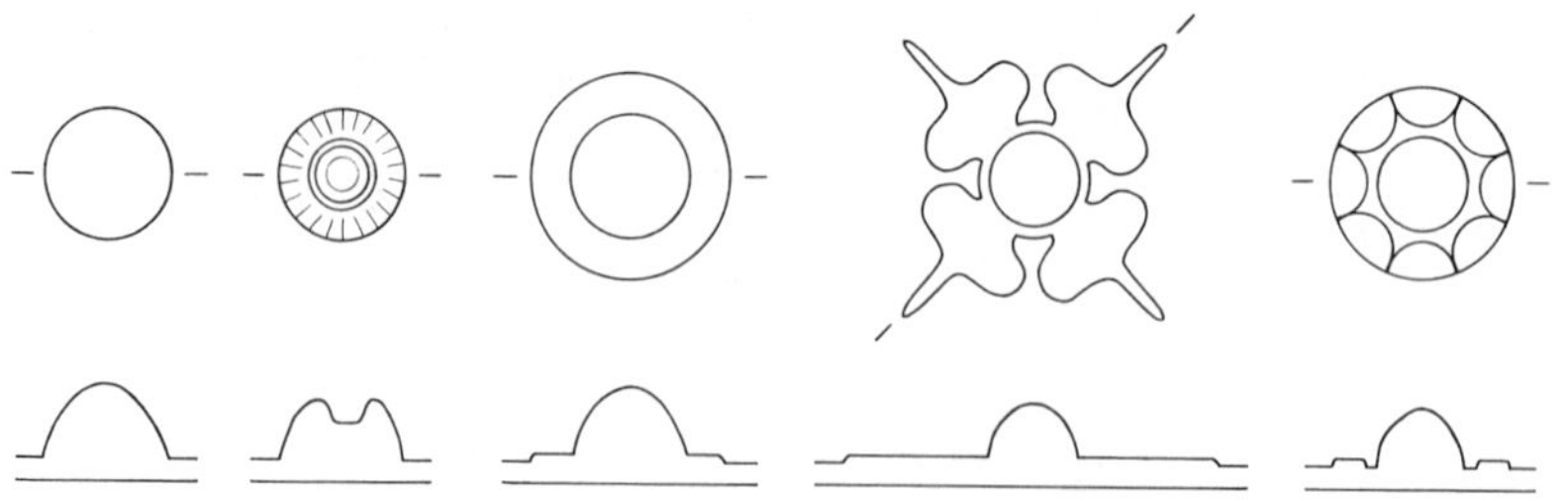

図9　乳と乳座の類例模式図

と呼ぶ（図6）。前漢代末以後から隋唐代以前の鏡の多くは内区と外区の段差が明確であるが、日本列島で中国鏡を模倣して製作された倣製鏡《ほうせいきょう》ではこの段差が中国鏡よりも小さいか、まったく見られないものが多いため、中国鏡と倣製鏡の弁別の根拠にもなっている。

内区の薄い部分では一ミリに達しないものもあるが、外区の厚さは数ミリから一センチほどとさまざまである。このように内区を薄くするのは金属原料の使用量を軽減し、鋳造時の鋳《い》ビケ（厚い部分の金属凝固は薄い部分よりも遅いため、厚い部分がへこんだり、鏡背文様の鋳出しが悪くなる欠陥）を避けるためであろう（図7）。一方、外区を厚くするのはより重厚感をもたせるためと思われる。また、全体を薄くしてしまうと破損しやすくなるが、外区を厚くすることでその欠点が軽減できる。出土鏡の内区の大半が欠損しているのに外区が完存する事例はこのことを示している。

鏡の最も外側に位置するのが鏡縁《きょうえん》であるが、鏡縁と外区の境界は明瞭でない場合も多い。鏡縁には平縁《ひらぶち》、斜縁《しゃえん》、三角縁《さんかくえん》、匕縁《さじえん》、蒲鉾縁などがあり（図8）、時期や鏡式によって採用される鏡縁は異なるが、外区よりもさらに厚い斜縁や三角縁などは完成品の重厚さを増すための工夫と考えてよい。

内区主文様を均等に分割する位置に置かれた小さな突起を乳《にゅう》と呼ぶが、これには円乳《えんにゅう》や環状乳《かんじょうにゅう》などがある。また、鈕に準じて乳の下部に乳座《にゅうざ》がある場合もあり、これにも円座や四葉座などがある（図9）。

さて、調査報告書などで古鏡の説明がなされる場合に計測値が示されるが、これについては面径《めんけい》、鈕高《ちゅうこう》、内区厚《ないくあつ》、外区厚《がいくあつ》、縁厚《ふちあつ》などがある（図10）。鈕高については鈕座の上から鈕頂部《ちゅうちょうぶ》までの高さなのか、鏡面からの高さなのか判然としない場合もあるが、鈕座の上から鈕頂部までを鈕高、鏡面から鈕頂部までを器高《きこう》と呼ぶべきであろう。内区厚や外区厚についても最小と最大の数値を記述する工夫が必要である。また、縁厚については鏡面からほぼ直行する縁《ふち》上端《じょうたん》を計測する場合と、縁上端と鏡縁端部《たんぶ》の距離を計測する場合があるので注意が必要であるが、鏡厚《きょうあつ》とする場合は前者で統一すべきであろう。

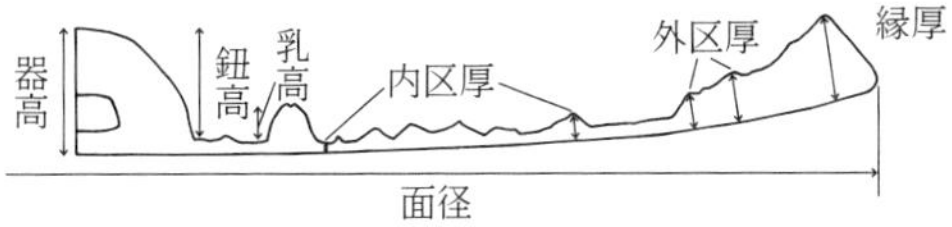

図10　鏡の計測部位の名称

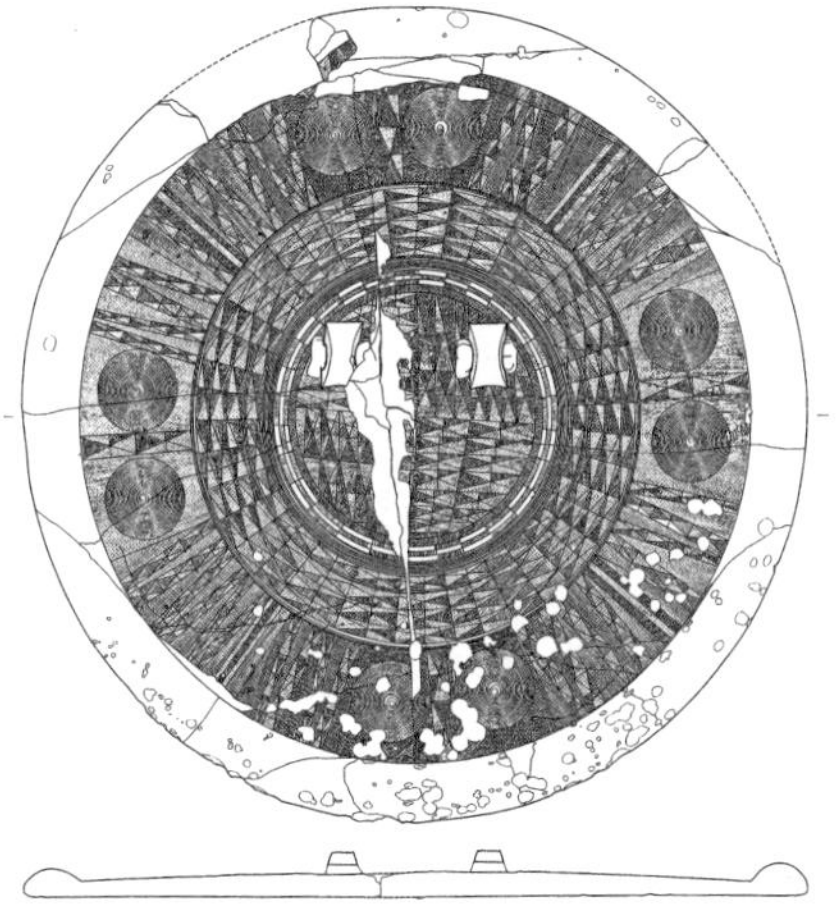
図11　凹　面　鏡――多鈕細文鏡（崇実大学校所蔵・面径21.1 cm）

凸面鏡と凹面鏡　古代東アジアでは多くの鏡が凸面鏡《とつめんきょう》である。漢代以前には平面鏡も見られるが、前漢代になると大なり小なり凸面鏡となる。一方、凹面鏡《おうめんきょう》の事例は非常に少なく、中国大陸東北部から韓半島、日本列島に分布する多鈕鏡の一群があげられるぐらいで（図11）、現在ではオリンピックの聖火を採取するさいに使用する鏡がこれにあたる。

古代の鏡が凸面鏡である理由はわかっていないが、凸面鏡はより広い範囲を映し出すことができる。その一方で鏡像には若干の歪みが見られるが、平面鏡では鏡面を均一に研磨できなければ、さらに鏡像の歪みが強調されてしまうため凸面鏡になっているという考え方もある。また、鏡笵《きょうはん》（鏡の鋳型）の段階では平面であったがその後凸面鏡へと変化したという説、鈕は大きいのに内区が薄いため凝固のさいの残留応力が経年変化と研磨などにより凸面鏡へと変化したという説、鋳込み後に行う脆性改善のための熱処理によって凸面になりやすいので鏡笵の段階で凸面にしたか、熱処理による急冷で平面が凸面に変化したという説もある。

同笵鏡と同型鏡　鏡を研究する上で同笵鏡《どうはんきょう》と同型鏡《どうけいきょう》という用語は重要である。研究者によって内容は若干異なるが、おおまかにいえば同じ鏡背文様が鋳出された鏡である。もともとは同笵鏡という言葉が使用されており、一つの笵を利用して複数回鋳込むことで複数の鏡を製作するものである。同笵鏡が数多く見つかっているのは邪馬台国との関係で注目を集めている三角縁神獣鏡である。しかし、現代の伝統的な和鏡工房の技法では鋳込み後の鋳型から金属を取り出す型《かた》バラシのさいに鏡笵は粉々に砕けてしまうため複数回使用ができないとの主張から、同笵鏡製作に関しては疑問が提出された。

これに対して、先に原型を製作してからそれをもとに複数個の鏡笵を製作し、それを利用して鋳込《いこ》むことで同じ鏡体《きょうたい》や鏡背文様をもつ鏡が製作できる同型鏡製作が着目され、三角縁神獣鏡を含めた鏡は同笵鏡ではなく同型鏡と呼ぶべきであると提唱された。また、同型鏡製作には古い時期に製作されて伝世《でんせい》してきた鏡を原型（種鏡《たねきょう》）とする踏み返し鏡製作も含まれており、その製作時には鏡体の改変や鏡背文様の追加などが行われることもある。

現代の和鏡工房の技法では鏡笵の複数回使用は行われていないが、それが歴史的にみて常に行われていた技法であるかどうかは別問題である。同笵鏡製作が提唱された当時も鏡の鏡背に残った進行する笵傷《はんきず》の検討から三角縁神獣鏡の製作においては同笵鏡製作が行われていた可能性が高いとされた（図12）。また、一つの鋳型を複数回使用する同笵法では鋳型の損傷が避けられないため補修や文様の追刻が頻繁に行われる。

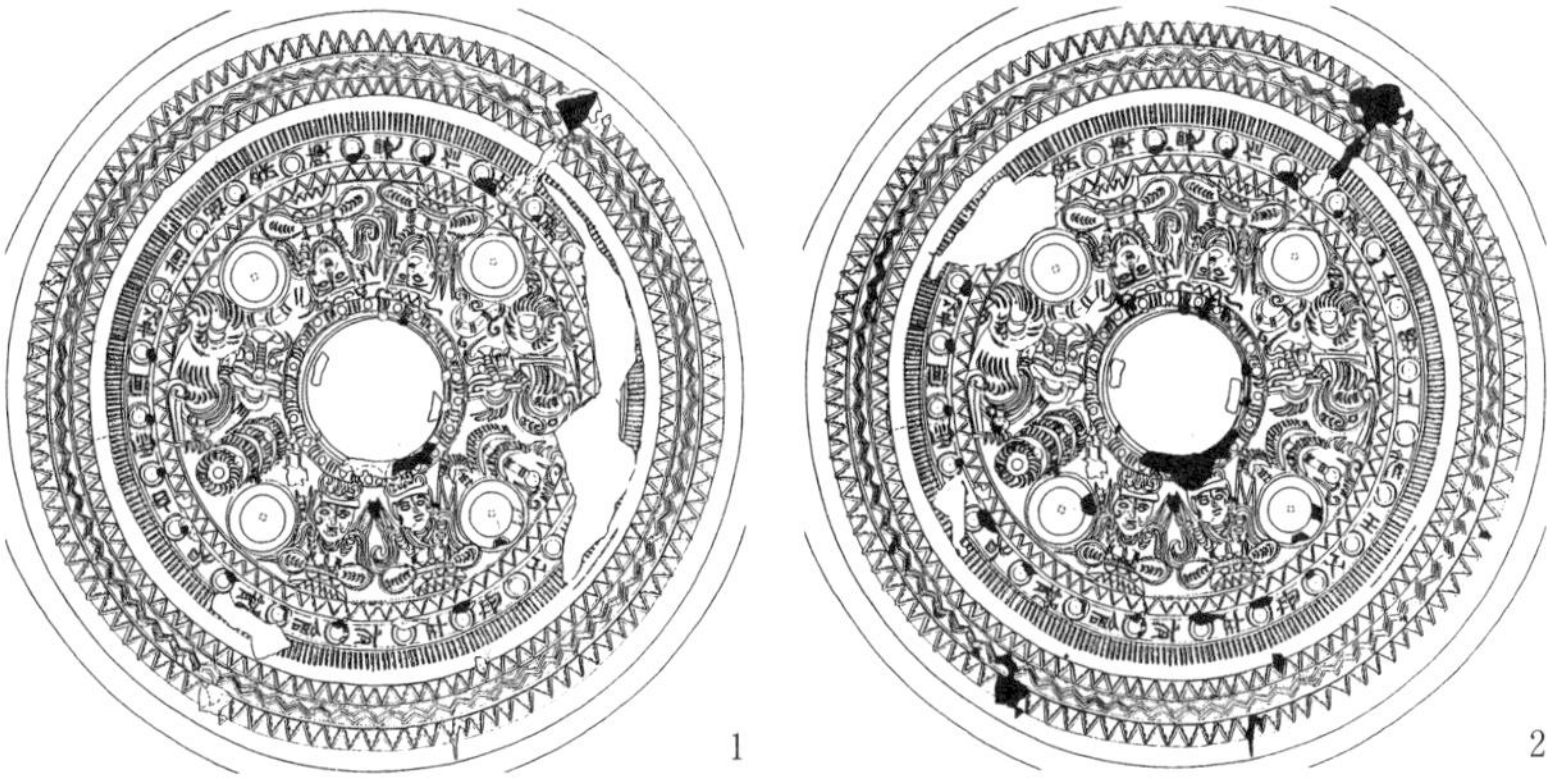
1　2

図12　三角縁神獣鏡の范傷の進行（1から2へ黒塗り部分が范傷）（近藤1991より）

鏡の上下と鈕孔方向　鏡のなかには上下方向が明確にわかるものがある。ここでは前漢代末から後漢代の銅鏡を取り上げる。漢式鏡の代表の一つである方格規矩四神鏡《ほうかくきくししんきょう》を例にあげると、仮に上方を北とした場合の四神の配置は北に玄武、東に青龍、西に白虎、南に朱雀となり、鈕孔方向は玄武と朱雀が配置されている南北方向、すなわち上下方向ということになる。

最も鏡の上下関係が理解しやすいものとしては画文帯同向式神獣鏡《がもんたいどうこうしきしんじゅうきょう》があげられる。画文帯神獣鏡の大部分をはじめ通常の銅鏡は鈕を中心に神像などが放射状に配置され、それらの頭部は鈕の方向を向いているため、回転させながら鏡縁側から眺めると正しい位置に図像が配置されている。これに対して、画文帯同向式神獣鏡では伯牙《はくが》や黄帝《こうてい》は上下（北南）方向に、西王母《せいおうぼ》と東王父《とうおうふ》は左右（西東）方向に配置されている。すなわち主要な神像などが同一方向に配置されているので鏡を回転させなくても一幅の絵のように眺めることができる。

前者も後者も鈕孔は上下方向に開通していることが多く、基本的にこの時期の鈕孔方向は上下方向であったと思われる。

中国鏡と倣製鏡の材質　鏡の大半は青銅を材質とする。前述したように銅（Cu）、錫（Sn）、鉛（Pb）を主要元素とした三元系高錫青銅《さんげんけいこうすずせいどう》で製作されることが多い。現在の美術鋳物に使用されている青銅の錫比率は高くても一一％ほどであるが、古代中国大陸の銅鏡の錫比率は二〇％を超えるものが多い。

鉄鏡《てっきょう》は後漢代から唐代にかけて製作され魏晋南北朝時代に盛行したが、鉄鏡が製作された背景には当時の社会混乱による銅鏡生産の衰退と銅原料の不足があると論じられている。鉄は銅に比べると入手しやすく、青銅よりも白色に近い鏡像が得られるからではないかという説が有力であるが、青銅に比べると硬い鉄素材を研磨するという手間がかかる。

ごくまれに正倉院宝物で見られるような銀製の鏡も存在している。また、東アジアでは石や木を素材とした明器《めいき》や祭祀具など鏡像が得られない非実用品を除けば、金属以外を素材とした鏡は現在のところ確認できない。

中国鏡の種類　中国大陸で製作された中国鏡はアジア各地で出土しているが、中国大陸以外では日本列島の弥生時代と古墳時代におけるものが圧倒的に多い。考古学上では鏡背文様により分類されることが多く、幾何学的文様、青銅彝器《いき》と共通する文様、神仙思想に通ずる文様、故事に題材を採った文様などがある（図13）。いずれも多岐にわたっており、鏡背文様を扱った書籍や論文も多く出版されているので詳細はそちらを参考にされたい。ここでは製作技術や材質などから、どのような中国鏡があったかを紹介する。

通常の鏡は単一の素材で鏡を製作するため別作りにすることはないが、稀に鏡面と鏡面を入れる枠を別作りにするものがある。中国大陸の戦国時代の鏡には鏡面を円盤状に製作し、別に製作した透かし彫りの入った鏡体に鏡面を嵌め込んだ事例がある。また、正倉院宝物には無文の鏡背の上にヤコウガイや琥珀などを樹脂の間に配置した螺鈿《らでん》装飾をもつものがあり、隋唐代では文様が立体的に打ち出された金板や銀板を鏡背に嵌め込んだ鏡が知られている。

倣製鏡とは　倣製鏡とは一般に中国大陸から持ち運ばれてきた鏡を現地で模倣して製作した鏡を指している。日本列島や韓半島では中国大陸の鏡を模倣して製作したものを指しているが（図14）、アジアに範囲を広げた場合は中央

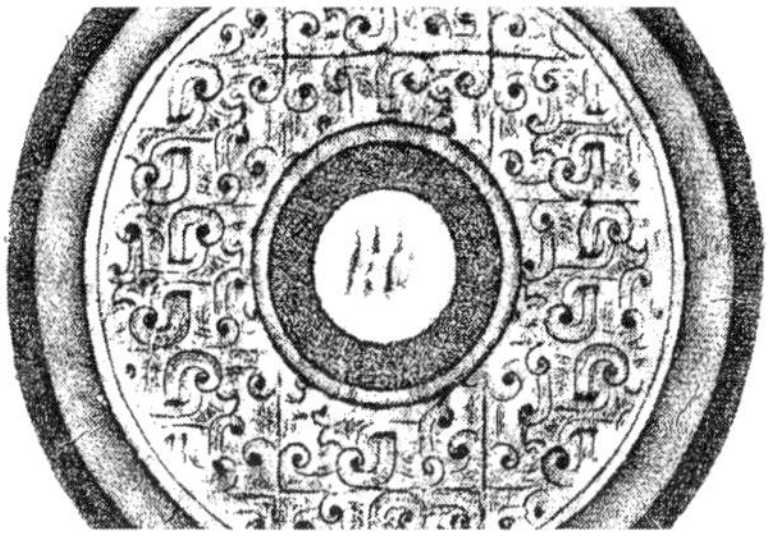

1. 羽状獣文地鏡(戦国)

2. 蟠螭文鏡(戦国)

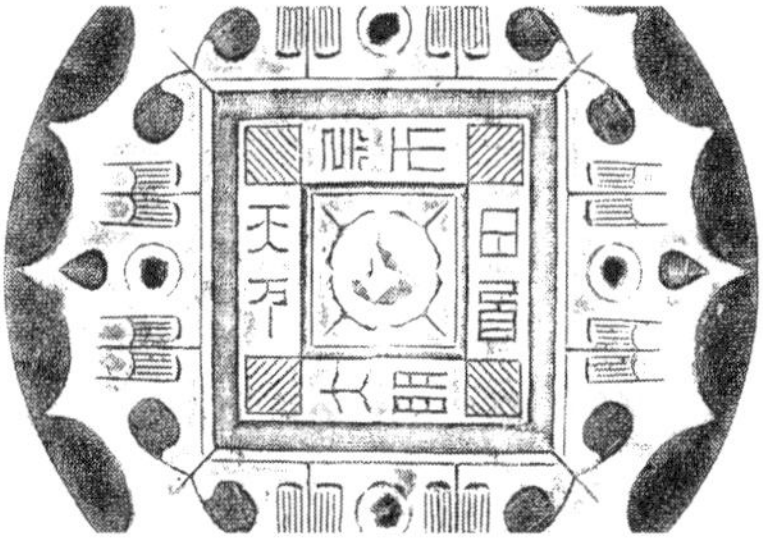

3. 草葉文鏡(前漢)

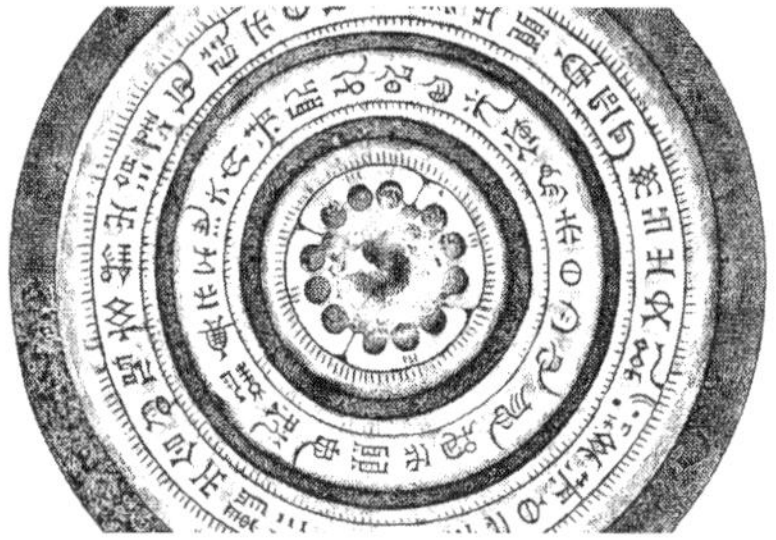

4. 重圏文鏡(前漢)

5. 内行花文鏡(後漢)

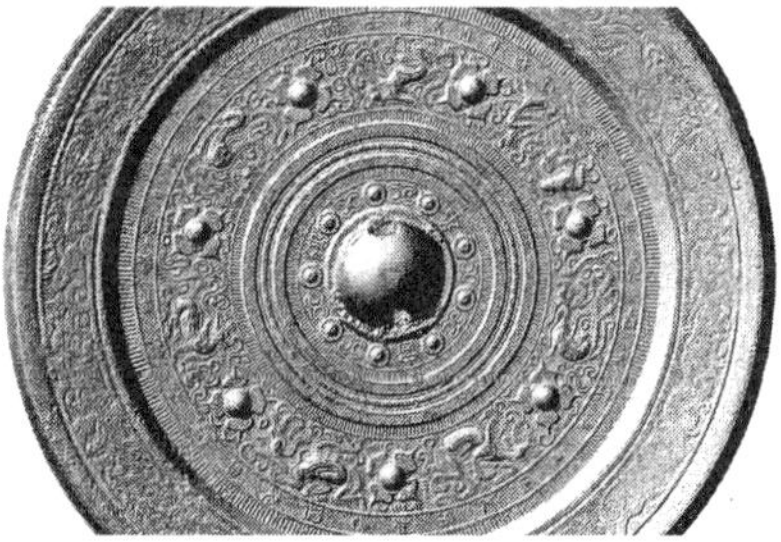

6. 獣帯鏡(後漢)

7. 夔鳳鏡(後漢)

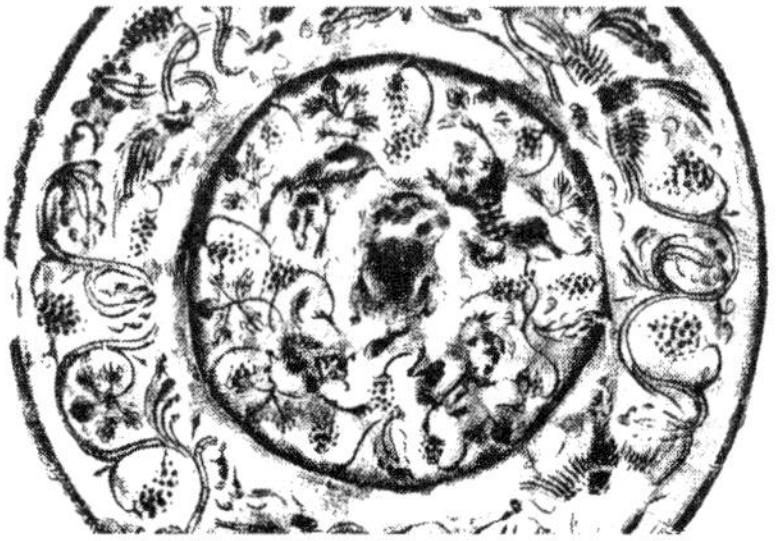

8. 海獣葡萄鏡(唐)

図13　鏡 の 種 類

変形鳥文縁方格規矩鏡
（福岡県沖ノ島17号遺跡・面径27.1cm）

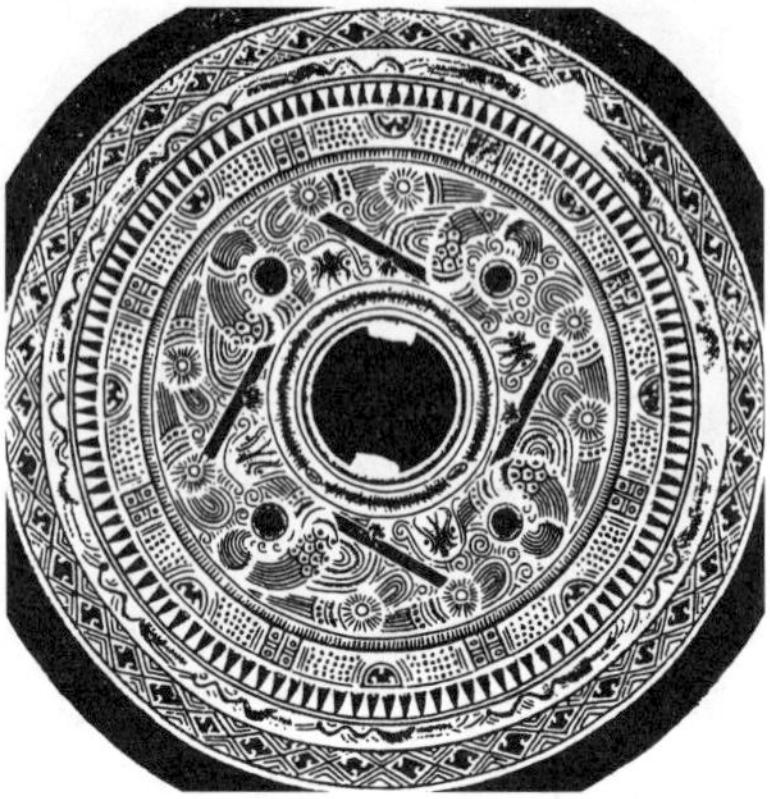

鼉龍鏡
（福岡県沖ノ島17号遺跡・面径23.7cm）

図14　日本の倣製鏡（宗像神社復興期成会 1961 より）

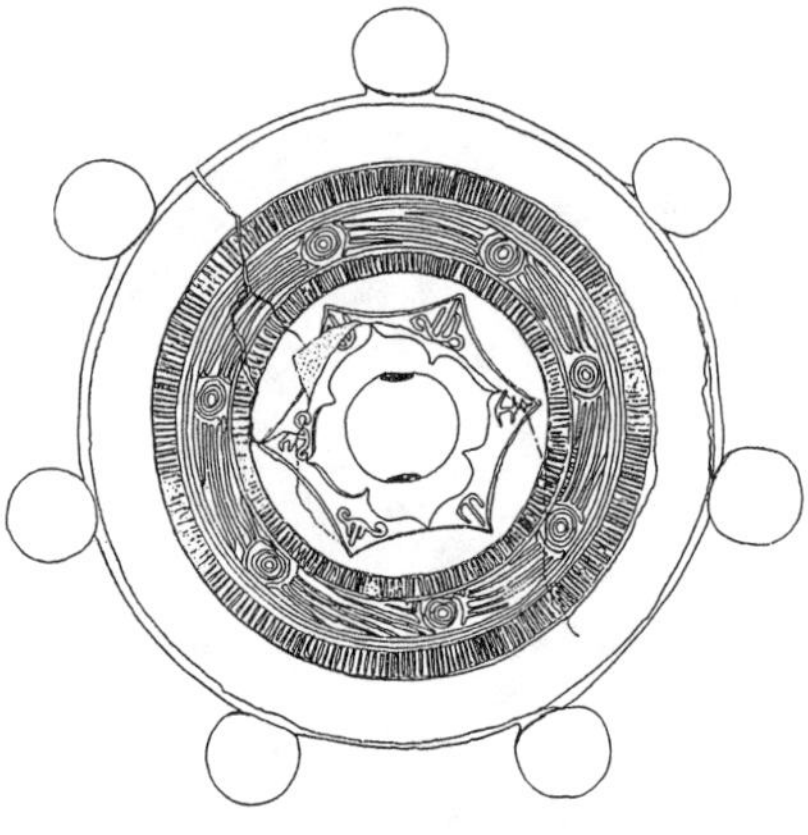

図15　鈴　　鏡（東京都御岳山古墳・面径14.0cm）

アジアや東南アジアで製作されたものも該当する。また、異なる漢字を用いて仿製鏡とする場合もある。円形で鈕の付いた形状を模倣するのはもちろんであるが、巧拙はありながらも鏡背文様を踏襲することが多い。しかし、中国鏡ではまったく見られないその地域独自の文様を鏡背文様にしているものもある。

倣製鏡の出土例は日本列島に集中しており、韓半島では調査の進展していない北朝鮮が含まれていることを差し引いても出土例は少ない。これは倣製鏡以外の出土鏡の数にも通じており、楽浪郡の墳墓から出土する鏡を考慮に入れたとしても日本列島の鏡の出土量は圧倒的である。とくに金属器の場合は墳墓の副葬品として発見される事例が多いため、墳墓に鏡を副葬する風習の有無に左右されるが、集落で出土する鏡の傾向においても日本列島が圧倒していることから、当時の韓半島よりも日本列島の居住者の方が鏡を愛好していたと読み取れる。

したがって、倣製鏡はほかの地域での出土例が少ないことから、紀元前二世紀から紀元一千年紀中葉までの日本列島で製作された鏡としてもよい。また、個別の倣製鏡の製作地を日本列島と特定できることも多いため、近年では弥生時代や古墳時代にあたる時期の倣製鏡を古代中国の史書にある「倭」を用いて倭鏡《わきょう》とする研究者もいる。

日本列島の倣製鏡には鏡の周囲に複数個の鈴を付けた鈴鏡《れいきょう》がある（図15）。このような音響機能を付加したものには韓半島の青銅器時代の円蓋形《えんがいがた》銅器もあり、鏡の周辺を敲くことで音を出していた可能性があると指摘されている。

三角縁神獣鏡　中国鏡か倣製鏡かの判断がつきにくい一群がある。それは日本列島の前期古墳を中心に出土する直径二三㌢ほどの三角縁をもった大型鏡で、内区主文様に画文帯神獣鏡や画像鏡などをもとにした図像を配置するのが特徴である。この特徴から三角縁神獣鏡と呼ばれている。

三角縁神獣鏡は倣製鏡とは異なり、漢字が判読できることや神獣の表現などが中国鏡と大きくかけ離れていない点などから三国時代の中国大陸で製作されたという説があり、三国時代の魏から卑弥呼の遣使に与えられた「銅鏡百枚」に擬せられることが多い。しかし、日本列島でのみ出土することや、内区や外区の鏡背文様の配置が中国鏡の原則からかけ離れたものもあることから日本列島製説も有力である。また、数多くの同笵鏡が発見されており、それらを比較検討することで銅鏡の製作技術を解明するうえで好資料となっている。

2　製作技術

素材の選択と合金の比率　鏡の本質的な機能はあくまで鏡像を得ることであるが、鏡面に映る像は現実世界と同じ色調のものが好まれたであろう。もともと銅はあかがねと呼ばれたように純銅は赤みがかった色をしている。銅に白色である錫を加えると赤色が緩和され、多く入れれば入れるほど反射光は白色に近くなる。ただし、錫比率が増えれば硬度と脆性が増加して壊れやすくなるので鋳込み後の切削《せっさく》や研磨加工、使用時の破損を考慮すれば、錫比率は二五%までにおさめた方がよい。だからといって錫比率二五%以上の鏡がないわけではない。現代インドのケララ州アランムラ村では伝統工芸品として錫比率三三%の鉛を含まない二元系高錫青銅鏡が製作されている。この鏡は無文で円形の鏡体を別作りの枠に嵌めて堅牢性を確保している。

鉛は青銅となった合金化後も溶解せずに微少な鉛粒として存在するため、良い鏡像を得るには決して好ましいものではないが、鉛を五%ほど加えると切削性がよくなり、研磨加工などの作業もしやすくなるという利点がある。また、融点が下がるので溶解をより低い温度で行うことができ、鏡笵内での湯流れ性（湯《ゆ》の流れやすさ）も改善される。鈴鏡は古墳時代後期に製作されたが、銅鏡やほかの青銅器の錫比率が古墳時代前期に比べると下がる傾向にあるにも関わらず錫比率二〇%を超えている。これは錫比率が下がると音色が悪くなることから音響効果を維持するためと思われる。

一五九～一六〇頁の表は銅鏡の成分比率を例示したものである。銅、錫、鉛以外にも微量の金属元素が検出されているが本章では省いている。また、成分分析の方法としては一部を破壊する電子線マイクロアナライザ分析（ＥＰＭ

表　鏡の合金成分表

名　　称	製作年代	成分（%） 銅(Cu)	錫(Sn)	鉛(Pb)	文献
素面鏡	西周晩期～春秋早期	86.42	11.18	2.41	①
四弦文鏡		80.73	19.27		
四山鏡	戦国	78.11	20.62	1.26	
蟠螭文鏡		78.94	18.65	2.41	
星雲鏡	前漢中晩期	75.43	21.91	2.66	
日光鏡		73.04	22.37	4.58	
草葉文日光鏡		77.88	20.81	1.31	
四神規矩鏡	新莽～後漢前期	77.20	21.68	1.12	
半円方形帯神獣鏡	後漢中晩期～南北朝	75.13	22.29	2.58	
環状乳神獣鏡		71.30	24.80	6.00	
連弧文鏡		69.20	23.60	6.30	
三角縁画像鏡		74.39	21.85	3.77	
位至三公鏡		68.70	22.70	7.00	
獣首鏡		69.04	25.81	5.70	
四神鏡	唐初	74.61	23.13	2.27	
盤龍鏡	唐	69.78	25.60	4.62	
海獣葡萄鏡		75.98	21.09	2.93	
三角縁神獣鏡	古墳前期	71.00	22.70	4.63	②
三角縁神獣鏡		73.30	20.80	4.35	
三角縁神獣鏡		72.90	22.20	2.43	
三角縁神獣鏡		72.50	21.70	3.51	
三角縁神獣鏡		69.30	24.00	3.71	
三角縁神獣鏡		70.90	20.40	5.70	
三角縁神獣鏡		71.10	20.50	5.34	
三角縁神獣鏡		72.20	21.10	3.61	
内行花文鏡(倣製)	弥生時代	69.10	22.80	4.77	③
内行花文鏡(倣製)	古墳前期	63.70	22.10	5.07	
鼉龍鏡		67.81	23.81	4.14	④
内行花文鏡(倣製)		71.67	21.06	5.29	
内行花文鏡(倣製)		59.13	21.57	4.48	

名　　称	製作年代	成　分　(%)			文献
		銅(Cu)	錫(Sn)	鉛(Pb)	
内行花文鏡(倣製)	古墳前期	74.10	17.10	5.65	⑤
内行花文鏡(倣製)		70.20	11.60	8.81	③
獣形鏡(倣製)	古墳中期	75.20	14.90	4.55	
勾玉鏡または不明鏡(倣製)	古墳後期	75.92	15.72	5.40	⑥
勾玉鏡または不明鏡(倣製)		88.69	6.45	2.94	
六鈴鏡(倣製)	古墳後期	70.62	20.49	8.09	⑥
十鈴鏡(倣製)		72.19	21.86	5.50	
五鈴鏡(倣製)		73.52	18.26	7.75	
菊花双鳥文鏡	室町	93.40	0.75	1.82	③
菊花双鳥文鏡		97.00	0.24	0.86	
鳥獣花背八角鏡 北倉 42 第 1 号	唐	70.7	24.4	4.1	⑦
鳥獣花背円鏡 北倉 42 第 2 号		70.3	25.0	3.9	
鳥獣花背八角鏡 北倉 42 第 3 号		70.3	23.3	5.3	
平螺鈿背円鏡 北倉 42 第 11 号		70.6	23.8	5.8	⑧
槃龍背八角鏡 北倉 42 第 16 号		70.3	24.1	5.2	
山水花鳥背円鏡 北倉 42 第 18 号		69.9	24.0	5.62	
平螺鈿背円鏡 南倉 70 第 2 号		71.5	23.2	6.2	⑨
金銀山水八卦背八角鏡 南倉 70 第 1 号		68.2	23.3	6.0	⑩

註 「文献」欄のマル付数字は以下のとおり。

①何堂坤『中国古代銅鏡的技術研究』紫禁城出版社，1999 年。②樋口隆康『三角縁神獣鏡綜鑑』新潮社，1992 年。③久野雄一郎「奈良県榛原町野山遺跡群出土鏡の金属学的調査」『野山遺跡群Ⅱ　奈良県史跡名勝天然記念物調査報告書　第 59 冊』奈良県教育委員会，1989 年。④小松茂・山内淑人「古鏡の化学的研究『東方学報』8，1933 年。⑤久野雄一郎「北原西古墳出土鏡の金属学的調査」『大和宇陀地域における古墳の研究』由良大和古代文化研究協会，1993 年。⑥山崎一雄「田辺義一著 A Study on the Chemical Compositions of Ancient Bronze Artifacts Excavated in Japan の概要」『考古学と自然科学』13，1980 年。⑦成瀬正和・西川明彦・三宅久雄「年次報告」『正倉院紀要』第 26 号，2004 年。⑧成瀬正和「年次報告」『正倉院紀要』第 27 号，2005 年。⑨成瀬正和・中村力也「年次報告」『正倉院紀要』第 30 号，2008 年。⑩成瀬正和・西川明彦・山片唯華子「年次報告」『正倉院紀要』第 32 号，2010 年。

A）などの定量分析と非破壊で行う蛍光X線分析のような定性分析があるが、非破壊分析では伝世品《でんせいひん》や極端に遺存状態のよいものでない限り錆や腐食によって正確な成分比率を出すことは難しい。したがって、表については破壊分析を行った信頼できるものと、伝世品である正倉院宝物を選んで掲載している。

文献史料からみた素材　儒教の経書《けいしょ》である『周礼《しゅらい》』の一編にある「考工記《こうこうき》」は戦国時代の斉国《さいこく》で成立したという説のある技術書である。このなかにある各種の青銅器製作に適した合金成分比率を記した「六斉《ろくさい》」のなかに「鑑燧之《かんすいの》斉《さい》」という鏡に適した合金比率を記した部分がある。これによると、鏡に適した合金比率は「金錫半」とされている。金を銅と考えて銅の半分の量の錫を加えたとすると、およそ銅比率六六・七％、錫比率三三・三％となる。また、鉛の記述がないことから鉛は鏡像に悪影響を与えると理解されていた可能性が考えられる。

錫比率三三％という銅鏡は通常では見出しがたいが、前述したアランムラ村では錫比率三三％の二元系高錫青銅鏡が製作され著名な伝統産業にもなっていることから技術的には不可能ではない。また、江戸時代後期に彦根藩の国友《くにとも》藤兵衛《とうべえ》が製作したグレゴリー型反射望遠鏡には銅比率六五％、錫比率三五％の銅鏡が使用されており、銅鏡に理想的な成分比率として実用に供されていたことがわかる。

金属の溶解には、新たに各種の純金属を合金化して青銅素材を作る場合、青銅合金の廃材（破損したり不必要となった青銅器）に新たな金属原料を加える場合、すべてを金属の廃材でまかなう場合があったと考えられる。最近の弥生時代の考古資料としては大阪市亀井《かめい》遺跡から出土した石製品が天秤の重りの可能性があると指摘されているが、純金属のみが金属原料となる場合は天秤ばかりの知識があれば容易に希望する合金比率が用意できる。ただし、前述の銅鏡の合金比率をみてもわかるように決して特定の合金比率に集中するものではない。

はるか西方の事例ではあるが、地中海に沈んだ古代船の積み荷からはインゴット（金属の延べ棒）のほかにも青銅器の廃材が大量に発見されており、その船の航行目的が金属廃材の回収と販売であったと推測されている。中国大陸や韓半島での金属器の生産は日本列島よりも早く開始されているので、金属廃材の再利用あるいは金属廃材に純金属を加えて新たな金属器を生産することも多かったと思われる。また、合金比率の不明な金属廃材を溶解して純金属などを加える場合は金属の色調などで用途に適した合金比率を判断したのであろう。

製作技法の種類　青銅器を成形する方法には鋳造と鍛造《たんぞう》がある。鋳造は鋳型（范）に溶解した金属を流し込んで成形する方法であるが、鍛造は鋳造した金属板などを敲打して成形する方法である。東アジアの青銅器には鋳造の製品が圧倒的に多く、鍛造の製品には銅鋺、銅匙、銅鑼《どら》などがあるがそれほど多くはない。また、東アジアの銅鏡は鋳造で製作されているが、中央アジア、東南アジア、南アジアでは鍛造で製作された紀元前一千年紀の柄鏡が知られている。

鉄鏡にも鋳造と鍛造がある。鉄鏡は銅鏡に比べると土中での腐食が激しく錆で厚く覆われているため製作技法の解明は進んでいないが、正倉院宝物にある鉄製の漫背円鏡《まんぱいえんきょう》は伝世品のため遺存状況が良好である。この鏡の鏡背には敲打痕跡が見られ、鈕の周りには接合痕跡があることから鍛造品と考えられている。また、この鏡の鏡背は無文であるが、鉄鏡の鏡背文様には金象眼《きんぞうがん》や銀象眼が施されているものもあり、肉眼では観察できなくてもX線撮影などで確認されることも多い。

鋳造　鋳造の基本的な製作手順は金属を溶解するための施設（炉《ろ》）や鋳型を焼成するための窯といった諸施設の設営と道具の製作を除くと、①溶かした金属（湯）を流し込むための鋳型（范）を製作する。②金属を溶解して完成した鋳型に流し込む。③冷えた金属を鋳型から取り出す。④研磨加工などの仕上げをして完成させるという手順になる。

金属を溶解するための道具には金属を入れて溶解させる坩堝《るつぼ》と溶解した金属をいったん坩堝から受けて鋳型へ流し

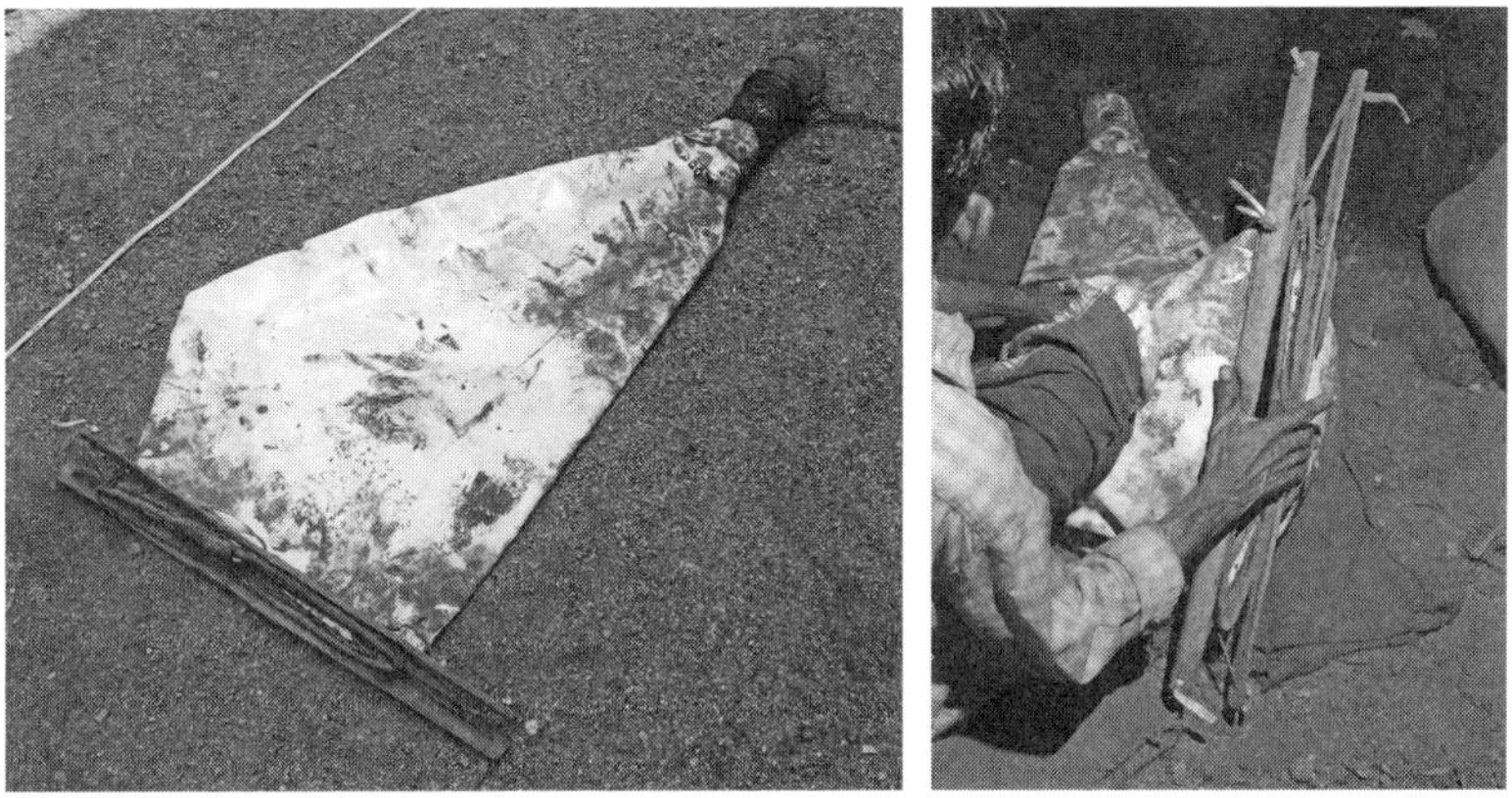

図16　鞴

込むための取り瓶《とべ》がある。また、鞴《ふいご》を使用して炉に送風をおこなっていたと考えられるが、鞴の大部分は有機質であるため炉の先端に設置した送風管の部分にあたる羽口《はぐち》のみが残っている（図16）。

鋳型の素材には石や金属もあるが土が一般的である。鏡の場合は土製と石製の鋳型が知られているが、その製作方法には直接鋳型に鏡体や鏡背文様を彫り込む直笵鋳成法《ちょくはんちゅうせいほう》と（勝部一九七八）、土を素材とした鋳型を原型に押し付けて鏡体や鏡背文様を複写する複笵《ふくはん》鋳成法がある。複笵鋳成法には土や蠟などの素材で製作した原型を使用するものと完成品の鏡を使用するものがあり、後者を踏み返し鋳成法と呼ぶ。蠟原型《ろうげんけい》の場合は製作できる鏡笵は一つだけと考えられているが、原型を製作するための笵を耐久性のあるもので製作しておけば複数個の原型が製作できるので、それに伴い複数個の鏡笵が製作できる。

また、いくら緻密な土を使用したとしても原型を複写するさいには鏡背文様の鋳出しが若干甘くなる。さらに踏み返し鋳成法の場合は完成品からの複写となるため鏡背文様の鋳出しが悪くなり、原型の鏡に生じた鋳造欠陥とともに新たに生じた鋳造欠陥も加わって不具合が多くなることは否めない。なお、原型あるいは完成品の鏡を複写する関係で鋳型の素材には土が用いられる。

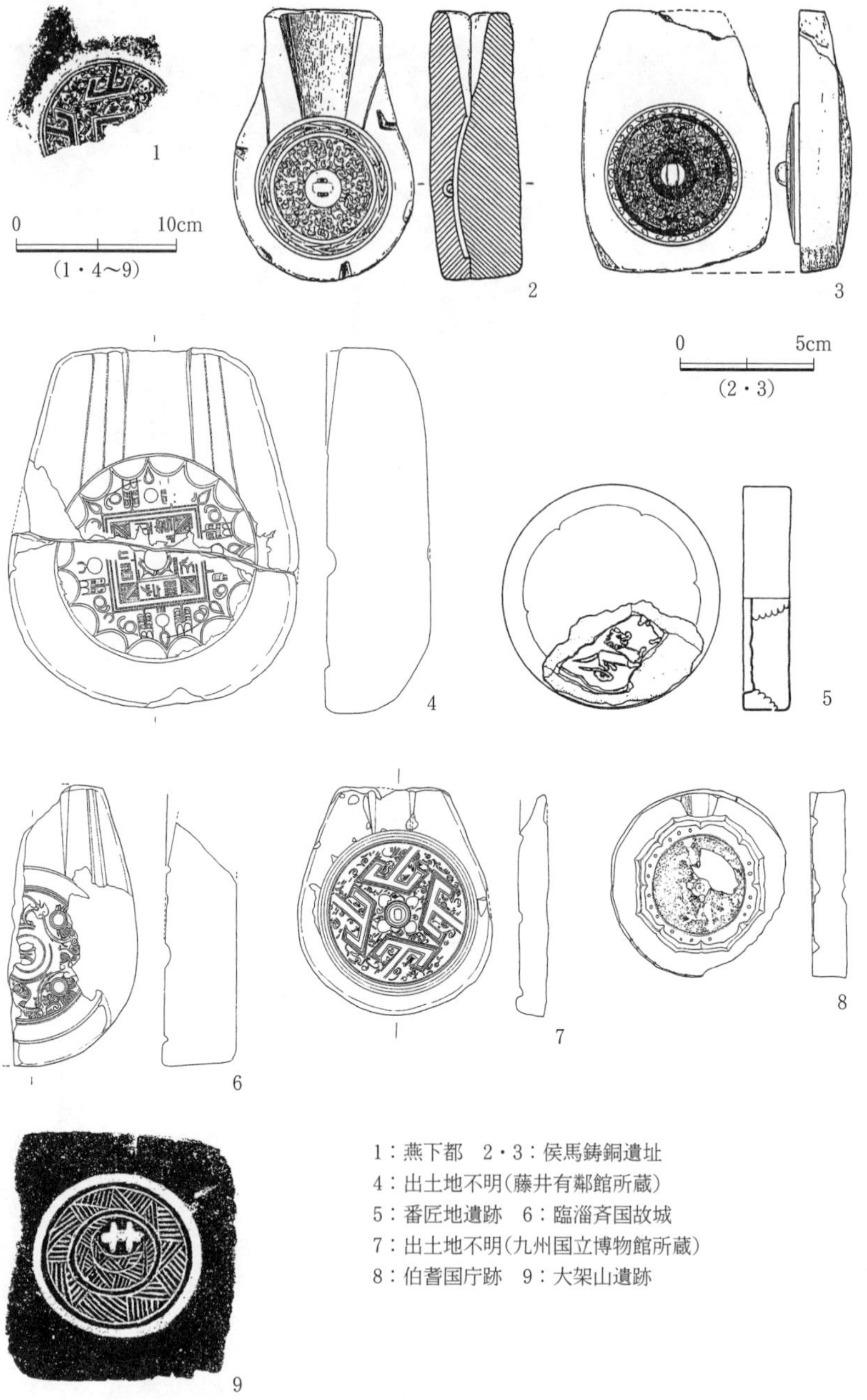

1：燕下都　2・3：侯馬鋳銅遺址
4：出土地不明(藤井有鄰館所蔵)
5：番匠地遺跡　6：臨淄斉国故城
7：出土地不明(九州国立博物館所蔵)
8：伯耆国庁跡　9：大架山遺跡

図17　鏡　　　笵（清水2004より）

鏡范　鏡の製作に関わる考古資料はほとんど発見されておらず鏡范も多くはないが、中国大陸ではすでに戦前からいくつかの鏡范が知られている。著名なものとしては河北省易県《えきけん》から出土したとされる山字文《さんじもん》鏡范（戦国時代）があげられる。第二次世界大戦後に戦国七雄の一つである燕《えん》の下都《かと》から採集されたものもあり（図17―1）、そこでの生産が想定されている。また、戦前から山東省淄博《しはく》市臨淄《りんし》では草葉文《そうようもん》鏡范（前漢）が採集されていたが（図17―4）、二十世紀末から二十一世紀初頭にかけて新たに大量の表採品が確認され、前漢代の臨淄において草葉文鏡などの製作が盛んに行われていたことが判明し、その後の発掘調査によって鏡の製作工房の一端も発見されている。戦前に贋作として紹介された画文帯神獣鏡范などもあるが、鏡の製作には付随的に鏡范が発生するので贋作范には注意する必要がある（図18―3）。

土製范と石製范　日本列島では弥生時代から銅鏡が製作されているが、弥生時代や古墳時代の土製范は知られていない。ただし、弥生時代から古墳時代初頭までには近畿地方で土製鋳型外枠《そとわく》を使用した鋳造が行われており、仿製鏡の製作に使用された土製外枠の可能性のあるものが指摘されている（図18―2）。土製范の確実な出土例としては飛鳥時代の奈良県明日香村飛鳥池《あすかいけ》遺跡から出土した海獣葡萄鏡范まで発見されていない。そして奈良時代の出土例はないが、平安時代の出土例としては鳥取県倉吉市伯耆国庁《ほうきこくちょう》跡と福島県いわき市《し》番匠地《ばんじょうち》遺跡から出土した八稜鏡范と六花鏡范などがある（図17―5・8）。

中国大陸東北部では青銅器時代の石製の多鈕鏡范が吉林省の南山崗《なんざんこう》、小都嶺《しょうとれい》、大架山《だいかざん》遺跡から出土している（図17―9）。韓半島でも伝平安南道孟山郡《へいあんなんどうもうざん》から滑石製の多鈕鏡范が一面発見されている（図18―1）。また、滑石製の可能性が高い獣帯《じゅうたい》鏡范が上海博物館に所蔵されているが真贋は不明である。これは湯口が存在しないことから蠟原型を製作するための范と想定されているが、鏡面范側に湯口などを彫り込むことも可能なので蠟原型製作范とは断定できない。

日本列島では多鈕鏡の出土例はあるが製作は行われていなかったと考えられてきたが、近年になって弥生時代中期前半の多鈕鏡笵が出土した。福岡県久留米市寺徳《じとく》遺跡出土の小型倣製鏡笵をはじめとして、福岡県春日市から福岡市にかけて所在する須玖《すぐ》遺跡を中心とした青銅器の製作工房に関連する遺跡群からも小型倣製鏡笵が出土している。石材の多くは中国大陸や韓半島から出土する滑石とは異なり石英《せきえい》斑岩《はんがん》である。ちなみに近年になってこの石英斑岩が福岡県南部の矢部川《やべがわ》流域のものであると特定され、この成果をもとに周辺の遺跡を再検討したところ、石材の採取に関わったと想定される遺跡が示された。

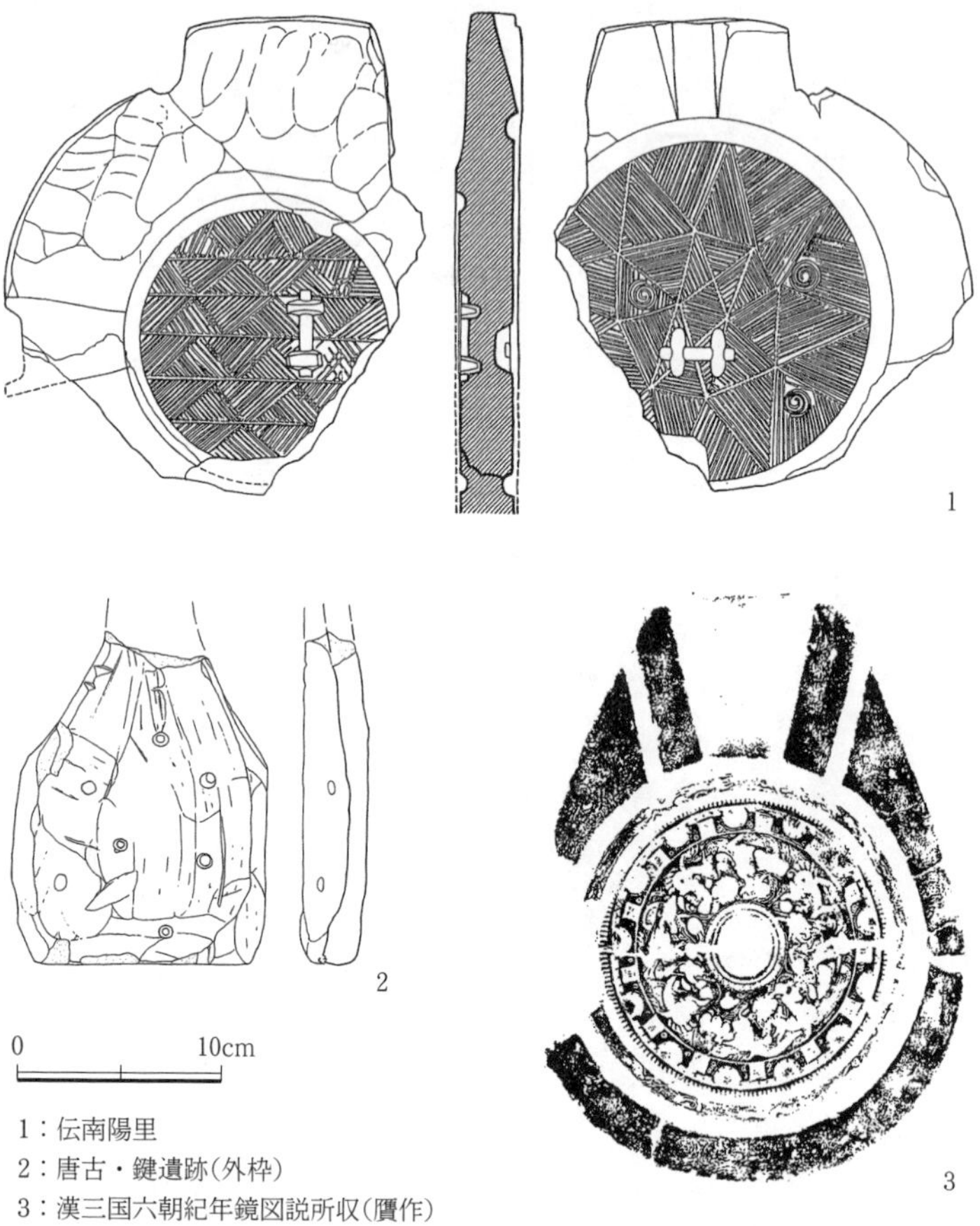

1：伝南陽里
2：唐古・鍵遺跡(外枠)
3：漢三国六朝紀年鏡図説所収(贋作)

図18　鏡笵・土製鋳型外枠・贋作鏡笵（清水 2004 より）

滑石や石英斑岩には容易に鏡体や鏡背文様が彫り込める。さらに高温の湯（溶解した金属）を流し込んでも簡単には破損しないという耐熱性も有している。このため通常は複数回使用が可能なことから弥生時代の小型倣製鏡において同笵鏡が確認されている。

直笵鋳成法　伝統的な鋳物土《いものつち》を使用して青銅器を鋳造する現代の真土型《まねがた》鋳造技法をもとに、前述した鋳型へ直に鏡体や鏡背文様を彫り込む直笵鋳成法の作業手順を示す（図19）。

鋳型の製作には乾燥焼成後でも収縮率の小さい真土を使用していたと考えられる。簡単に述べると、真土の材料は細かい川砂や山砂と粘土を二対一ぐらいにしたものに水を加えて混ぜ合わせた後それを焼成して粉砕したものである（図20）。山東省臨淄の草葉文鏡笵のように鏡笵の表面に細粒の塗《と》型剤《かたざい》をごく薄く使用する以外は均質の真土で製作するか、現代の真土型鋳造技法のように段階的に真土の粒度を変更して製作する（図21）。

鏡笵のほとんどが円鏡であることから製作には挽型法《ひきがたほう》が使用されていた可能性が高いと一般に想定されている（図22・23）。江戸時代の和鏡製作においても鋳型面のみを焼成する惣型《そうがた》で挽型法が使用されていた（図24）。挽型法とは支点に固定した挽型板を真土がまだ柔らかいうちに回転させて真土に同心円の鏡体を成形する方法である。古代東アジアの遺跡では挽型法が使用されていたことを直接示すものや遺構は出土していないが、鏡に残った製作痕跡から挽型板による鳥目《とりめ》の痕跡とおぼしきものが数多く見つかっている。これまでも三角縁神獣鏡など作りの粗い銅鏡の鈕頂部にある小さな突起が挽型板による鳥目の痕跡ではないかと思われてきたが、近年の三次元計測により突起ではないが同様の痕跡であることが確認された。これは鏡笵の鈕の中心の窪みに真土を充塡したことによって鋳上がったさいに充塡した真土との間隙がわずかな痕跡として残ったものである。ただし、この痕跡が挽型板による鳥目の痕跡と断定するのは難しい。挽型板を使用せずに鏡体を彫り込んでから鏡背文様や付属の同心円を設定するために使用したコ

図20　篩による真土の粒度調節

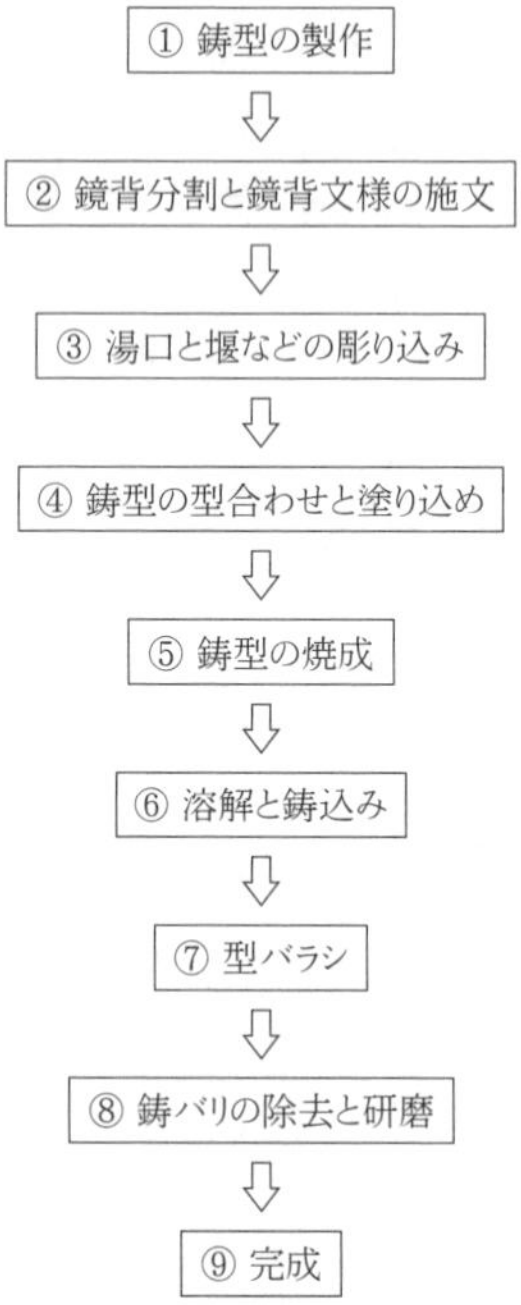

図19　直笵鋳成法の作業手順

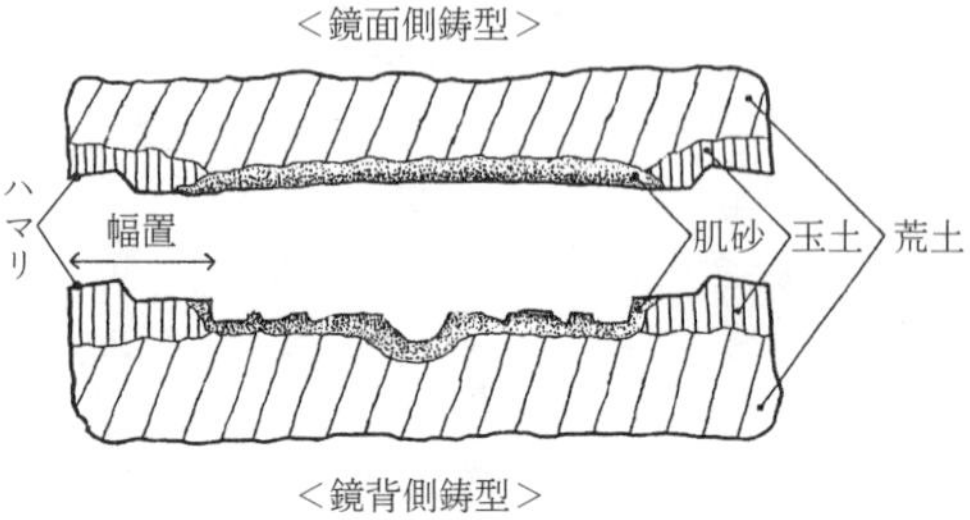

図21　鏡の鋳型の構造

図23　挽き型による鏡背笵の製作

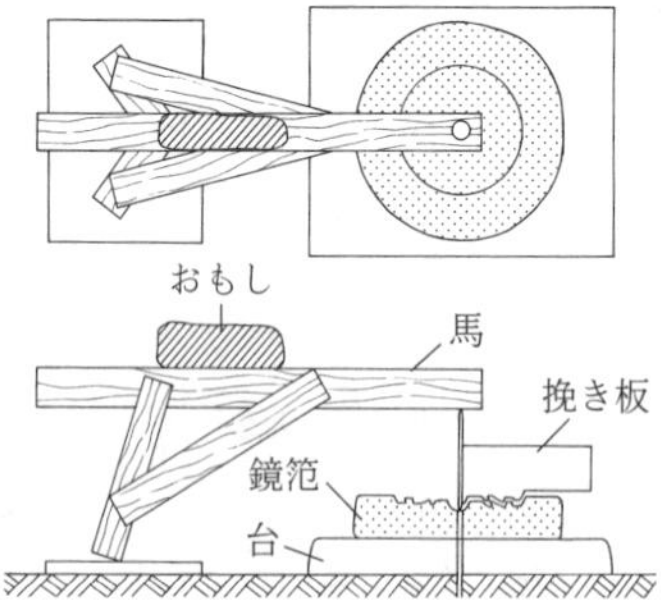

図22　型　挽　き（鹿取1983より）

ンパスの支柱の痕跡とも考えられるが、三次元計測などから異なった鏡背文様の三角縁神獣鏡に同一の挽型板が使用されていることを示す報告がなされている。現在のところデジタルデータの公開がなされていないので検証することはできないが、製作工房で一つの挽型板が複数の鏡笵製作に使用されていたことを示す重要な発見である。また、仮説の段階ではあるが、鏡笵を轆轤《ろくろ》の軸棒に固定してから回転させ工具で鏡体を削り込んでいく可能性も指摘されている。

鏡面を平面かごくわずかな凸面に鋳込むのであれば、幅置《はばき》部分に平坦面を確保してから隙間なく鏡背笵と鏡面笵の幅置部分を合わせることで湯が漏れ出ずにすむ。しかし、凸面鏡を製作する場合は鏡背笵と鏡面笵を決められた位置に合わせなければならないため、ハマリと呼ばれる凹凸を作る必要がある（図25）。鏡笵とは断定できないが、中国大陸の春秋時代の山西省侯馬鋳銅《こうばちゅうどう》遺址から発見された凹面鏡の可能性のある鏡笵と原型にハマリが見られる（図17—2）。鏡面笵の幅置部分に彫り込んだ窪みに真土を盛り乾燥する前にその部分を鏡背笵に転写すれば、鏡背笵と鏡面笵がずれることはない。

図24　和鏡の鋳型

図25　ハ　マ　リ

鏡背分割と鏡背文様の施文　鏡笵に鏡体を彫り込んだら、次に付属的な同心円である圏線や鈕を中心として放射状に伸びる放射状分割線、これらを利用した方形の分割線などを刻む。本来は鏡背文様の施文のさいに分割線は消されるが、なんらかの理由でわずかに残った痕跡を鏡背分割線と呼

図26　コンパスによる施文

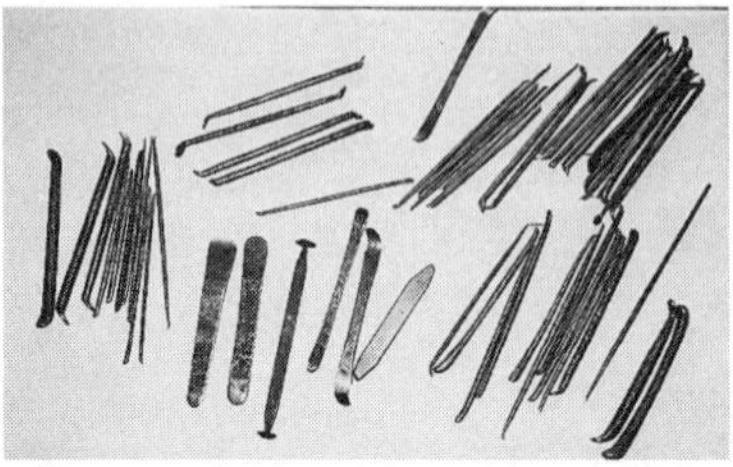

図27　和鏡の箆押し道具

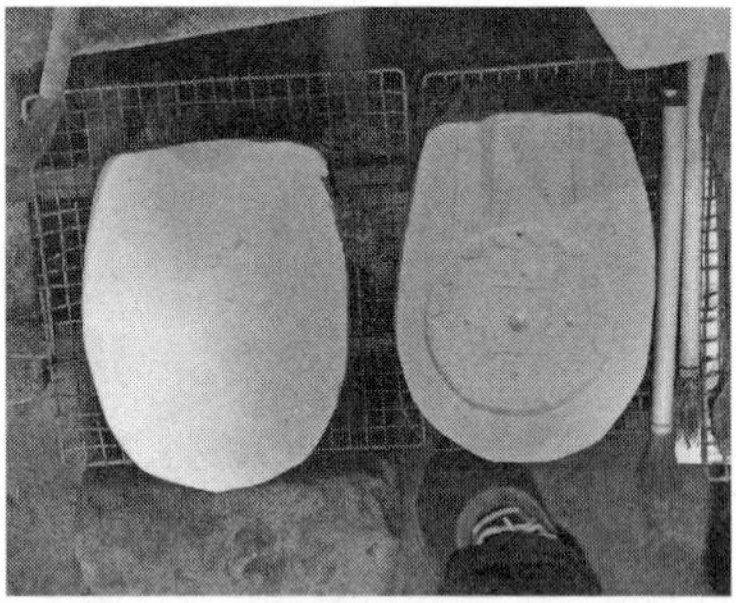

図28　鏡背笵と鏡面笵

ぶ。同心円分割線はそのまま圏線や鏡背文様として残ることが多いが、放射状分割線は鏡背文様に採用されることは少なく、完成した鏡の鏡背にわずかな痕跡として発見できる。また、鏡背分割にはコンパスが不可欠であるが、現在のところ鏡笵製作に使用されたコンパスなどの工具類は出土していない（図26）。しかし、鈕頂部の鳥目の痕跡以外にもコンパスの支柱の痕跡を鏡背文様に転用している事例が散見できる。

鏡背文様の施文については文様ごとに多種多様な工具が使用されていたと想定できるが詳細を語ることはできないので、一般に箆押《へらお》しと呼ばれる現代和鏡製作に使用されている工具を写真で紹介するだけに留めておく（図27）。

湯口と堰などの彫り込み　鏡笵に鏡体を彫り込んで鏡背文様の施文も終了したら、次に湯を流し込むための湯口《ゆぐち》と湯口から幅置を通じて鏡体にいたるまでの湯道《ゆみち》を彫り込む。湯口だけという事例も多いが、山東省臨淄の草葉文鏡笵のように湯口や湯道、堰《せき》に加えて、ガス抜き効果や不純物の放出、湯周りのよさを目的としたアガリを設けることもある（図28）。古代の鏡笵はいずれもこれらの形状におさまり、鏡笵の側面上部に湯口と湯道を設け鏡体の中央にアガリを設けるという複雑な形状をとるのは贋作か、現代の伝統産業用に製作された鏡笵だけである。

堰は湯道の切断がしやすいように薄くなっており、湯口は湯道よりも大きい。その理由は湯を注ぎ込みやすくするとともに、凝固によって収縮した部分に再び青銅を補うためである。したがって、湯口と湯道にも充分な湯が流し込まれるわけだが、これを押し湯《おゆ》と呼ぶ。押し湯の量は少なくとも完成品の二〇%が必要である。押し湯が少ないと鈕や鏡背文様、縁などの厚い部分に青銅が不足して鏡背文様の鋳出しなどが悪くなることがあり、最悪の場合その部分が大きくへこんで鋳ビケが生じる。

鋳型の型合わせと塗り込め　炭素の多い黒味を離型剤《りけいざい》として鏡背笵と鏡面笵に塗った後に鋳型面を加熱してよく乾燥させる。ひび割れや欠損などが生じた場合はこの時点での修復が可能であり、この後の焼成時に大きな欠陥が起こらないと判断されれば鋳型の焼成に移ることになる。

鏡笵が乾燥したら、鈕の部分に中子《なかご》を設置するが、中子も同様に乾燥させる。中子の設置に関しては鈕と接する部分を若干削り込む工夫がされていたと想定されているが、土製笵を見る限りではそのような工夫はみられず、鏡を見てもそのような工夫がなされていた証拠は多くない（図29）。ただし、弥生時代の小型倣製鏡製作に用いた石製笵では鈕の部分に中子が設置されていたと想定されている。とくに円鈕の場合は中子の設置痕跡が見られないことが多いため、鈕径に合わせて製作した中子を鈕の形状と合うように両端部を少しずつ削って鈕の部分に嵌め込んだと思われるが、鈕孔の部分は湯が勢いよく流れ込む部分なので大きな欠陥が生じやすい。したがって、このままでは鈕の部分から中子が外れやすくなるため粘土を水で溶いた埴汁《はじる》を接着剤として間に塗りつけるような工夫がなされたと思われる。

図29　鈕の中子の設置

また、鈕の中子を湯口方向とは異なる方向に設置すると湯の勢いに押されて動く可能性が高くなるので、湯口方向と同一方向に設置すれば中子は移動しにくくなる。あくまで一般的な傾向ではあるが、湯口と反対側の部分は最初に湯が流れ込むため鋳上がりがよいが、湯口に近い部分にはガスや不純物がたまりやすく最後に青銅が凝固するため鋳上がりが悪い。銅鏡では鋳上がりのよい部分と悪い部分が鈕を挟んで一直線上に並び、それが鈕孔方向と一致することがあるが、これは湯口方向と鈕孔方向が一致している事例と思われる。

鋳型の焼成　湯を流し込むさいに高温となった金属と鋳型が接触するが、鋳型に結晶水が残っていると鋳造欠陥が生じるため、窯などを使用して鋳型を高温で焼成することにより結晶水を徹底的に取り除いたと思われる。江戸時代の和鏡製作に使用されていた惣型の場合は湯と接する鋳型面のみを高温で熱して結晶水を除去している。

古代において土製笵を焼成するさいには窯などの焼成施設を使用していたと考えられるが、現在のところ情報がないため想像の域を出ない。ここでは、筆者らが焼成実験を行ったさいに使用した窯の写真を掲載する（図30）。部分的に古代東アジアでは存在していない部材を使用して窯を構成している。ちなみに、この鋳造実験では六時間焼成し、最高八五〇度まで温度を上げている。

溶解と鋳込み　金属を溶解するために使用する炉の構造についてもわかっていないことが多いが、中国大陸の殷代から春秋時代、日本列島の弥生時代については湾曲した鞴の羽口と土器炉をもとにした復元案が示されている。これによれば、取り瓶の可能性が指摘されている奈良県田原本町唐古《からこ》遺跡から出土した高杯形《たかつきがた》土製品の内部に金属原料と燃料を置き、湾曲した鞴の羽口と組み合わせて土器炉にした可能性が高いことが明らかになった。小規模の青銅器であれば土器炉だけで充分な量の金属が溶解できる。また、湾曲した鞴の羽口は洋の東西を越えて広い地域で出土しているが、紀元前一二〇〇年ごろのドイツのウルム近郊の遺跡から出土した鞴の羽口についてはその使用方法の復元がなされている。

　鋳込みの前に目的の合金比率となるように素材となる金属を溶解してインゴットにしておく。複数の金属廃材を使用する場合や金属廃材に新たな金属原料を追加する場合も同様であり、これを更《さら》合わせと呼ぶ。純銅の融点は一〇八五度、錫は二三二度、鉛は三二七度であるが、青銅合金になると純銅よりも融点は低くなる。特に錫比率が二五％を超えると合金の融点は八〇〇度ほどとなり、錫比率が高ければ高いほど容易に溶解することができる（図31）。鏡背文様の鋳上がりをよくしようと思えば、やや鏡背笵側へ傾けて鏡笵の下部を土などで埋めて固定して鏡背文様の凹凸にガスなどが溜まりにくいようにする。

図30　窯

図31　溶解炉と坩堝

　鋳込みの際の鋳型の温度であるが、鏡よりも錫比率の低い銅鐸の鋳造実験ではあるものの、室温で湯を流し込む場合は鋳型の温度が七〇〇度から八〇〇度にならないと鋳型全体に充分に湯が回らないと報告されている。したがって、鋳型全体に湯を流し込むには鋳型を熱して合金の湯流れ性をよくする工夫が必要であるが、高錫青銅鏡の場合は銅鐸の合金に比べると錫比率が高いので湯流れ性がよく、鏡笵を

図32　型バラシ

室温で冷ましてから注湯《ちゅうとう》したとしても内区の最も薄い部分にまで湯が充填される。もちろん鏡笵を熱して温度を上げることでさらに湯流れ性は改善されるが、鋳肌《いはだ》の表面は荒れてしまう。

型バラシ　青銅がある程度冷えて凝固し鏡笵も冷めてくると型バラシの作業が可能となる（図32）。青銅が完全に冷え切ってしまうと湯口やアガリ、鏡笵からはみ出した大きな鋳バリなどを除去するのが難しくなるので、まだ青銅が完全に凝固しない段階で切断した可能性がある。

弥生時代の石製笵には湯道の端に真土などで作った湯口である掛《か》け堰《ぜき》を付け足した痕跡のあるものが見られるが、金属が完全に凝固する前に掛け堰ごと取り除けば湯口切断の手間が省ける。弥生時代の銅剣の茎の基部に荒れた鋳肌を見せるものがあるが、これは掛け堰を取り除いたさいの切断面が残ったものと想定されている。ただし、銅剣の湯口の切断実験では、鏨などを使用すると比較的容易に切断できるという報告もあるので、多様な方法が用いられていた可能性が高い。

鋳バリの除去と研磨　型合わせの部分や鏡笵に生じたひび割れに流れ込んだ青銅はまるで鯛焼きの端が型からはみ出した部分のようになるが、これを鋳バリと呼ぶ。また、鋳型の乾燥時や焼成の段階で起きる真土の収縮などにより生じた大小のひび割れに青銅が流れ込むことによって生じる線状の突起も鋳バリと呼ぶ（図33）。

細かな鋳バリや鏡体に接する部分までていねいに鋳バリを除去しようと思えば鏨を使用して取り除くことになるが、鏨でおおよその鋳バリを取り除いたら、棒状の工具の先端を鋭利にしたキサゲ（生下《きさ》げ）という金属を削り取る工具で鏡縁の側面や端部、鏡背文様の平坦面、鏡面などを削っていく。鉄素材や製品よりも硬いものが用意できれば、初

図33　鋳　バ　リ

めからすべてを砥石《といし》などで研磨するよりも作業効率がよく、現代の和鏡工房では青銅よりも硬い炭素鋼を用いているものを用いる。鏡面用には幅五㌢、厚さ一㌢ほどの若干曲がった鉄板の両側に柄を付けたものがあり、その刃先を鏡面にあてながら手前に引いて鋳上がったままの鋳肌を削っていく。また、方格規矩鏡の方格やTLV字文の細線の間をキサゲで削ることも多く（図34・35）、キサゲで鋳肌を削った痕跡はこの後に行われる研磨によってきれいに消えてしまい確認できないことも多いが、キサゲでの切削後に研磨加工が行われない場合はキサゲの線状の痕跡が確認できる。また、金属を均一の力で滑らかに切削するのは難しいので、キサゲを引いて切削した方向に凹凸が生じて鏡背文様の櫛歯《くしば》文《もん》のように見えることがあり、福岡

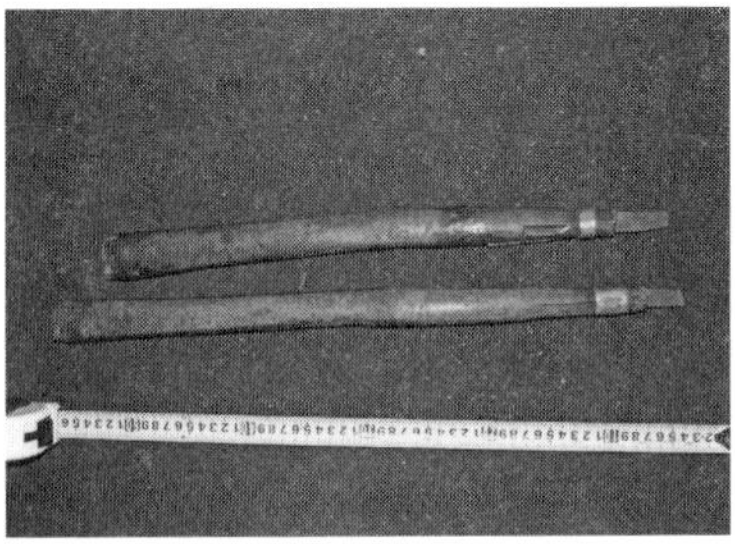

図34　キサゲの一種

図35　V字文上のキサゲ痕跡

県平原《ひらばる》遺跡出土の大型内行花文鏡《ないこうかもんきょう》の鏡縁の側面にキサゲによって生じた櫛歯状の痕跡がよく残っている。

弥生時代の石英斑岩は鋳型として徹底的に使用された後も砥石として再利用されることが多く、土製鋳型を使用する工房でも研磨には砥石が使用されていたと思われる。鈕や鈕座、乳や乳座などの突起部分は細かな研磨によって仕上げられており、その表面には回転して研磨された痕跡のあるものも見られるが、このような研磨には鈕や乳の断面形状に沿った形の砥石が使用されていたのではないかと推測できる。

図36　鋳肌と研磨部分の差

さらに重要なことは、鏡の実際的な機能を有していた鏡面を平滑化して鏡像を得られるように仕上げることである。鏡面はキサゲによる切削の後、砥石による研磨が行われたと思われるが、「東大寺鋳鏡用度《ちゅうきょうようど》文案《ぶんあん》」（天平宝字六年）によれば、ベンガラと胡麻油による研磨が行われたと記されている。現代の和鏡工房ではその後に仕上げの炭研ぎや細粒の土を使う泥研ぎが行われており、さらに梅酢や、カタバミ草やザクロの汁などで表面をきれいにしたり、錫と水銀の合金は砥の粉やミョウバン、梅酢につけて刷り込む錫引きをしてきれいにしているが、錫比率が高い銅鏡では行われていなかったと思われる。

キサゲによる切削とその後の研磨は荒い鋳肌面を平滑化するためであるが、それに加えて視覚的な効果を与えることも忘れてはならない。鋳肌の部分とキサゲによる切削や研磨を受けた部分では光の反射が異なっており、あえて彩色などを施さなくても明確に異なる印象を与えられる（図36）。このような視覚的効果は鏡だけではなく弥生時代の銅剣や銅矛の刃部の研ぎ分けにもみられる。

なお、研磨以前の段階で鋳造欠陥による小さな穴やへこみがある場合はその部分に新たに青銅を流し込むなどして補修することがある。量産品など良質な完成度を求めていない場合は有効であるし、鋳掛《いか》け後の切削と研磨により一見しただけでは鋳掛けの痕跡が認められない程度に仕上げることも可能である。

複笵鋳成法　現代の真土型鋳造技法をもとに、前述した土を素材とした鋳型を原型に押し付けて鏡体や鏡背文様を複写する複笵鋳成法の作業手順を示す（図37）。

最初に行われるのは原型の製作もしくは原鏡の選択である。原型の素材には土や蠟、金属、木が想定されている。ただし、木の原型を想定した場合は完成品に木目などが見られてもよいがその事例はない。

原鏡の選択が行われる場合は踏み返し鋳成法が用いられる。踏み返し鋳成法をより厳密に定義するならば、当該の製作時よりも古い時期の銅鏡を種鏡とし、種鏡の鏡背文様と同様あるいは鏡体や鏡背文様を改変して製作する。つまり当時すでに古物であった過去の銅鏡を複製あるいは一部改変して製作することになる。踏み返し鋳成法で製作された踏み返し鏡は古墳時代を前後期に分けた場合、後期の古墳から数多く出土している。これには画文帯神獣鏡や画像鏡、獣帯鏡などがあるが、これらは五世紀ごろの中国大陸で後漢代の銅鏡を踏み返し鋳成法を用いて大量に生産したものと思われる。現在のところ日本列島では踏み返し鋳成法で製作された銅鏡として最大で二七面の同型関係を有する銅鏡が発見されている。

① 原型の製作あるいは原鏡の選択
⇩
② 鋳型の製作
⇩
③ 鏡笵の分割
⇩
④ 原型の除去と鏡背の乾燥
⇩
⑤ 湯口と堰などの彫り込み
⇩
⑥ 鋳型の型合わせと塗り込め
⇩
⑦ 鋳型の焼成
⇩
⑧ 溶解と鋳込み
⇩
⑨ 型バラシ
⇩
⑩ 鋳バリの除去と研磨
⇩
⑪ 完成

図37　複笵鋳成法の作業手順

蠟原型の場合は鏡笵を熱して湯口などから脱蠟《だつろう》すれば必ずしも原型を抜け勾配で製作する必要はないが、

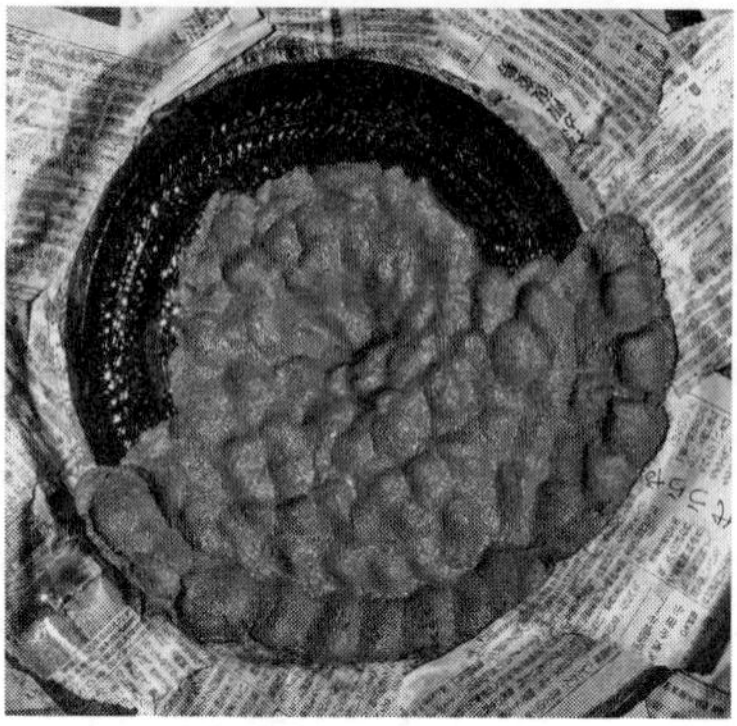
図38　種鏡を肌土で覆う

原型が加熱などで消失しないものであれば原型を抜け勾配で製作して鏡笵を分割したさいに原型を取り出さなければならない。また、原型が金属のものとしては江戸時代の寛永通宝の母銭《ぼせん》などがあるが、現在のところ鏡では確認されていない。仮に金属で鏡の原型を製作したとすれば、流し込む金属は鏡背文様が明瞭に鋳出せる金属素材が選ばれた可能性もある。土製の原型としては山西省侯馬鋳銅遺址から出土した原型が鏡の可能性がある（図17―3）。

唐式鏡に蠟原型の可能性のあるものが存在しているが、正倉院文書の「東大寺鋳鏡用度文案」に見られる銅鏡の製作時の原料に関する目録に蜜蜂が作る密蠟《みつろう》があげられていることから、蠟原型を使用して銅鏡が鋳造されていた可能性が高い。加えて、正倉院の鳥獣葡萄背円鏡《ちょうじゅうぶどうはいえんきょう》の調査では、工具で線描をしごくことによって生じた蠟のめくれあがった状態である反りと蠟の張り合わせの痕跡であるハグミが観察されたことから、蠟原型の使用が想定されている。また、戦前に採集された山字文鏡笵において多量の蠟成分が確認されたという記述もあるが、これに関してはその後の詳細な報告はない。そして前述した上海博物館所蔵の石製の獣帯鏡笵が蠟原型を製作するための笵という説もあるがその真偽は現在のところ不明である。

鋳型の製作　まずは鏡背笵を製作する。鏡背文様の複写が重要なので、砥石の粉や黒煙粉《こくえんこ》、薄埴汁などを混ぜた砥《と》の粉汁《こじる》を鋳型面に塗って乾燥させた後、二度塗りなどをしてきめ細かい鏡背文様の複写をはかる。その上を肌土《はだつち》（篩《ふるい》の目の細かさが一〇〇番）で覆い、さらに粗い真土（一〇番）に藁《わら》ツタと籾殻、埴汁を混ぜた荒土《あらつち》で覆う。これにより鏡笵の外面が粗く鋳型面がきめ細かい層構造のガス抜けのよい鏡笵が製作できる（図38）。

原型や種鏡（以下、原型とする）が抜け勾配でない場合は鏡笵が分割できないので抜け勾配でない部分に真土などを充塡する。必要であれば鏡笵を分割した後に抜け勾配を確保した部分などを彫って原状に戻すことができる。

次に鏡背笵をひっくり返して原型の鏡面に当たる部分に離型剤を塗布したり間に挟んでおくと鏡面笵と鏡背笵の分割がしやすくなる。そして幅置部分に凹凸のハマリを作って原型と鏡背笵の幅置部分を真土などで覆い、肌土、玉土《たまつち》（幅置部分）、荒土の順で層構造にする。幅置部分のハマリは鏡面笵に転写されて鋳込みなどのさいの型ずれを防ぐ（図25）。

鏡笵の分割　原型を取り出すために鏡笵を分割する。分割する前に鏡背笵と鏡面笵の側面に何箇所か一本線や二本線などの合《あ》い印《じるし》を入れておくと次に型合わせをするさいの目安となる。

原型の除去と鏡背の乾燥　鏡背笵から原型を取り除く。原型に鏡背文様などの細部まで施していない場合は乾燥前であればこの段階で細かな鏡背文様が追加できる。踏み返し鋳成法ではこの段階で鏡背文様や鏡体を改変した事例がある。

蠟原型では前段階において湯道やアガリなどを彫り込んでおけば鏡笵を分割しなくても鏡笵を熱して湯口を下に向ければ脱蠟できる。しかし、鏡笵にさまざまな欠陥が生じることがあるので、鏡笵を分割した後に脱蠟した方が欠陥を目視できる。そして鋳造に不適合な鏡笵は廃棄して、補修で対応できる鏡笵は補修したうえで鋳込み作業に移る。また、脱蠟時には鏡笵を熱して蠟を流し出すことと鋳型の乾燥あるいは焼成を同時に行うこともできる。

以下の工程は直笵鋳成法と同様である。

湯口と堰などの彫り込み

鋳型の型合わせと塗り込め

鋳型の焼成
溶解と鋳込み
型バラシ
鋳バリの除去と研磨

このほかに型バラシと鋳バリの除去と研磨の間に熱処理の工程を想定する説がある（何堂坤一九九九）。高錫青銅は錫比率の低い青銅に比べると非常に脆くなっており、切削や研磨、使用のさいに破損しやすいため、切削や研磨をする前に加熱炉で六五〇度ぐらいにしてから水などの液体に入れて急冷すると高錫青銅の脆性が改善する。これは韓半島の金属食器である鍮器《ちゅうき》（ユギ）などにみられる熱処理技法であるが、銅鏡においては熱処理の行われた事例を確認することは今後も解明しなければならない課題である。

また、踏み返し鏡において考慮される問題に面径の縮小がある。複笵鋳成法ではできあがった銅鏡は原型や種鏡よりも小さくなるが、土器や瓦などとは異なり真土型では粘土分が少ないので乾燥や焼成時における鏡笵の収縮はそれほど大きくはない。ただし、金属の凝固の際の収縮は避けられない。正確な数値は把握していないが、錫比率二五％であれば百分の一ほどと考えればよいと思われる。

3　科学からみた鏡

X線撮影　銅鏡の鋳造では鏡笵内で青銅が凝固するさいに残留応力が発生して鏡体に歪みが生じる。したがって、いったん割れた銅鏡は破片がすべて揃っていたとしても破片同士を段差なく接合するのは難しい。また、土中にある間に腐食が進み残留応力と相まって一見なんの傷もないように見えるものが、X線撮影を行うと全体にひび割れが進行していたり、鏡を覆う錆や腐食の進行による劣化で肉眼ではなかなか発見するのが難しい鋳掛けの痕跡や腐食の進んだ鉄鏡の鏡背に象嵌文様などが浮かび上がることもあり、その後の保存処理や取り扱いの指針を得るのに有益な情報となるが、保存科学上の所見だけではなく鏡の製作技術に関しての情報も得られる。

鏡を鋳造する場合は一個の湯口から続く堰が設けられるが、堰が複数個ある場合やアガリが設定される場合はその個数分の切断面があるはずである。これらは鏡背笵と鏡面笵の合わせ目に設定される場合が多い。また、合わせ目には鋳バリも発生することから、堰などに比べると軽微な切断面であるとはいえ区別するのが難しいが、X線画像にその証拠が現れるときがある。おもに鏡笵内に生じたガスが抜けるのは湯口とアガリであるが、細かな気泡が堰周辺の凹凸や鈕から湯口方向に残る。このような気泡は鏡の表面には見られず鏡体のなかに閉じ込められていることが多いので、鈕から外縁に向かって気泡がある程度の幅で徐々に増えていく状況などがX線画像で確認できれば、外縁の部分に湯口と堰などが設置されていた可能性が推測できる。さらに鋳ビケによる不明瞭な鏡背文様やへこみなどが確認されれば、湯口方向を推定するための補強材料となる。

鉛同位体比法による産地推定　鉛同位体比《なまりどういたいひ》法《ほう》は青銅器全般に使用されている分析方法であるが、厳密にいえば青銅器の製作地を示すものではなく、あくまで青銅に含まれている鉛の産地を示すにすぎない。鉛は２０４Pb、２０６Pb、２０７Pb、２０８Pbという科学的な性質は同様であるが、質量数がわずかに異なる四種類の同位体が混在して成り立っている。この四種類の同位体は産出する鉱山が異なるとその比率を違えることが知られており、このことを利用して日本の考古学会でも一九八〇年代から盛んに研究成果が発表されている。

銅鉱山などの開発は古墳時代には行われていなかったと考えられていることから、弥生時代から古墳時代の青銅器の原料は輸入素材が中心であったと考えざるをえない。また、輸入原料に加えて自然銅（銅鉱山の周辺で採集できる純銅の固まり）を使用したという説もあるが証明されていない。鉛同位体比法の成果から、弥生時代に国産の青銅器が製作されはじめたころには朝鮮半島南西部の原料が使用され、弥生時代後期に銅鏡が日本列島で製作されるようになると中国大陸の華北産に代わり、古墳時代には華中華南産の原料が使用されたと報告されているが、華中華南には韓半島の領域も含まれている可能性が指摘されている。また、現在のところ国産の鉛の使用事例については六世紀後半まで遡れる。

三次元計測　鏡のように細かな凹凸によって鏡背文様が描かれるものは考古学の伝統的な実測作業によって資料化することが難しかったが、近年では高精度の三次元計測器の発達によって立体的な鏡の三次元形状が記録できるようになった。すでに三次元計測は古墳をはじめとする遺跡の測量や金属遺物、土器などさまざまなものに対して行われており、一九九〇年代後半には京都府大田南《おおたみなみ》五号墳から出土した青龍三年銘方格規矩四神鏡が三次元計測器により非接触で計測され、そのデータをもとに金属レプリカが製作販売されている。その後二〇〇〇年代前半から現在に至るまで橿原考古学研究所所蔵鏡や東京国立博物館所蔵鏡、宮内庁所蔵鏡を中心に三次元計測が行われ、その成果をもとに三角縁神獣鏡を中心とした鏡の鋳造技術の解明が行われている。

これまで同笵鏡や同型鏡の認定は共通する笵傷などを確認することで行われてきたが、微細な計測が可能となったため細かな鏡背文様の類似や各計測点の数値の一致をもとに同笵や同型の関係が証明できるようになり、その製作過程において行われた小規模な改変や補修についても提示できるようになった。

魔鏡　鏡面に光をあててその反射光を壁などに照射すると鏡背文様がおぼろげながらも映し出されることがある。この魔鏡現象はすでに金属鏡が廃れつつあった十九世紀の欧米において大きな驚きをもって迎えられ、日本列島では明治維新後にお雇い外国人や日本人研究者によって研究が進められた。この現象が起きる原因は鏡面にある〇・六ミリから一・五ミリの微細な凹凸にある。なぜ凹凸が生じるのかについては充分な解明はなされていないが、鏡背面の肉厚な部分において鏡面側がへこんでいることが高精度の計測で確認されている。肉厚な部分は薄い部分に比べると青銅の凝固が遅れるため、先に凝固した薄い部分に湯が供給された結果、凝固したさいに肉厚な部分の鏡面側がわずかにへこむとともに研磨加工によりそのへこみが強調されたと考えるのが自然であろう。また、最近では鏡面側にわずかな凹凸を作り鏡背文様とはまったく関係のない鏡像を映し出す鏡もある。

このような解釈で魔鏡を捉えるならば、とくに特殊な技法を用いたわけでもないので、鋳造による金属鏡の製作開始とともに魔鏡が存在したことになるが詳細は不明である（図39）。

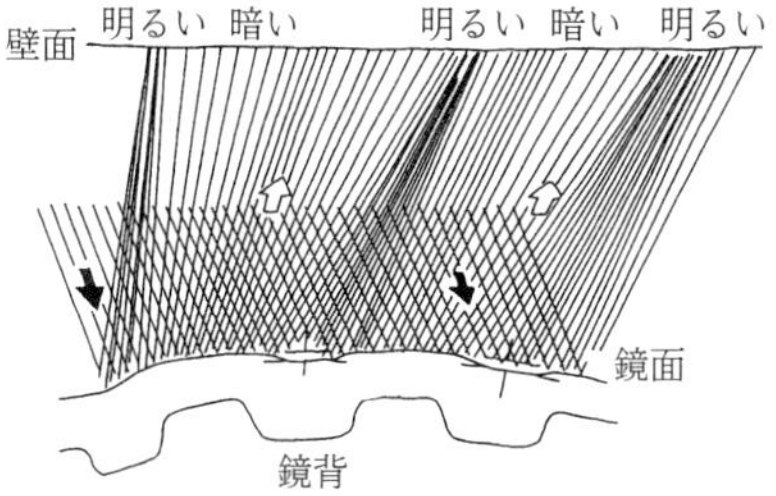

図39　魔鏡の断面（岡崎1991より）

4　いかに使われてきたか

付属する道具

鏡架《きょうか》に鏡を固定して眺める方法としては東晋の顧愷之《こがいし》の筆とされる「女史《じょし》箴図《しんず》」が著名である。江戸時代の柄鏡をはじめ東アジア全体ではつい最近まで行われていた方法であり、もう一面の鏡を用意して合わせ鏡として使用することもある。

鏡がどのように収納されていたかについては中国大陸の鏡奩《きょうれん》が代表的である。漢代を中心とした中国大陸で発見されている鏡の形状に合わせた鏡箱で、女史箴図にも描かれている。日本列島では鏡奩の出土例はないが、古墳時代前期に属する奈良県下池山《しもいけやま》古墳の大型内行花文鏡を納めるための小竪穴式石室から豪華な織物で製作された巾着状の袋に包まれた鏡が出土している。

鏡面の手入れ　鏡の本質的な機能は鏡像を得ることであるが、鏡面が常に磨き上げられていればその使用に問題はない。高錫青銅のように通常の青銅よりも硬いものであれば鏡面に鏡像の障害となるような傷は付きにくい。また、空気中にはごく微少な埃が舞っているが、これを研磨剤として使用すれば鏡をきれいな布などでていねいに磨くなどの日々の手入れをするだけで充分な鏡面が確保できたはずである。鏡面を手入れするための道具としては湖南省馬王堆《まおうたい》一号墓から鏡擦《きょうさつ》という綿を紅絹《べにきぬ》で包んだものが出土している。

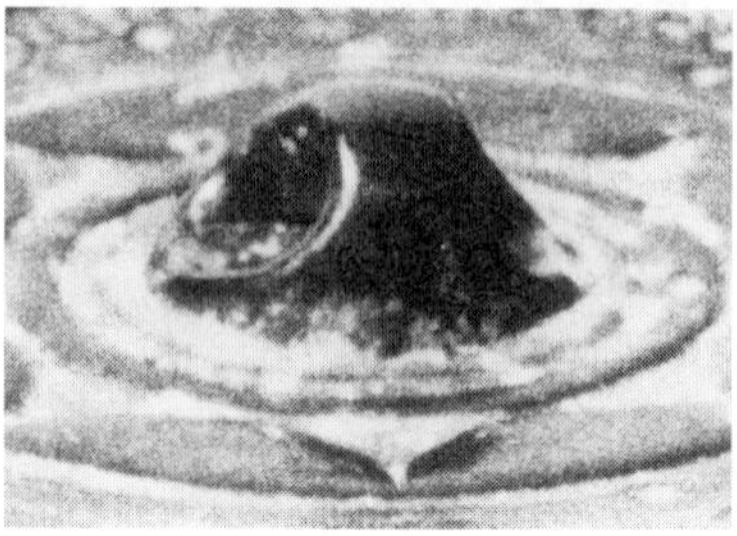
図40　紐ずれ

　鏡面の手入れによる摩耗は鏡背文様などでも見られる。たとえば鈕孔には紐が通されるが紐と鈕孔の縁が擦れて摩滅することがよくある（図40）。また、布などを持って鏡面を拭こうとすれば自然に鏡縁端部などにも布が当たり完成時の仕上げ段階よりも端部が摩耗して丸くなることもある。このような使用や手入れのさいの摩耗を手擦《てず》れと表現することがあるが、日本考古学においては古墳の年代論と関連してその存否が活発に論じられた。ここで簡単に記すと弥生時代に日本列島に輸入された鏡が長い間を伝世し、古墳時代になって王墓に副葬されるようになったという説を証明するために提出された証拠が後漢代に輸入されたとされる伝世鏡《でんせいきょう》であり、その鏡背文様は長期間の使用による手擦れで朦朧としているという説明であった。しかし、デジタルマイクロスコープを使用して行われた調査では、古墳時代前期の伝世鏡とされていた香川県鶴尾《つるお》神社四号墳出土の方格規矩四神鏡の鏡背文様が朦朧としているのは手擦れではなく、踏み返し鏡の製作時に起こった可能性が高いことが示された。前述したように青銅器は空気中の微細な埃が研磨剤となり、布で拭いたり手で触ったりするだけでも長年の使用によって摩耗する。このような研磨は研磨剤が微細な埃であるがゆえにその研磨面は鏡面に匹敵するような滑らかな面となる。

巫俗の鏡と僻邪の鏡　東アジアの鏡の使用方法は多様であったと思われるが、基本的には鈕に通した紐を利用して手に持つ方法と鏡架に鏡を固定して鏡像を眺める方法が主流であったと思われる。ただし、民族学的な事例では三〇㌢を超える大型鏡や大小の鏡を体の前後に吊したシャーマンの装束がある。東北アジアや韓半島の多鈕鏡は懸垂《けんすい》に適していると考えられており、弥生時代の破鏡《はきょう》には鏡片に孔を穿ち吊り下げたと考えられるものもある。

古墳時代には滑石製の小型模造品が製作されたが、それらを墳墓に副葬したり、それらが祭祀遺跡から出土したりする。また、木棺の周辺や木棺内の被葬者を囲むように数多くの鏡が並べられる。このような風習は石棺に描かれた鏡形や横穴式石室の壁画に描かれた鏡の題材にもあり、一般的に鏡の霊力によって被葬者を邪悪なものから保護すると理解されている。このような鏡の呪的な使用方法は、鏡が鏡像を得る道具という以上にその不可思議な本性ゆえに当時の人々が鏡に対して有していた畏怖の念と深い関わりがあるのであろう。

まとめ　鏡の製作技術の研究は考古学が扱う資料の中でも質量ともに豊富な蓄積があるため、充分に触れられないことも多いものの大まかな概要を示した。鏡は日本人の精神生活にも多大な影響を与えており、貴重な考古資料という意識もあることから大切に扱われ、破片資料でもなかなか破壊分析の対象とはならず、その正確な金属成分比が明らかになっている事例も少ないが、近いうちに非破壊でも正確な分析値を導き出せる方法が見つかる可能性が高い。今後の科学分析や計測機器の飛躍的な発達により新たな鏡の研究段階が訪れるものと思われる。

参考文献

岡崎晋明『魔鏡／光の考古学』奈良県立橿原考古学研究所付属博物館、一九九一年
勝部明生「鏡の鋳造」『日本古代文化の探求・鏡』社会思想社、一九七八年

何　堂坤『中国古代銅鏡的技術研究』紫禁城出版社（中華人民共和国）、一九九九年
鹿取一男『美術鋳物の手法』アグネ社、一九八三年
狩野千秋『中南米の古代文明』同成社、一九九〇年
唐木田芳文ほか「北部九州における『青銅器鋳型』の石材について」『ＦＵＳＵＳ』第二号、アジア鋳造技術史学会、二〇一〇年
久野邦雄『銅鐸の復元研究』久野邦雄氏遺稿集刊行会、一九九七年
小林三郎『古墳時代倣製鏡の研究』六一書房、二〇一〇年
小林行雄『古代の技術』塙書房、一九六二年
近藤義郎（編）『権現山51号墳』権現山51号墳刊行会、一九九一年
斉藤　努「東アジア青銅器と鉛同位対比」『古墳時代の考古学8　隣接科学と古墳時代研究』同成社、二〇一二年
清水克朗ほか「伝世鏡の再検討Ⅰ―鶴尾神社4号墳出土方格規矩四神鏡について―」『古代学研究』第一五六号、古代学研究会、二〇〇二年
清水康二「円蓋形銅器の「表」と「裏」」『文化財』國立文化財研究所（大韓民国）、二〇〇六年
清水康二「鋳造」『古墳時代の考古学5　時代を支えた生産と技術』同成社、二〇一二年
清水康二・三船温尚「鏡の鋳造実験―踏み返し鏡の諸問題（その1）―」『研究紀要』第四集、由良大和古代文化研究会、一九九八年
清水康二・三船温尚編『鏡笵研究』Ⅰ～Ⅳ、奈良県立橿原考古学研究所、二〇〇四～〇九年
白川　静『字通』平凡社、一九九六年
杉本憲司・菅谷文則「中国における鏡の出土状態」『日本古代文化の探求・鏡』社会思想社、一九七八年
田尻義了「弥生時代青銅器の鋳型素材流通論」『アジア鋳造技術史学会研究発表概要集』第六号、アジア鋳造技術史学会、二〇一二年
奈良県立橿原考古学研究所（編）『古鏡総覧』学生社、二〇〇六年
西村俊範「錫青銅の熱処理について」『史林』第八三巻第五号、史学研究会、二〇〇〇年
樋口隆康『古鏡』新潮社、一九七九年
マーク・ペンダーグラスト『鏡の歴史』河出書房新社、二〇〇七年
馬淵久夫「青銅文化の流れを追って――鉛同位体比法の展開」『続考古学のための化学10章』東京大学出版会、一九八六年

三船温尚・清水康二（編）『鏡范—漢式鏡の製作技術—』八木書店、二〇〇九年
宗像神社復興期成会（編）『続沖ノ島』宗像神社復興期成会、一九六一年
村上恭通（編）『愛媛大学考古学研究室第九回公開シンポジウム　弥生・冶金・祭祀』愛媛大学考古学研究室、二〇〇八年
ランドール・佐々木『沈没船が教える世界史』メディアファクトリー、二〇一〇年
渡辺正雄『日本人と近代科学—西洋への対応と課題—』岩波書店、一九七六年
Carter, T. et al. 2004 Chipped Stone Report '*ÇATALHÖYÜK 2004 ARCHIVE REPORT*' Çatalhöyük Research Project

コラム

鉄鏡

村上恭通

中国鏡といえば一般的には青銅製である。ところが後漢代以降、鉄を原料として作られたいわゆる鉄鏡がしばしば副葬品として見られる。わが国でも大阪府堺市百舌鳥大塚山古墳、奈良県高取町松山古墳などで出土しており、工芸性という点では大分県日田市ダンワラ古墳出土と伝えられる金銀錯嵌珠龍文鉄鏡が有名である(梅原一九六三)。中国の鉄鏡は前漢中後期～後漢前期に登場し、後漢後期～西晋に盛行し、唐代には生産が減少するという(何一九九九)。宮原晋一氏により二〇〇面に迫る鉄鏡が集成されており、とくに河南省、江蘇省に多いことがわかる(宮原二〇〇五)。

河南省安陽市で発見された魏の英雄、曹操の墓(西高穴二号墓)でも鉄鏡が出土した(潘・朱二〇一〇)。面径二一チセンのこの鏡には象眼が施されている。曹操の鏡といえば、北宋初期に編集された『太平御覧』巻七一七の服用部鏡条「魏武帝雑物疏」に登場する。『曹操集訳注』「上雑物疏」には「御物有尺二寸金錯鉄鏡一枚、皇后雑物用純銀錯七寸鉄鏡四枚、皇太子雑銀錯七寸鉄鏡四枚、貴人至公主九寸鉄鏡四十枚」と記されている(安徽亳県《曹操集》訳注小組編一九七九)。皇帝の所有物には面径六チセンの金象眼鉄鏡一面、皇后には面径二一チセンの純銀象眼鏡四面、皇太子には面径二一チセンの純銀象眼鏡四面、貴族には面径二七チセンの鉄鏡四〇面がある、とでも略訳できようか。そうすると曹操墓出土の鉄鏡は面径二一㌢であることから、二体分発見された女性人骨、つまり二人の夫人のいずれかの持ち物であった可能性が高い。また副葬品の名称が刻まれた「鏡台」銘石牌には鉄鏡が鏡台におかれた状態で副葬されていたと推測されている（潘・朱二〇一〇）。

中国では、後漢代以降、長江流域からの銅の供給が減少したために鉄を素材とした鏡の生産が開始されたという解釈もある（徐一九八四）。果たしてそうであろうか？　宮原氏は、磨くと白銀色を呈する鉄は照射効果が高く、銅鏡の代替品ではなく、積極的に鉄が素材として採用され、価値も銅鏡より高かったと見る（宮原二〇〇九）。熊本の伝統工芸である肥後象眼を想起すると、鏡面は白銀色で、鈕のある鏡背は金糸、銀糸が際立つよう酸化させて黒色を呈していた可能性が高い。この技術はユーラシア草原地帯に広がったスキタイ系文化に由来し、春秋時代の中国でも西北地域から導入され、短剣などの武器類に採用されるようになる。河北省満城県にある前漢中期の劉勝墓（満城漢墓）出土の短剣や尺（ものさし）などにも金の象眼が施されていた。黒と金銀が織りなす文様に対する嗜好とその製作技術が定着し、その後、鏡文化にそれらが取り込まれ、鏡に新たな価値観を与えたに違いない。

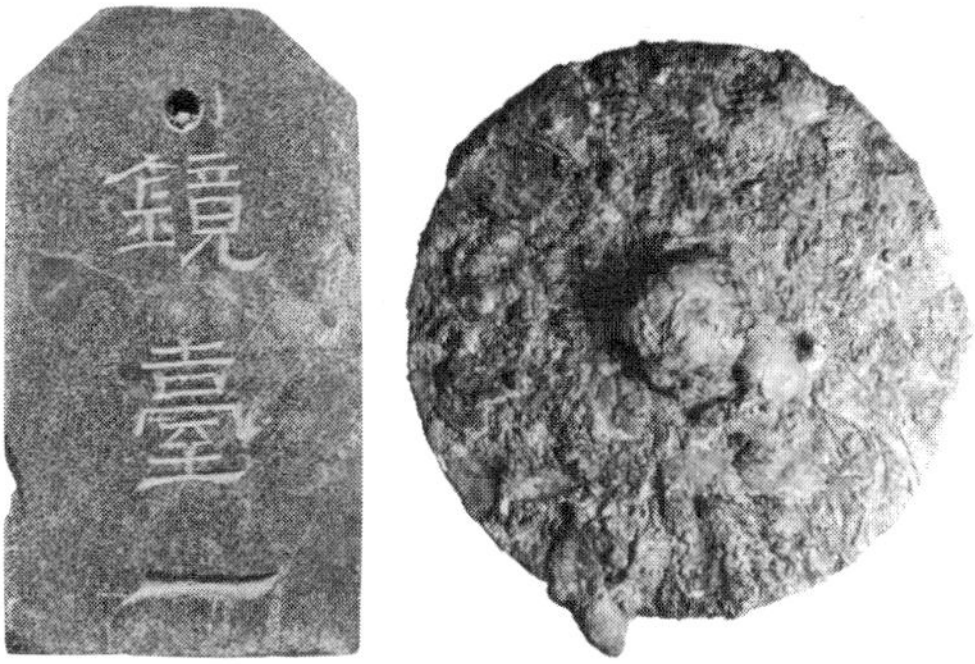

図　曹操墓出土鏡（右）と石牌（左）（潘・朱 2010 より）

参考文献

安徽亳県《曹操集》訳注小組（編）『曹操集訳注』中華書局出版、一九七九年
梅原末治「豊後日田出土の漢金銀錯嵌珠龍文鉄鏡」『国華』第七一編第四冊（八五三号）、一九六三年

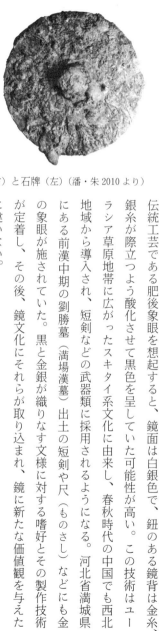

何　堂坤『中国古代銅鏡的技術研究』紫禁城出版社、一九九九年
徐　苹芳「三国両晋南北朝的銅鏡」『考古』一九八四年第六期、一九八四年
潘偉斌・朱樹奎「河南安陽市西高穴曹操高陵」『考古』二〇一〇年第八期、二〇一〇年
宮原晋一『古代東アジアにおける鉄鏡の基礎研究』平成十四年～十六年度科学研究費補助金・基盤（C）（2）研究成果報告書、二〇〇五年
宮原晋一「鉄鏡についての覚書」『鏡范―漢式鏡の製作技術―』八木書店、二〇〇九年

五　鉄製梵鐘

吉田秀享

1　鋳型出土の製鉄遺跡の概要

日本最古の鐘　「祇園精舎の鐘の声　諸行無常の響きあり」平家物語の冒頭である。また、「柿食えば鐘が鳴るなり法隆寺」正岡子規の俳句にあるように、人口に膾炙している鳴り物の一つに「鐘《かね》」がある。現在までのところ銘が付いた日本で最古の鐘は、「戊戌年（文武天皇二年〈六九八〉）四月十三日」と鐘の内面に陽鋳された京都市妙心寺の鐘で、これと同時代の鐘は五口確認されている。また、中宮寺に残る天寿国曼荼羅繡帳《てんじゅこくまんだらしゅうちょう》には、僧侶が鐘楼《しょうろう》に吊るされた比較的小型の鐘を撞く姿が刺繡されている（図1）。この繡帳は、聖徳太子の妃である橘大郎女が、太子の死後（没年六二二年）にその姿を偲んで作らせたと言われ、七世紀前半のものと考えられている。このほか、梵鐘の鋳型としては奈良県橿原市田中廃寺から七世紀後半と推定される梵鐘の竜頭鋳型が確認されている（杉山一九九五）。これらのことは、日本においては西暦六〇〇年代の中ごろもしくは後半には、梵鐘が存在していたことを示唆する。

本章では、この六〇〇年代より二〇〇年ほど下った平安時代九世紀初頭から前半の鋳型資料を中心に、鋳型から復

図1　天寿国曼荼羅繡帳（中宮寺蔵）

元した鉄製梵鐘の事例を中心に、その復元過程のなかで新たに解った平安時代の鋳造技術の一端を紹介したい。

なお、今回の論は、かつて筆者が勤務した福島県文化財センター白河館（愛称まほろん）においてなされた「出土鋳型からの鋳鉄製品」の研究復元事業によるところが大きく、記述内容も同館発行の『研究紀要二〇〇五』「平安時代の鋳鉄製品―出土鋳型からの研究復元―」を基礎にしている。さらに、実際に復元作業に携わってくれたNPO法人工藝文化研究所鈴木勉所長と、釜師濱田與七氏と濱田義玲氏からのさまざまな知見に負うところが多い。

鋳造遺跡概要　東北地方南部に位置する福島県は、東から太平洋に面する浜通り地方、奥羽山脈に平行する中通り地方、そして会津地方の三地域に大きく分かれている。このうち、浜通り地方北部の相双地区は、日本有数の古代（奈良・平安時代）製鉄遺跡が確認・調査されている地域である。これらの製鉄遺跡のうち、相馬郡新地町向田A遺跡と相馬市山田A遺跡は、平安時代（九世紀前半）の鉄の鋳造遺跡である。これらの遺跡では、鋳造炉が確認され、多種で多量の鋳型が出土している。鋳型から判明した鋳造製品は、梵鐘・獣脚付き容器・風鐸《ふうたく》・三鈷《さんこ》杵《しょ》などであり、いずれも鉄製品である。これらのうち、鋳型から復元した鋳鉄製品を図3に示した。

向田A遺跡　向田A遺跡は、福島県相馬郡新地町駒ヶ嶺字向田にあり、昭和六十・六十一年に調査された。調査の結果、製鉄炉七基、木炭窯一六基、鋳造遺構六基、須恵窯一基、住居跡六軒、土坑二一基などが確認され、七世紀後半から九世紀前半にわたる製鉄関連遺跡であることが判明した（安田ほか一九八九）。

山田A遺跡　山田A遺跡は、福島県相馬市大坪字山田にあり、平成三年に調査された。調査の結果、製鉄炉五基、木炭窯一四基、鋳造遺構六基、木炭置き場一基、住居跡三軒、土坑一〇基などが確認され、九世紀前半の鋳造遺跡であることが判明した。

鋳造に関するものでは、二号鋳造遺構として溶解炉と作業場、廃棄場が確認され、獣脚や容器、風鐸、梵鐘、三鈷杵などの鋳型が多数確認された。これらの遺構もまた鋳鉄関連のものである（小暮ほか一九九七）。

2　復元した梵鐘の詳細

梵鐘鋳型と竜頭鋳型　図3の復元した梵鐘は前述の新地町向田A遺跡から出土した梵鐘鋳型と竜頭鋳型からのものである。鐘身鋳型は横口付木炭窯（一五号木炭窯）の焚き口をふさぐように出土したものであり、竜頭は竪穴住居跡（二号住居跡）の床面から出土した。

具体的には、鐘身が図7―6をベースにし、竜頭は同図1～5とした。

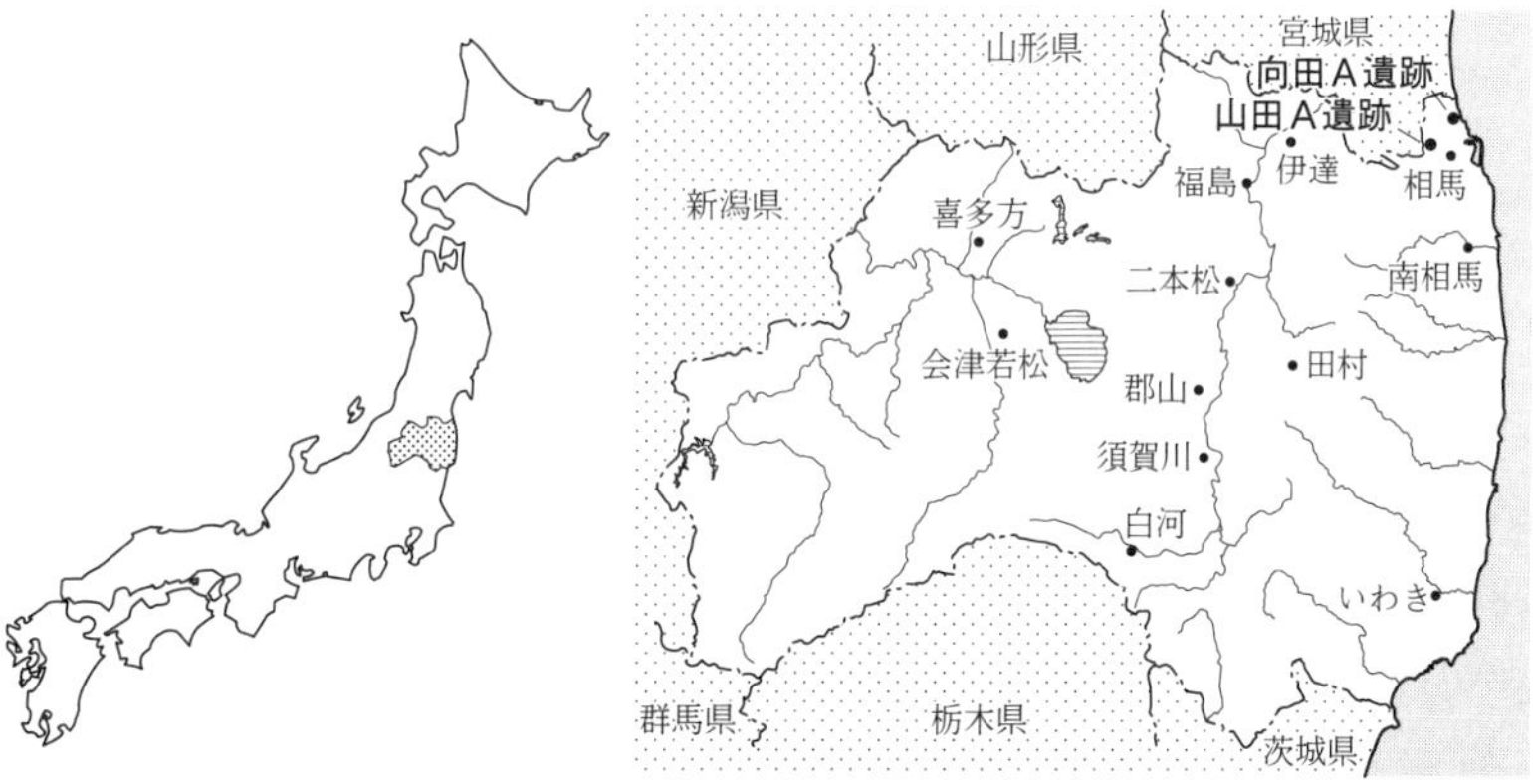

図2　遺跡位置図

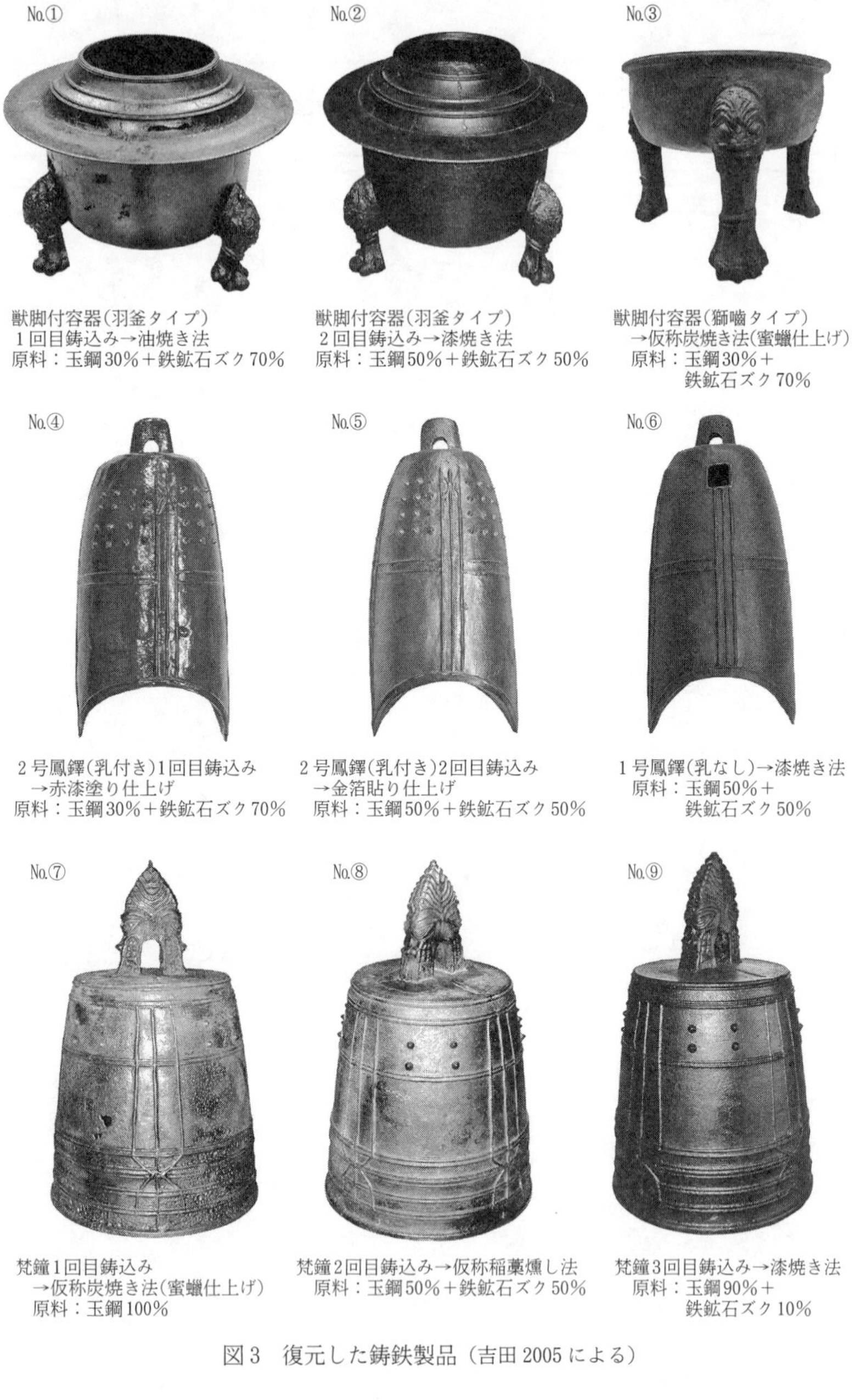

No.①
獣脚付容器（羽釜タイプ）
1回目鋳込み→油焼き法
原料：玉鋼30％＋鉄鉱石ズク70％

No.②
獣脚付容器（羽釜タイプ）
2回目鋳込み→漆焼き法
原料：玉鋼50％＋鉄鉱石ズク50％

No.③
獣脚付容器（獅噛タイプ）
→仮称炭焼き法（蜜蠟仕上げ）
原料：玉鋼30％＋
鉄鉱石ズク70％

No.④
2号鳳鐸（乳付き）1回目鋳込み
→赤漆塗り仕上げ
原料：玉鋼30％＋鉄鉱石ズク70％

No.⑤
2号鳳鐸（乳付き）2回目鋳込み
→金箔貼り仕上げ
原料：玉鋼50％＋鉄鉱石ズク50％

No.⑥
1号鳳鐸（乳なし）→漆焼き法
原料：玉鋼50％＋
鉄鉱石ズク50％

No.⑦
梵鐘1回目鋳込み
→仮称炭焼き法（蜜蠟仕上げ）
原料：玉鋼100％

No.⑧
梵鐘2回目鋳込み→仮称稲藁燻し法
原料：玉鋼50％＋鉄鉱石ズク50％

No.⑨
梵鐘3回目鋳込み→漆焼き法
原料：玉鋼90％＋
鉄鉱石ズク10％

図3　復元した鋳鉄製品（吉田2005による）

1988　安田　稔他「向田A遺跡」『相馬開発関連遺跡発掘調査報告Ⅰ』より転載・加筆

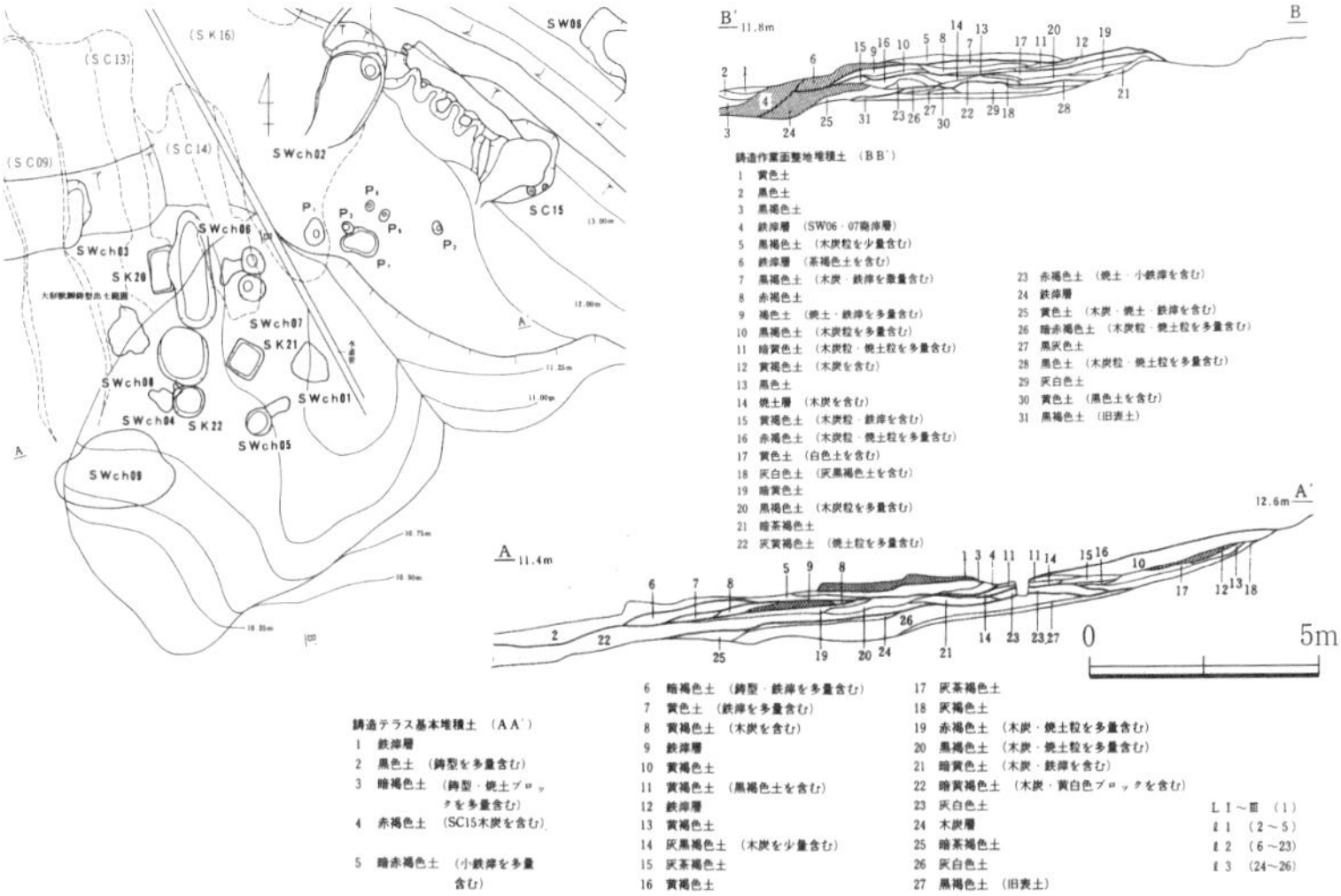

図4　向田A遺跡のようす（図3に同じ）

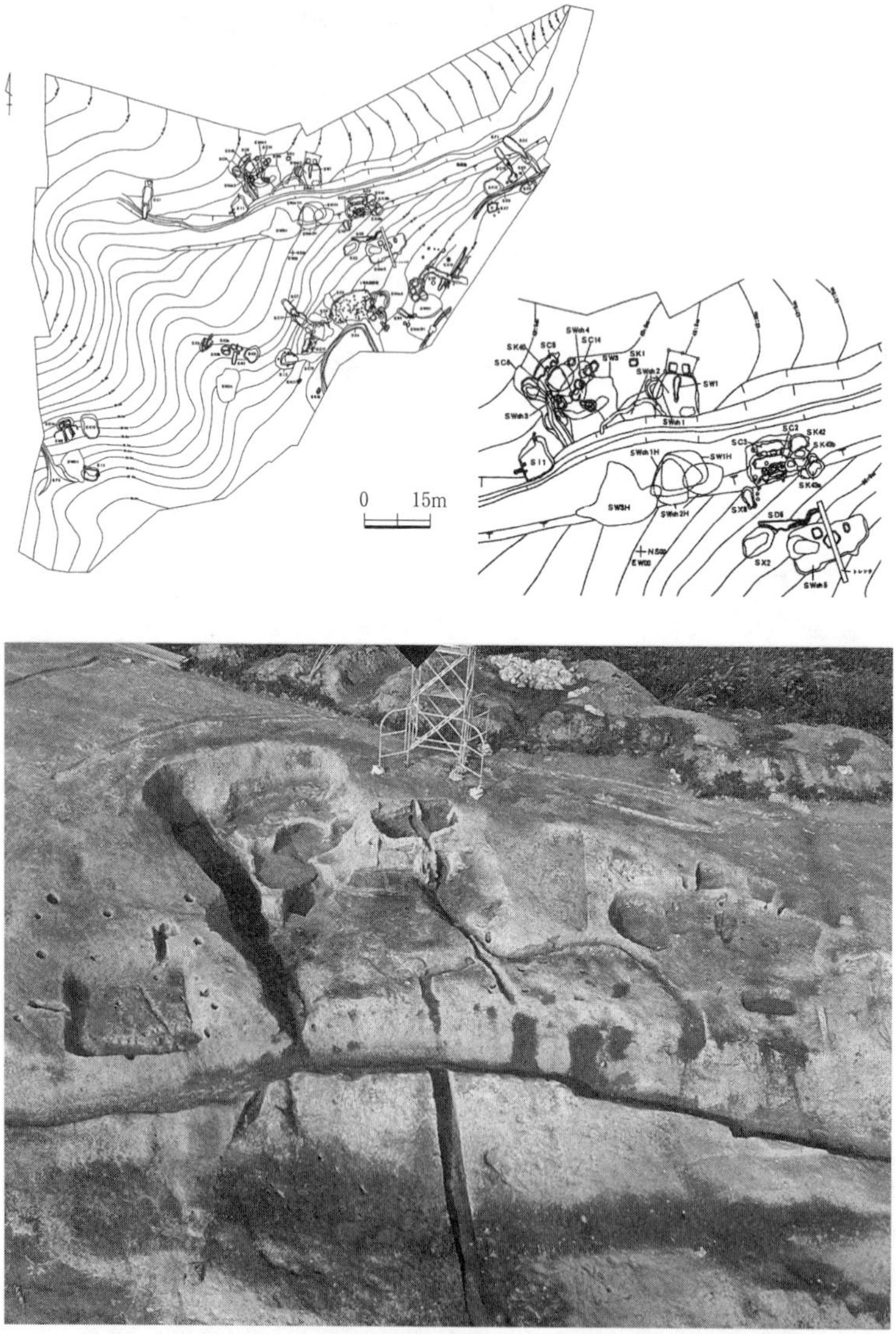

図5　山田Ａ遺跡のようす（図3に同じ）

ただ、鐘身には鋳込まれた痕跡があったものの、竜頭鋳型には認められなかった。したがって、鐘身と竜頭は同一に鋳込まれたものではない。このため、鐘身と竜頭の大きさがアンバランスになっている。ただ、向田A遺跡から出土している竜頭鋳型には、同図7に示したように、さらに大きな竜頭鋳型があり、鐘身の径や高さとのアンバランスが

図6　梵鐘鋳型出土状況（向田A遺跡）（図3に同じ）

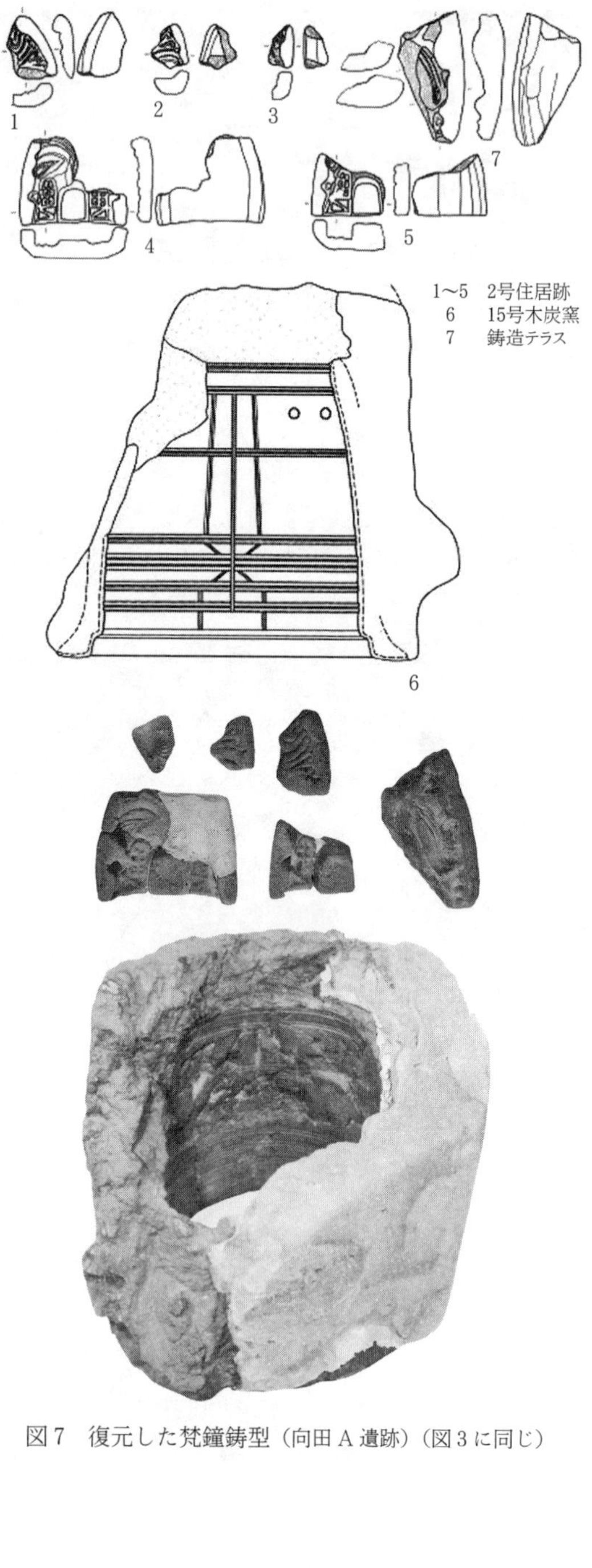

図7　復元した梵鐘鋳型（向田A遺跡）（図3に同じ）

さらに突出することとなるため、この二種で復元した。

また、同図6の鐘身鋳型には笠形が遺存していなかったことから、笠形の形状を推定し、梵鐘の厚さは、岩手県衣川村出土資料（後述図16—2）に準ずるものとした。湯口の位置は竜頭脇の笠形に設置した。これは、出土した竜頭鋳型には「揚がり」しか確認できなかったためである。

鐘の音色　このほか、復元には鉄製梵鐘の音色にもその主眼をおいた。そのため、材料（鋳造用の鉄）も砂鉄原料の銑鉄《せんてつ》としたかったが、砂鉄原料の銑鉄の入手が困難であったため、鋳込み素材の銑鉄は、砂鉄原料で鋼の製錬時に形成されるタタラ銑鉄（裏ズク）と、鉄鉱石原料の銑鉄（いわゆる通称ナマコ）の調合割合を変えて鋳込むこととした。加えて、鐘の音色は梵鐘の厚さと密接な関係をもっていると思われるが、中子の確認ができなかったことから、鋳型の外子と中子の隙間（すなわち厚み）をどのくらいにすると、どのような音色になるのかという、根本的な問題については解決できなかった。さらに、鉄製梵鐘は、鋳込んだ鉄の状態によっては叩くと割れることがあり、その厚さについての課題は尽きなかったが、完成された鐘の音色と梵鐘の厚さについては、復元数が少なく確認できなかった。

実際に鋳込み作業を三回行った結果、製品の厚さは、それぞれで不統一となってしまった。このため、二回目に鋳込んだ梵鐘の実測図を図8に示した。復元した鉄製梵鐘の大きさは、駒の爪から竜頭端までの高さが三八チセン、駒の爪部分の口幅が二六チセンである。

3　具体的な復元作業について
――鋳型作成から鋳込みおよび表面処理まで

出土鋳型からのシリコン製模型の作成　今回の復元では、最初にシリコン製模型の作成を行った。このシリコン製模型は復

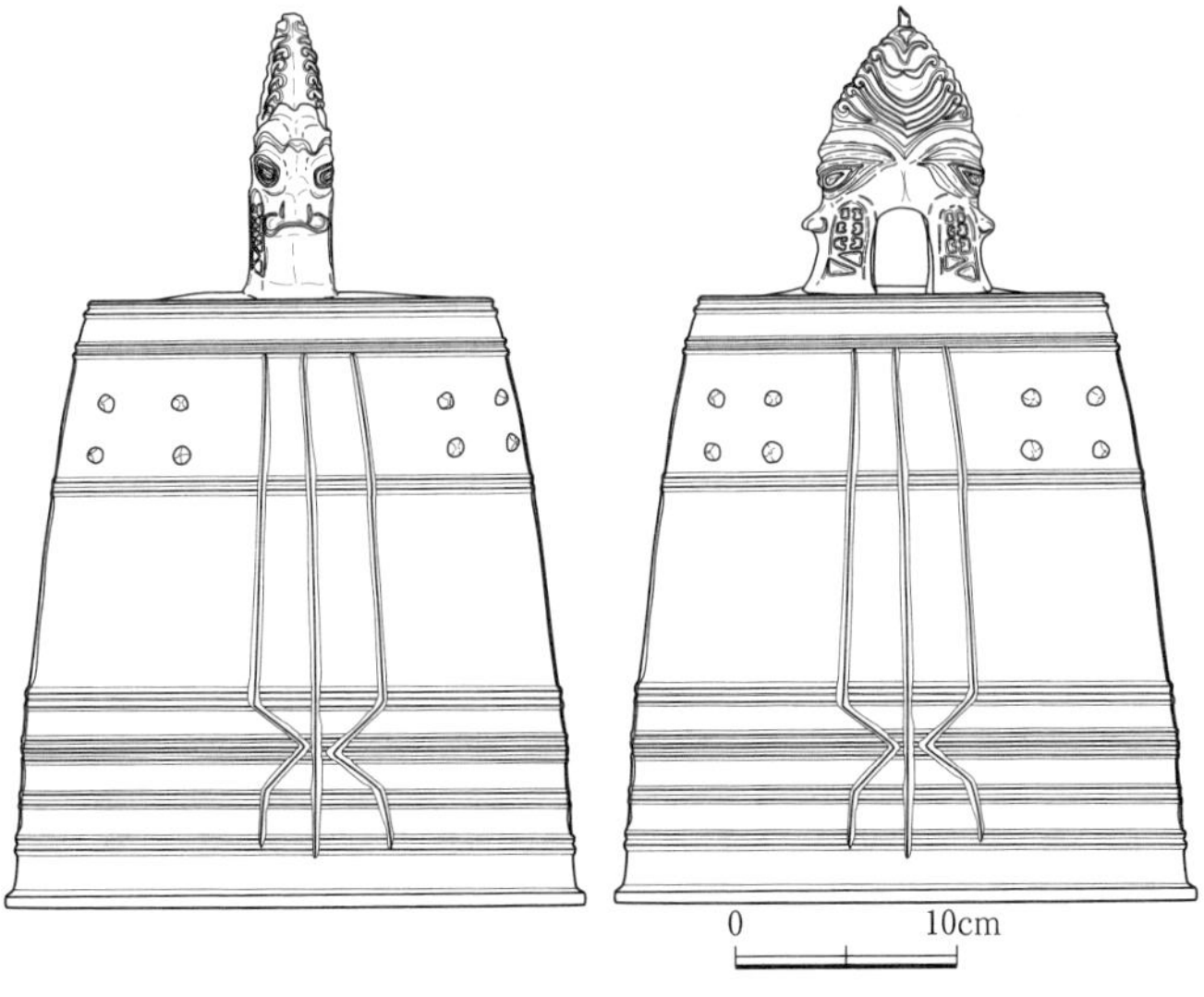

図8　復元した鉄製梵鐘（向田Ａ遺跡）（図3に同じ）

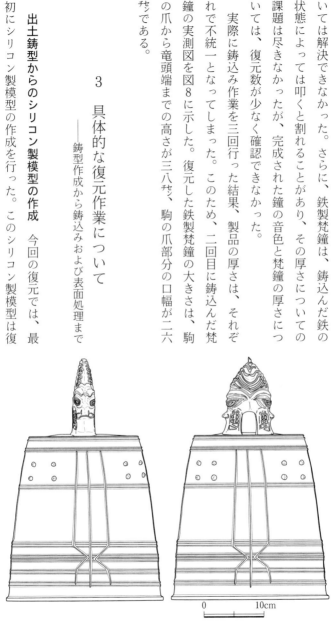

図9　シリコン製模型（鈴木・浜田2005による）

元鋳型製作時の範型となるため、鐘身と竜頭鋳型、それぞれにシリコン製の模型を作成した（図9）。作成方法は、スズ箔を貼った鋳型にシリコンを流し込み、製品を製作するとともに、不足分を石膏で補って作成した。また、この模型から復元図を作成し、挽き型用の設計図とした。

鋳型の製作　鋳型は挽き型（木や金属製の回転させて使う板状の鋳物断面半分の型）を使って製作した。荒真土《あらまね》（鋳型をつくる砂と粘土を混ぜた荒い土）を挽いて焼成し乾燥させ、次に中真土を挽き、焼成・乾燥させて最後に仕上げ真土を挽いた。その後、縦方向の袈裟襷文《けさたすきもん》をヘラ押しして描き、さらに乳を出土鋳型同様の位置に押した。外子を焼成し乾燥させて、中子の製作に入った。

中子は、焼成・乾燥させた外子の内側に真土を充填して作成した。外型を割って中子を取り出し、中子表面を削り焼成・乾燥させた。乾燥後には、表面に見られる細かなヒビを補修するため、粘土を水で緩く溶いた土汁を筆で塗り、その後に中子全体に離型剤（黒味）を塗った。

外子にはあらかじめシリコン製模型から製作して焼成した竜頭鋳型を埋け込み、焼成・乾燥させた。これらの一連の作業については、図10に詳しい。

鋳込み作業　甑炉《こしきろ》の復元はできなかったため、お茶道具の鉄釜を作る濱田釜師が使用している電気炉（高周波誘導

（獅噛タイプ容器鋳型）
（羽釜タイプ容器鋳型）
（梵鐘鋳型）
① 外子鋳型の挽き型

② 容器外子鋳型の製作
（ウマに挽き型を設置し，回転することにより鋳型を作る）

③ 梵鐘外子鋳型の乾燥
（鋳型の中で木炭を燃焼させ，乾燥する）

④ 乾燥終了後の梵鐘外子鋳型
（底面には，龍頭鋳型が埋け込まれている）

⑤ 梵鐘中子鋳型の乾燥
（鋳型の周りで木炭を燃焼させ，乾燥する）

⑥ 梵鐘中子鋳型の手直し
（焼成乾燥後，部分的に入った小さなヒビを，粘土を水でゆるく溶いた筆で手直しする）

⑦ 容器鋳型の型被せ
（鋳型に引いた２本の線が上下で合うように設置する）

⑧ 型被せ完了の鋳型
（２本の線がぴったり合っている）

⑨ 梵鐘鋳型の型締め
（鋳型が熱でズレないように締める）

図 10　鋳型製作から鋳型設置（図 3 に同じ）

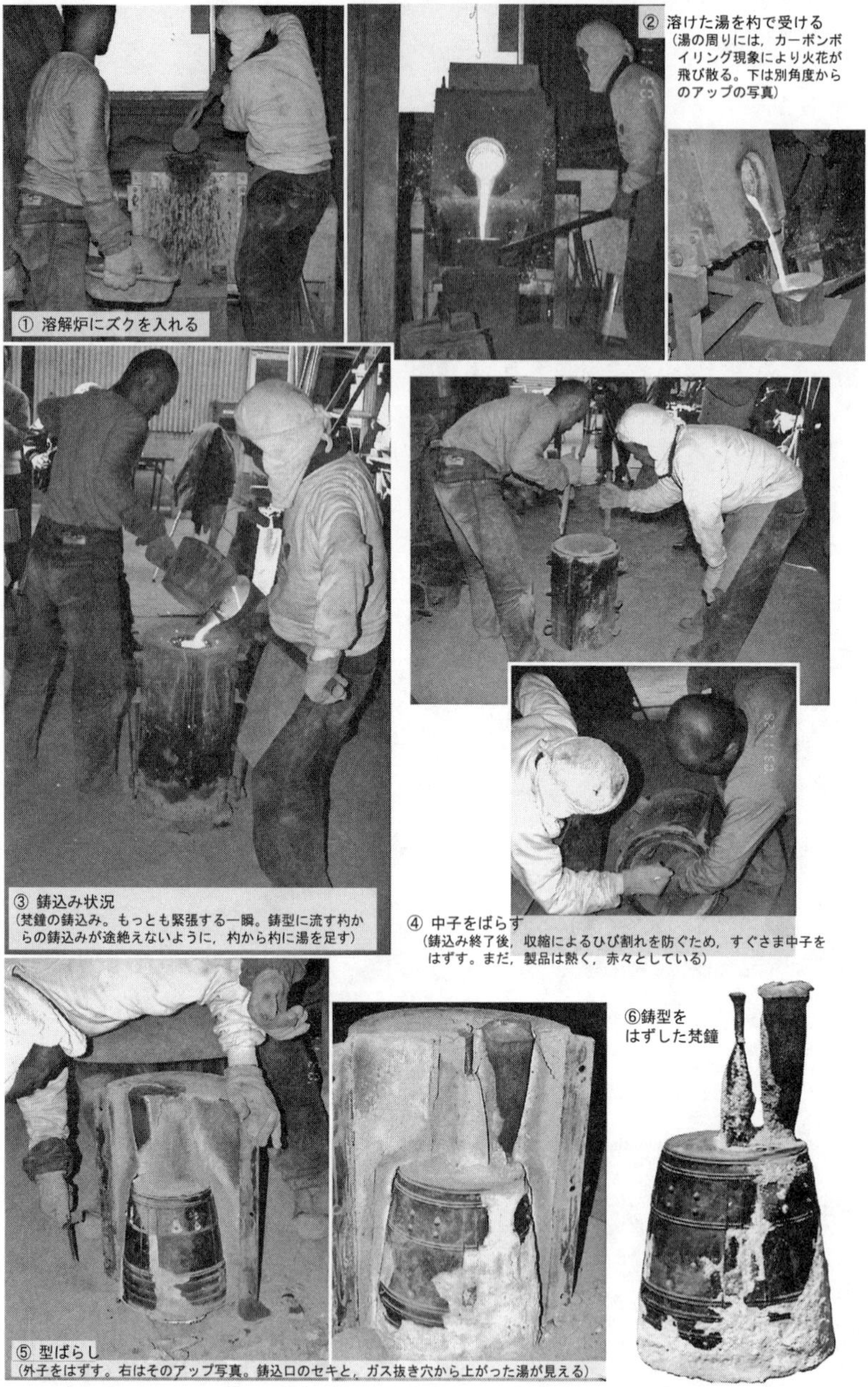

① 溶解炉にズクを入れる
② 溶けた湯を杓で受ける
（湯の周りには，カーボンボイリング現象により火花が飛び散る。下は別角度からのアップの写真）
③ 鋳込み状況
（梵鐘の鋳込み。もっとも緊張する一瞬。鋳型に流す杓からの鋳込みが途絶えないように，杓から杓に湯を足す）
④ 中子をばらす
（鋳込み終了後，収縮によるひび割れを防ぐため，すぐさま中子をはずす。まだ，製品は熱く，赤々としている）
⑤ 型ばらし
（外子をはずす。右はそのアップ写真。鋳込口のセキと，ガス抜き穴から上がった湯が見える）
⑥鋳型をはずした梵鐘

図11　鋳込みから型ばらし（図3に同じ）

溶解炉）で対応した。中子と外子を型合わせし、鋳湯で鋳型が膨張しないようかしめた（リベットなどでしめること）。鋳込みは杓《しゃく》で行ったが、一杯の杓で足りない場合は、鋳込みの杓に別の杓から湯（溶けた銑鉄）を足した。これは、湯を途切れさせないためである。押し湯をして、湯が竜頭の揚がりまで達したか確認したら、瞬時に鋳型を倒し、真っ赤な湯肌による猛烈な暑さを厭わず、中子を除去した。これは、鉄湯が冷めるときに発生する収縮などから製品を守るためである。鋳込みのようすは図11に示した。

なお、鋳込みは原料を変えて三回行った。一回目（一点目）は、砂鉄原料で産出されたタタラ銑鉄（裏ズク）のみで鋳込んだ。湯口ではカーボン・ボイリング現象（鋳込んだ銑鉄中に含まれる炭素が酸素と反応するスパーク現象）が顕著に認められた。また、収縮もあり、空隙やひび割れも見られた。作業中、釜師が「長年やっているが、初めて鋳込み口が見えなくなるほどの危険な鋳込みだった」と言うほどであった。この現象は、炭素量が高いタタラ銑鉄では発生しやすい現象であるらしいが、従来の鉄鉱石原料の銑鉄では抑えられているので、始発原料の差の可能性が考えられる。

二回目（二点目）は、砂鉄原料で産出されたタタラ銑鉄五〇％、鉄鉱石原料の銑鉄（いわゆる通称ナマコ）五〇％とし、これにより鋳込んだ。一点目ほどのカーボン・ボイリング現象はなく、ひび割れなども見られず、成功した。

三回目（三点目）は、砂鉄原料で産出されたタタラ銑鉄九〇％、鉄鉱石原料の銑鉄一〇％とし、これに酸化チタンを〇・一％入れ、これにより鋳込んだ。カーボン・ボイリング現象はまったく認められず、鋳込みは、完全に成功した。

鋳鉄製品の仕上げ作業　鋳鉄製品の仕上げ作業として、とくにその表面処理法についてはまったく不明であり、出土した数少ない鋳鉄製品からも、その方法を推測することすらできない。このため、先の論文「平安時代の鋳鉄製品

―出土鋳型からの研究復元―」（『研究紀要二〇〇五』）で述べた内容でその作業をまとめることとする。

鋳鉄製品では、鋳込み後のバリを除去した後、なんらかの仕上げ処理を行ったと考えられる。そして、その方法は鉄であるがゆえに防錆効果をねらったものと推測できる。一般に鋳放しの肌のまま処理する鋳造製品の工程は次のとおりである。

鋳込み→型ばらし→仕上げ→研磨・着色

〈型ばらし〉

鋳型の土を完全に落とす作業である。

〈仕上げ〉

鋳型の合わせ目にできた鋳張り（バリ）を取り、細部をていねいに仕上げる作業である。鋳金では「鋳浚《いざら》い」と呼ばれる作業で、各種のヤスリ、キサゲ（一種の削り刃物）、ノミ、ハンマー、金床、万力、金鋸、キリなどを使用する。今回の場合、一回目と三回目に鋳込んだ梵鐘はヤスリがかかり、被削性は高かった（削りやすかった）ものの、二回目は被削性が非常に低く、ヤスリが滑り、かからなかった。これは、後述するが、鋳込んだ鋳鉄製品そのものの性状が要因となっている。

〈研磨〉

研磨は、鋤《すき》栓《せん》という刃物で表面を削り、朴炭《ほおのきずみ》で磨き、その後、鉄さび、砥石、砥の粉などで磨く。鉄さびはベンガラが一般であり、砥石には石英粒子の粗密により荒砥・中砥・仕上げ砥に分けられる。

〈着色〉

着色には次のようなさまざまな方法があり、少々長くなるが根拠を示すうえでも各文献などを引用しながら紹介し

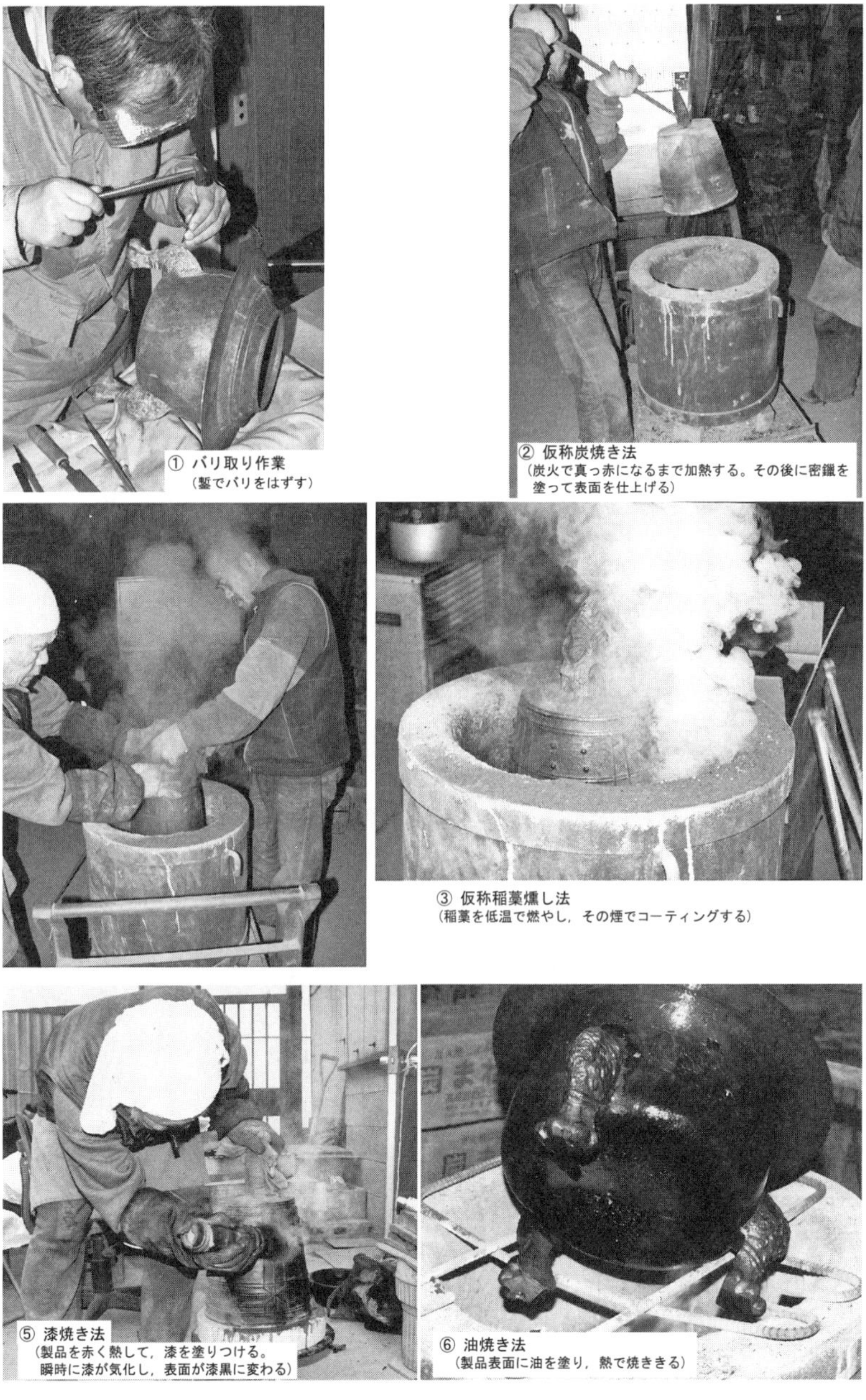

① バリ取り作業
（鏨でバリをはずす）

② 仮称炭焼き法
（炭火で真っ赤になるまで加熱する。その後に密鑞を塗って表面を仕上げる）

③ 仮称稲藁燻し法
（稲藁を低温で燃やし，その煙でコーティングする）

⑤ 漆焼き法
（製品を赤く熱して，漆を塗りつける。瞬時に漆が気化し，表面が漆黒に変わる）

⑥ 油焼き法
（製品表面に油を塗り，熱で焼ききる）

図12　バリ取りと仕上げ処置（図3に同じ）

ていこう。

①「南部鉄瓶」（網野ほか一九八六―四三三頁）

(五) 仕上げ。溶鉄が固まったら、鋳型を壊し、中子を取り除き、釜焼きをして錆止めする。

(六) 着色。生漆と砥の粉を練り合わせて下塗りし、加熱しながら、茶汁・オハグロを刷毛でむらなく塗り重ねて、独特の色調に仕上げる。

③「造東大寺司附属工房とその工人」（遠藤一九八五―二四八頁）

「熨金工」（金箔を熨しつける工人）や「押金薄工」（金箔を押しつける工人）の存在あり。

④「漆での着色」

a漆の焼き付け技法（會田一九七五―三〜六〇頁）

「鉄釜や鍋の着色は、青銅などの着色と違って、たいていの場合は漆などを焼き付けながら使います。青銅などと違う点は、すぐさびる点です。水に接しても錆びないようにするには、表面に一種のコーティングが必要ですから、そのために漆を焼き付けるわけです。漆は塗料の中でもいちばん強い性質がありますので、他のラッカーなどの比ではありません」。

b焼付漆焼技法（中里一九九八）

古墳時代の焼付漆焼例：大阪府高槻市土保山古墳出土鉄製甲…黒漆塗

熊本県月の岡古墳出土眉庇月冑…鉄地に黒漆塗

大阪府西小山古墳の冑…鉢を八分し、半分金銅、半分黒漆塗

その他多数あり

奈良時代以降の技法：（奈良時代）『正倉院文書』に焼き付け漆の記事あり。また、正倉院の刀装具の鉄に黒漆が塗られているものが認められ、漆焼き付けが行われた可能性が高いと思われる。

（平安時代）『延喜式』のなかに大刀や楯を焼塗漆で仕上げた記載あり。

⑤相州小田原山田家の鉄鍋作り（五十川二〇〇〇）

『明治前期産業発達史資料』第七集「明治一〇年内国勧業博覧会出品解説第二区製品第五類家屋器類飾品」一九六二年発行（神奈川県小田原市の鋳物師山田次郎左衛門による鉄製平鍋の製作工程の記述）

「注湯と後処理（中略）注湯が完了すれば、型をはずして製品を取り出す。鉄板で鍋の口縁部等を擦って平らにし、平鍋ができあがる。亜鉛（五分）、塩酸（二匁）、水（二匁）の三味水に混ぜて溶解し、刷毛《はけ》あるいは筆で鍋の内部に塗って乾燥させ、火を掛けて内部を暖め、鑞（錫）の溶解するほどの温度にして、錫を塗りつけて銀白色とする。これは、鉄鍋の内部に蒼鉛（ビスマス：以下筆者注。金属元素の一つ。合金の材料・下剤止めなどの薬用に使用。＊記号Bi）を塗る法であるが、通常の鉄鍋にはおこなわない。

口縁端部は、幅木に接触する部分なので、鋳張りができやすいから、鉄板や鑢による仕上げ加工が必要である。鋳物の表面処理・着色には、漆・鉄漿を塗布する場合や、金銀などのメッキがあるが、銀白色の光沢を得るために、錫メッキがされることがある」。

⑥「金著せ」（遠藤・小口一九七五―六六頁）

「金著《きんきせ》は銅や鉄の素地に金の薄板を貼り付ける技法で、我が国では古墳時代の装身具の耳飾等にその例が見られる。当時どのようにして金銀の薄板を地金に貼り付けたものか、はっきり解明することができないが、（略）漆等の接着剤で地金に貼り付けるなど、いろいろ工夫したものと考えられる」。

⑦「鋳鉄の着色法」（遠藤・小口一九七五―七四頁）

「鋳造後には造形加工は一切行わず、釜の内肌に金気止めを行い、釜の外肌に漆とオハグロを併用した特殊な着色を行うのである。金気止めは鉄製の飲食器の金気を封ずる処理法で、砂鉄で作った鋳鉄容器は、内側に生漆をかけただけで十分である。しかし、岩鉄（鉄鉱石）を用いて（略）鋳造した鉄釜の内側を炭火で焼いて酸化鉄の皮膜を作るのである」。

⑧「鉄の錆止法」（岡山一九二二―三一八〜三一九頁）

「油を布く法（略）能く磨きたる面に、腐敗せざる良油を極めて薄く塗布するものにて、刀剣類の保存法は概ねこの法に依る。又、油焼きの法は物品を火中に熱して表面に酸化の錆を被せ更に火上に熱しつつ、綿にて水油を幾回も塗り、別に新しき綿にてこれを拭いつつ、油を充分に焼切りて仕上げるのである」。

⑨「釜」についての記載（宋応星一九六九―一六五頁）

「もし不十分な箇所があれば、すぐに少量の鉄をその上にたらして補修し、藁をぬらして上におさえると痕跡がなくなる」。

上記の出土資料や文献により、古代の鋳鉄製品の表面処理は、

a　漆焼き法（漆を焼き付ける）…古墳時代の甲冑や、「正倉院文書」あるいは「延喜式」の記述から

b　金著法（金箔を貼る）…古墳時代の装身具例や、造東大寺司附属工房とその工人の職制などから

c　油を焼き付ける（油焼き法）…刀剣類の保存法から

d　木炭で表面を燃焼させた後、密鑞や布等の有機質で磨く（仮称：炭焼き法）…鋳鉄の着色法から

e　稲藁などを燃やしてススをつける（仮称：稲藁《いなわら》燻《いぶ》し法）…天工開物の記述から

f　何もしない…出土資料の表面観察では、痕跡が認められないから

の大きく六つの方法が推測できる。

このような六つの方法のうち、今回の復元梵鐘では次の三方法で着色を行った。一回目に鋳込んだ梵鐘は、鋳込みに失敗した資料であり、表面には鋳巣が空いているため、d炭焼き法とした。これは、⑦の「鉄釜の内側を炭火で焼いて酸化鉄の皮膜を作るのである」とか、⑤にあるように「蒼鉛を塗る法であるが、通常の鉄鍋にはおこなわない」などの記載から、極力現状を変えない処理法の採用を考えたからである。

二回目に鋳込んだ梵鐘は、叩いたさいの音が良好で余韻も長いため、e稲藁燻し法とした。これは、前述の炭焼き法同様に現状を変える様相が最も少ないと判断したためである。

これに対し、三回目に鋳込んだ梵鐘は、a漆焼き法を採用した。表面が熱を受けて脱炭する可能性があるものの、表面に漆を焼きつけ、前二者との処理方法の違いが明確に確認できるように選択した。

具体的な作業内容は次のとおりである。

・炭焼き法…炭焼き法は、次の稲藁燻し法よりかなり高い温度で熱を加えて処理する方法であり、鋳込みの失敗品であるからか、梵鐘に熱を加えた段階で〝ピン・キン〟と音が鳴り、小さな割れが生じてしまった。色調的には褐色系が強い黒色であった。

・稲藁燻し法…稲藁燻し法は、製品である梵鐘のまわりに藁を置き、藁を燃やしてヤニを内外面に付着させるものである。熱する温度をあまり上げなかったため、製品に損傷は認められなかった。ただ、内外面に付着させるヤニがなかなか固着しなかったため、何度もワラをくべて付着した。鋳鉄製品の内外面は、ススが付いたような淡い黒色味を帯びた色調になった。ただし、ワラを燃やした量の多寡や熱

した温度の状況などから、淡い黒色程度の着色であった。

・漆焼き法…漆焼き法では、次のような作業処理を行った。

①　内面を木炭の燃焼により赤くなるまで熱する。

②　熱を帯びたままの状態で、内面に生漆（中国産漆：色調淡いクリーム色、日本産は入手困難なため）をハケで塗りつける。漆は瞬時に気化し、内面は黒色化する。また、水をつけて漆をのばすことも同時に行う。

③　その後、内面を火にかざして乾燥させる。このさい、漆が部分的に燃え尽きてしまうが、その部分は再度漆を塗ることとなる。

④　乾燥と同時に、表面を再度熱する。

⑤　熱した後、表面に生漆を塗る。水をつけて漆をのばす。

⑥　熱を加え、漆を乾燥させて、処理作業終了。

この方法では内外面とも漆黒の色調となった。現在の鉄製茶釜では、この上にさらに熱を加え、最後は赤漆を塗りつけ完成するとのことである。

4　復元作業でみえてきた古代の鋳造技術

鋳鉄製品の表面の色調　前述した三種の着色方法による色調は、いずれも基本的に黒色である。着色を行った結果、最も優美な状態でみえたのは漆焼き法である。いわゆる漆黒に近い色合いとなる。これに対し、表面の状態があまり変色しなかった方法は、炭焼き法と稲藁燻し法である。黒色にはなったものの、色味は薄かった。また、炭焼き法で

表1　復元梵鐘の推定鋳鉄量　（単位：cm）

鐘身	駒の爪(r1)	笠形(r2)cm	高さ	竜頭	(四角錐とする)	底　面	高さ
						7.8×3.0	11.4
外寸	12.6	9.0	26.4		(空隙：半球台とする)	半　径	高さ
内寸	12.0	8.1	25.2			1.8	3.0

鐘身の体積；①外寸の体積；π ÷ 3×(12.6×12.6＋12.6×9.0＋9.0×9.0)×26.4
＝3.14 ÷ 3×(158.76＋113.4＋81.0)×26.4＝9,758.5 ㎤
②内寸の体積；π ÷ 3×(12.0×12.0＋12.0×8.1＋8.1×8.1)×25.2
＝3.14 ÷ 3×(144.0＋97.2＋65.61)×25.2＝8,092.4 ㎤
③鐘身の体積；9,758.5 ㎤－8,092.4 ㎤＝1,666.1 ㎤
竜頭の体積；①四角錐分；7.8×3.0×11.4 ÷ 3＝88.9 ㎤
②空隙分　；π ÷ 3×3.0×(3×1.8×1.8－3.0×3.0)
＝3.14 ÷ 3×3.0×(9.72－9.0)＝2.3 ㎤
③竜頭の体積；88.9 ㎤－2.3 ㎤＝86.6 ㎤
∴　梵鐘本体の体積；1,666.1 ㎤— 86.6 ㎤＝1,579.5 ㎤(500 ml 約3本分)

は蜜蠟を何度も塗り重ねてやっと黒色味を帯びる状況であった。

平安時代の鋳物鉄製品の仕上げおよび表面処理については、ほとんど解明されていない。これは、出土例の錆化が著しく、表面部分が剥落し、その処理方法の解決の糸口もないためである。さらに、鋳鉄製品自体の出土例も少なく、研究の視点も始発原料の推定（砂鉄系の銑鉄なのか鉄鉱石系なのか？）や、鋳込んださいの銑鉄の結晶状態（ネズミ鋳鉄か、白銑鉄か）などが推測できないためである。このような状況であるため、その方法については、決めかねているのが現状である。実際に処理を行った状況では、稲藁燻し法もしくは漆焼き法の可能性が高いのではないかと思われる。それは、この技法が当時の生活容器である土師器などにみられる黒色処理法に近い作業工程であるためであり、また、基本的に当時の万能接着剤の漆を使用することは充分首肯できるからである。

鋳込み作業でわかった容積　今回の梵鐘の鋳込みで、原料である鋳鉄の量は、完成した製品から算出できる。鐘身を円錐台と見なし、竜頭を四角錐と見なし試算した。その結果が表1である。

これにより、梵鐘のみでおおよそ一六〇〇ccが必要であると理解できる。また、この量のほかに湯口部分の容積なども加算されるため総計では一七〇〇cc（一・七㍑）以上になる。これは五〇〇㍉㍑の缶約三本半に相当する。また、先の復元では、直径一六センチ・高さ五・五センチの容器に、長さ一一・三センチ、幅二・六センチの獣脚が三本付いた獣脚付容器を製品化する場合では、最低でも二〇〇ccの容積が必要であり、最も大きい獣脚付容器ではその容積は五リットル以上となると試算されている（吉田二〇〇五）。

このような容積を鋳湯するには、トリベよりは「杓」が必ず必要となる。山田A遺跡からは図13に示したトリベやルツボが出土しているが、このトリベの容積は約九〇cc（半径三・五センチとして計算：4/3π×半径3.5の3乗÷2＝89.75）であり、とても鋳鉄製品を鋳込む一回の量としては足りない。また、ルツボは直径四・五センチほどであるためさらに容積は小さい。当然何回かに分けて鋳込むことも可能であろうが、間断なく鋳込む鋳造技術からは、一回に入る容積の大きい柄杓の存在が考えられる。

今までこの鋳込み道具については、あまり注意が払われてこなかった。甑炉からの直鋳（甑炉から直接、湯を鋳型に流し込むこと）などの考えも提示されたが、鉄は数秒で冷え固まることを考えると、直鋳の鋳込みは現実的には不可能と思われる。

鋳造遺跡からは図14―4・5に示した片口の容器鋳型が出土している。この片口の容器鋳型の容積は、おおよそ口径一八センチ前後、器高六センチ前後のもので約二〇〇〇ccとなるため、これであれば、充分な湯量を確保できる。また、これに伴う四角の取っ手鋳型（同図1～3）と棒状鋳型も出土し、これらの組み合わせから取っ手が取り付く可能性が考えられる。このことからも、これらの片口付容器鋳型については、鋳湯の柄杓鋳型と判断でき、これであれば、一回の梵鐘の鋳込みに足りうる容積が確保できる。実際に図15に示した多賀城や秋田城で出土した同種資料も、取っ手部分に木柄を入れればまさに柄杓であるため、これらの資料についても本来の用途は杓であり、「ナベ」として利用した可能性もありえたものと考えたい。

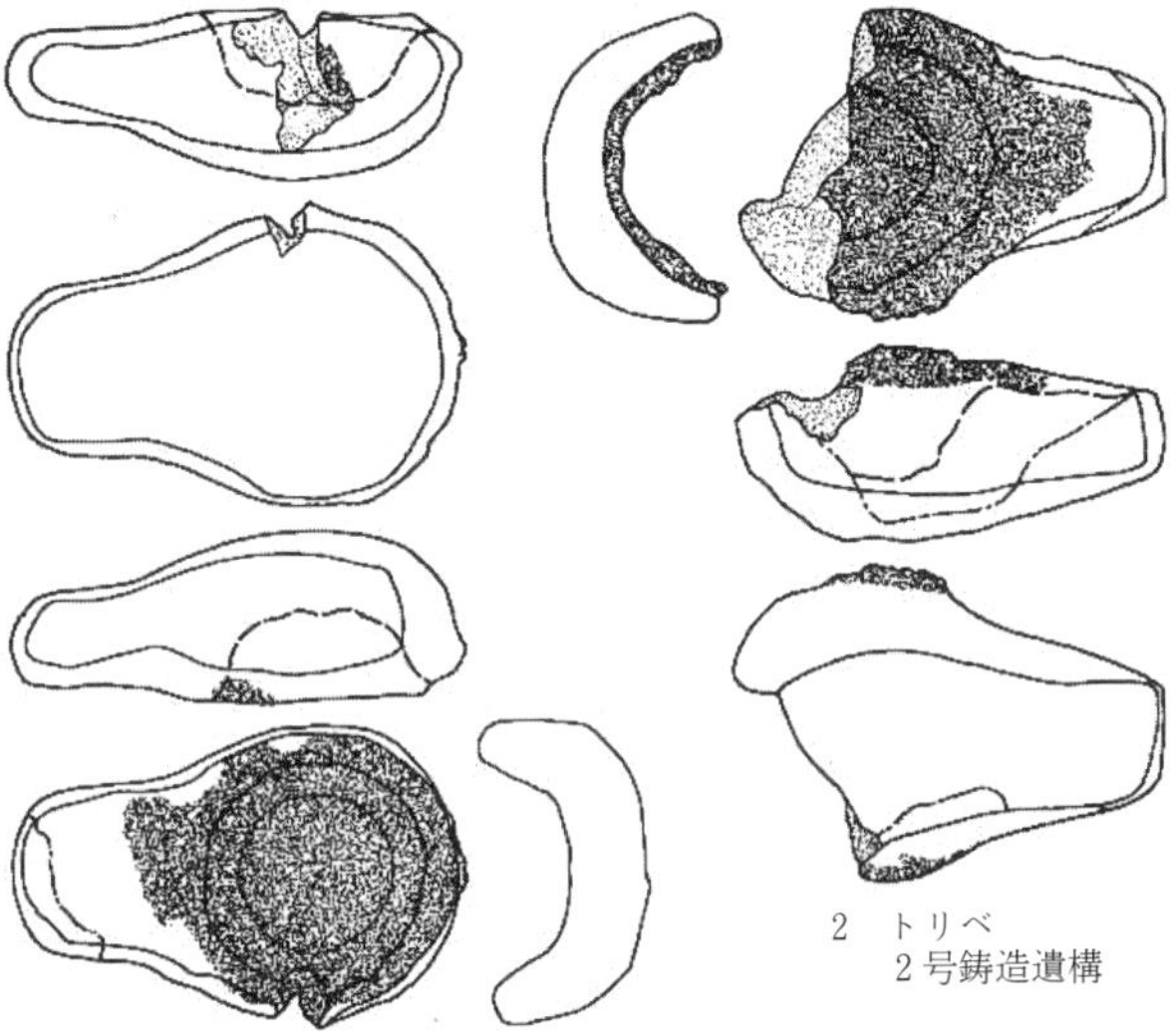

1　トリベ
2号鋳造遺構

2　トリベ
2号鋳造遺構

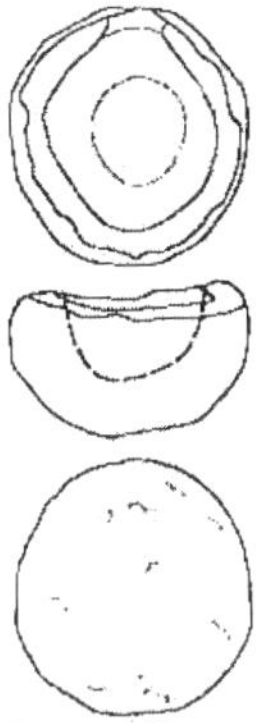

3　ルツボ
2号鋳造遺構

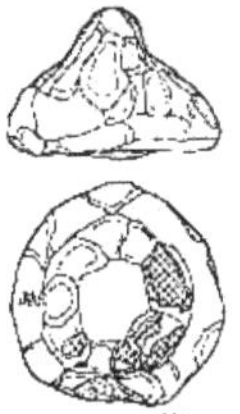

4　ルツボ蓋
2号鋳造遺構

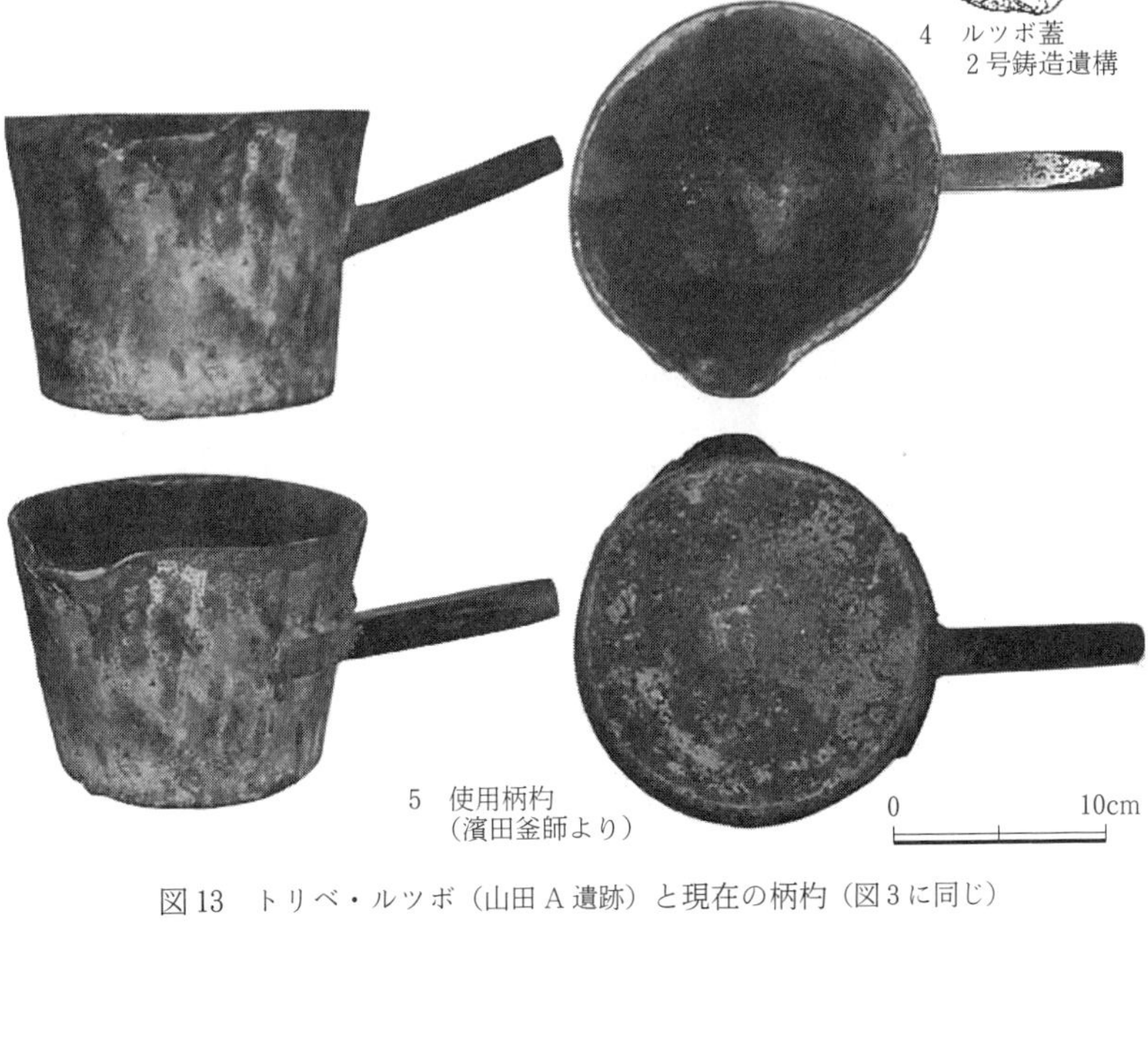

5　使用柄杓
（濱田釜師より）

図13　トリベ・ルツボ（山田Ａ遺跡）と現在の柄杓（図3に同じ）

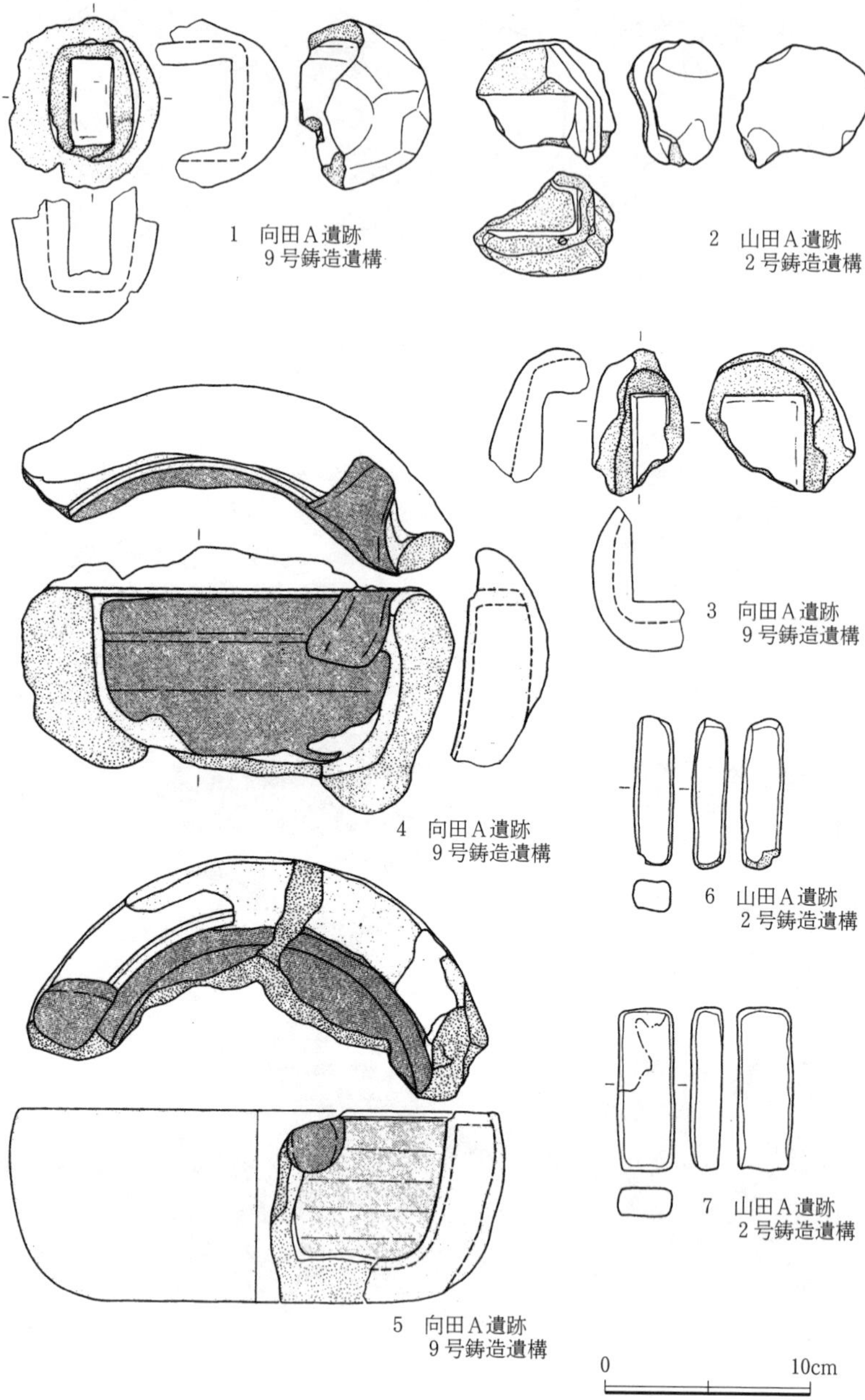

図14　杓鋳型と取手鋳型（図3と同じ）

梵鐘の音と鋳鉄技術　前項で鋳型からの復元例を述べてきたが、最後に、梵鐘の音と鋳造技術について触れておきたい。

今回復元した鉄製梵鐘は、当然のことながら叩いて鳴るものでなければ梵鐘とは言えない。しかしながら、実際に音が鳴ったのは二回目に鋳込んだ梵鐘のみであった。一回目の梵鐘は割れているため、初めから「鳴り物」にはならなかったが、三回目の鋳込みが成功した梵鐘も鳴らなかった。三回目は鋳肌もきれいであり、鋳込みが成功していたため、当然鳴るものと思われた。しかし実際は「ガン」という一斗缶を叩いたような短い音しか鳴らなかった。二回目の梵鐘は「カーン」という高い金属音の音色と余韻があり、その音の長さは基音が三六秒を計測し、音響測定した故大熊氏によれば「音は、青銅鐘に比べるとスペクトル数の少ない音ではあるが、減衰時間の長い、すなわち余韻の長い非常にきれいに聞こえる音となっている」とのことであった（大熊二〇〇五）。

　このことは、鋳込んだ梵鐘の形状からでは解らない、なんらかの要因により音が鳴るモノと鳴らないモノがあることを示唆している。この要因を金属学では「減衰能」と呼んでいる。減衰能とは振動エネルギーを吸収したり、消し去ってしまう能力

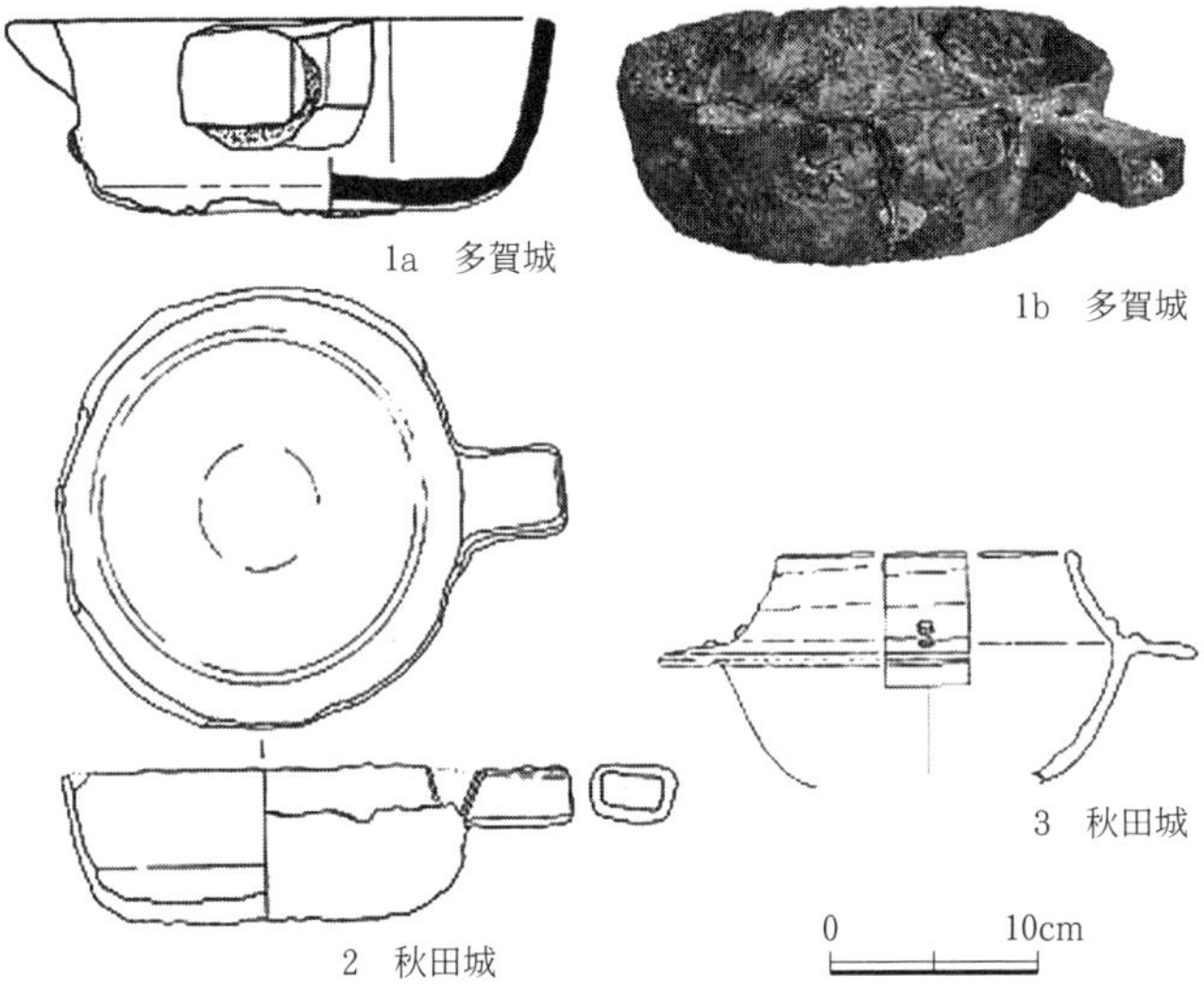

図15　多賀城・秋田城出土鋳鉄製品（図3と同じ）

のことであり、たとえば精密機械や自動車部品のように振動が製品に影響を与えうる箇所では、減衰能が高いこと、すなわち振動エネルギーをよく吸収することが求められている。また、減衰能は鋳鉄と鋼でも差があり、一般に鋳鉄は鋼に比べ減衰能が高く、鋳鉄でもネズミ鋳鉄は鋼の五～一〇倍の減衰能と言われている。

このことから、梵鐘のような振動により音を鳴らす製品は、鋳物より鋼で製作した方がよく、鋳鉄の減衰能について鹿取氏は次のように述べている。やや長いが鋳鉄製品では重要な点であり引用する（鹿取一九八三）。「鼠鋳鉄の大きい特徴はこの片状黒鉛の晶出である。このため凝固収縮が小さい。また、湯流れもよいから鋳引けの少ないことと相まって鋳物がつくりやすい。さらに黒鉛が存在するために振動を吸収する能力、すなわち減衰能があり、耐摩耗性や潤滑性がすぐれ、被削性もよいなどの特色がある」。さらに続けて鳴り物についての鋳鉄では、「片状黒鉛がよく伸びている鼠鋳鉄は減衰能が特に大きいので、たとえば工作機械などのベッドなどに使うと振動を吸収してくれる利点がある。しかしその反面喚鐘や風鈴などの鳴物にはならない。鋳鉄で鳴物をつくるには黒鉛が晶出しないように、炭素を二・四～二・八％に、珪素を〇・六～一・〇％と低い組成にして、生型などに鋳込んで冷却速度を早めにする。こうすると黒鉛の晶出がなく、組織はセメンタイト（Fe3C）とパーライトだけになり、破面が白い、いわゆる白銑鋳物になって、減衰能が小さくなってより鳴り響く」。

この指摘からは、梵鐘の音を追求すれば白銑がよく、鋳物製品としては、つくりやすい鼠鋳鉄がいいこととなる。実際今回の復元でも、この相反する課題への指摘が鈴木氏からなされている（鈴木二〇〇五）。「鳴り物である鉄鐘としては、減衰能の高い鼠鋳鉄は「悪い鉄」である。一方、工業的には「悪い鉄」である減衰能の低い（つまり、振動がなかなか収まらない）白銑こそが梵鐘には「良い鉄」であるのだ」。

ただ、前近代の鍋・釜をわかりやすく紹介した朝岡氏は「在来の日本の鋳造技術はほとんどが白銑を用いるものであって、鼠銑鋳物は例外的に残っているにすぎない」として、「前近代の鍋・釜に関して言えば、洋式鋳造法がもたらされるまではすべて白銑鉄であったと考えてよい」と述べている（朝岡一九九三）ので、古代では白銑が主体であり、仕上げ作業は困難であるものの音を鳴らす点では容易であった可能性も考えられる。

しかし、鋳込んだ鋳鉄製品が鼠鋳鉄か白銑かは、鋳鉄中のC・Siの含有量や鋳込み時の溶解条件、製品の厚みとその冷却時間が大きく関わっているため、一概には言えない。現に今回の三つの梵鐘ですらその分析値からみれば、その性状や状態が異なっている（佐藤二〇〇五）。

いずれにせよ、古代の鋳物職人は、この相反する課題をどうクリアしたのであろうか。鋳込み時のカーボン・ボイリング現象の抑制や、鋳鉄製品の壁厚による性状差をどのようにコントロールしたのであろうか。遺跡からは鐘身に鋳込んだ痕跡はうかがえるものの、製品は確認できていない。

製品のゆくえ　坪井氏の『日本の梵鐘』（坪井一九七〇）によれば、平安時代の梵鐘例は有銘鐘が一八口（うち、前半七口）で、無銘鐘が一六口（うち、前半一二口）ある。表2は坪井氏のデータを基本に一部追加した平安時代前半（八〜十世紀代）に比定できる梵鐘（奈良時代の半鐘と鎌倉時代の鉄鐘を含む）の計測表である。また、図16は喚鐘（半鐘）のみを選択し、実測図を示した。

このうち鉄鐘は三例あり、いずれも半鐘である。前項の二種の鋳鉄による「鐘の音」と「鋳込み易さ」からは、当時の鋳造技術では半鐘が精一杯であり、音が鳴った鉄鐘であったがゆえに現在まで引き継がれ、残ってきたものとも考えることができる。

相馬地域で生産された梵鐘などの鋳鉄製品は、どこに納められたのであろうか。可能性としては、陸奥国分寺が最も蓋然性が高いと考えている。『日本書紀』持統天皇三年（六八九）一月九日の条に、「越蝦夷沙門道信に仏像一体、

表2　平安時代前半の梵鐘一覧

平安時代梵鐘・半鐘	掲載番号	総高(cm)	鐘身高(cm)	竜頭高(cm)	口径(cm)	竜頭／鐘身高(%)	備考
西光寺梵鐘	—	136.3	116.7	19.6	77.5	16.8	承和6年(839)
大雲寺梵鐘	—	116.1	96.4	19.7	55.3	20.4	天安2年(858)
神護寺梵鐘	—	149.0	120.8	28.2	80.3	23.3	貞観17年(875)
栄山寺梵鐘	—	157.4	128.6	28.8	89.1	22.4	延喜17年(917)
大峯山寺鐘	—	119.7	101.9	17.8	66.8	17.5	天慶7年(944)
石山寺梵鐘	—	153.3	124.2	29.1	88.8	23.4	
唐招提寺梵鐘	—	155.6	131.3	24.3	91.2	18.5	
讃岐国分寺梵鐘	—	148.3	122.3	26.0	88.2	21.3	
三河国分寺梵鐘	—	(137.9)	(118.8)	(19.1)	82.4	(16.1)	
本願寺梵鐘	—	(125.1)	(109.1)	(16.0)	75.5	(14.7)	
善徳寺梵鐘	—	149.7	119.3	30.4	78.4	25.5	
勝林院梵鐘	—	141.1	113.3	27.8	76.0	24.5	
土佐国分寺梵鐘	—	(81.0)	(69.4)	(11.6)	47.3	(16.7)	
延光寺半鐘	16-6	33.6	27.1	6.5	23.2	24.0	延喜11年(911)
井上氏蔵半鐘	16-4	22.6	17.3	5.3	16.0	30.6	貞元2年(977) 東京都庵ノ前出土
正念寺半鐘	16-5	29.0	23.1	5.9	17.4	25.5	
畠山氏蔵鉄鐘(半鐘)	16-3	43.4	35.9	7.5	31.4	20.9	長野県牧ノ原出土
大竹廃寺鉄鐘(半鐘)	16-1	25.0	21.8	3.2	22.0	14.7	
伝衣川村鉄鐘(半鐘)	16-2	(30.0)	24.7	(4.0)	22.2	16.2	
復元鉄製鐘	**16-7**	**37.9**	**26.8**	**11.1**	**26.0**	**41.4**	**向田A遺跡鋳型**
成田市半鐘	16-8	42.0	34.2	7.8	29.4	22.8	宝亀5年(774) ＊奈良時代
広隆寺鉄鐘	16-9	46.1	34.2	9.4	31.2	27.5	建保5年(1217) ＊鎌倉時代

(　)は推定値を示す。

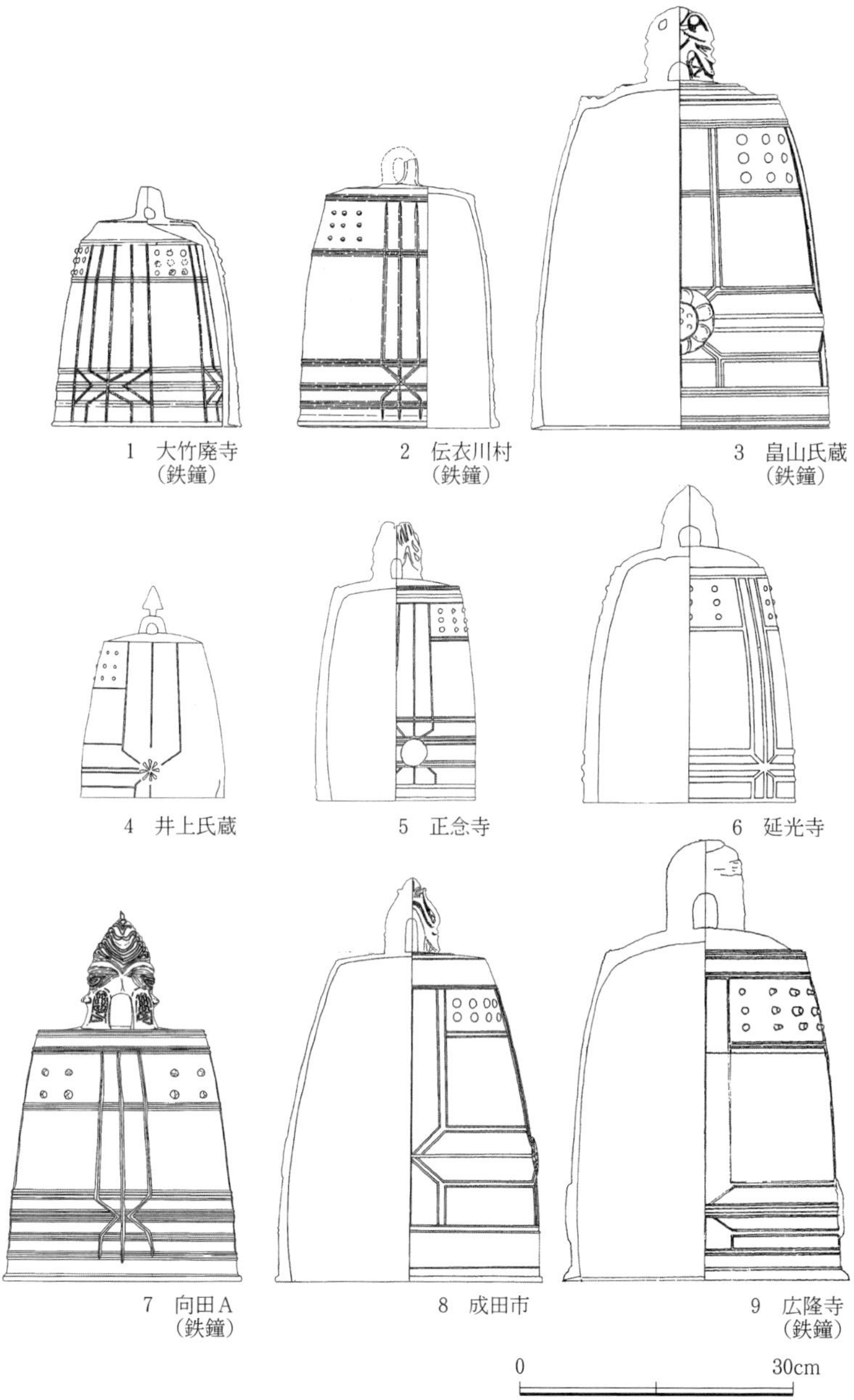

図16　喚鐘集成図（1本堂1977，2安田ほか1988，3～6・8・9奈良国立文化財研究所編2003，7吉田2005，による）

灌頂幡・鐘鉢各一口、五色綵各五尺、綿五屯、布一十端、鍬一十枚、鞍一具を賜う」という記事が見られる。さらに同年七月一日の条にも、「陸奥蝦夷沙門自得が請うた金銅薬師仏像、観世音菩薩像各一体、鐘、沙羅、宝帳、香炉、幡等を賜う」という記事がある。これらの記事からは、七世紀後半には僧侶に対し、中央から仏像や鐘、香炉・鉢などが与えられていたことが理解でき、逆に考えれば、上記の道具は古代寺院あるいは僧にとっては必要不可欠なものであったと言える。

向田A・山田A両遺跡では、梵鐘のほか、火舎香炉や風鐸、足釜、三鈷杵などが生産されていた。これらはいずれも寺院に関連する所謂雑密の密教具であり、平安時代九世紀前半には、その用途も含めて使用目的に則った鋳物生産が行われていたのであろう。しかしながら、これらの雑密具が納められた直後には、最澄・空海が中国から学んだ密教（純密）が広まり、これらの密教法具に取って代わられるのである。

参考文献

會田富康『鋳金・彫金・鍛金』理工学社、一九七五年
朝岡康二「鍋・釜」『ものと人間の文化史』七二、法政大学出版局、一九九三年
網野善彦ほか（編）『日本民俗文化大系』14「技術と民俗」下、小学館、一九八六年
石野　亨『鋳造技術の源流と歴史』クオリ、一九七七年
五十川伸矢『相州小田原山田家の鉄鍋作り』「たたら研究会創立四〇周年記念製鉄史論文集」たたら研究会、二〇〇〇年
遠藤元男『日本職人史の研究』5「建築金工職人史話」雄山閣、一九八五年
遠藤元男・小口八郎『日本の伝統技術と職人』槇書店、一九七五年
大熊恒靖「復元鉄鐘の音響特性」『福島県文化財センター白河館　研究紀要二〇〇五』福島県教育委員会・㈶福島県文化振興事業団、二〇〇五年
岡山秀吉『塗物術』大倉書店、一九二二年

鹿取一男『美術鋳物の手法』アグネ、一九八三年
小暮伸之ほか「山田A遺跡」『相馬開発関連遺跡発掘調査報告』V、福島県文化財調査報告書第三三三集、一九九七年
佐藤健二「相馬地域出土鋳型から復元した鉄器類の鋳造実験と組織観察」『福島県文化財センター白河館　研究紀要二〇〇五』福島県教育委員会・㈶福島県文化振興事業団、二〇〇五年
杉山　洋「梵鐘」『日本の美術』第三五五号、至文堂、一九九五年
鈴木　勉「鋳鉄製品の表面仕上げについて」『福島県文化財センター白河館　研究紀要二〇〇五』福島県教育委員会・㈶福島県文化振興事業団、二〇〇五年
鈴木勉・浜田義玲「出土鋳型からの鉄製梵鐘の復元」『福島県文化財センター白河館　研究紀要二〇〇五』福島県教育委員会・㈶福島県文化振興事業団、二〇〇五年
宋応星著、藪内清訳注『天工開物』「八　鋳造」平凡社、一九六九年
坪井良平『日本の梵鐘』角川書店、一九七〇年
鳥取市歴史博物館（編）『梵鐘～鐘をめぐるものがたり～』鳥取市歴史博物館、二〇一一年
中里壽克『伝統的焼付漆技法の研究―文献に見る焼付漆及びその研究の歴史―』保存科学第三七号、東京国立文化財研究所、一九九八年
奈良国立文化財研究所（編）『梵鐘実測図集成（上）』ビジネス教育出版社、二〇〇三年
福島県文化振興事業団福島県文化財センター白河館（編）『「クロガネの鋳物」展示解説図録』福島県教育委員会・㈶福島県文化振興事業団、二〇〇六年
本堂寿一『鉄器の保存処置と新知見について』北上市立博物館研究報告第二号、一九七七年
安田　稔「考察　第1章第4節鋳型」『相馬開発関連遺跡発掘調査報告』I、福島県文化財調査報告書第二一五集、一九八八年
安田稔ほか「向田A遺跡」『相馬開発関連遺跡発掘調査報告』I、福島県文化財調査報告書第二一五集、一九八八年
吉田秀享「平安時代の鋳鉄製品―出土鋳型からの研究復元―」『福島県文化財センター白河館　研究紀要二〇〇五』福島県教育委員会・㈶福島県文化振興事業団、二〇〇五年

〔付記〕　本章に掲載の遺跡や復元品の写真は、福島県文化財センター白河館の承認を得て掲載しています。

六　金属容器

桃崎祐輔

1　中・韓・日間の伝播

日本列島では、殷周秦漢の中国で発達した青銅彝《い》器は皆無である。ただし弥生後期の対馬・佐護クビル遺跡では漢代の銅鍑《ふく》が出土している。また古墳時代中期には兵庫県行者塚・和歌山県貴志川丸山古墳などに北方系の鉄鍑《てつふく》が見られるほか、魏晋南北朝期に発達した火熨斗《ひのし》は奈良県新沢一二六号墳や大阪府高井田山古墳などの例がある。法隆寺・東大寺などの大刹では、銅鋺や水瓶などの金属容器を大量に伝世し、柄香炉《えごうろ》、唾壺《だこ》、鐎斗《しょうと》など一般集落や古墳では出土しない器種も含まれている。またいまのところ列島のみに見出される鉄柄銅杓《てつえどうしゃく》のような器種もある。このような中で、墳墓・集落・寺社官衙の別を問わず、多く見出されるのが銅鋺と、これを模倣した土器類である。近年、朝鮮半島諸国の古代寺院址の舎利荘厳の解明、東京国立博物館による法隆寺献納宝物の調査、中国での相次ぐ銅器窖蔵《こうぞう》（貯蔵所）の発見などの調査成果を受けて、鋳銅容器の技術系譜の解明が大きく進展した。よって最新成果を踏まえた新たな銅鋺論や金属器模倣土器論が求められる。

銅鋺の製作技法は、まず全体をごく大まかに鋳造し、鋳造後に硬化処理し、轆轤《ろくろ》で回転させ、工具で器壁を薄く削り整形した「鋳造挽物」を主体とし、さらに脚部などの付属部を溶接あるいは鋲留する。轆轤挽きで鑿《のみ》を当てるさい、条線を刻み装飾を加えるため、独特の切削・研磨光沢を帯び、鉛の含有量の多さも轆轤挽きと関係する。中国漢代以前の伝統的な銅容器類とは製作技法や合金成分が異なり、六朝に西域から新技術が導入されて、初めて製作可能となる新来の容器で、その伝播経路と普及契機は、仏教・寺院建築・仏像の東漸と密接に関わる。

こうした特性は、中・韓・日間の文物・文化伝播を示し、東アジア全域の技術系譜や国際的実年代網の構築が期待される。さらに金属容器の普及は金属器模倣陶器・土器の発生を促し、食器の階層分化へと発展し、中国王朝の宮廷儀礼典範の整備と結びついたため、東アジア全域への冊封体制網の拡大に伴い、中華帝国を中心とした食器体系の様式的な拡がりを形作っている。

一方、銅鋺に比べると事例は少ないが、仏教を介したインドから中・韓・日への鋳造挽物技術の系譜を端的に物語る遺品に銅水瓶がある。本章では鋳造挽物である銅鋺と銅灯盞《とうさん》、銅水瓶を中心に通覧するとともに、対比のため挽物工程を伴わない銅火熨斗・銅鐎斗にも触れる。

2　研究略史

日本　小田富士雄氏は日本の銅鋺には百済タイプと古新羅タイプがあり、承台を伴う第Ⅳ形式はすべて百済タイプ、承台を伴わないⅢ形式1類は古新羅タイプであるとした。日本では百済タイプが主流だが、脚台形式は韓国に見られないとし、国産の可能性があり、七世紀の初期仏教文化に関連する遺物であるとした（小田一九七五）。

毛利光俊彦氏は、古墳出土銅鋺の増加する時期が、仏教文化の盛行と一致すること、副葬古墳が東日本に偏在することから畿内政権による地方豪族把握の手段として利用されたとの見解を示した（毛利光一九七八）。その後銅鋺＝仏器とする見解を若干修正し、実用のしかも豪華な食器として豪族層の生活にかなり浸透していたとみる（毛利光一九七八）。

西弘海氏は、朝鮮三国の仏教文化の一要素として金属製容器が六世紀末以降導入され、七世紀初頭以降、土師器・須恵器に金属器の模倣が現れることを指摘し、精選胎土でヘラミガキ・暗文が施された飛鳥の土師器を「金属器指向型」と評した（西一九八二）。

毛利光俊彦氏は『古代東アジアの金属製容器』Ⅰ・Ⅱにおいて、中国・朝鮮半島・日本の膨大な金属容器全体の大綱をまとめ、海外資料の網羅的な検討を達成した（毛利光二〇〇四・二〇〇五）。

桃﨑は、倭の銅鋺が、百済からの技術導入を契機に生産開始されつつも、朝鮮半島地域に直接の祖形が存在しないことから、隋銅鋺の器形を模倣していると考えた（桃﨑二〇〇六ａｂ）。

韓国　百済武寧王陵の発掘調査では、南朝の陶磁器類と多数の銅鋺が出土し、報告では金属器模倣陶器との比較検討も行われた（大韓民國文化財管理局一九七三）。

李蘭英氏は雁鴨池《アナプチ》例を中心に統一新羅期の銅器類を検討した（李蘭英一九八三）。さらに『韓国古代金属工芸研究』をまとめ、新羅・伽耶《かや》古墳出土の有蓋銅鋺や模倣土器を集成し、高句麗に系譜が辿れることを指摘した（李蘭英一九九一）。

李漢祥氏は、武寧王陵出土銅鋺群の再実測・報告を行った（李漢祥一九九四）。

朴光烈氏は瑞鳳塚《ずいほうづか》・壺杅《こう》塚の年代推定にあたり大型蓋鋺の型式学的検討を行った（朴光烈一九九九）。

また最近、山本孝文氏は、百済地域における銅鋺と模倣土器の関係について論じている（山本二〇〇五）。

周炅美氏は武寧王妃に副葬された銅托銀盞を検討し、銅托裏面の蓮華を捧げ持つ人面鳥線刻が中国南朝系の仏教的モチーフであることを指摘した（周炅美二〇〇六）。

中国　桑山正進氏は、唐代金銀器の原型となる金属杯が西方から先んじて南方地域に入り、これを模した陶杯も盛んに製作されたと推定した（桑山一九七七・一九七九）。

矢部良明氏も、紀年銘資料を伴う中国南北朝墳墓出土の王子形水瓶・銅鋺を通覧し、模倣陶器との関係にも論及した（矢部一九八五）。

孫机氏も、唐李寿石槨線刻壁画の分析に関連して金属製高脚杯の検討を行っている（孫机一九九六）。

斉東方氏は、中国六朝～唐代に確立する鍛造・鋳造挽物《ひきもの》は在来器形ではなく、西域の金属器を原型とすることを指摘し、隋唐金属器とササン朝・ソグド金銀器の関係を整理した（斉東方一九九九）。

冉万里氏は、研究・発見史を総括し、唐代金銀器の紋様意匠の系譜や年代、施文対象となった諸器形を網羅的に編年し、当該分野を集大成した（冉万里二〇〇七ほか）。

岡村秀典氏は、河北省定州市北魏塔基出土の石函《せっかん》（四八一年）、江蘇省江都顕大橋果園場銅器窖蔵（梁代、五〇二～五五七年）の銅器類を分析し、銅・錫《すず》の二元系合金と、鉛を含む三元系合金があること、銅器の内外面に獣紋や蓮華紋をタガネ彫りする技法は従来八世紀にソグド系金銀器が唐代中国に流入して出現するとみられていたが、それに先立ち、西域風紋様の響銅製高足杯が六世紀中ごろの南朝にすでに存在していたことを指摘した（岡村ほか二〇一二・二〇一三）。

中野徹氏は、中国の金工史を総覧する中で南北朝期に導入された響銅器が隋唐代に陶范鋳造の青銅器具をしのぐようになるとし、長頸瓶や脚杯はビザンチンやローマにさかのぼることも指摘している（中野二〇一五）。

3 研究の前提

鋳造挽物銅鋺の製作技術 響銅《きょうどう》(佐波理)は、銅・錫を主成分とする青銅の一種で、鋳造時に七〇〇℃まで徐々に冷却し、六〇〇℃以下となってから急冷するか、鋳造後、六五〇~七〇〇℃程度の焼入れを繰り返すことで、轆轤や刀による器面の削り加工に適った組織構造となる。これは鋳型の製作技法にも影響を及ぼした。したがって、響銅の移入は技術革新として、工芸史上でも画期的な意義をもつ。こうした響銅製品を朝鮮半島や日本でも作るには、当然、技術の伝播が不可欠で、その歴史的背景の解明が求められる。

群馬県鳥羽遺跡出土銅鋺の復元実験も行われている。この銅鋺は、非破壊分析で銅八〇%前後、錫二〇%前後の「佐波理」合金製と推定されたが、鉛の含有量を増やさなければ鋳造しにくいことから、銅八〇%、錫一七・五%、鉛二・五%の比率で復元製作された。やや厚手に鋳造された器体を金工轆轤にかけ、内外面に仕上鉋《かんな》・鑢《やすり》掛けを施した(桜岡・神谷一九九八)。水瓶のような立体的なものは横轆轤、蓋や承盤など低いものは正位の轆轤が使用されたと想像される。

4 銅鋺の変遷

中国における銅鋺・模倣器形の変遷

①魏晋南北朝期の様相――広州市下塘獅帯崗M五号墓は、東晋早期、四世紀前半ごろの墓で、銅鐎斗、銀器、ササ

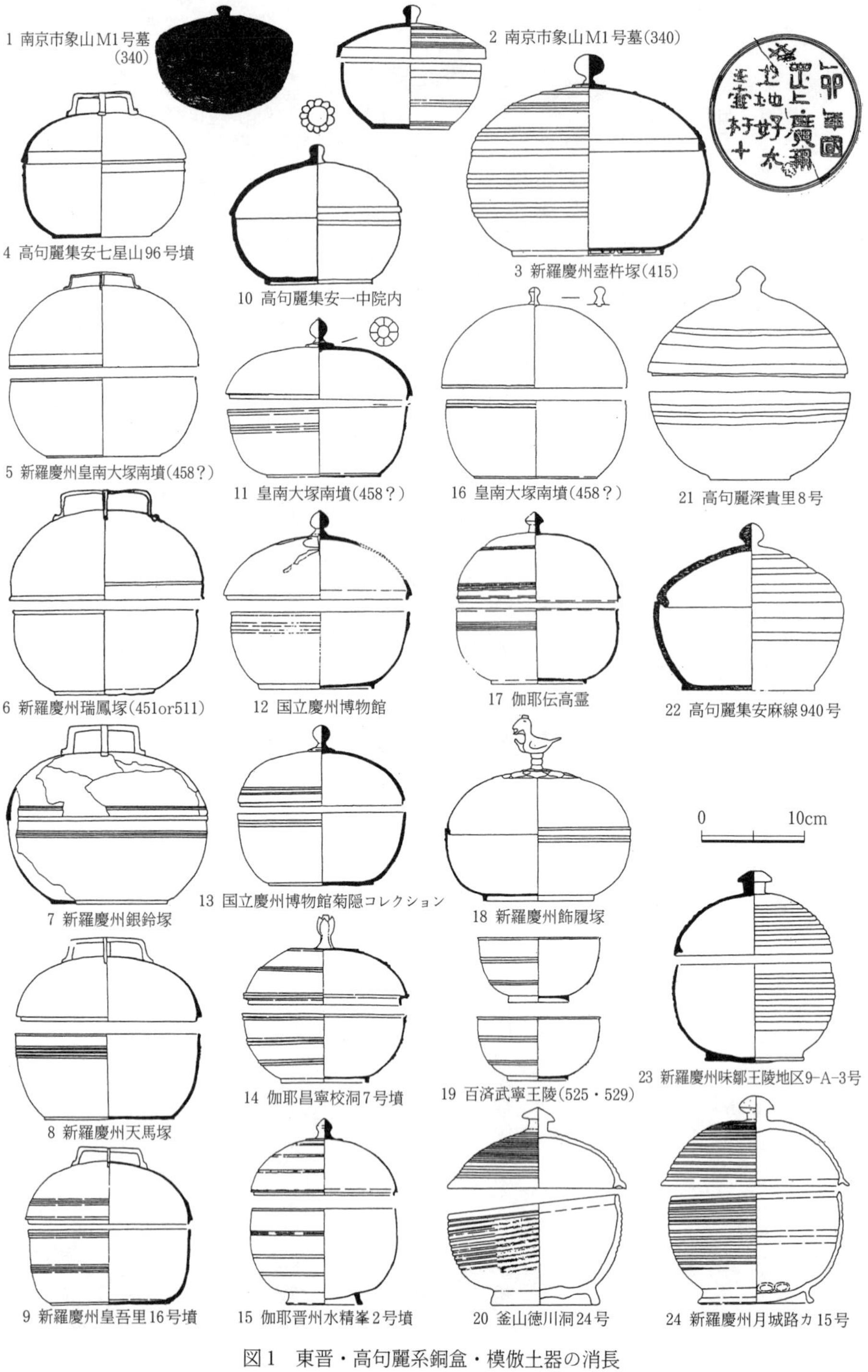

図1　東晋・高句麗系銅盒・模倣土器の消長

ングラス皿片とともに、二個体の銅鋺（口径一六センチ・一三センチ）が出土した。いずれも紙のように薄く表面に光沢を残し線条をとどめる、とあるから鋳造挽物であろう。いずれも内部で三〇%、表面には七〇%もの錫を含み、海外製品の可能性が指摘された。中国の鋳造挽物銅鋺が、西域から導入されたことを示唆している。

江蘇省南京市象山M一号墓では、東晋咸康六年（三四〇）に没した王興之の墓誌と、厚手平底の蓋付鋺（口径一四・五センチ）が出土した。蓋には珠形の鈕が付く（南京市文物管理委員会一九六五）。

遼寧省西官営子《せいかんえいし》一号墓は太平七年（四一五）没の北燕馮素弗の墓と断定された。印綬《いんじゅ》やガラス器、馬具とともに承《う け》台《だい》付銅鋺が出土した。鋺底部には擬高台様の突起を伴う（黎瑶渤一九七三）。二〇一五年に正式報告が刊行され、承盤付金銅碗と同形の玉碗の存在、銅鋺が複数存在すること、膨大な量の六朝銅容器や土器類などの総体が明らかにされた（遼寧省文物考古研究所二〇一五）。

河北省定州市北魏塔基出土の石函には孝文帝が太和五年（四八一）に五重仏塔を造営したことが記され、ササーン朝銀貨四一枚などの舎利荘厳具を奉納していた。無台の銅鋺（口径一一センチ）は、外面に忍冬唐草文を刻む。また銅匙《どうさじ》三点（一七・六～二〇・三センチ）が共伴した（河北省文化局文物工作隊一九六六）。京都大学の岡村秀典氏、中国社会科学院の朱岩石氏らの共同研究で、銅鋺一点と銅匙三点が分析され、銅鋺は銅九二%、錫七%前後、鉛をほとんど含まない銅錫二元系合金で、銅匙は銅四五～七〇%、錫一八～三七%、鉛五～一三%という錫の多い三元系合金と判明した（岡村ほか二〇一二、韓立森ほか二〇一三）。

福建省政和県松源M八三一号磚室墓では、「宋大明六年（四六二）」銘塼や蓮弁文碗、盤口壺を伴って厚手の高台付銅鋺が出土した。

福建省閩侯県荊渓郷関口村橋頭山一号磚室墓では、銅鐎斗、古越磁（唾壺・碗）、方格規矩鏡とともに有帯盤銅杯

（口径六・八㌢）が出土した。共伴遺物より五〇〇年前後と推定される。

貴州平垻県夏雲尹関平M7墓では、断面半球形の体部と盤・蓋を組み合わせた銅托杯が出土した（貴州省文物考古研究所ほか二〇一六）。また馬場三六号墓では、断面台形の体部に筒状高台がつく碗と、盤・蓋を組み合わせた承台付銅鋺が出土した。六世紀前半ごろか（貴州省博物館考古組一九七三）。

応城市高廟林場南朝塼墓では、無高台で上げ底・鉉紋を廻らす銅鋺（径九・七㌢）とこれに伴う銅盆（径一三・六㌢）が出土した。六世紀前半の年代が推定される。

広州市第十六中学校校地M九号墓では、銀灰色で厚手裾拡がりの高台が付く銅鋺（口径七・七㌢、高台径二・七㌢、高さ四・八㌢）が出土した。高台内面には「壬寅《じんいん》」のタガネ彫干支銘があり、中国の研究者は隋開皇二年（五八二）に比定する（広州市文物考古研究所編二〇〇五）。しかしこの銅鋺は、武寧王陵出土の小銅鋺と酷似する。武寧王は普通二年（五二一）に南朝に遣使し、五二三年に死去した。よって「壬寅」銅鋺は梁普通三年（五二二）とみられ、武寧王陵銅鋺の重要な対比資料となる（桃崎二〇一四）。

広東省遂渓県辺湾村南朝窖蔵では、大型の蓋付甕に内蔵されて鍍金銀鉢が出土した。器外面に蹴彫・毛彫文で亀甲《きっこう》繋文《つなぎもん》を施し、内部に魚文や有翼人物などを薄肉彫りで表現する。器に施された蓮弁意匠は武寧王妃銀鋺と酷似する（遂渓県博物館一九八六、斉東方二〇〇〇）。

江蘇省鎮江市区南郊金山園芸場銅器窖蔵では、一三点の銅器が出土した。銅火熨斗に梁「太清二年」（五四八）の朱書がある。銅鋺は、半球形よりも深い体部に裾広がりの高台が付く（劉興一九八五）。

江蘇省江都頸大橋果園場銅器窖蔵では四七点の銅器が出土した。中国側は梁代（五〇二〜五五七年）の窖蔵とみる。高足杯は体部下半に稜があり、脚台に一三〜一四段の匙面取りを施し、杯部の内外面に獣紋や蓮華紋・波浪紋・縄索紋をタガネ彫りする。従来、こうした獣紋は八世紀にソグド系金銀器が唐に流入して出現するとみられていたが、それに先立ち、六世紀中ごろの南朝に西域風紋様の響銅製高足杯が存在していたと判明した。銅鋺は金山園芸場出土品と同形である（夏根林二〇一〇）。なお和泉久保惣美術館蔵の走獣唐草文脚杯・承盤、唐草文脚杯は体部下半の鋭い稜、杯の内外面の蹴彫線刻、高い脚台の一二～一五段の匙面取りが大橋果園銅器窖蔵例と酷似する。また和泉久保惣美術館所蔵の胡《こ》人《じん》獣紋杯は隋～初唐とみられてきたが、岡村秀典氏は、形態と法量、縄索紋や鹿の表現、彫刻技法は大橋窖蔵の圏足鋺・高足杯に近似し、微量の砒素を含む特徴も近似するとし、口縁部の波状唐草紋や対置パルメット意匠が東魏・北斉と共通することから六世紀中ごろまで遡るとする（岡村ほか二〇一二）。

山西省寿陽県北斉庫狄廻洛墓は、北斉太寧二年（五六二）に没した庫狄廻洛と夫人の合葬墓で、有段銅鋺など鍍《と》金《きん》銅器が六〇点以上出土したがいずれも小型で葬送用の明器と思われる。

②隋から初唐の様相――長沙一号隋墓（長陸三号墓）では二点の無台銅鋺（口径一五・五㌢・一一㌢）が出土した。二号墓（長黄三五号墓）でも大型の無台銅鋺（口径一六㌢、高七・二㌢）が出土した。内部には隋開皇元年（五八一）初鋳の「五銖白銭」一二枚を納める。法隆寺に伝世する二組の八重鋺のうち、一号セット七番鋺（口径一六・三㌢、高七・二㌢）と法量・形状がほぼ同一である。湖南長沙赤峯山二号墓では鍍金錫有節高足杯・入れ子状の三つ重ねの無台銅鋺（口径一六・七㌢・一七・五㌢・一八・五㌢）銅匙・銅箸一対、銅薫炉などが開元通宝（初鋳六二一年）八枚とともに出土し、初唐の墓とみられる。

③高脚杯の出現をめぐる諸問題――夏鼐氏は一九七〇年に山西省大同北魏平城遺址より出土した三点の鍍金銅杯を取り上げ、葡萄唐草門やローマ風の人物肉彫、アーカンサスなどの表現から、西アジアか中央アジア産とみた（夏鼐一九七八）。これに対し、斉東方氏は高足杯の起源を詳細に検討し、黒海沿岸のサラトガ、マーラヤ・ペレシチェピ

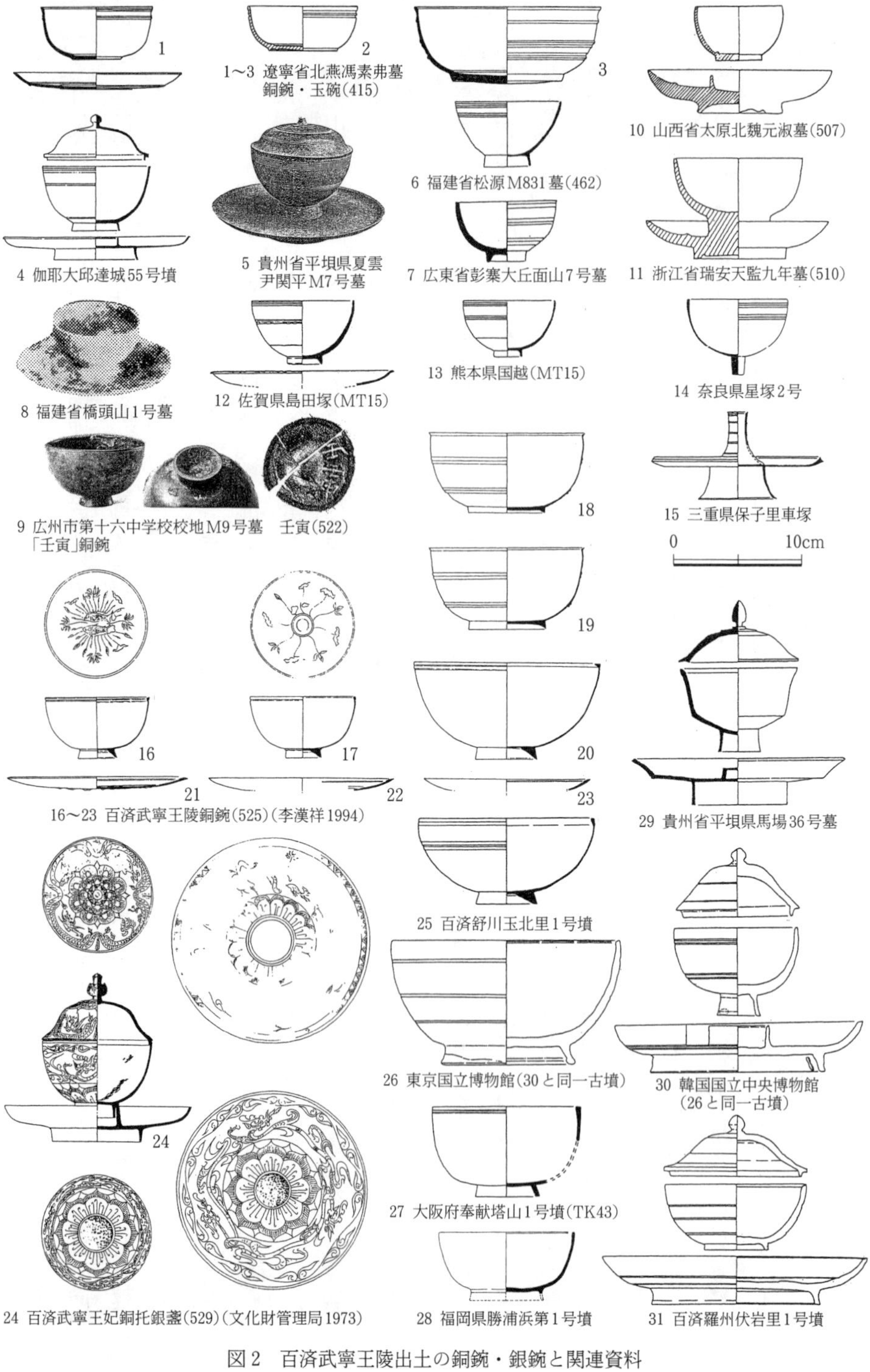

図2 百済武寧王陵出土の銅鋺・銀鋺と関連資料

ナ遺宝金銀杯との類似を根拠に東ローマ製と考え（斉東方一九九九）、文様意匠を検討した冉万里氏もこれを支持する（冉万里二〇〇七）。大同出土品は拓跋珪の平城遷都（三九八年）～孝文帝の洛陽遷都（四九三年）の間か、その直後ごろとなるだろう。夏鼐氏はまた、隋大業四年（六〇八）の李静訓墓出土の金高足杯・銀高脚杯もササン朝の製品と考えた（夏鼐一九七八）。斉東方氏はまた、内蒙古畢克斉鎮で出土した二点の銀高脚杯について、人骨一体、東ローマ金貨（レオ一世：四五七～四七四年）、金指輪二、牙籥、刀鞘、銅環、牛骨、金製頭飾など非中国的な遺物群と共伴したことから、客死した外国商人の埋葬と考え、高脚杯は隋～初唐に東ローマの影響で出現したと考えた（斉東方一九九九）。また斉氏・冉氏とも、形態が類似する高脚杯はガラス・玉・白磁・青磁・釉薬・金銀銅製に及ぶため、中国で模倣された製品が含まれていると考えている。

メトロポリタン博物館所蔵の「アンティオキアの聖杯」は、東ローマ、六世紀前後の大形の脚付杯（高さ一九・〇チセン、口径一五・二チセン）で、全面に葡萄《ぶどう》唐草と花文を浮彫にするが、大同出土品はこの種の聖杯をスケールダウンしたと理解することができる。なお大同出土鍍金銅鋺のうち二点は、脚部に球状の膨らみがあるが、この特徴はその後の隋唐代の高脚杯に受け継がれる。広西省欽州市久隆一号墓では、球状の膨らみのある緑色ガラス高脚杯も出土している。湖南省長沙六号隋墓（長絲営六）の銅高足杯は脚部が無節ラッパ状で口縁端部が朝顔形に開く。山西省太原隋斛律徹墓（五九七年）白磁杯と形態・法量が酷似する。ボストン美術館には、高脚に球状膨らみがある白磁高脚杯があるが、これも隋～初唐であろう。

これに対し湖北省当陽長坂坡一号磚墓で、高脚台付銅鋺、胴張り型の銅水瓶、銅製唾壺、柄香炉が出土した（宜昌地区考古隊一九八三）。報告者は北魏墓の可能性を指摘するが、共伴した鵲尾形柄香炉は河北省定州市静志寺地宮納入品（隋大業二年〈六〇六〉）や法隆寺献納宝物二八一号真鍮《しんちゅう》香炉（「山背大兄王御持物」の後代墨書銘。山背大兄王は六四

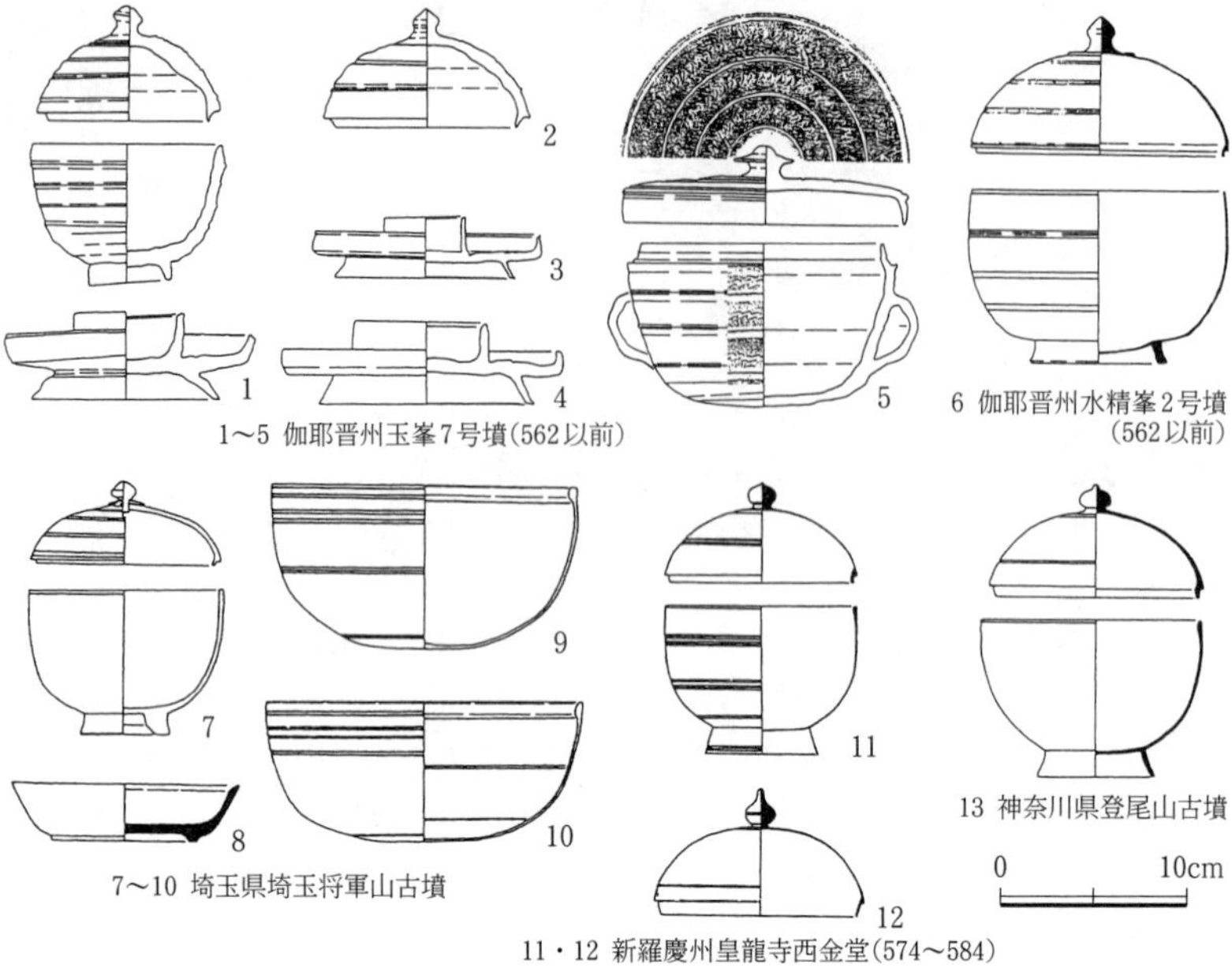

図3　埼玉将軍山古墳の銅鋺・石碗と伽耶・新羅の類例

三年没）よりも古相を示し、南北朝末〜隋代に位置づけられるため、隋〜初唐墓と考えたい。丹陽銅鏡青瓷博物館には、ほぼ同形同法量（高一二・四㌢、底径七・一㌢）の古越磁脚付杯が所蔵され、隋代のものとされている（陳鳳九二〇〇七）。

なお長坂坡一号墓の脚台付銅鋺（高一二・六㌢、底径五・二㌢）は、宝珠形鈕をもち、脚部の裾が無節のラッパ状をなすなど、日本列島の脚台付銅鋺の形状に類似するとともに、真鍮製鍛造鍍金の法隆寺献納宝物N二五五号脚付鋺（高一二・〇五㌢、底径五・一㌢）と形状・法量が酷似し、両者が没交渉とは考えがたい。よって法隆寺M二五五号脚付鋺は隋からの舶載品と考える。

④寺院相輪との関係――『洛陽伽藍記』は、北魏熙平二年（五一七）に着工し、神亀二年（五一九）に落慶した洛陽の永寧寺九重塔について、「承露金盤三十重」と記す。すなわち塔頂上には傘蓋《さんがい》が三〇も重ねられており、その部品は鋳造挽物と考えられる。玄奘の

『大唐西域記』巻二によれば、カニシカ王塔には二五層もの金銅相輪《そうりん》（仏塔の最上部の部分）があったというから、その原型や技術遡源も西域に求められよう。

三国・統一新羅期の銅鋺の変遷

〔高句麗〕　新羅慶州壺杅塚で出土した好太王銅壺杅《どうこう》（最大腹径二四㌢）は、球状鈕の蓋を被せた青銅盒《ごう》で、高台内側に陽刻で「乙卯年国岡上広開土地好太王壺杅十」と鋳出す。好太王死去（四一二年）後の乙卯年＝長寿王三年（四一五）に製作され、広開土王陵の祀廟に用いた祭器とみられ、一〇〇年以上伝世して副葬された。高句麗が東晋系の鋳造挽物技術を受容したことを明確に示す（李蘭暎一九九二）。

〔百済〕　武寧王陵出土墓誌は武寧王の没年が五二三年、埋葬が五二五年であることを記し、これに添えられていた鉄製五銖銭は梁武帝の普通四年（五二三）の初鋳とされている（大韓民國文化財管理局一九七三）。

武寧王陵の銅鋺群は、鉢一（最大径二〇㌢）、大型鋺三（径一二・二～一四・七㌢）、小型鋺五（径四・五～四・七㌢、径八・三～八・六㌢）、皿三（径一三・〇～一四・七㌢）からなる（李漢祥一九九四）。また武寧王陵王妃棺付近出土銅托銀鋺（鋺径八・一㌢、托径一四・八㌢）は、鋺の高台の周囲と蓋鈕に八葉単弁の蓮華紋、外面には雲竜・鳳凰を配する。鈕座には蓮弁状金具が付く。武寧王妃は五二六年に死亡し、五二九年に埋葬された。なお広東省遂渓県辺湾村南朝窖蔵では、武寧王妃銅托銀鋺と酷似する蓮華文意匠の鍍金銀杯（遂渓県博物館一九八六）が出土した。

全羅北道の高敞鳳徳里一号墳四号石室では、金銅飾履、金製耳飾とともに銀製托盞《たくさん》が出土したが、金属鋺を伴わず、共伴した漆器に伴うものかとされていた（馬韓・百済文化研究所・高敞郡二〇〇九）。その後本古墳の承台付銅鋺が公表され、公州博物館で展示された。本古墳では須恵器子持壺が鈴付高杯に載せられた状態で出土し、古越磁の青磁盤口壺も出土したため、中国・日本・韓国の交差編年資料としてその価値ははかり知れないものがある。五世紀末前後となろう。

舒川玉北里一号墳では、武寧王陵大型鋺に類似する銅鋺が出土した（田鎰溶二〇〇五）。

『梁書』百済伝には、「中大通六年（五三四）、大同七年（五四一）、累ねて遣使して方物を献ず。幷せて涅盤《ねはん》（＝槃）等の経義、毛詩博士、幷せて工匠・画師等を請う。勅して並びにこれを給う」とある。さらに『三国遺事』には大通元年丁未（五二七）、熊川州に大通寺を創建したとあり、公州市班竹洞から「大通」銘瓦や講堂基壇が出土した。南朝工匠に舎利容器や相輪、伏鉢の製作にあたる鑪盤《ろばん》師が含まれていたなら、百済の銅鋺生産開始もこのころであろう。

『三国史記』には法王二年（六〇〇）春正月条に、「王興寺を創す」、武王三十五年（六三四）春二月条に、「王興寺成る。その寺は水に臨み、彩飾壮麗である」とある。また『三国遺事』巻三・法王禁殺条に「王興寺を時の都泗沘城に創した。王の没後子の武王があとをついで完成した」と記す。二〇〇九年、縦横一四㍍もの巨大な木造塔基と心礎が検出された。舎利荘厳具は円筒形の青銅製舎利外容器（直径七・五㌢、高八㌢）に銀瓶、金瓶を納めた三重構造で、青銅製外容器に「丁酉年二月／十五日百濟／王昌爲三王／子立刹本舎／利二枚葬時／神化爲三」の刻銘があり、五七七年二月十五日、死去した王子のために百済王・昌（威徳王）が寺を建てたと記す。王興寺出土瓦には飛鳥寺の「花組」「星組」と一致する一群があり、『日本書紀』敏達天皇六年（五七七）条の百済王が造仏工や造寺工を派遣したとする記事より、王興寺の造寺工匠がそのまま倭国に渡来し、さらに追加の工匠の派遣を受けて崇峻元年（五八八）に飛鳥寺（元興寺）を創建したとする見方が強まっている。

一方、銅鋺模倣土器では、韓国国立中央博物館蔵の見事な緑釉承台付碗は、白井克也氏の追跡調査により、東京国立博物館収蔵の出土地不明の緑釉高台付碗と同一古墳から出土した可能性が高い（白井一九九八・二〇〇四）。東博蔵緑釉碗と同様な碗片は扶余東南里遺跡でも出土している。

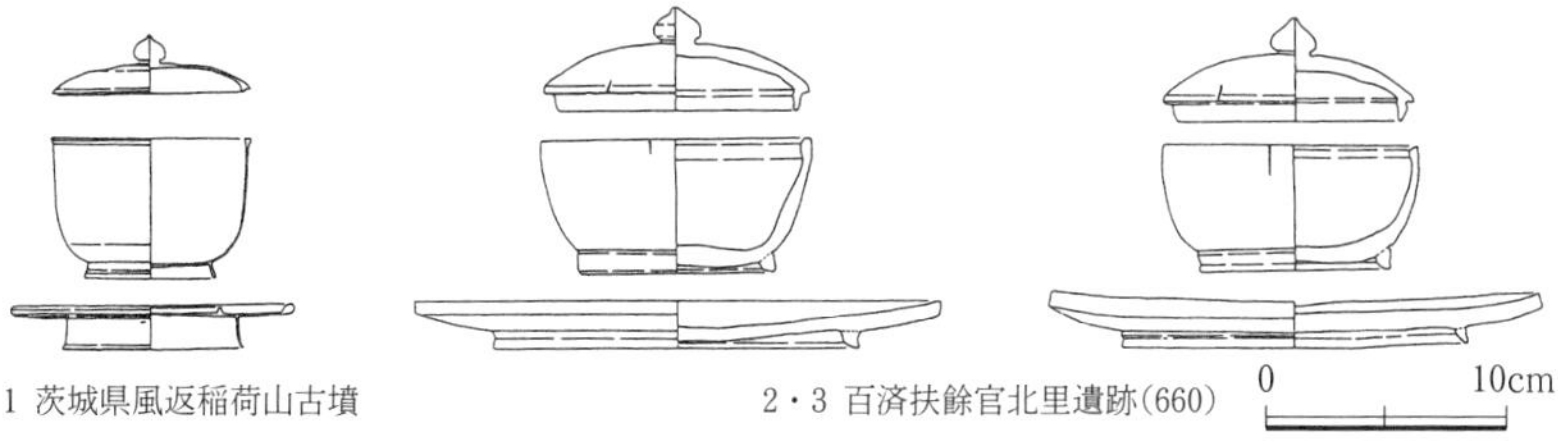

1 茨城県風返稲荷山古墳　2・3 百済扶餘官北里遺跡(660)

図4　風返稲荷山古墳の百済系銅鋺と百済の金属器模倣土器

全羅南道羅州の伏岩里一号墳石室では緑釉托鉢が出土した。宝珠鈕蓋・浅手の碗・深皿状の高台盤がセットをなし、承盤付銅鋺を模倣したと考えられる（林永珍ほか一九九九）。類似する形状の銅鋺が福岡県福津市勝浦浜第一号墳で出土している（横田一九八九）。伏岩里二号墳の墳丘東裾で採集された高台付椀は茨城県風返稲荷山古墳の銅鋺に類似する。

百済滅亡時の王宮とみられる扶餘《ブヨ》官北里遺跡では、百済末期灰色土器の宮廷儀器（蓋・高台付碗・承盤ほか）が器種ごとに重ねられた状態で廃棄されていた。被熱したものも交え、唐・新羅の侵攻で百済が滅亡した六六〇年ごろに火災で廃棄されたと推定される。扶餘旺浦里や扶餘辛岩里の火葬蔵骨器も同形で、同時期と考えられる。ドーム形の高台付球状碗は特殊な風船技法で製作されている。これに対し浅手の高台付碗に伴う蓋は、涙滴型宝珠《ほうじゅ》が付き、器高が低く返りが退化する点が茨城県風返稲荷山古墳出土の白銅鋺とよく似ているが、これに組み合う器高の低い高台付碗・承盤のセットは、法隆寺伝世品や長野県南方古墳、千葉県白山一号墳銅鋺と類似する。よって官北里遺跡の灰色土器類は、同一規格の有蓋銅鋺の存在を暗示し、また同形の火葬蔵骨器の存在は、上位階層の火葬蔵骨器や、仏塔納入舎利容器に銅鋺や銀鋺の使用をうかがわせる。さらに百済扶餘の宮南池遺跡では、大量の金属鋺模倣土器や、轆轤挽の木製高台椀の破片が出土しており、百済後期の「金属器志向」がうかがえる（山本二〇〇五）。以上、百済では銅鋺・緑釉陶器・陶質土器・木器（漆器）を組み合わせ食器の階層構造をかたちづくっていたと考えられる。

〔伽耶〕　大邱《テグ》達西五五号墳は竪穴系横口式石室墳で、新羅系山字形金銅冠が出土し、五世紀中葉の築造である。銅鋺（口径八・六㌢）は内被せの印籠《いんろう》蓋に宝珠鈕を伴う。南朝宋からの舶載品であろう。陜川玉田M三号墳や高霊池山洞四四号墳では、口縁が断面三角形状で、底部が丸底薄作の銅鉢が出土した。南朝製ならば、大伽耶王荷智の南朝遣使（四七九年）との関係も考えられる。

昌寧校洞七号墳では山字形冠や三葉環頭大刀、熨斗、有蓋銅鋺（口径一五・九㌢）が出土した。蓋は二条突帯を廻らし、三葉蕾形の鈕が付く。新羅に従属していた比自火国の王墓と考えられる。

晋州水精峯二号墳では大型の蓋付銅鋺（蓋径一三・八㌢、全高一四・四㌢）が出土した。蓋は返りのある半球形で宝珠形鈕を伴う。玉峰七号墳では蓋付銅鋺模倣土器が出土し、蓋・身とも弦文を廻らす。蓋は半球形で宝珠形鈕と返りを伴う（定森・吉井・内田一九九〇）。いずれも五六二年の伽耶滅亡前後とみられ、銅鋺模倣土器は埼玉将軍山古墳の蓋付銅鋺と形状・法量が近い。

〔新羅・統一新羅〕　新羅慶州瑞鳳塚出土の鍛造十字鈕銀盒は、蓋内外面に「延寿元年」銘があり、高句麗長寿王三十九年（四五一）説が有力である。皇南大塚南墳（四五八年か）盒の形状にも近く、四五一年製作説を支持する。

忍冬塚銅盒（胴径一九・〇㌢）は蓋縁に忍冬唐草文が廻る。河北省定州市北魏塔基（四八一年）石函銅鋺の忍冬唐草文と類似する。飾履塚では、鋳造挽物の鳥鈕青銅盒が出土し、新羅製とみられる。

新羅慶州皇龍寺の西金堂（五七四年着工、五八四年落成）基壇構築土中心部より出土した有蓋銅鋺（鋺径九・二㌢）・無台鋺は、六世紀後半の基準資料で、神奈川県登尾山古墳例と形態が類似する。

皇龍寺木造九層塔（六四三年着工、六四五年落成）は、金銅製舎利内函の刻銘に百済工匠阿非の参画を記す。心礎附近から出土した有蓋銅鋺は、宝瓶形のつまみが新羅慶州雁鴨池・法隆寺五重塔心礎・法隆寺献納宝物・岡山県定北古墳銅鋺蓋など七世紀後半の遺品と類似する。

慶州雁鴨池は、統一新羅初期の苑池遺跡で、『三国史記』文武王十四年（六七四）二月条の記事を初見とし、隣接する宮殿址が文武王十九年（六七九）条の東宮とみられ、池から儀鳳四年（六七九）銘瓦や調露二年（六八〇）塼、銅鋺・銅皿・銅匙類が出土した。有蓋銅鋺は丸い高台鋺に、特徴的な西洋梨形の宝珠形鈕蓋を伴う。稜鋺系の高台付鋺は七世紀後半～八世紀代と考えられる（李蘭暎一九八三）。

統一新羅期の慶州東川洞青銅工房遺跡の発掘調査では、多数の坩堝とともに、大型の銅鋺鋳型・中子、高台付銅鋺などが出土し、統一新羅期の銅鋺生産の一端がうかがえる（国立中央博物館二〇〇三）。

統一新羅期の慶州の勿川古墳群・窯跡群の報告では三国新羅後期の銅鋺模倣土器の編年案が示され、王都慶州からの様式発信が明らかにされた（韓国文化財保護財団一九九九）。

日本列島における銅鋺・模倣器形の変遷

〔南朝系銅鋺の出現〕　佐賀県唐津市島田塚古墳は、唐津湾岸の小規模な前方後円墳（三三・四㍍）で、横穴式石室より船載鏡、仿製鏡《ぼうせいきょう》、広帯二山式冠、眉庇《まゆひさし》付冑《かぶと》、金銅製三輪玉とともに、小型の銅鋺（径七・六㌢）と承台（径一三・七㌢）の口縁が出土し、赤色顔料を入れた須恵器蓋杯（MT一五型式）を共伴した。

八代海を望む宇土半島の熊本県不知火町国越古墳は前方後円墳（六二・五㍍）で、阿蘇溶岩切石の横穴式石室に石屋形状の石棺を内蔵する。銅鏡三、金製空玉、帯金具、鉄矛、雛形鉄製品、馬具などが出土した。銅鋺（径六・八㌢、高四・二㌢、高台径二・二㌢）は、南朝製の環状乳神獣鏡（江田船山鏡と同型）・獣帯鏡・対置式四獣鏡と共伴し、中国南朝・宋からの船載品とみられ、被葬者は南朝遣使に関与した可能性がある。従来六世紀中葉とされてきたが、MT一五期まで遡る可能性が高い。いずれの銅鋺も半球状で小さな高台がつき、胴に三段の弦文を廻らす（小田一九七五）。

〔半島製銅鋺の船載〕　大阪府羽曳野市飛鳥の奉献塔山一号墳の銅鋺（復元径一二㌢）は、高台がハ字状をなす。共伴銅釧・飾履・装飾大刀は武寧王陵例に類似し、白雲母片《しろうんも》も出土した（北野一九九四）。

埼玉将軍山古墳は六世紀後半の築造で、高台付銅鋺・無台鋺が出土した。高台付鋺は錫の含有量が多く白銅質で、宝珠形鈕を伴い弦紋をめぐらすドーム状蓋と、厚手で深く高台の厚い鋺部からなる。伽耶の玉峯七号墳出土銅鋺模倣土器と法量・形状が一致する。埼玉将軍山古墳では蛇行状鉄器や馬冑も出土し、被葬者は大伽耶滅亡（五六二年）前後に韓半島で活動していた可能性が高い。

神奈川県伊勢原市の登尾山古墳でも、新羅皇龍寺西金堂（五七五年）例に類似する宝珠形鈕付の有蓋銅鋺が出土し、現状では赤褐色の銅色を呈す。新羅からの舶載品と推定される。

茨城県霞ヶ浦市の風返稲荷山古墳《かざかえしいなりやま》では、金銅装馬具や装飾大刀とともに厚手の有蓋承台付銅鋺（鋺径八・四チセン、盤径一二・〇チセン）が出土した。本来銀白色の白銅碗であったらしい（桃﨑二〇〇〇）。羅州伏岩里二号墳の銅鋺模倣土器に類似し、また扶餘官北里百済王宮遺跡（六六〇年ごろ）の銅鋺模倣土器に型式学的に先行する。六世紀末〜七世紀前半の百済製品の可能性が考えられる。

〔倭の銅鋺国産化にみる二つの系譜〕

①百済の系譜――銅鋺製作に必要な鋳造挽物技術は倭の在来技術にはない。その受容時期について、『元興寺伽藍縁起』所収の「難波天皇之世辛亥（六五一年）正月五日　授塔露盤銘」には、「戊申（五八八年）始請百濟王名昌王法師及諸佛等　改遣上釋令照律師　惠聰法師　鏤盤師將德自昧淳」とある。すなわち崇峻元年（五八八）紀に百済から来日した鋳造挽物技術者の鑪盤師将徳自昧淳こそが、倭の銅鋺生産開始に参画したと考えられ、元興寺（飛鳥寺）建設との連動が推測される。

『日本書紀』巻第二十によれば、用命天皇二年（五八七）、蘇我馬子は、法興寺（飛鳥寺）に寺塔建立を誓願、翌崇峻天皇元年に百済から僧・寺工の来朝をまって工事が進められた。同時に百済国使が献じた仏舎利を安置すべく造立された塔は、推古天皇元年（五九三）、天皇自ら仏舎利を地下三㍍の刹柱礎中に奉籠、同四年十一月に功を了えた（『日本書紀』）。一九五六年からの飛鳥寺の発掘調査では、塔心礎舎利孔底より、銅鋺蓋片（復元径五・六㌢）が出土した。大阪府茨木市太田（三島）廃寺では、球状の有蓋銅鋺（口径六・五㌢）中に銀製・金製中箱を納めて舎利容器とし、石棺を思わせる石製外容器に内蔵していた。飛鳥寺例も同様な球状舎利容器の蓋と推定される。

②隋の系譜――六世紀末〜七世紀初頭の群馬県八幡観音塚B出土銅鋺や鳥取県谷奥一号墳は、胴部径に比して高台径がやや大きく、高い高台裾がラッパ状に外反する。類似する器形は、百済土器には見当たらない。

これに対し和泉市久保惣美術館蔵の狩猟文やギリシア・ローマ風人物を蹴彫した高台付響銅鋺（口径一二・八㌢、高九・一㌢）は、東ローマやササン朝ペルシャ、ソグド金属器を模倣し中国で製作したと推定される。外反する口唇部を除いた半球状の体部下半や、ラッパ状に外反する高台の比率は、八幡観音塚B銅鋺の祖型にあたると考えられる。銅器の内外面に獣紋や蓮華紋をタガネ彫りする技法は従来八世紀にソグド系金銀器が唐に流入して出現するとみられていたが、江蘇省大橋果園場銅器窖蔵の発見によって、久保惣美術館蔵品も六世紀中葉〜後半まで遡るとされた（岡村ほか二〇一二）。

さらに群馬県八幡観音塚A、茨城県伝玉里舟塚（実際は別古墳の出土品）、千葉県金鈴塚A・D、埼玉県小見真観寺古墳、静岡県賤機山古墳、三重県志島一〇号墳、香川県久本古墳、福岡県宮地嶽神社古墳、宮崎県池内一一号横穴墓、兵庫県伝大谷二号墳などで出土している承盤付銅鋺は、分鋳後接合された、一〇段余の匙面《さじめん》取りを施した特徴的な高脚をそなえワイングラス状を呈する。初期の型式とみられる群馬県八幡観音塚Aは、承台上に円錐棒状の突起に、高く匙面取りのあるラッパ状脚を差し込むソケット状の構造を示し、南北朝期の中国製銅鋺の影響を留めるのに対し、

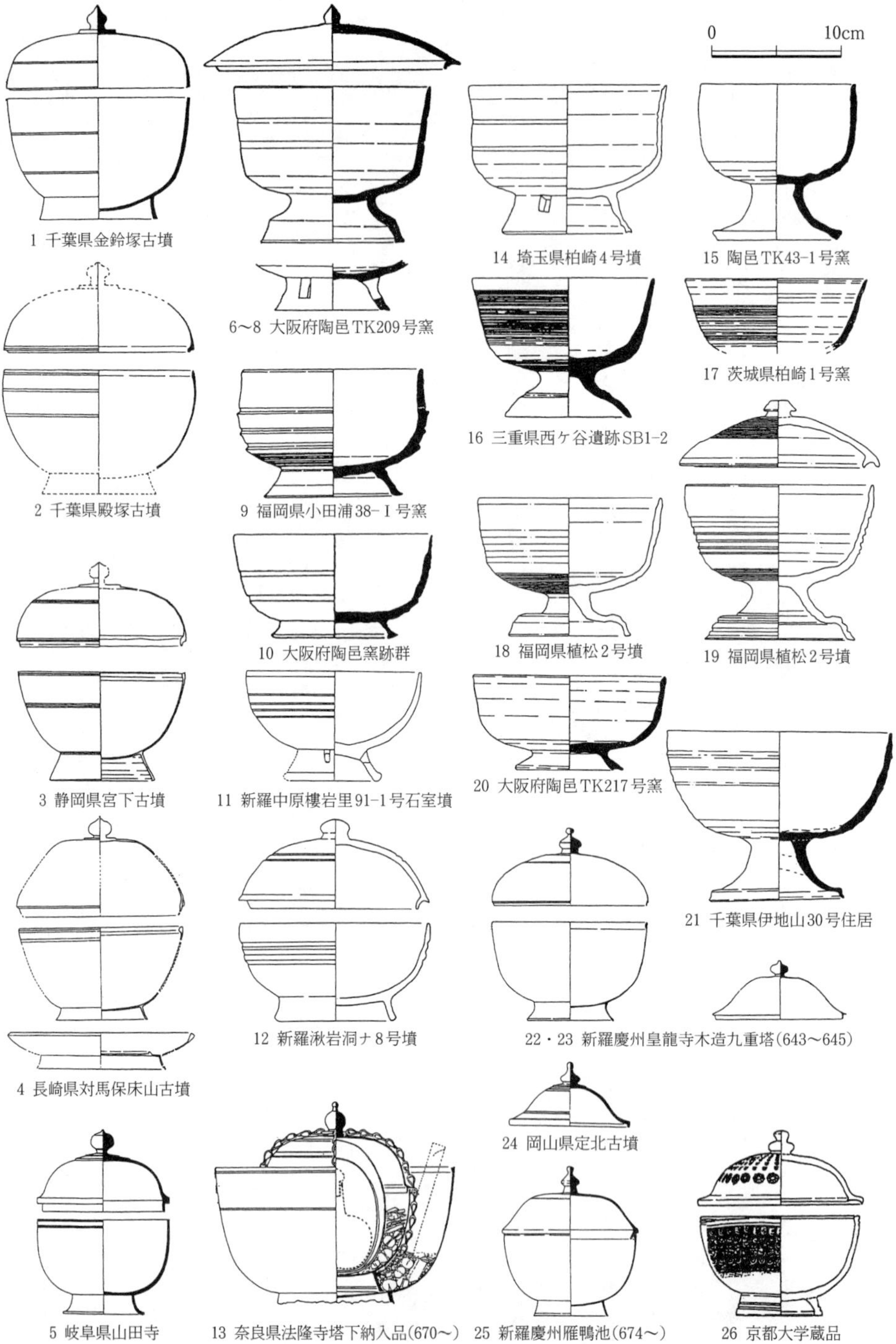

図5 大型高台付銅鋺と模倣土器

新しい型式とみられる埼玉県小見真観寺古墳では、ラッパ状高脚の脚端に返りがある。これは正倉院の八世紀代の有蓋銅鋺や塔鋺の脚部にもみられる新しい特徴で唐代銅鋺の影響を示す。

列島で主流となるワイングラス形の高脚付銅鋺（毛利光Ⅰ類）は、朝鮮半島に類例が存在しない。中国当陽長坂坡一号例と酷似する法隆寺献納宝物N二五五真鍮鋺を隋からの舶載品と考えれば、中国製銅鋺を手本に、倭で模倣生産が行われた可能性が高い。よって西弘海氏や毛利光俊彦氏が、承盤付高脚台付鋺を韓半島の影響下で出現した器形と考えてきた通説は訂正が必要である。

③唐・統一新羅の影響――長崎県対馬の矢立山二号墳では、銅稜鋺《どうりょうわん》が出土した。附近は『日本書紀』天武天皇三年（六七四）に対馬国守の忍海造大国が貢上した銀鉱山址に比定され、銀山経営に派遣された忍海集団の墓と推定される。滋賀県崇福寺は天智天皇七年（六六八）の創建で、延喜二十一年（九二一）に焼失した。八世紀の銅稜鋺（径八センチ）が出土している。

奈良県東大寺正倉院には、唐様式の稜鋺、それも重鋺が多数伝来している。加盤一四組一二三口、五重鋺四三組二一五口、四重鋺八組三二口、三重鋺九組二七口、二重鋺四組八口、四重鋺に組み込まれていたもの一組一口、絵具鋺三口が伝世し、蓋もある。正倉院宝物の佐波里鋺に付属する一枚の反故は新羅古文書であることから、佐波理盤・鋺・皿、匙の大部分は、統一新羅からの舶載品と推測される。鳥毛立女屏風の下貼りに用いられた反故文書である「買新羅物解」には天平勝宝四年（七五二）の年紀があり、「合弐拾参種　鏡参面（径六寸已下五寸已上）迊羅五重鋺参帖（口径五寸已下）　白銅五重鋺弐帖（口径五寸已下）　白銅盤壹拾伍口（口径五六寸）」と見え、白銅や佐波里の五重鋺が新羅から輸入されていたことがわかる。

④銅鋺模倣土器――岡山県王墓山古墳では、北斉庫狄廻洛墓（五六二年）の浅手有段銅鉢に酷似する大型の須恵器

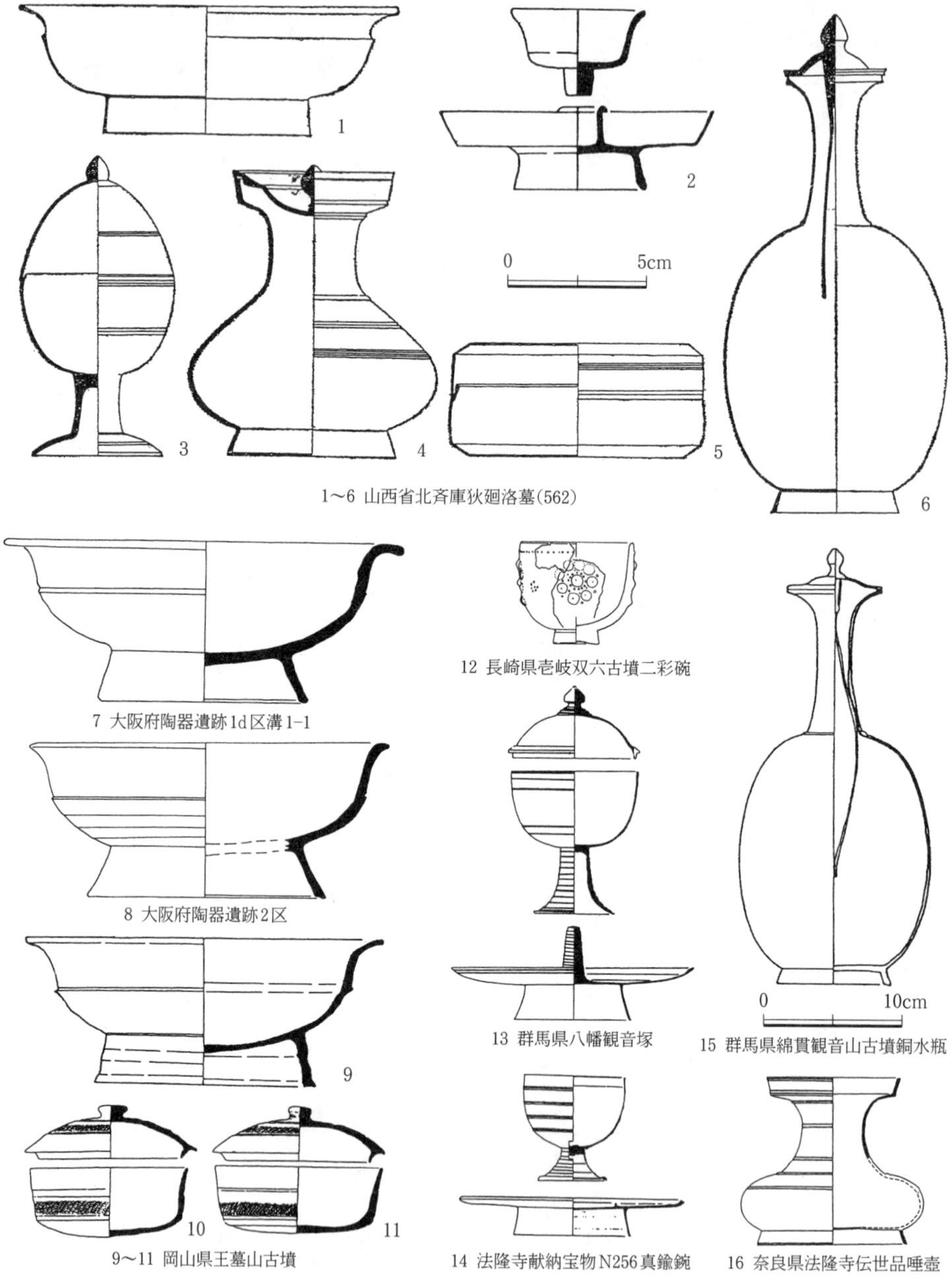

図6　北斉庫狄廻洛墓（562）と北朝・隋系遺物

鉢が見られる。大阪府陶器遺跡でも同様な有段鉢形須恵器や銅高脚杯を模倣した須恵器が出土し、六世紀第3四半期ごろとされる（大阪府教育委員会二〇〇六）が年代には疑問が残る。列島で金属器模倣が本格化するのは陶邑TK四三―一号窯の隋様式高脚台銅鋺模倣須恵器以降で、実年代は遣隋使開始の六〇〇年ごろ以降となろう。奈良県飛鳥小墾田《おはりだ》宮推定地SD〇五〇中層から出土した須恵器脚台坏は、埼玉県小見真観寺古墳出土の、脚端に返りがある最新型式の脚付銅鋺と法量・形状が類似し、七世紀中葉を下限とする。

その次の画期となるのが、唐様式の稜鋺模倣土器の普及で、たとえば飛鳥藤原宮SE二三五五井戸では、つぶれた宝珠形つまみを伴う返り蓋、稜碗形の須恵器が、飛鳥Ⅲ期の土師器と共伴しており、その実年代は六六〇年代～六八〇年ごろとされる。こうした稜鋺模倣須恵器は、七世紀末～八世紀初頭には、宮城県日の出窯・色麻七一号墳、秋田県秋田城を北限、宮崎県池内横穴墓群、鹿児島県志布志町宮脇遺跡を南限とする範囲に分布し、使用が全国に浸透したと考えられる。その中枢にあたる藤原京では、佐波里製品若干が出土している（諫早二〇一五）。天武・持統朝には高台付の金属鋺を頂点に、模倣須恵器や漆器類を下位とする体系が成立したと推定される。

5　小　結

倭国の銅鋺製作技術の系譜と国際関係

『隋書』倭国伝によれば、開皇二十年（六〇〇）、倭国王が使者を遣わして朝貢し、隋の文帝はその風俗を義理なしとし、これを改めさせたという。よって第一次遣隋使は礼制の未熟を痛感し、開皇三年（五八三）に撰集を開始、同五年（五八五）正月以降に遵用・頒布された『隋朝儀礼』一〇〇巻の内容を将来し、中国的礼制の組織的導入をはかったと推定される（黒田一九九八）。

また『隋書』赤土国伝（スマトラのパレンバン方面）に注目すべき記事がある。隋使に対し、当初の赤土国の食事の遇し方が「大国」の使者を遇する礼ではないと叱責し、後日礼にかなった饗宴を行うと、「礼遺甚厚」と評したという。隋使の饗応にさいし、隋礼に適った食器や献立、席次服装などが要求され、それがそのままその国の文明度の評価に直結していたことをうかがわせる。

推古十三年（六〇五）、蘇我氏の氏寺であった法興寺は、推古天皇によって王権の勅願寺とされた。鞍作止利《くらつくりのとり》が造立したとされる法興寺丈六仏（飛鳥大仏）の、『元興寺縁起所引丈六光背銘』の末尾には、「歳次戊辰《ぼしん》（六〇八年）大隨國使主鴻臚寺掌客裴世清　使副尚書祠部主事遍光高等來之　明年己巳（六〇九年）四月八日甲辰　畢竟坐於元興寺」とあることから、飛鳥大仏は隋使裴世清らに倭国の文明化をアピールすることが造営の主目的であったと考えられる（黒田一九九八）。隋文帝は自らを「菩薩戒仏弟子皇帝」とし、仏教的威儀で国内統治に臨む一方、仏教を介した外交で周辺民族を隋秩序社会へ編入しようとし、高句麗・百済・新羅の使者は塔供養用に仏舎利の下賜を申請した。

隋使饗応のテーブルマナー　先の赤土国の記事より、隋使饗応には中国式のテーブルマナーの接取が不可欠であったと考えられる。倭の国産銅鋺は、五八八年の百済からの技術導入で量産が開始されたと考えられるにも関わらず、韓半島に希薄な高脚台付鋺が多く、遣隋使が持ち帰った銅鋺をモデルに、隋使の来航に伴う饗宴、飛鳥大仏の開眼供養など七世紀初頭の国家的事業にさいして製作されたと推定される。列席した地方首長にも分与され、東日本の最終段階の前方後円墳に多く副葬されたと考えられる。また同時期には金属器模倣須恵器・土師器も出現し階層的な食器組成が創出された。

これに対し百済や新羅では、六世紀中葉までに南朝系の銅鋺・模倣土器の製作を開始し、独自の様式体系を確立していたため、六世紀後半以降に主流となる西域・隋風の高脚台付鋺は積極受容されなかったと考えられる。

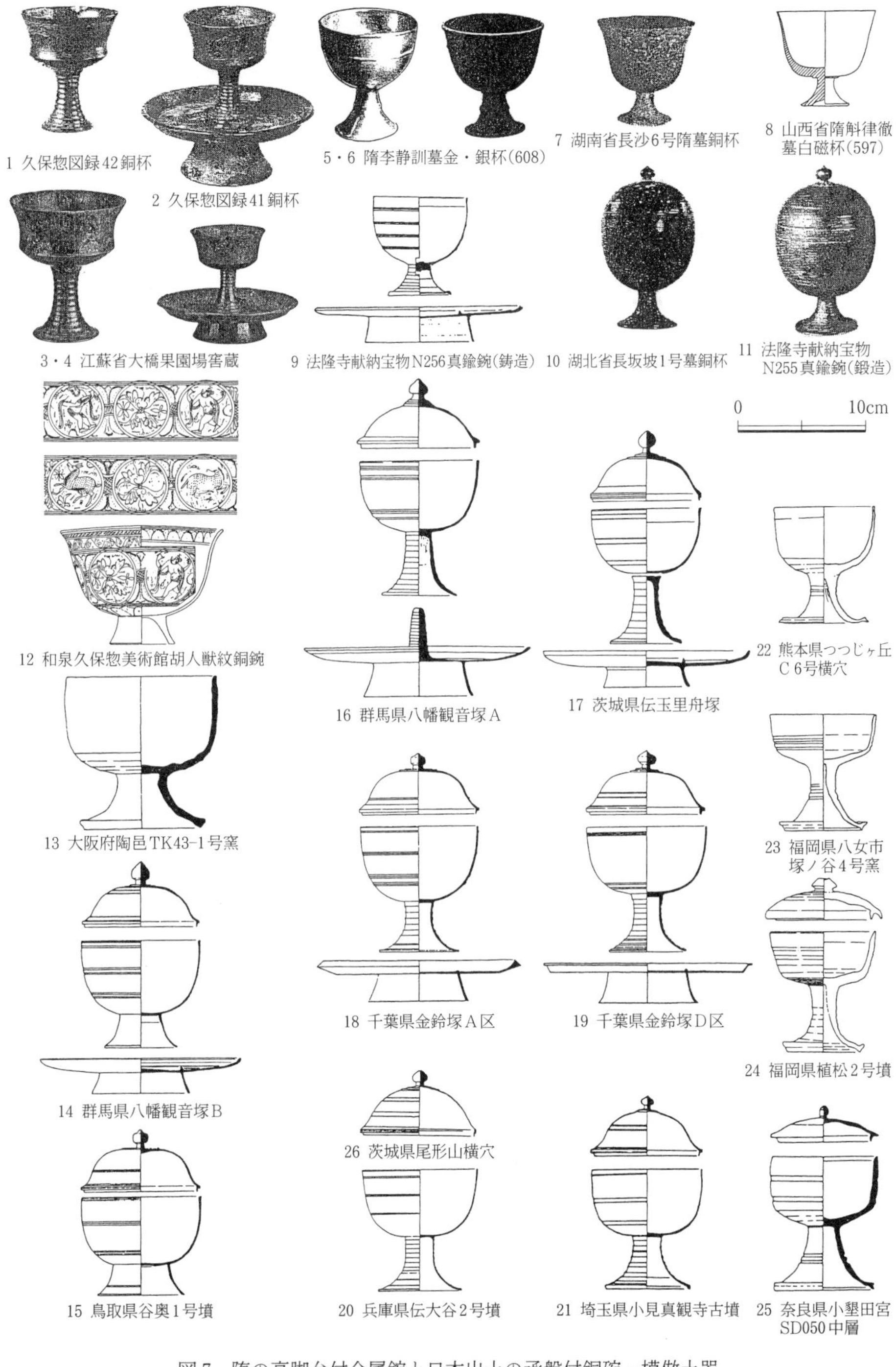

図7 隋の高脚台付金属鋺と日本出土の承盤付銅碗・模倣土器

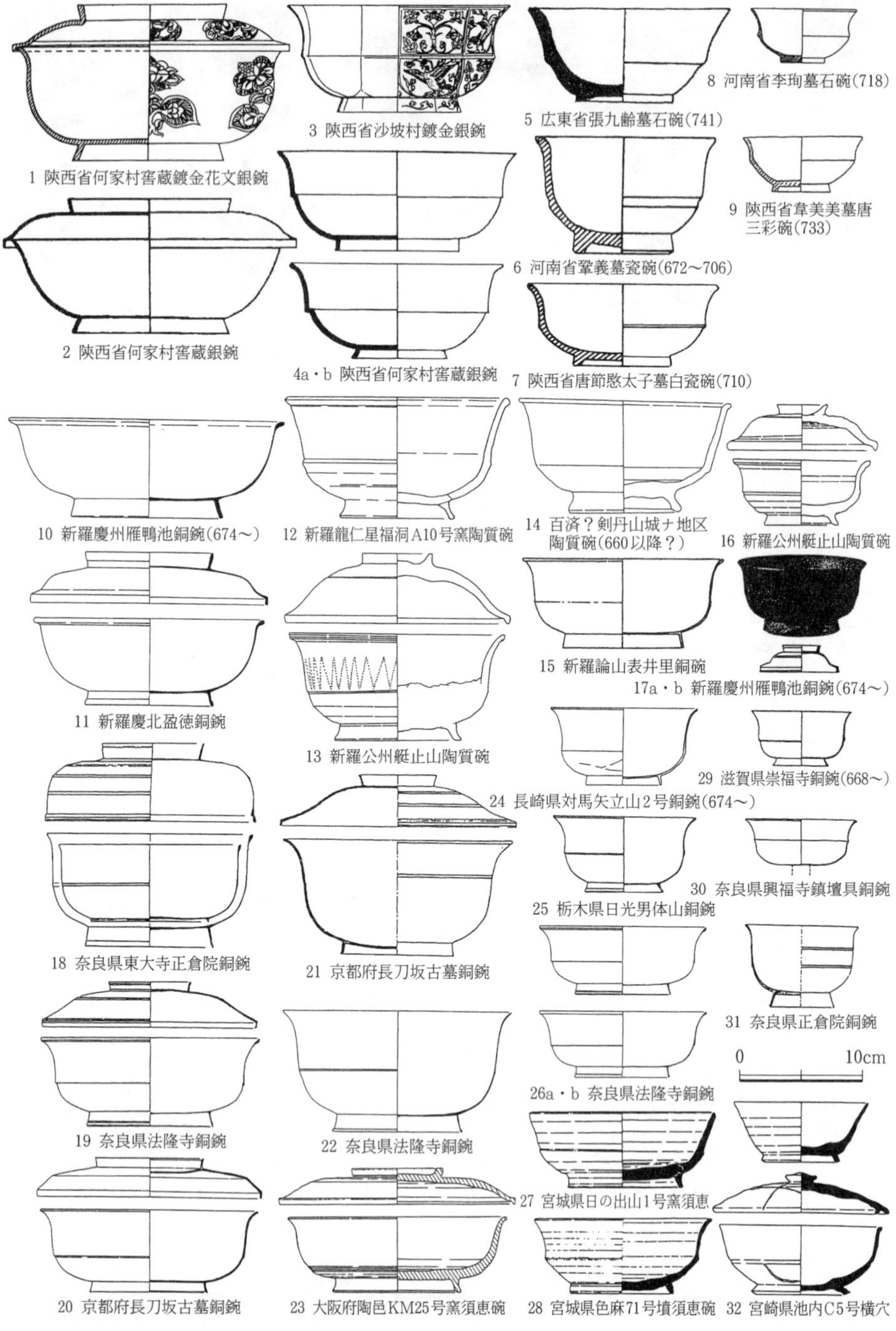

図8　唐・統一新羅様式稜鋺と模倣土器

その後六六〇年代、百済・高句麗が滅亡し、韓半島は唐の影響を強く受けた統一新羅様式に覆われる。白村江以降、唐との断交が続いた倭国は、統一新羅から唐様式の稜鋺や塔鋺を大量に購入し、同形の金属器模倣須恵器・土師器や漆器と組み合わせ、階層的食器体系を完成させた。

6 銅灯盞・燭台

鋳造鋳物の類似器物　銅鋺と同様な鋳造挽物の類似器物に銅灯盞がある。中国の六朝には多くの遺品があり、南北朝期では河北省曲陽県北魏墓（五二四年）、山西省寿陽県の庫狄廻洛・夫人合葬墓（五六二年）などの事例がある。また南北朝期の墓では、金属製や模倣陶磁器製の多連式の燭台が出土することがある。

日本では三重県保子里一号墳、奈良県星塚二号墳、福岡県箕田丸山古墳などで銅灯盞が出土している。箕田丸山古墳でTK一〇型式の須恵器を共伴した小片は推定口径一〇㌢ほどの小型品である。保子里車塚古墳の銅灯盞は承盤上面に竹節状の匙面取りを施した柱状部が付くが、杯部は現存しない。一方、星塚二号墳では、半球形の体部下面に突起が付く灯盞の杯状部が出土した。

西湖鎮曹荘隋墓　なお江蘇省揚州市西湖鎮曹荘隋墓は二〇一三年三月発見され、揚州市文物考古研究所が緊急発掘した。一号磚室墓は隋代江都城と同じ磚《せん》（煉瓦）を用いる。墓誌に「随故煬帝墓誌惟随大業十四年太歳（六一八）……一日帝崩于揚州江都縣」銘があり、五十代の男性の歯二本が出土し、隋の煬帝楊広の墓と断定された。玉器、銅器、陶器、漆器など一〇〇点余が出土し、十三環蹀躞《ようへん》金玉帯や棺飾の鎏《る》金銅鋪首四点（獣面の直径二六㌢）は白眉である。二号墓磚室墓は女性遺体を納め煬帝の蕭《しょう》皇后（六四八年没）と推定される。女性の冠飾、白玉璋などの玉器、銅器、鉄器、陶磁器、漆器など二〇〇点余が出土した。銅編鐘は一六点、編磬は二〇点のセットが完存し、このほか銅灯、銅豆など鋳銅挽物の銅器類も充実する（東家平二〇一三ほか）。とくに二点出土した鍍金銅灯は円筒形の太いソケット部に蠟燭を挿して使用する。酷似する初唐ごろの鋳銅製燭台が出光美術館所蔵品（総高二六・七㌢）にあり、柱部上面のソケット部には上下を固定するため二つの穿孔《せんこう》があり、これを小径の承盤で受け、その下がすぼまり竹節状の匙面取りが施され、大径の承盤部は高台裾がラッパ状に広がる（和泉市久保惣記念美術館一九九九）。また丹陽銅鏡青瓷博物館には、ほぼ同形の古越磁（総高二六・九㌢）が所蔵されている（陳鳳九二〇〇七）。唐神竜二年（七〇六）洛陽宋禎墓でも大型の銅燭台（総高三四・八㌢）が出土した。

7　銅水瓶の検討

細頸形水瓶は、もともと、インド・マウリア朝の土器に由来する。米田文孝氏は浄瓶《じょうへい》と呼称される器形のうち、とくに仙盞《せんさん》（酒林）形水瓶と通称される水瓶について、仏教の源流インド亜大陸の遺例中にその祖型や用途を探究し、中国から朝鮮半島、日本への伝播を明らかにしている（米田二〇〇三）。

なお本村豪章氏は、古墳出土須恵器のうちに銅水瓶の模倣器形が僅少だが存在することを指摘し（本村一九七九）、福島県笊内横穴墓群の副葬品に見るごとく東北地方にも到達している。

中国への細頸水瓶の伝来と変遷　張慶捷氏は、北斉庫狄廻洛墓と綿貫観音山古墳資料の比較を軸に六朝以降の水瓶の変遷を通時的にたどっており参考になる（張慶捷一九九九）。張氏の叙述を基礎に適宜補いながら通覧したい。

細頸《ほそくび》銅瓶は仏教伝播に従って古代インドから伝わったもので、「摩仁《マニ》法典」に「瓶」の名前が頻出し、用途は諸神の使った水瓶と仏教儀式に使ったそれに分けられる。

このため比較的古い形の水瓶がパキスタン、アフガニスタン、インドに見られる。またクシャン王朝の支配下にあったサールナート鹿野苑の紀元前二世紀の石仏立像、アシカトラ地方の三世紀の弥勒菩薩像はいずれも像の左手に蓋のある水瓶を持つ。二点とも短頸で丸い胴部である。インドからも紀元二世紀の水瓶を持った弥勒菩薩立像が出土した。こうした水瓶は仏教東漸とともに中国に伝来し、敦煌石窟や雲崗石窟を荘厳した壁画には、水瓶や柄香炉の描写が散見する。五世紀前半の天梯山石窟第四窟の菩薩像画像は右手に王子形水瓶の口頸部を摑む。また魏晋以降、墓に水瓶の副葬が増える。紀元二・三世紀の中央アジアの水瓶は頸が太く、短く、胴部が丸い。北魏・東魏の水瓶は、中央アジアの瓶と同タイプのものと、頸が細長く卵形の胴部をして精巧な王子形水瓶に大別される。洛陽孟津北魏墓の長頸陶瓶、河北省曲陽県北魏墓中高氏墓の出土品（五二四年改葬、高さ一四・五㌢）などである（河北省博物館文物管理処一九七二）。しかし、それらには蓋がない。

近年の新発見で重要なものに、洛陽黄河北吉利区洛陽煉《ラーユ》油廠用地で発掘された、北魏正光五年（五二四）没の積射将軍宮輿令呂達墓が挙げられる。磚室墓より六〇点余の文物が出土し、陶俑（鎮墓獣一、人物二四、家畜五、生活明器二九、陶製碗二、杯三、盒四、灯三、瓶一、蓮花座一、唾壺一、金指輪一、銅高台付銅鋺一、銅三足盆一、銅水瓶一、銅唾壺一、銅座一、鉄鏡二、石硯一、石墓誌二など）が出土した。銅瓶は全高二三・四㌢で、やや下膨れの銅部に低い高台が付き、頸部は一〇段の匙面取りがあり、塔形の蓋が付く。銅鋺は口径一六㌢、圏足径八・八㌢、高さ四㌢である。中央アジアの特徴を色濃く留めるタイプで、武骨な印象をうける（洛陽市文物工作隊二〇一一）。東魏興和元年（五三九）銘銅観音立像の左手に握られた水瓶も、蓋が半球形で頸も太い。器身と頸部は長くなっているが、北斉の銅瓶と比べ精巧さを欠く。これに対し河北省賛皇東魏武定二年（五四四）の李希宗墓から出土した金銅瓶（一三・〇㌢）は、下膨

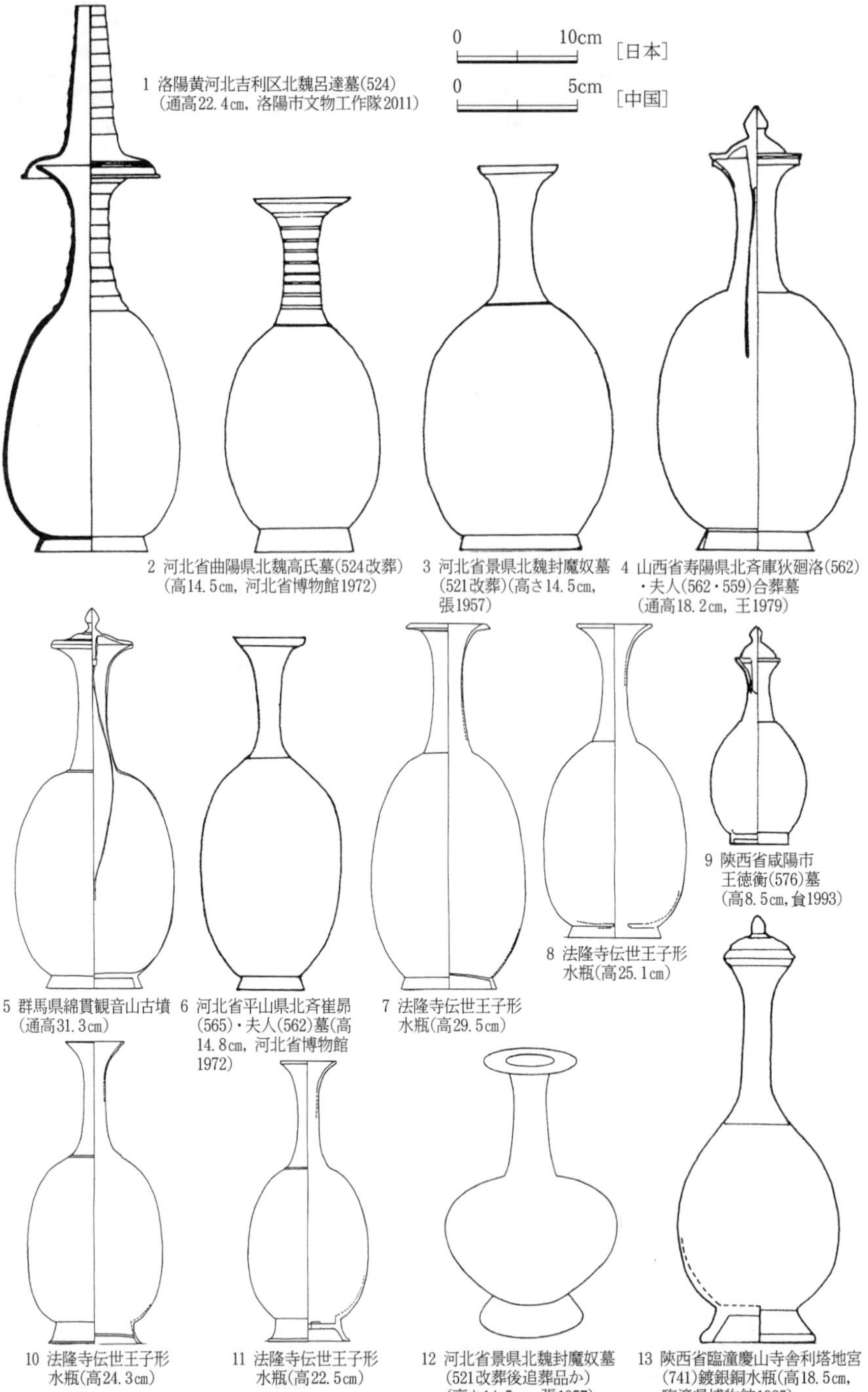

図9　王子形銅水瓶の変遷（群馬県立歴史博物館 1999 より構成）

の胴部に短い頸部が付き、肩に二本の弦文を廻らす（石家庄地区革命委員会文化局文物發掘組一九七七）。磁県東陳村東魏墓から出土した細頸瓷瓶は細身で洗練された器形に向かっている。こうした王子形水瓶が完成するのが、庫狄廻洛・夫人合葬墓の段階である。山西省寿陽県の庫狄廻洛・夫人合葬墓は一九七三年に山西省文物工作委員会が調査した。径四九㍍の円丘地下に営まれた磚室墓は北斉太寧二年（五六二）に没した庫狄廻洛・夫人の合葬墓で、陶俑、陶器類などとともに響銅鍍金製で実寸の二分の一大の明器類六〇点余が出土した（王一九七九）。

細頸銅瓶は、有蓋で、口縁が外反し、短頸、卵形の胴、平底に高台が付く。蓋の径三・八五㌢、瓶の口径三・六六㌢、胴径八・一㌢、高台径四・七二㌢、高台高〇・八二㌢、口縁の厚さ〇・一二㌢、屋過大の厚さ〇・三四㌢、通高一八・二㌢である。蓋は錐形の鈕を持って、裏に二枚の鉄片（長さ五・三㌢、幅一㌢）が付き、蓋の落下防止の装置とする。その外、頸と肩との連接の所に突起の線紋がある。

庫狄廻洛墓の銅瓶は、器身が長く、頸部がすぼまるが口造りはやや厚く、肩に張りのある卵形胴で、頸と肩の連接部分にわずかな段差があり、北魏・東魏の特徴を遺すが、低く厚い尖錐《せんすい》形の鈕があり、鑷子《ちょうし》（毛抜き）状の落下留めがある蓋は以前に見られないもので、隋唐に継承される。こうした特徴は、菩薩造像の持物の水瓶にも共通し、塔形蓋が携帯に不適であったため、落ちにくい尖錐状の宝珠蓋が主流となると推測される。北斉時代は仏教信仰が盛行し、庫狄廻洛墓誌にも没後「晋陽大法寺に埋葬した」とあり、水瓶も仏器として副葬されたと考えられる。

河北省平山県の崔昻墓は、北斉天統元年（五六五）に死亡した崔昻の墓で、細頸銅瓶は高さ一四・八㌢、口径三㌢で、冑形の細い鈕をもつ器蓋が共伴した。庫狄廻洛墓例のわずか三年後だが、極端に首が細く、肩部の張りが失われ、全体的に痩せて細身となり、高台径も小さく変化している。そのプロポーションは、東京国立博物館所蔵の伝近畿出土品（二五・三㌢）や、これと同形の法隆寺献納宝物二五一水瓶（二五・一㌢）・二五〇水瓶（二九・五㌢）に近く、二分の一サイズの明器である。

陝西省咸陽市王徳衡（五七六年）墓出土品は、高さ八・五㌢の小型品で蓋を伴い、やはり墳墓副葬用の明器の特徴を示している（負一九九三）。

綿貫観音山古墳（群馬県高崎市綿貫町観音山）は、全長九七㍍、高さ九・四㍍の前方後円墳で、後円部の切石積両袖型横穴式石室は未盗掘で、玄室からは南朝系獣帯鏡一、倭製二神六獣鏡銅鏡二、装身具、大刀、矛、鉄鏃、甲冑、馬具類、須恵器、土師器、銅製水瓶が出土した（群馬県教育委員会・㈶群馬県埋蔵文化財調査事業団一九九九）。水瓶は細長い頸、卵形の胴、平底に低い高台が付く。蓋は鈕も錐形で、裏に二枚の細い銅板が付き瓶の中に差し込む。頸と肩部の連結部分に突起線紋もある。北斉末〜隋代の様式を示し、ＴＫ四三型式の須恵器の共伴より六世紀末となる（群馬県立歴史博物館一九九九）。

法隆寺に多数伝世する王子形水瓶は、北朝隋風の卵形で高台が低いものと、唐風で首が極端に細く肩が痩せ高台が高くハの字に開くものが存在し、それぞれ遣隋使・遣唐使の将来であろう。

静岡県沼津市宮下古墳では、法隆寺伝世品に酷似する金銅製心葉形障泥《あおり》金具、銅鋺類とともに、銅水瓶の頸部（残高一〇・五㌢）が出土した。肩部に接する部分がやや裾広がりで、口は小径で厚く立ち上がるため蕪《かぶら》形の可能性もある。本古墳は七世紀中葉〜後半代の築造である。

陝西省耀県神徳寺の隋仁寿四年（六〇四）の地宮からも銅瓶が出土している。加島勝氏によれば、神徳寺は仁寿元年（六〇一）に隋文帝が建立を指示した一六の寺院のうち、仁寿建立舎利塔の荘厳が判明する現存唯一の遺物で、舎利石函の図様には儒・仏・道の習合も考えられるという（加島二〇一二・二〇一六）。

隋唐以降に顕著となる変化は、⑴北斉の長い器身を保持しながら、頸部・胴部はさらに細身になり、肩部が一段と瘠せる、⑵高台は大きくハ字形に外反して高くなり、しばしば下げ底構造となる。⑶絵画・彫刻にしばしば円文や蓮弁・九曜文など優雅な紋様の表現がある。⑷蓋の鈕はさらに高く、さらに尖る。しかし仙盞形水瓶では北魏風の匙面取や、古風な塔蓋が長く遺存する。

河北省景県封魔奴墓（北魏正光二年〈五二一〉改葬）では、玉子形銅水瓶（高さ一五・八チセン）・蕪形水瓶が出土した（張一九五七）が、その型式は六世紀前半と考えるには無理があり、銅水瓶や柄香炉には七世紀に降る封氏の別墓の出土品が混入している可能性がある（加島一九九二）。玉子形水瓶は庫狄迴洛墓に近い六世紀後半〜末、蕪形水瓶は六世紀末〜七世紀前半に降ると考えられる。

湖北省長坂坡一号墓で有蓋銅鋺・柄香炉、銅盤、唾壺と共伴した銅水瓶は、胴部が蕪形に張り高台も逆台形で高く新相を示す。報告者は封魔奴墓長頸瓶との類似を根拠に、北魏墓の可能性を指摘する（宜昌地区考古隊一九八三）が、銅水瓶は頸部に匙面取りが見られず、法隆寺献納宝物の七世紀前半〜中葉の遺品と同形であるため、これに先行する七世紀初頭を前後する時期と考えられる。

唐上元三年（六七六）の洛陽哀皇后陵からは、葬送用の明器と思われる見事な藍釉陶器類が出土している。それらのうちには藍釉細頸瓶や藍釉陶などの水瓶などの金属器模倣陶器を含んでいる。

陝西省臨潼慶山寺舎利塔地宮の唐開元二十九年（七四一）年の遺物中に蓋のある鍍銀銅水瓶があり、高台は高くハの字に開く。高一八・五チセン、口径三チセンのミニチュアである（臨潼県博物館一九八五）。

湖北省隨州市東城八一大隊収集品は、銅水瓶・塔鋺・柄香炉からなり、水瓶（一九・四チセン）は丸々と張った蕪形の胴部に細い首と低い高台が付く。塔鋺や柄香炉は乾元元年（七五八）没の荷沢神会墓出土品に酷似し、八世紀中葉以前と推定される（隨州市博物館編二〇〇八）。

唐代の絵画・刻画にも水瓶が見られ、唐貞観四年（六三〇）の李寿墓の石棺に刻まれた侍女の右手は細頸瓶の頭を握り、左手に瓶を載せる。有蓋瓶の器面には円文や蓮弁などが描かれている。

開元年中（七一三〜七四一）に敦煌南大仏（弥勒菩薩）が造営された敦煌一三〇窟壁画の「楽廷環及び夫人の太原王氏の焼香図」でも、男女侍者の捧げ持つ盆上に円文や蓮弁器面で飾る水瓶を描く。

法隆寺九面観音像（七一九年）は唐から舶載された白檀像で、持物は細身の細頸卵形胴瓶である。

以上、玉子形の金属製水瓶は、現在中国で十余例出土し、南北朝期は墳墓出土明器が多く、隋唐代以降は舎利塔塔基の地宮出土品で占められる。庫狄廻洛墓出土例一八・二チセン、王徳衡墓出土例四・五チセンなどは実大の二〜六分の一の鍍金された明器で二〇チセン未満のものが多いが、東博所蔵の伝近畿地方出土品は二五・三チセン、観音山古墳例は三一・三チセンの実物で、仏具として副葬された可能性が高い。朝鮮半島の中継例がないが、北朝から百済経由で将来されたと考えられる。水瓶は仏像や石窟彫刻・壁画にもしばしば表現され、菩薩が手に提げるか、説法の場面で使われており、実物の水瓶や明器も、「仏・菩薩の荘厳関係品」（阪田一九九四）として仏具の意識をもって副葬・埋納されと推定されるため、日本でも同様な意識で扱ったと考えられる。すなわち『法華経』『無量寿経』『造塔功徳経』等には、水瓶が菩薩の法器の一種であると繰り返し述べられている。また『陀羅尼集経』一二巻に、荘厳の道場に使う法器について、「金銀瓶四十六枚、銅澡罐二十六枚」と述べている。

銅水瓶の製作技法　飯島義雄氏は、綿貫観音山古墳報告書の考察で、台脚部内面の灰白色の非金属質で「漆喰」状の物質は、「法隆寺献納宝物」中に銅製水瓶における「外型土が鋳造後、除去されずに残ったもの」（東京国立博物館一九九三、法二五一）と同質であるとし、いわゆる「真土型鋳造法」による外型の一部と考えた。そして、胴部の中型も「真土」であったと推定し、胴部内面に遺存する暗褐色ないし赤褐色の粘土状の薄層の内、胴中央部に遺存する暗褐色の粘土状の薄層がこれにあたるとした。

さらに「真土」を成形した中型に蠟《ろう》を塗布した元型を、やはり「真土」で包み、その後熱を加えて脱蠟する蠟型法で製作されたと推定し、底面の小孔は台脚部内面の中心からややずれているが、頸部の直下にあり、法隆寺献納宝物銅水瓶にも認められることから、台脚部から頸部まで棒状の軸が貫き、中型と外型が固定され、鋳造後の轆轤挽きの回転軸としても活用されたとみる。蓋は笠部に轆轤挽きの痕跡があり蠟型鋳造と判断できるが、ピンセット状部分は銅製鍛造である。

観音山古墳銅水瓶や法隆寺伝世品の観察から復原された鋳型製作工程は、(1)頸部から底部の穴に貫かれた芯棒に表面が粘土の中子が形成され、(2)その表面に蠟が塗布され、(3)粘土で包んで外型とされ、(4)全体が熱せられて脱蠟され鋳込むべき空間が確保される、の順となる。つまり、本水瓶の本体の鋳型は蠟型鋳造法により製作され、表面の仕上げは轆轤挽きによると考えられる。以上の想定のもと、製作実験は、以下のような工程で進められた（群馬県立歴史博物館一九九九、飯島二〇〇一）。

①原図を基にして、鉄板（厚さ〇・三ミリ程度のトタン板）で整形用の挽板をつくる。

②芯棒に湿らせた荒縄を巻き、番線で補強する。

③荒土をかぶせ、焼真土である程度水分を取る。

④芯棒を回転させながら、順次、中土、仕上げ土と細かい土をつけ、中子〈中型〉を完成させる。

⑤中子に墨汁を塗った後、回転させながら蠟を塗り、挽板で製形する。

⑥台脚部は蠟のみで成形し、挽板で仕上げる。

⑦台脚部を底部に接着し、芯棒を抜きやすくするため、芯棒の周囲に粘土を詰める。

⑧溶かした金属を流すための湯道やガス抜き道のための蠟を取り付ける。
⑨表面には肌土〔#一〇〇番〜#一二〇番程度〕をおよそ二ミリ前後の厚みで塗布する。
⑩少し荒い紙土〔#三〇番〜#四〇番〕を厚さ五ミリ程度かぶせる。
⑪焼真土をつけて水分を取る。
⑫中土、荒土をかぶせ、水分を除去した後、補強の筋金〔直径一〇ミリ前後の鉄棒〕を入れる。
⑬荒土で全体を覆った後、上部に湯口やガス抜きのための穴を作る。
⑭乾燥炉に入れて、一五五℃で蠟を除く
⑮耐火レンガや抗火石で、鋳型を焼く炉を築く。
⑯炉で鋳型を焼く。
⑰焼成後の鋳型
⑱るつぼで金属を溶かす。
⑲埋めた鋳型に溶かした金属を注ぐ。
⑳鋳型をこわして水瓶を取り出し、磨く。

象頭形水瓶から仙盞形水瓶・浄瓶へ　水瓶の成立と伝播を考えるうえで注目されるのが、象頭形水瓶である。松戸市博蔵の象頭水瓶は、ササン・クシャーナ朝期のものと思われる。鋳造挽物の本体に穿孔し、象頭形の注口を取り付けたとみられ、後続する浄瓶の原型であると想像される（松戸市博物館一九九七）。藤井有鄰館の象注長頸瓶（高一七・九センチ、胴径八・一センチ）・塔蓋（高一〇・〇センチ、径四・八センチ）・承盤（高一・六センチ、径一四・〇センチ）のセットは銀色の強い高錫合金である。匙面取りのある頸部や塔蓋の形状は、洛陽積射将軍宮輿令呂達墓（五二四年）や河北省高氏墓（五二四年）出土品に類似する。藤井有鄰館所蔵の長頸の投壺、唾壺、燭台、虎子などと一括品であれば、山西省寿陽県の庫狄廻洛（五六二年没）の響銅鍍金製明器類の組成に類似する。六世紀前半〜中葉の墳墓副葬明器である可能性が高い。

隋開皇十五年（五九五）の河南省安陽県隋張盛墓は五十余点の陶磁器を出土しているが、注目されるのは象のような怪獣を飾った盤口瓶（把壺）である。隋代には時おり象形の陶器が見られる。

江西省新建県東化郭台林場隋墓からは二四点の古越磁が出土し、このうち象頭浄瓶は中国でも最古の青磁浄瓶とされる。広州市横枝崗内環路工地M一八唐墓出土の古越磁浄瓶は口径一・二㌢、腹径九・八㌢、底径四・八㌢、高さ二三・五㌢で、注口部分には蓮弁と崩れた象頭を組み合わせて表現する。このように梵語で「クンディー」（「軍達」「君持」「捃稚迦」）などと称される浄瓶のうちには、クシャーナ朝のガンダーラに現れた象頭水注を原型とする一群があり、東漸して中国南北朝時代には象頭浄瓶となる。鋳造挽物＋鍛接・溶接などの複合技術は、仙盞形水瓶にも見ることができる。

仙盞形水瓶　米田文孝氏の専論（米田二〇〇三）が肝要を尽くされているのでこの内容に従う。

天平十八年（七四六）年の勅により、大安寺三綱が寺の縁起と資材を勘録して僧綱へ提出した『大安寺伽藍縁起幷流記資財帳』には水瓶に関する重要な記載がある。ここには、「合水瓶肆拾伍口　佛物卅六口　之中二口漢軍持　三口胡軍持　十九口棗《なつめ》瓶　十一口柘榴《ざくろ》瓶　一口洗豆瓶　菩薩物一口　通物四口　木叉分物四口」と見え、八世紀中ごろには仏前に供える水瓶は、漢軍持、胡軍持、棗瓶、柘榴瓶、洗豆瓶などの細別名称で識別されていたと判明する。

一方、正倉院や法隆寺などの寺院で供用・伝来した各種の水瓶は、慣用的に仙盞形水瓶、玉子形水瓶、鳳首水瓶、布薩形水瓶、信貴形水瓶などの名称で呼称され、浄瓶と総称された。

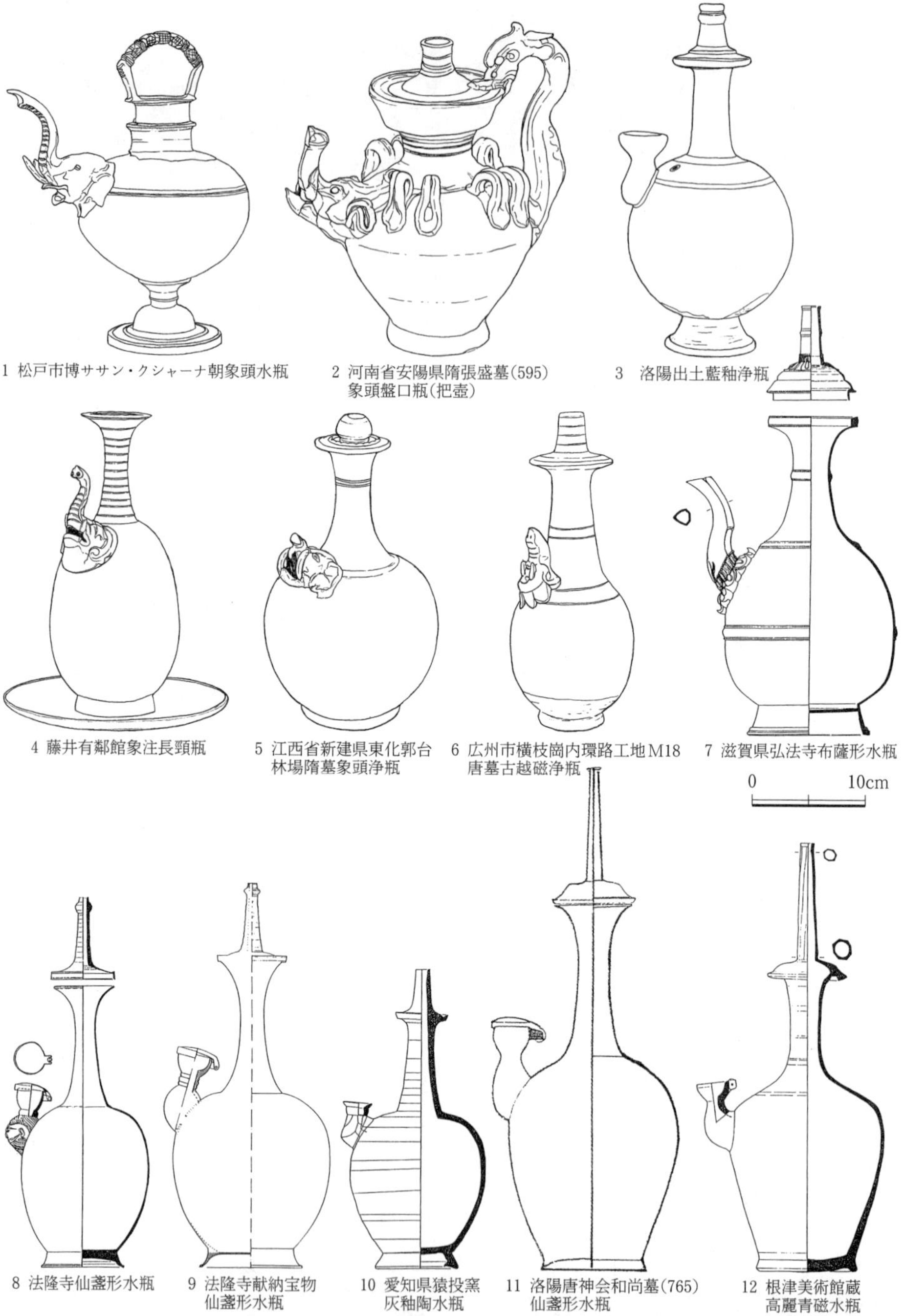

図10 象頭形水瓶から仙盞形水瓶・浄瓶へ
(1〜6各文献より桃崎写真トレース，7〜10・12米田2003より転載)

このうち仙盞形水瓶は大安寺資財帳に見える漢軍持・胡軍持に、同じく玉子形水瓶は棗瓶（胴部が卵形を呈する一群）、柘榴瓶（胴部が蕪形を呈する一群）に相当すると判断できる。『南海寄帰内法伝』に記載された軍持の形制についての諸特徴から、軍持は仙盞形水瓶と一致する器種と判明する。古代インドから仏教とともに将来され、中国で文字に音写されて軍持という名称が付与された器物は日本にも伝来した。古代まで軍持は器形とその名称が一致していたが、後述するように触瓶《しょくびん》としての用途が定着しなかった日本ではしだいに浄瓶、そして仙盞形水瓶と通称されるようになる。仙盞形水瓶の名称の由来や時期は判然としないが、近世以降とみられる。

仙盞形水瓶の用途・機能は義浄（六三七〜七一三）の著作に詳しい。義浄は六七一年に広州から海路インドに到着した。ナーランダ寺院で学んだ約一〇年をはじめ、インド在留二十余年の間に各地で見聞を広めた。その後、スマトラ島のシュリービジャヤ（室利仏逝）国に滞在して、インドと南海諸国の仏教教団や一般事情について撰述したのが『南海寄帰内法伝』で、「六　水有二瓶」項などで浄瓶・触瓶の用途や作法、製作技法などについて説く。「三　食坐小床」では食事の作法として手足の洗浄の必要性を、「四　飡分浄触」では食事の作法と浄触の関係を、「五　食能去穢」の冒頭では「三　食坐小床」と同様、食後の諸作法と浄触の関係などを具体的な例を挙げて詳述している。執拗なまでに用水と浄・触（不浄）の理念が貫かれている。すなわち、古代インドの仏法では同形態の仙盞形水瓶に浄瓶・触瓶二種の使い分けがあること、飲用に用いる浄瓶は土器類に限定されるが、便利に用いる触瓶は任意に銅製品や鉄製品の使用も可能であること、浄瓶は右手、触瓶は左手で持ち、置き場所も峻別したことなどが看取でき、厳密な用法が規定・運用されていた。ただし、義浄が『受用三水要行法』の中に、「又旧律十誦五十九云。有浄澡罐厠澡罐。四十一云。有浄水瓶常水。又新訳有部律文。浄瓶触器極分明。此並金口親言。非是人造。寧容唯一銅瓶不分浄触。雖同告語不歯在心。豈可以習俗生常故違聖教」（『大正新修大蔵経』第四五巻九〇三頁b）と記して、律文に浄瓶と触瓶の厳密な区分が説かれており、如来の言葉であるから銅瓶だけが浄瓶と触瓶に併用できるとする見解は仏法に反すると嘆くように、必ずしも峻別されていない状況が看取できる。時代が降るにつれ、またインドから遠ざかるにつれ用法に混乱を生じたと考えられる。なお、触瓶を用いる便利については別項「十八　便利之事」でその作法を説き、使用する土塊を造る手順に始まり、触瓶の具体的方法の詳細を解説している。

以上、古代インドの仏法では用水を「時水・非時水・触用水」の三種に峻別していた。義浄撰の『受用三水要行法』では、常用水を貯水する浄瓶は銅器等の金属製ではなく、清潔な陶器を使用すべきであるとするが、その理由に、内部が錆びて緑青が付いても、灰で擦り清浄にすることができないことを挙げている。このように、浄・触の観念に規定・供用された仙盞形水瓶（浄瓶・触瓶）は、仏教の興隆とその東漸に関連した器物といえる（米田二〇〇三）。

浄瓶の定点資料には、唐景竜三年（七〇九）洛陽安菩墓の白磁浄瓶や、永泰元年（七六五）神会和尚墓の銅浄瓶が挙げられる。また洛陽では一九七八年に見事な発色の藍釉陶浄瓶が出土している。

8　銅鐎斗

銅鐎斗の研究現状と課題　後漢から六朝の墳墓でしばしば出土する銅鐎斗について、初めて本格的に論じたのは浜田耕作・梅原末治氏で、『西清古鑑』『博古図録』『考古図』所載図を集成した。内部に灰がたまっていた例より、漢代に暖房具として出現するが、注口からみて酒器など液体を注ぐ用途も考えられ、唐代の柄香炉のような形へと変化していくと述べた（浜田・梅原一九二四）。李殷昌氏は朝鮮三国時代金属工芸の総説で鐎斗にも触れ、高句麗集安付近出土品、百済風納里土城址・公州邑公山城址、新羅金冠塚・飾履塚・瑞鳳塚、伽耶昌寧校洞に遺品があり、中国漢代・六朝の鐎斗様式の影響を受けていることを指摘した（李殷昌一九七二）。また小田富士雄氏は高句麗七星山九六号墳の竜首銅鐎斗に触れ、百済法泉里第一号墳や新羅飾履塚の遺品とともに魏晋南北朝期の製品で、伝世品の可能性もあることを指摘するとともに、入手経路については高句麗経由説、楽浪の漢人社会の介在説、南朝からの直接将来説などを示した（小田一九七九）。

馬目順一氏は慶州金冠塚の竜華紋銅鐎斗の検討にさいし、魏晋南北朝期の紀年銘磚を伴う銅鐎斗を集成し、形態変遷と変化の画期を明らかにした（馬目一九八五）。

現時点での鐎斗研究の到達点は、朴淳發氏の「鐎斗考」であり、中韓の事例七九例を集成し、口縁・胴体・脚・畳板状接合などの形態属性に基づく分類に、中国での紀年銘磚資料による年代定点を付与して編年した（朴淳發二〇〇五）。竜首銅鐎斗は東博東洋館所蔵の西域出土遺物中にも細片が含まれ、寧夏回族自治区や内蒙古の北魏墓でも出土する。朝鮮半島にも事例が点在し、さらに列島唯一の法隆寺御物例は東限資料である。鐎斗の編年を整理すれば、中国・朝鮮半島・列島を横断する東アジア全体の編年網を打ち立てうる可能性がある。

竜首鐎斗の変遷　有脚の竜首銅鐎斗は、山東省青州楊姑橋遺址九一ＳＱＹ墓で戦国式銅剣と共伴した戦国末期のものを最古とする。ついで山東沂水県荊山西漢墓例は、前漢晩期の墓に伴う。これらは身部は丸底で口唇端は直口縁、獣脚は短く、柄は水平に近く伸び竜首が付く。

元嘉二年（一五二）の洛陽李屯Ｍ一東漢墓、後漢末の馬家古堆東漢墓の竜首銅鐎斗は脚がない。三世紀代は良好な事例が管見に触れない。浙江安吉天子崗Ｍ三晋墓は隣接するＭ二墓（太康六年〈二八五〉）にわずかに先行するとみられ、南京西崗晋墓に近い二六六〜二八〇年代の造営と推定される。元康四年（二九四）の江蘇省句容孫西墓、元康八年（二九八）の浙江省衢県街路村西晋墓（鉄鐎斗）、永嘉二年（三〇八）の安徽省桃冲村Ｍ三号墓、建興四年（三一六）

の桃冲村M二号墓など四世紀初頭までの西晋代の鐎斗は口縁の外反は顕著でなく、体部は角張って稜が多く下面が張り出して尖っており、脚部は直線に尖った素体で獣脚表現がみられない。

ところが元康五年（二九五）の江蘇省獅子山M一墓、永嘉二年（三〇八）の南京邁泉橋西晋墓（鉄鐎斗）など西晋末から東晋の咸康二年（三三六）の安徽省蕪湖赭山M一一一墓など三世紀末〜四世紀初頭以降、三脚が短い獣脚化し、とくに蕪湖赭山M一一一墓は獅子膝となっており、素体の三脚が見られなくなる。またこの時期の銅鐎斗は口縁がラッパ状に外反し口縁部に鍔状の平坦面が現れる点が前代と異なるが、体部の丸みが強い点に三世紀の様相をとどめる。さらに四世紀前半〜中葉ごろから、体部底面がしだいに平坦となり、また獣脚が長脚化する。永興三年（三〇六）の福建渭田西晋墓、象山七号墓（三二二年？）、象山五号墓（三五八年）、共伴した古越磁が四世紀中葉を示す湖北漢陽蔡甸一号墓などである。

一方、東晋タイプの短脚は口縁部の内湾・有段化、体部底面の平坦化や脚部獣蹄の発達を伴って四世紀中葉〜五世紀初めごろまで遺存し、遼寧省北票県倉粮窖墓は前燕の竜城遷都（三四一年）直後ごろと考えられる。喇嘛洞IM二二号墓でも銅鐎斗が出土した。袁台子石室壁画は墨書干支銘より三五四年か三六六年の可能性が高く前燕代。これに類似する山東省牟平は南燕滅亡の四一〇年ごろか。なお『陶齋吉金録』所収、「建始二年六月十四日、中谷氏造銅鐎斗重三斤九両容一斗」の刻銘がある、丸い腹部に二条隆起線のある短脚の銅鐎斗は、後燕の建始二年とみれば、四〇八年となる。山東牟平や咸陽市三号十六国墓出土品に酷似している。

四一五年の北燕馮素弗墓、これに類似する五世紀前半ごろの七星山九六号墳、五世紀中葉ごろの法泉里二号墓、錦州市凌河安和街M一北魏墓では完全に蹄化しているが、全体に短く垂直な脚部が特徴。これらに後続する寧夏固原北魏墓は五世紀末を前後するものであろう。

ところが南朝劉宋（四二〇～四七九年）期とされる屏山M一号墓（片口流嘴を備えるB形式）、五世紀末～六世紀初頭の飾履塚、ササン朝ペルシアのピロス王（四五九～四八四年）銀貨を出土した寧夏固原北魏墓では蹄を伴う三獣脚の外反がしだいに強くなり、乙字形の竜首把が付くようになる。古越磁の模倣陶器もみられ、Ⅰ式鐎斗は福建福州老鼠墓で、これより退化したⅡ式鐎斗は建甌木犃梁天監五年（五〇六）墓で出土している（林忠干・林存琪・陳子文一九九〇）。宣政元年（五七八）没の北周武帝孝陵ではラクダ形の柄が付く。

以上、三国以来の素体脚は、西晋末期に獣客が、東晋の銅鐎斗は、立ち上がりの弱い竜首把のものが多い。しかし、東晋末以降、平底で流嘴を具え竜首のない扁平な二折長把のグループが現れ、南朝宋・斉にかけて、平底で流嘴を具えた乙字系の竜首鐎斗が出現する。さらに唐代以降になると、平底流嘴で、鳥首と花弁形の鳥尾を伴うタイプへ変化する。

以上を踏まえ朝鮮半島をみると、高句麗集安七星山九六号墳（中国吉林省輯安県七星山）の銅鐎斗は竜首柄はS字状で古相をとどめるが口縁部無段で側面も隆帯や沈線は見られず、脚部がほぼ垂直で馬蹄状表現も簡略である。北燕馮素弗墓（四一五年）に近い五世紀前半の年代が推定される。

これに後続するのが百済法泉里一号墓（韓国江原道原城郡法泉里）の銅鐎斗で、三個の獣足と長い一個の竜首柄が付き、浅鉢形の斗身には幅広い外折する口縁が付されていて、柄部のカーブがS字状から直角状に移行する五世紀中葉のもので、脚部がほぼ垂直で馬蹄状表現は簡略である。これよりさらに退化したのが五世紀後半の遼寧省錦州北魏墓例である。

一九二四年に調査された慶州飾履塚では大小二個の銅鐎斗が出土し、うち大型品が法泉里第一号墳出土例に類似し、器身は口縁が無段で側面から体部は素文で丸みを帯びやや深い。獣脚は外に踏み出す。柄は上に曲がって古調薄手の竜首が付く。小型品は平たい蓋があり、垂直の獣蹄形の三脚と曲がった竜首形の把手《とって》が付く（馬目一九八五）。風納洞土城出土品（韓国ソウル市江東区風納洞土城）は一九二五年の大洪水にさいし、大甕に内蔵された状態で二点の銅鐎斗が発見された。一方は身部口唇が外反し口縁下に半円の膨みがあり、外面に一条の隆帯がめぐり、底はやや丸みを帯びる。外開きの馬蹄形脚はやや高い。S字形の比較的短い柄の先端は厚手の竜首をなす。もう一方は獣蹄形の三脚の上に注口が付く器身が載り、中間を二折する長い把手が付く。いずれも五世紀後半以降のもので、慰礼城（漢城）陥落にかかる百済南遷（四七五年）前後のものであろう。

日本では法隆寺伝世品が唯一の遺例で、『法隆寺大鏡』（巻五十六集）に同寺旧蔵の御物竜首鐎斗を掲載しており、上宮太子所用の油差しと伝えるもので、口縁が外反し、円筒型に近い平底の器身の一方の脚の上に注口を伴い、別の一方の脚の上に直角に近い屈曲を示す乙字状把手が付き、先端は肉彫り竜頭状をなす。獣蹄形三脚は先端が馬蹄状で強く外反し、六世紀以降のものと考えられる（浜田・梅原一九二四）が倣古作の可能性がある。

有蓋三足鐎斗と須恵器有蓋三足壺　慶州金冠塚の竜首鐎斗は特殊品で、球形に近い器身に広い鍔縁を付け、外反した長い獣蹄形の三脚に器身を載せる。竜首の流嘴、蓮弁を浮彫した蓋があり、二度屈曲した長い把手が付いているが、この把手の着け根は竜首が器縁を噛んでいる形式をなし、とくに竜の口端と器身の接する部分に足を取り込めて、特別の座金を器身から造り出し、把手の柄と器壁との結合を固めるなど、技巧が周到である。把手端は竜口から吐き出した舌が忍冬唐草形をなし、把手の各面には唐草文を毛彫する（李殷昌一九七二）。二折の扁平把、流嘴から、宋・斉以降の特有点が指摘しうる（馬目一九八五）。百済法泉里二号墳では、鐎斗本体は失われていたが、金冠塚例と同形の蓮弁文蓋が出土した。河北省定州市静志寺真身舎利塔地宮の銅製竜首鐎斗は、球形に近い器身の上面に蝶番で連結していた蓋は脱落しているが、胴部に幅広の鍔をめぐらし、縁には注口と二度屈曲した長い把手を付ける。胴の下半には外反する獣蹄形の三脚が付く。静志寺舎利塔は北宋の太平興国二年（九七七）の造営だが、地宮には北魏の興安二年（四五三）、隋の大業二年（六〇六）、唐の大中十二年（八五八）、竜紀元年（八八九）の紀年の石箱が納められている。竜首鐎斗は四五三年納入の可能性が高いが、六〇六年に鵲尾《しゃくび》形柄香炉とともに納められた可能性も残る。北周王徳衡（五七六年没）墓でもより鈍重な形状の球胴三足の竜首鐎斗が出土したほか、隋大業四年（六〇八）の李静訓墓では、響銅製注口鐎斗が出土しているが、高さ一〇・八チセンのミニチュアであり、隋大業六年（六一〇）の湖南省湘陰県城関鎮隋墓では、青磁竜首柄盉が出土しており、さらに和泉市久保惣美術館には唐代の響銅製注口鐎斗が所蔵されている。竜首鐎斗が隋代まで存続したことをうかがわせる。

なお嶋田光一氏は、六世紀後半前後に北部九州から中部地方にかけて分布する須恵器有蓋三足壺について、中国大陸や朝鮮半島の影響を想定し、原型の候補の一つに鐎斗を挙げ、昌寧校洞の途中に節をつくる足は福岡県うきは市西谷例と対比されることを指摘した（嶋田一九九三）。

9 銅火熨斗

使用法 火熨斗は前漢代までに出現するが六朝の遺品が多い。移動用の行灯《あんどん》とする意見もあるが、筒状や針状の突起や脚がある蠟燭用の行灯とは区別され、アイロンと考えるべきである。ただ神仙図には手に火熨斗を持つものがあり、遺体の蘇生儀礼に使われたとの意見もある。朝鮮半島では五世紀後半の新羅皇南大塚北墳や、六世紀前半の武寧王妃副葬品が一体型の例として、梁山金鳥塚がソケット柄の事例として知られている（李漢祥二〇〇五）。

日本での事例 日本では五世紀中葉の新沢千塚一二六号墳と塚堂古墳、五世紀末〜六世紀初頭の高井田山古墳、六世紀の静岡県翁山古墳群の例が知られ、いずれも一体型である。新沢千塚一二六号墳例は厚手で柄が短く、身部は浅い皿状で北燕馮素弗墓例や山東牟平出土品に類似し、東晋～宋初の製品とみられる。これに対し高井田山古墳例は口縁部が鍔状に広がり内部に多数の沈線を廻らし、体部は薄手でやや深く、中途に段が付き底は丸底となる点、火皿と柄長が一対二である点などは皇南大塚北墳・武寧王陵例と類似し、婦人の副葬品とみられる点も共通する（江介也一九九九）。なお江蘇省金山園芸場窖蔵で一括出土した銅器類には火熨斗四点が含まれ、一点に梁太清二年（五四八）の朱書がある。これとほぼ同形の高井田山例も宋末～梁の製品と考えられる。

本論をなすにあたり故孫明助先生、朴淳發先生、権五栄先生、金武重先生、小田富士雄先生、武末純一先生、山本孝文先生ら諸先生にご指導・ご教示を賜った。記して学恩に感謝したい。

参考文献（主要文献に限定した）

飯島義雄「コラム3　銅水瓶の復元製作」『開館20周年記念　第63回企画展　観音山古墳と東アジア世界――海を越えた鏡と水瓶の縁』群馬県立歴史博物館、一九九九年、六〇頁
飯島義雄「観音山古墳出土銅水瓶の製作方法の検討」『考古聚英　梅澤重昭先生退官記念論文集』二〇〇一年、二〇一～二一〇頁
諫早直人「藤原宮・京出土の佐波理鋺」『奈良文化財研究所紀要　二〇一五』奈良文化財研究所、二〇一五年、一〇七～一一〇頁
和泉市久保惣記念美術館『特別展　中国の響銅――轆轤挽きの青銅器』一九九九年
猪熊兼勝「飛鳥寺の舎利容器」『佛教藝術』第一八八号、毎日新聞社、一九九〇年、九三～九八頁
江　介也「東アジアの熨斗」『文化學年報』四八、一九九九年
大阪府教育委員会『陶器千塚・陶器遺跡発掘調査概要・Ⅱ』二〇〇六年
岡村秀典・廣川守・向井佑介「六世紀のソグド系響銅―和泉市久保惣美術館所蔵品の調査から―」『史林』第九五巻三号、二〇一二年、九七～一二五頁

小栗明彦「近畿地方古墳出土銅鋺と被葬者」『橿原考古学研究所論集』一四、二〇〇三年

小田富士雄「古墳出土銅鋺について」『百済研究』六、一九七五年

小田富士雄「集安県高句麗積石墓遺物と百済・古新羅の遺物」『古文化談叢』第六集、一九七九年、二〇一～二二九頁

加島　勝「正倉院宝物の鵲尾形柄香炉」『佛教藝術』第二〇〇号、毎日新聞社、一九九二年、三二～五一頁

加島　勝『隋唐時代の仏舎利信仰と荘厳に関する総合調査研究』研究成果報告書（概報）、二〇一二年

加島　勝『日中古代仏教工芸史研究』雄山閣、二〇一六年

北野耕平「奉献塔山古墳群（遺跡番号73）」『羽曳野市史　第三巻　史料編1』羽曳野市史編纂委員会、一九九四年、四〇〇～四一三頁

黒田裕一「推古朝における大国意識」『國史學』第一六五号、国史学会、一九九八年、三〇～六六頁

桑山正進「一九五六年来出土の唐代金銀器とその編年」『史林』第六〇巻第七号、一九七七年

桑山正進「唐代金銀器始源」『ＭＵＳＥＵＭ』三三七、東京国立博物館、一九七九年、一五～二四頁

群馬県教育委員会・㈶群馬県埋蔵文化財調査事業団『綿貫観音山古墳Ⅱ　石室・遺物編』㈶群馬県埋蔵文化財調査事業団発掘調査報告書第二五五集、一九九九年

群馬県立歴史博物館『藤ノ木古墳と東国の古墳文化』一九九〇年

群馬県立歴史博物館『開館20周年記念　第63回企画展　観音山古墳と東アジア世界―海を越えた鏡と水瓶の縁―』一九九九年

阪田宗彦「法隆寺の佐波里遺品」『ＭＵＳＥＵＭ』二八〇、東京国立博物館、一九七四年

阪田宗彦「法隆寺の仏教工芸」『法隆寺昭和資材帳完成記念　国宝法隆寺展』小学館、一九九四年、二六四～二七〇頁

桜岡正信・神谷佳明「金属器模倣と金属器志向」『群馬県立埋蔵文化財調査事業団研究紀要』一五、一九九八年

定森秀夫・吉井秀夫・内田好昭「韓国慶尚南道晋州水精峯2号墳・玉峯7号墳出土遺物」『朱雀』第三集、京都文化博物館研究紀要、一九九〇年、七一～一〇五頁

嶋田光一「須恵器有蓋三足壺考」『古文化談叢』第三〇集（中）、一九九三年、八五一～八八二頁

白井克也「東京国立博物館保管新羅緑釉陶器―朝鮮半島における緑釉陶器の成立―」『ＭＵＳＥＵＭ』五五六、東京国立博物館、一九九八年、三九～五三頁

白井克也「緑釉托盞」『法隆寺献納宝物と正倉院宝物の源流に関する調査研究――韓国所在の源流に関する調査研究―韓国所在の彫

刻・工芸作品を中心に―』平成十四年度~平成十五年度科学研究費補助金　基盤研究（A）（2）研究調査報告書、二〇〇四年、五二・六五頁
高崎市教育委員会『観音塚古墳調査報告書』一九九二年
東京国立博物館『法隆寺献納宝物特別調査概報XIII　水瓶』一九九三年
中野　徹「金工」『六朝の美術』大阪市立美術館、平凡社、一九七六年、一八三~一九一頁
中野　徹『中国金工史』中央公論美術出版、二〇一五年
奈良国立博物館『シルクロード・仏教美術伝来の道』一九八八年
西　弘海「土器様式の成立とその背景」『考古学論攷』（小林行雄博士古稀記念論文集）平凡社、一九八二年、四四七~四七一頁
浜田耕作・梅原末治『慶州金冠塚とその遺宝』朝鮮総督府古蹟調査特別報告、一九二四年
平尾良光「法隆寺献納宝物　水瓶の蛍光X線分析法による材質の調査」『法隆寺献納宝物特別調査概報XIII　水瓶』東京国立博物館、一九九三年、二一六~二三二頁
松戸市博物館『シルクロードとガンダーラ』開館五周年記念特別展、一九九七年
松本伸之「法隆寺献納宝物の水瓶について」『法隆寺献納宝物特別調査概報XIII　水瓶』一九九三年、八二~九九頁
馬目順一「慶州金冠塚古新羅墓の龍華紋銅鐎斗覚書」滝口宏編『古代探叢II―早稲田大学考古学会創立三五周年記念考古学論集―』早稲田大学出版部、一九八五年、六三九~六六八頁
本村豪章「後期古墳の一様相―細頸壺を中心として」『MUSEUM』三三六、東京国立博物館、一九七九年、四~六頁
毛利光俊彦「古墳出土銅鋺の系譜」『考古学雑誌』第六四巻第一号、一九七八年
毛利光俊彦「青銅製容器・ガラス容器」『古墳時代の研究』第八巻　古墳II　副葬品、雄山閣、一九九一年、一八九~二〇五頁
毛利光俊彦『古代東アジアの金属容器I　中国編』奈良文化財研究所史料第六八冊、二〇〇四年
毛利光俊彦『古代東アジアの金属容器II　朝鮮・日本編』奈良文化財研究所史料第七一冊、二〇〇五年
桃﨑祐輔「風返稲荷山古墳出土銅鋺の検討」『風返稲荷山古墳』霞ヶ浦町教育委員会、二〇〇〇年
桃﨑祐輔「金属器模倣須恵器の出現とその意義」『筑波大学　先史学・考古学研究』第一七号、二〇〇六年a、八一~一〇二頁
桃﨑祐輔「東アジア銅鋺の系譜」『東亜考古学論壇』第二号、㈶忠清文化財研究院、二〇〇六年b、八一~一九八頁

桃﨑祐輔「日本の蓋付銅鋺及び承台の系譜と年代」『武寧王の時代と東アジアの世紀』韓国国立公州博物館、二〇一四年、一一〇〜一三七頁
矢部良明「古墳時代後期の器皿にみる中国六朝器皿の影響」『MUSEUM』四一二、東京国立博物館、一九八五年、四〜一五頁
山本孝文「百済臺附鋺の受容と變遷の劃期」『国立公州博物館紀要』第四輯、二〇〇五年、三九〜六三頁
横田義章「銅鋺三例とその修復」『九州歴史資料館研究論集』14、九州歴史資料館、一九八九年、七三〜七八頁
米田文孝「仏供養具の祖形と伝播—仙盞形水瓶を中心にして—」『関西大学考古学研究室開設五拾周年記念　考古学論叢　下巻』同朋舎出版、二〇〇三年、一二六三〜八八頁

〔韓国文献〕

韓国文化財保護財団『慶州競馬場予定敷地C—1地区発掘調査報告』一九九九年
国立中央博物館「東川洞青銅工房」『統一新羅』二〇〇三年、六五頁
周　炅美「武寧王陵出土　銅托銀盞의研究」『武寧王陵　出土遺物分析報告書（Ⅱ）』国立公州博物館、二〇〇六年、〇五二〜〇八七頁
大韓民國文化財管理局『武寧王陵発掘調査報告書』三和出版社、一九七三年
田　鎰溶「舒川玉北里遺蹟発掘調査成果」『第二九回　韓国考古学全国大会』韓国考古學會、二〇〇五年、二七五〜二九九頁
朴　光烈「新羅瑞鳳塚　壺杅塚　絶対年代考」『韓国考古學報』41、韓国考古學會、一九九九年、七三〜一〇六頁
朴　淳發「鐎斗考」『東亜考古学論壇』第一号、㈶忠清文化財研究院、二〇〇五年、二二九〜二九一頁
馬韓・百済文化研究所・高敞郡『高敞鳳徳里1號墳—第2次發掘調査現場説明會議資料—』文化財庁・国立扶余文化財研究所『王興寺Ⅲ　木塔址金堂址発掘調査報告書』国立扶余文化財研究所学術研究叢書第五二輯、二〇〇九年
李　殷昌「6金属工芸」金廷鶴編『韓国の考古学』河出書房新社、一九七二年、二四六〜二六一頁
李　漢祥「武寧王陵出土品追報（2）—銅製容器類—」『考古學誌』第六輯、韓国考古美術研究所、一九九四年、八一〜九六頁
李　漢祥「新羅熨斗의副葬方式과用途」『東亜考古論壇』創刊号、㈶忠清文化財研究院、二〇〇五年、二九三〜三三五頁
李　蘭英（武末純一訳）「統一新羅の銅製器皿について」『大宰府古文化論叢　下巻』吉川弘文館、一九八三年、三七一〜三九六頁
李　蘭英『韓国古代金属工芸研究』一志社、一九九一年
林永珍ほか『伏岩里古墳群』全南大學校博物館、一九九九年

〔中国文献〕

貟安志編著『北周珍貴文物』一九九三年

王　克林「北斉庫狄廻洛墓」『考古学報』一九七九年第三期、一九七九年、三七七〜四〇二頁

河北省文化局文物工作隊「河北定県出土北魏石函」『考古』一九六六年第五期、一九六六年

河北省博物館文物管理処「河北曲陽發現北魏墓」『考古』一九七二年第五期、一九七二年、三三〜三五頁

河北省博物館文物管理処「河北平山北斉崔昂墓調査報告」『文物』一九七三年第一一期、一九七三年

夏　根林「江蘇江都大橋窖蔵青銅器」『東南文化』二〇一〇年第一期、南京博物院、二〇一〇年、三七〜四〇頁

夏　鼐「近年中国出土的薩珊朝文物」『文物』一九七八年第八期、一九七八年

韓孔東・韓兆民「寧夏固原北魏墓清理簡報」『文物』一九八四年第六期、一九八四年、四六〜五六頁

韓立森・朱岩石・胡春華・岡村秀典・廣川守・向井佑介「河北省定州北魏石函出土遺物再研究」『考古学集刊』第一九集、二〇一三年、二七七〜二九九頁

貴州省博物館考古組「貴州平垻馬場東晋南朝墓発掘簡報」『考古』一九七三年第六期、一九七三年

貴州省文物考古研究所ほか『黔中遺珍　貴安新区出土文物精粋』科学出版社、二〇一六年

宜昌地区考古隊「当陽長坂坡1号墓発掘簡報」『江漢考古』一九八三年第一期、一九八三年、五七〜五九頁

広州市文物考古研究所（編）「148　銅鋺」『銖積寸累―広州考古学十年出土文物選萃　廣州文物考古集之四―』文物出版社、二〇〇五年、一四〜一九、一五一頁

斉　東方『唐代金銀器研究』唐研究基金会丛書、中国社会科学出版社、一九九九年

斉　東方「三国両晋南北朝時期的金銀器」『北方文物』二〇〇〇―六、黒龍江省文物管理局、二〇〇〇年

山西省考古研究所「太原市南部唐代壁画墓清理簡報」『文物』一九八八年第一二期、一九八八年

磁県文化館「河北磁県東陳村東魏墓」『考古』一九七七年第六期、一九七七年

徐　家珍「〝熨斗〟和〝鐎斗〟、〝刁斗〟」『文物参攷資料』一九五八年第一期、一九五八年

随州市博物館（編）『隨州市出土文物精粋』文物出版社、二〇〇八年

石家庄地区革命委員会文化局文物發掘組「河北賛皇東魏李希宗墓」『考古』一九七七年第六期、一九七七年、三八二〜三九〇頁

冉　万里『唐代金銀器文様の考古学的研究』雄山閣、二〇〇七年
束　家平「江蘇揚州曹庄隋唐墓葬」国家文物局主編『二〇一三中国重要考古發現』文物出版社、二〇一三年、九六～九九頁
孫　机「唐李寿石槨線刻《侍女図》《樂舞図》散記」（上）『文物』一九九六年第五期、一九九六年
遂渓県博物館「広東遂渓県発現南朝窖蔵金銀器」『考古』一九八六年第三期、考古出版社、一九八六年
中国社会科学院考古研究所『新中国の考古発見と研究』文物出版社、一九八四年
張　季「河北景縣封氏墓群調査記」『考古通訊』一九五七年第三期、一九五七年
張　慶捷「北斉の蓋のある細頸銅瓶の変遷」『観音山古墳と東アジア世界　海を越えた鏡と水瓶の縁』群馬県立歴史博物館、一九九九年、九八～一〇二頁
張　小平「大余県出土西晋龍首鳳尾青銅鐎斗」『文物』一九八四年第一期、一九八四年
張　李「河北景縣封氏墓群調査記」『考古通訊』一九五七―三、一九五七年、二八～三七頁
陳鳳九『丹陽銅鏡青瓷博物館　青瓷斎』文物出版社、二〇〇七年
唐　金裕「西安西郊隋李静訓墓発掘簡報」『考古』一九五九年第九期、一九五九年
南京市文物管理委員会「南京人台山東晋興之夫婦墓発掘報告」『考古』一九六五年第六期、一九六五年
洛陽市文物工作隊「洛陽孟津晋墓北魏墓発掘簡報」『文物』一九九一年第八期、一九九一年
洛陽市文物工作隊「河南洛陽市吉利区両座北魏墓的發掘」『考古』二〇一一年第九期、二〇一一年
劉　興「江蘇梁太清二年窖蔵銅器」『考古』一九八五年第六期、一九八五年、五七一頁
林忠干・林存琪・陳子文「福建六朝隋唐墓葬的分期問題」『考古』一九九〇年、第二期、一九九〇年、一五七～一六四頁
臨潼県博物館「臨潼唐慶山寺舎利塔基精室清理記」『文博』一九八五年第五期、一九八五年、一二～三七頁
黎　瑶渤「遼寧北票県西官営子北燕馮素弗墓」『文物』一九七三年第三期、一九七三年
遼寧省博物館『北燕馮素弗墓』文物出版社、二〇一五年

七　鉄釘の技術

金田善敬

1　釘とは何か

現代における釘　われわれの身近で広く利用されている釘は、打ち付けるだけで部材どうしを簡単に接合することができる便利な金具である。「釘付けにする」「釘をさす」という慣用句にも見られるように、その効果は一般に広く認識されているといっても過言ではない。現在の住宅建設においても釘は欠かすことのできない建築資材であり、大量の鉄釘が使用されている。鉄釘が本格的に日本列島に出現したのは古墳時代になってからであるが、本章では釘の技術的な側面に着目し、それが社会に与えた影響について考えてみたい。

釘の種類　『広辞苑』には釘について「材木・板などを継ぎ合わせるために打ち込むもの」で「一端を尖らせてつくる」と記載している。およそについてはそのとおりであるが、実際には両端を尖らせる「合釘《あいくぎ》」や、掛軸や花入れなどを掛けるための金具にも釘と呼ばれるものがある。また、釘と似た形状のものに鋲がある。釘との厳密な区別はつけがたいが、鋲は装飾もかねておもに家具や箱などの工作物に使用されることが多い。

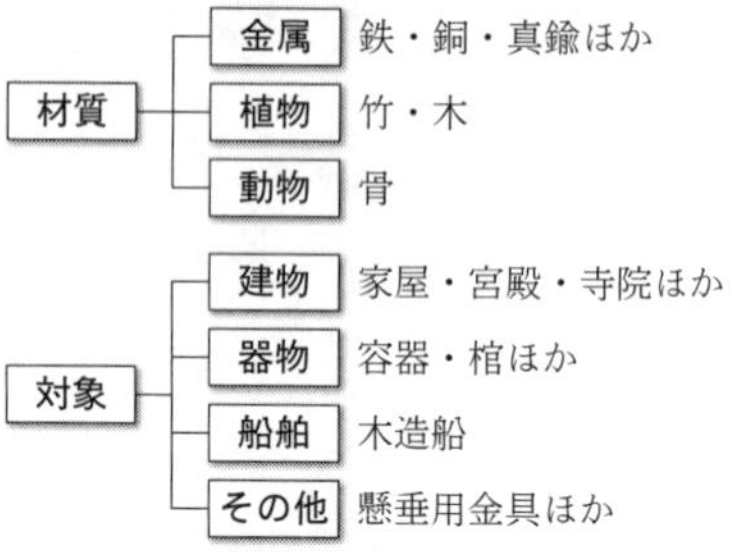

図1　釘の材質とおもな使用対象

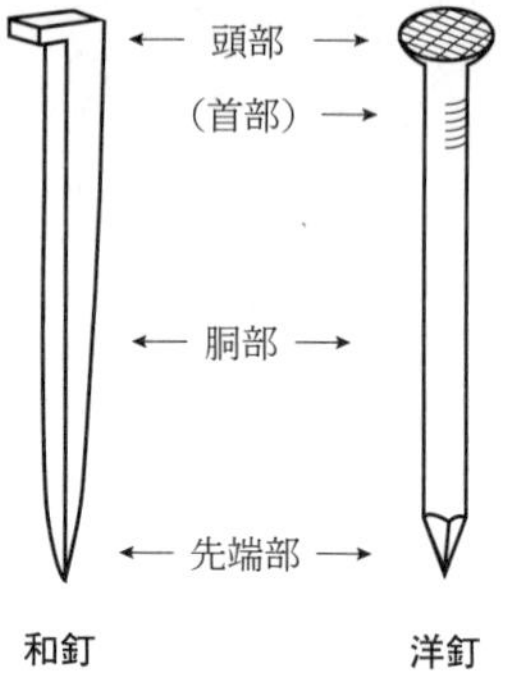

図2　鉄釘の種類

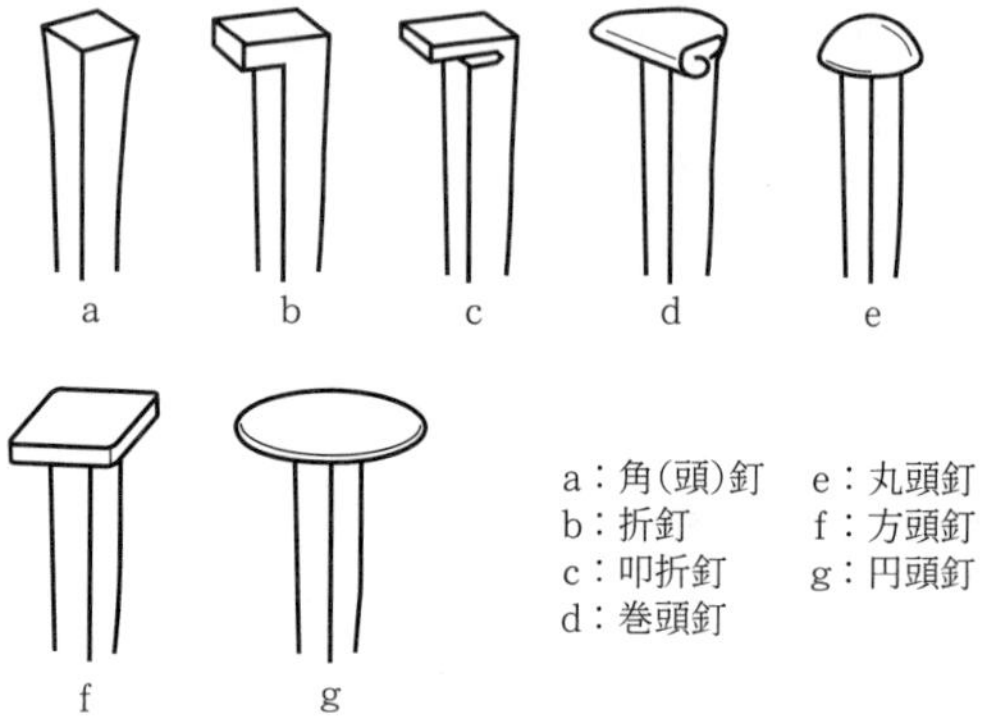

図3　和釘のおもな種類

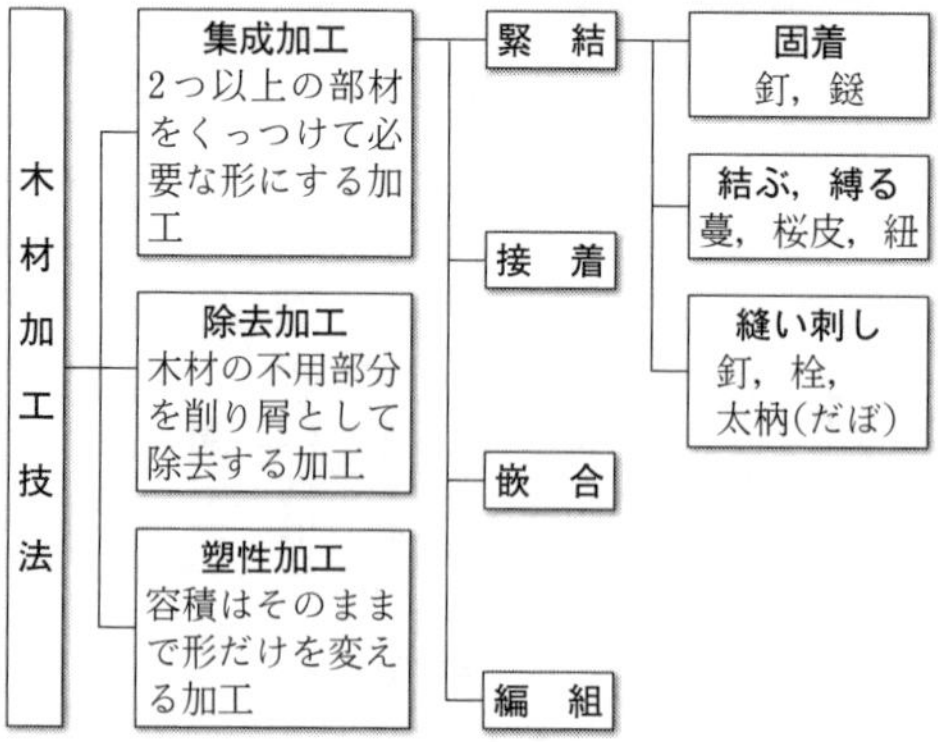

図4　木材加工技法の分類（成田 1984 をもとに作成）

釘には、金属、植物、動物製のものが見られる（図1）。そのなかで、金属製の釘が最も広く利用され、鉄、銅、真鍮《しんちゅう》製などが知られる。なかでも、鉄製の釘は他の材料に比べ安価で、なにより卓越した強度をもっている。他方、銅や真鍮の釘は鉄と比べ高価で強度も弱いが、錆びにくく見た目もよいため、装飾を必要とする部分に利用される場合が多い。植物を材料とするものに竹釘や木釘がある。これらの釘は、金属に比べ材料の調達が容易で耐水性も強いといった利点がある。木細工に利用されたり、建築においては檜皮葺《ひわだぶき》や柿葺《こけらぶき》の屋根葺材を固定するために使用されたりする。動物製のものについては、古代中国の文献に棺に使用するという記述がある。
現在使用されている鉄釘は和釘《わくぎ》と洋釘に区別できる（図2）。今日の鉄釘の大部分は断面が円形で、円い頭部が付いているが、このような釘は洋釘と呼ばれている。これは明治時代に欧米から導入されたもので機械で製作される。これに対して、古来より日本で使用されている鉄釘は和釘と呼ばれ、断面方形の手作りである。和釘は頭部の形態や用途などで分類されるが、ここでは今日一般的な和釘のおもな種類と名称を掲げておく（図3）。

鉄釘による接合　鉄釘は一般に木材どうしを接合させることをおもな目的とする。したがって、鉄釘を使用するにあたっては、鉄釘の性質や特徴、釘止めの物理的な原理について理解しておく必要がある。

鉄釘による接合は、木材を意図する形に加工する木材加工技法の一つと理解できる（成田一九八四。図4）。木材を目的の形に作り上げるおもな技法として、木材の不用部分を削り屑として除去する加工（除去加工）と、複数の部材を組み合わせて必要な形にする加工（集成加工）がある。前者は木工における刳物《くりもの》や挽物《ひきもの》がそれに該当し、丸太の中心を刳り抜いて製作した丸木舟などはその代表的な例である。しかし、この方法では材料となる木材の大きさ以上のものは作ることができないので、後者の木材を繋ぎ合わせる集成加工技法が必要となるのである。部材を繋ぎ合わせるには接着剤で貼り付ける方法（接着）や、木材どうしを噛み合わせて接合する方法（嵌合《かんごう》）などがあるが、鉄釘を用いた接合はそのなかでも緊結という技法に含まれる。

木材を接合する必要が生じたとき、このように数ある技法のうちのどれを選択するのかについては、それぞれの技法の利点や欠点を見極めながら、求められる強度や効果のほか、作業環境や経済条件なども考慮して決定されている。たとえば、強い耐力を必要としない部位に釘接合は必ずしも必要ではないし、鉄釘を確保することが困難な環境では釘接合以外の方法が模索されたに違いない。鉄釘については木材との相性を問題にする技術者もいる。目の前の部材に鉄釘が打ち付けられていた場合、そこに鉄釘が使われた理由について考えて見ることも大切なことである。

鉄釘に働く力　それでは、実際に打ち付けられた鉄釘にはどのような力が働いているのであろうか（図5）。鉄釘による接合は、鉄釘で取り付ける部材（側材）を貫き通し、もう一つの部材（主材）に鉄釘を打ち込むことで効力が生まれるが、主材への打ち込みが少ないと抜けてしまう。一般に主材への打ち込みの長さは側材の厚さの一・五倍以上（鉄釘の長さは側材の厚さの二・五倍以上）といわれている。また、鉄釘は釘本体に対して横から働く力と、鉄釘を引き抜こうとする垂直方向の力に抵抗力を発揮する。前者を「せん断耐力」、後者を「引き抜き耐力」という。せん断耐力を高めるには太い釘の方がよく、引き抜き耐力を強くするためには木材との摩擦を得る必要から鉄釘は太くて長い方がよい。また、釘打ちにおいては、部材に垂直方向から打ち付ける「平打ち」が最も効果的で、「斜め打ち」や「木口打ち」は強度が「平打ち」に比べて弱くなる。さらに、鉄釘は木材の繊維方向に直交して打ち付けるのが効果的とされる。

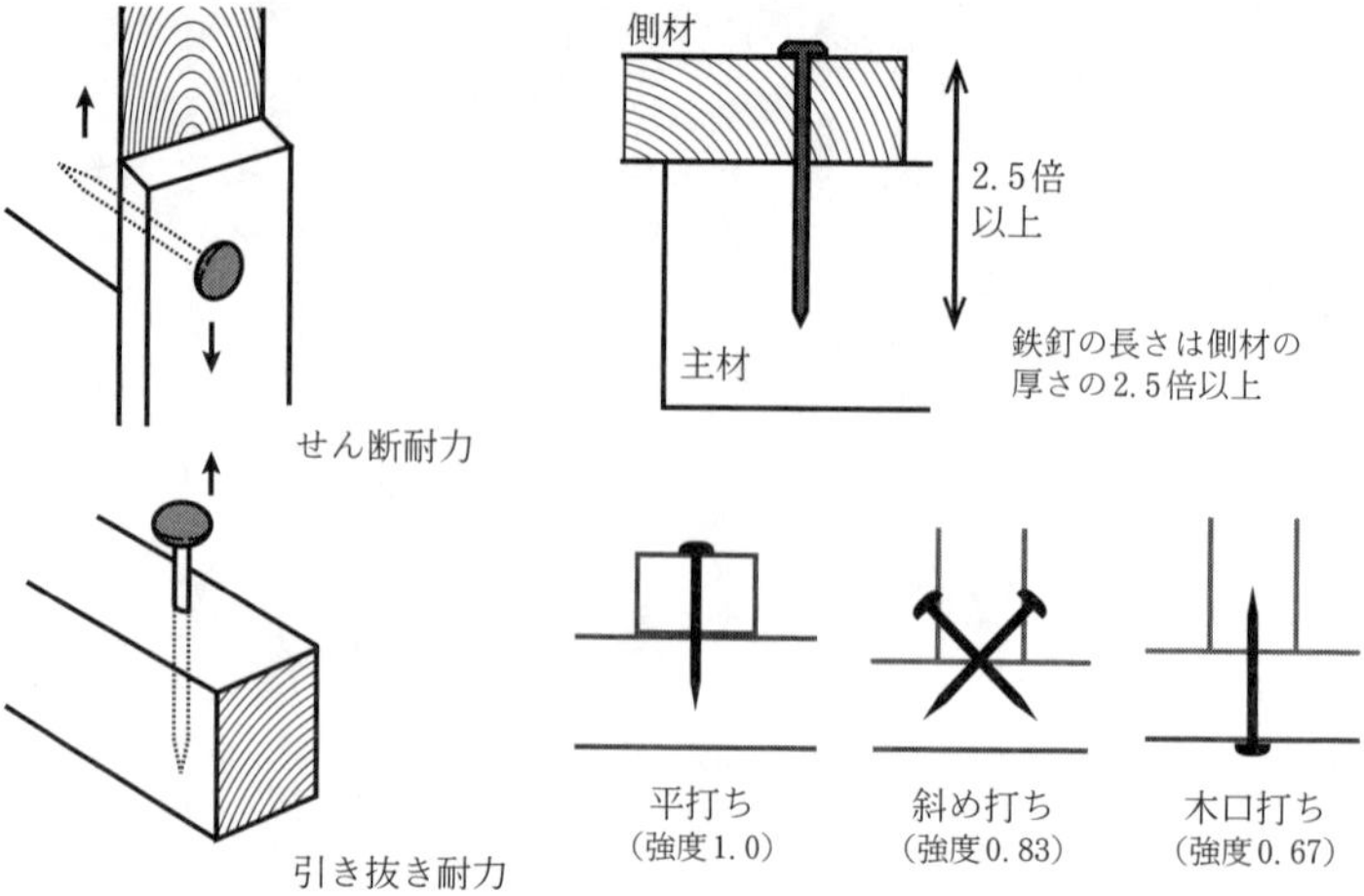

図5　釘接合の原理（保坂 2002 をもとに作成）

現在ではあらかじめ部材に釘穴をあけることなく、直接鉄釘を打ち込むケースが多いが、和釘では木材を割らないように事前に釘彫りを施したり、穿孔したりして打ち付ける場合があった。そのさいには、専用の錐《きり》や鑿《のみ》を使用したが、穴は緩すぎても固すぎてもよくなく、釘にあった穴をあけるのは大工仕事のなかでも難しい作業の一つとされていた。

このように、鉄釘を用いた接合は一見単純な原理ながらも、適切に用いられてこそ初めて十分な効力を得ることができるのである。

2 鉄釘の導入

鉄釘導入以前 日本列島に鉄製品がもたらされたのは弥生時代前期末・中期初頭以降と考えられている。この当時はまだ国内で砂鉄や鉄鉱石から鉄素材を生産することが難しく、素材自体を海外からの輸入にたよらざるをえなかった。しかし、人々の間で鉄という物質が広く認識されはじめていたことに間違いはないであろう。鉄製品は素材が流通していても、それを加工する技術が伴わなければ用途は限られる。当初は搬入された素材をおもに切断、研磨などの方法で加工し利用していたようだ。しかし、弥生時代中期後半以降になると鍛冶技術の向上に伴い鉄素材を意図した形状に加工することもできるようになってきた。よって、このころには小さくても釘のような棒状品を製作することもできたであろうから、理論的にはこの時期から鉄釘が利用されはじめていても不思議ではない。しかし、弥生時代から古墳時代前期にかけて、鉄釘を積極的に利用した形跡は乏しいのが現状である。

この当時、鉄釘の使用が想定される分野として建築が考えられる。これに関して、弥生時代から古墳時代の建物に使用された建築部材は各地で出土事例があり、当時の建築に関する貴重な情報を提供している。そのなかで津島遺跡

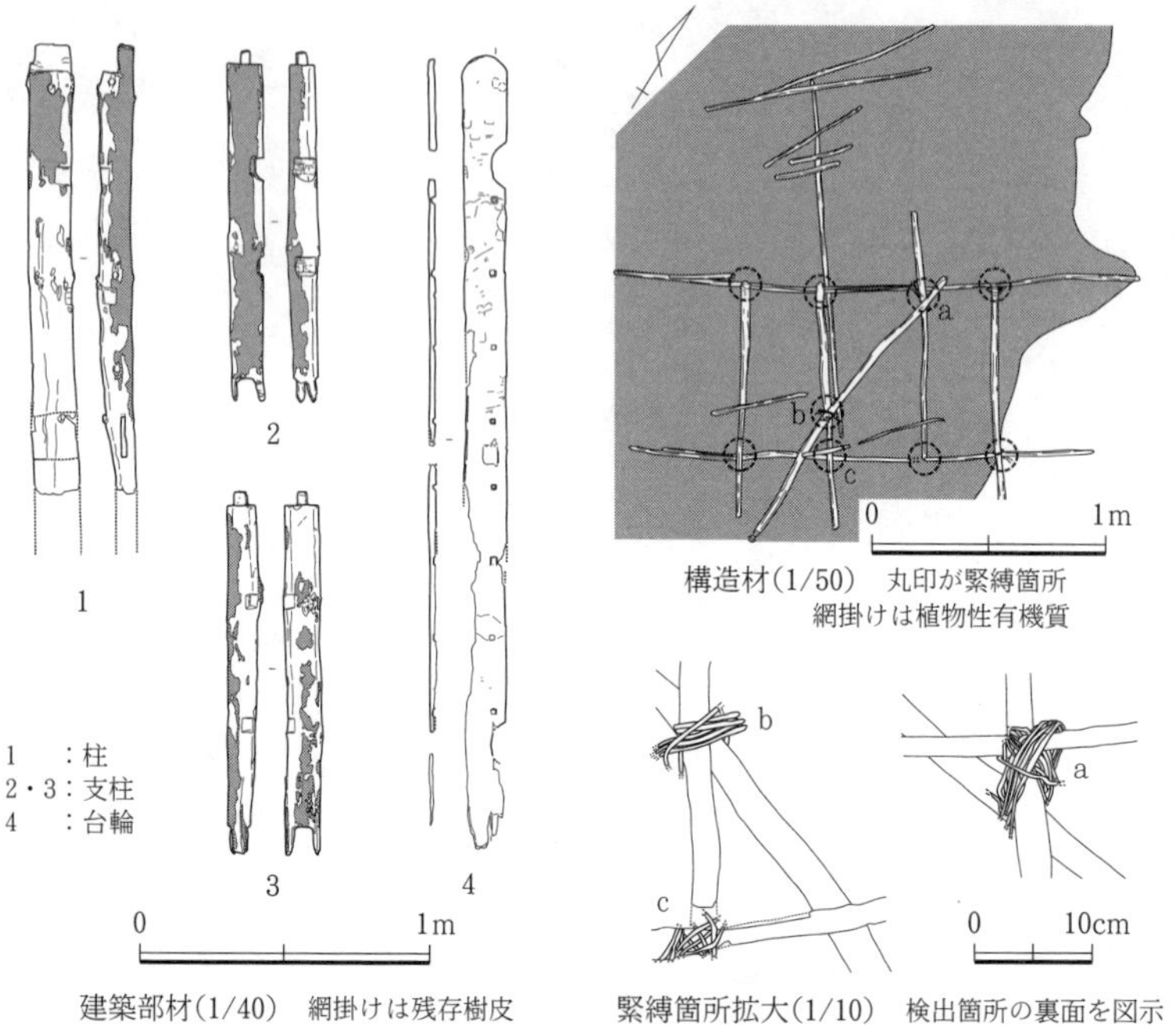

図6　津島遺跡出土建築部材（岡山県教育委員会2003）

（岡山県岡山市）では、弥生時代後期後半ごろに埋没した河道から建築部材が多数発見され、柱や大引、根太や台輪などさまざまな部材が確認された（岡山県教育委員会二〇〇三。図6）。なかには枘《ほぞ》や枘穴《ほぞあな》などの加工を施した部材も見られたが、鉄釘の使用痕跡は認められなかった。また、屋根の下地と思われる部材（構造材）も検出されたが、部材の交点には部材どうしを結びつけた蔓《つる》が残存していた。

このように、弥生時代から古墳時代における多くの建物は、部材の接合にあたって枘や枘穴などを加工したり、蔓で緊縛したりしており、現在のところ建物に鉄釘を積極的に使用した事例は確認できていない。

これに関連して、『日本書紀』にこの時代の建物のようすがうかがえる歌が掲載されている。新しい室《むろ》を建築した祝いとして、その家の安全・長久を祈念した詞のなかに「取り結《ゆ》える　縄葛《つなかずら》はこの家長《いえのきみ》の御寿《みいのち》の堅《かたまり》なり（しっかり結んだ縄や葛は、この家長の寿命を堅くするもの）」という一節が登場してくる（『日本書紀（上）』岩波書店、一九六七年）。この当時、縄や蔓による緊縛が建物の強度を確保するうえで重要な技法であったことがうかがえる。なお、この詞のなかには鉄釘などの金物の記述は見られず、考古学的に見たこの時代の建物の実態と符合する。

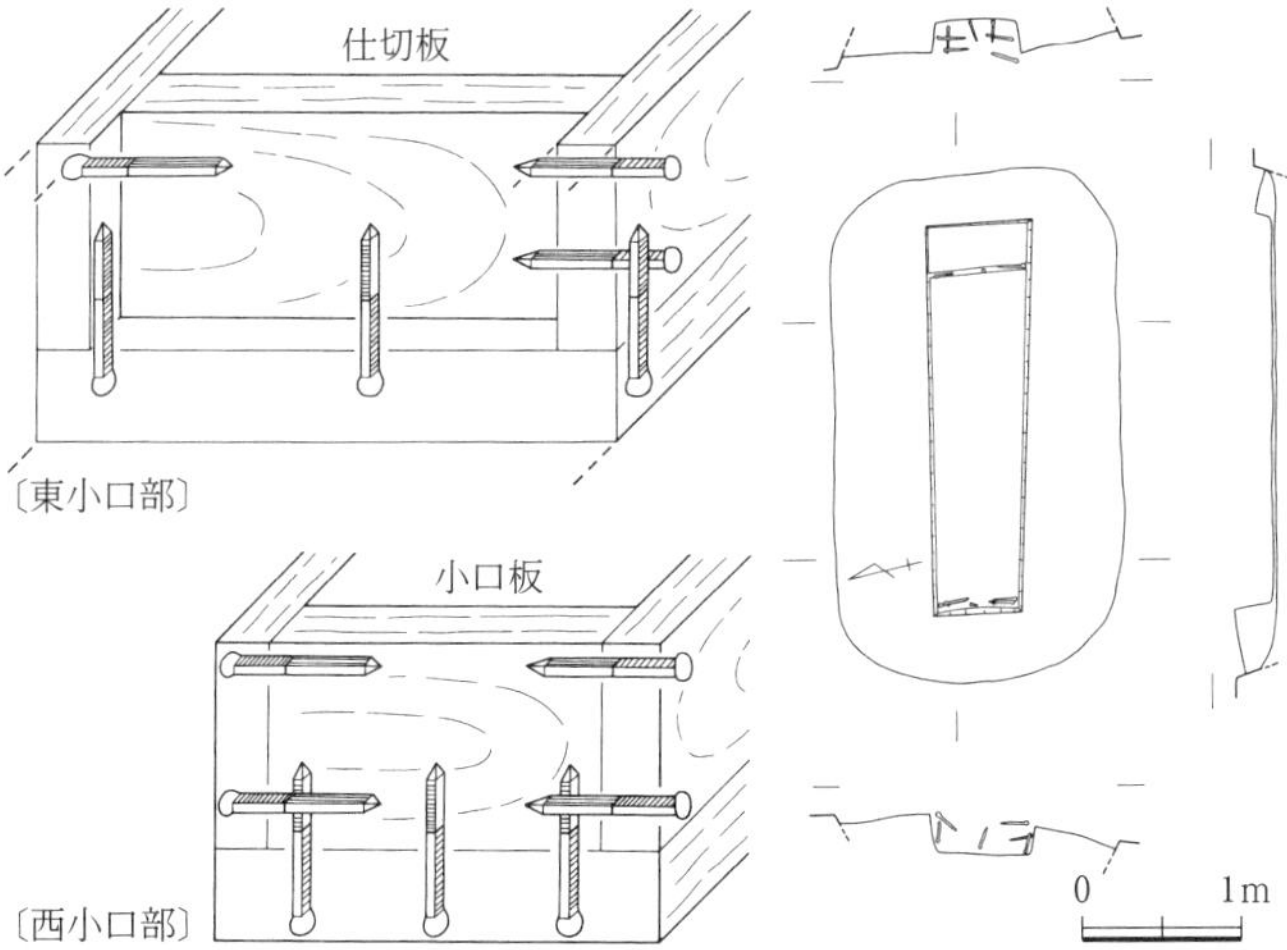

図7　石光山27号墳の鉄釘出土状況と木棺復元模式図（報告書をもとに作成）

古墳から出土する鉄釘　鉄釘の本格的な利用は意外にも死者を納める木棺《もっかん》から始まったといってよいであろう。鉄釘を使用する木棺が出現するのは古墳時代中期からで、墳丘に直接棺を納める木棺直葬《じきそう》墳や横穴式石室をもつ古墳で発見される場合が多い。たとえば石光山《せっこうざん》二七号墳（奈良県御所市）は、径約八㍍の円墳で、墳丘のなかに鉄釘を使用した木棺が納められていた（図7）。棺材は腐朽してなくなっていたが、鉄釘がほぼ原位置で出土したことから、鉄釘の使用状況をうかがうことができた（奈良県立橿原考古学研究所一九七六）。

このように、鉄釘を使用した木棺の出土事例は数多く存在し、そこで使用された鉄釘は図8に見られるように大きさや形がさまざまである。頭部を顕著に作り出さないものや、笠あるいは鋲のような頭部をもつものなどがある。また、長さも三〇㌢に近いものから四㌢程度と短いものまで長短がある。しかしなが

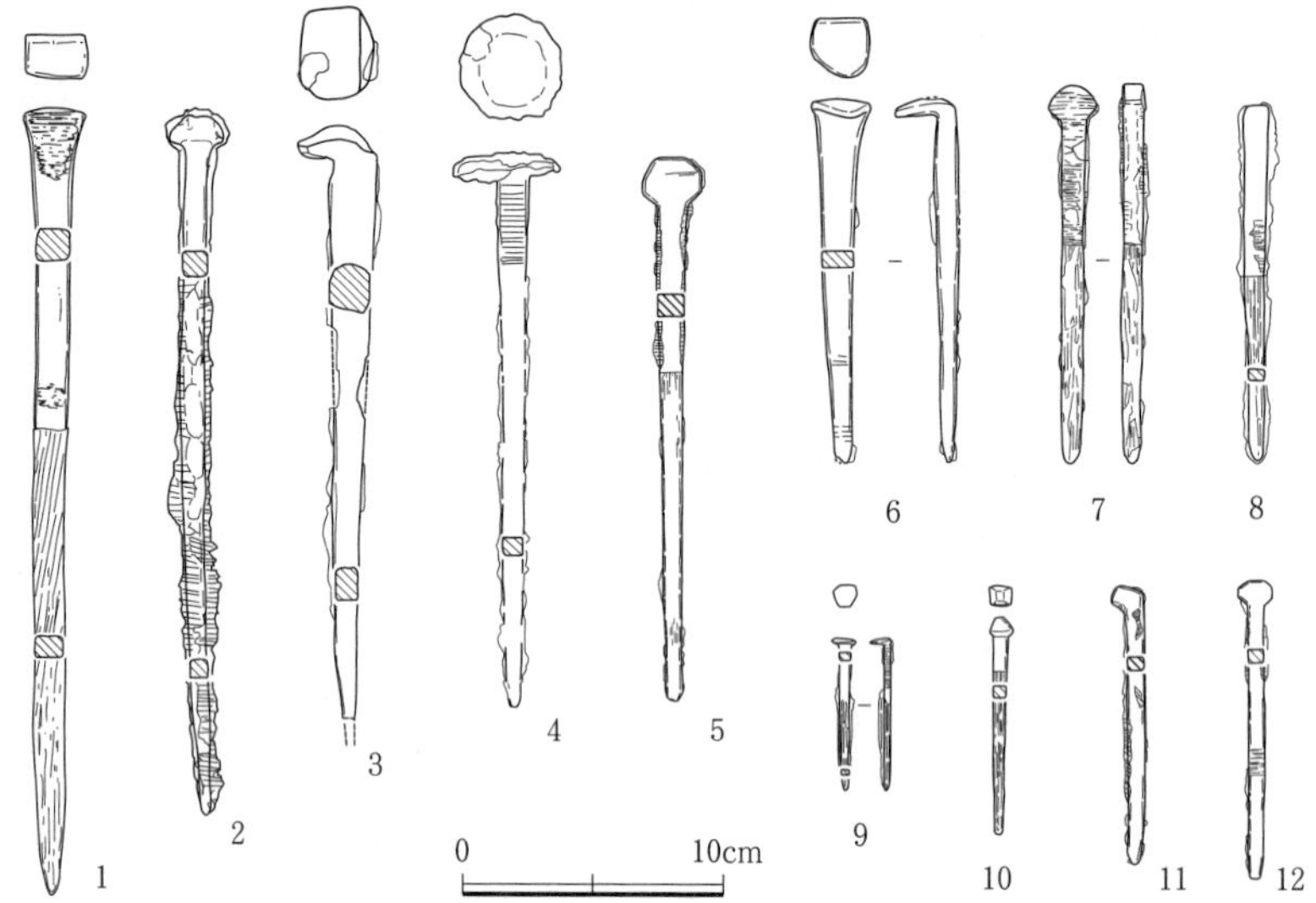

Ⅰ類　1：奈良県与楽ナシタニ1号墳
2：奈良県石榴垣内1号墳
3：岡山県甫崎天神山8号墳
4：大阪府平尾山古墳群
雁多尾畑49支群4号墳
5：奈良県寺口忍海H-15号墳

Ⅱ類　6：岡山県西山2号墳
7：奈良県寺口忍海H-13号墳
8：滋賀県和田5号墳

Ⅲ類　9：岡山県定北古墳
10：奈良県寺口忍海E-12号墳
11：奈良県寺口忍海H-2号墳
12：奈良県寺口忍海H-13号墳

図8　木棺に使用された鉄釘

ら、同一の木棺に使用された鉄釘どうしは形態や大きさが類似する傾向にあり、これをもとに鉄釘の大きさを分類すると、図9のように次の三グループに分けることができる（Ⅰ類：およその長さが一六㌢以上、Ⅱ類：およその長さが一一㌢以上、Ⅲ類：およその長さが一二㌢以下。これをもとに、Ⅰ類の鉄釘を使用した木棺をⅠ型木棺、以下同様にⅡ類についてはⅡ型木棺、Ⅲ類についてはⅢ型木棺と呼称する）（金田二〇〇三）。

鉄釘を使用した木棺　木棺の大きさは例外もあるが、おおむね長さ二㍍前後、幅〇・五～〇・八㍍とほぼ人体の大きさを反映していることから、使用される鉄釘の大きさの相違は、使用された棺材の厚さに起因しているといえる。Ⅰ型木棺には棺材の厚さが一〇㌢を超えるものが見られ、Ⅱ型木棺ではおおむね五～一〇㌢程度、Ⅲ型木棺では五㌢以下とな

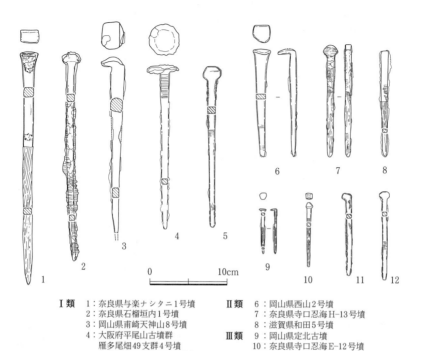

っていることから、それぞれ想定される木棺の重量はⅠ型木棺で約一五〇〜二三〇㌔、Ⅱ型木棺で約七〇〜一五〇㌔、Ⅲ型木棺で約四〇〜七〇㌔である（木棺内法を長さ一・八㍍、幅〇・六㍍、高さ〇・四㍍と想定、棺蓋は除外、コウヤマキ気乾比重平均〇・四二で算出）。

これらの木棺の重さの違いは、当時の葬送の手順にも大きな影響を与えたと考えられている。一般に、古墳時代の鉄釘を使用した木棺は重い棺（Ⅰ・Ⅱ型木棺）から軽い棺（Ⅲ型木棺）へと変遷する傾向が指摘されており、とくにⅢ型木棺のような薄くて軽い棺の出現は、遺骸を棺に納めた状態で持ち運ぶことを可能にした。このことは、これまで古墳で行っていた遺骸を棺に納める儀式を古墳とは別の場で執り行うことができ、古墳における埋葬儀礼の簡略化に繋がったとする説がある（千賀一九九四）。

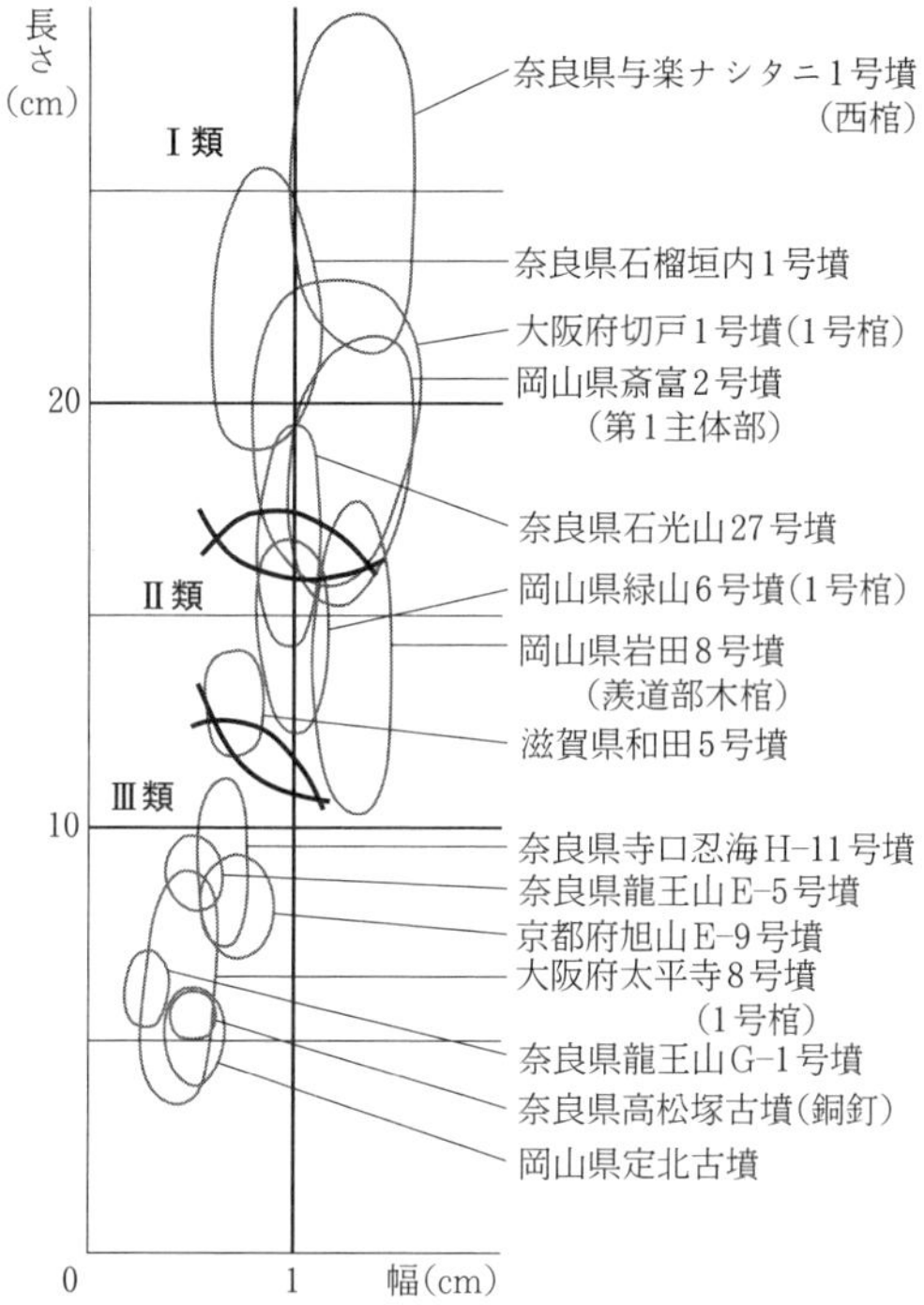

図9　木棺に使用された鉄釘の大きさによる分類（金田2003）

このような棺金具としての鉄釘は、国内における自発的な要因で創出されたというよりも、朝鮮半島から渡来した文化の影響で導入された可能性が高い。少なくとも五世紀代の初期の鉄釘使用木棺については朝鮮半島との関わりが推測できる例が多い（亀田二〇〇四）。また、岡林孝作は鉄釘を使用した木棺を近畿地方への横穴式石室導入とともに伝えられた外来の木棺形式と考え、在来の刳《くりぬきしき》抜式木棺や組合式木棺とは別系統の木棺と評価し、釘《くぎづけしき》付式木棺という概念を提唱している（岡林一九九四）。しかしながら、このような鉄釘を使用する木棺は全国に均一に分布しているわけではなく、西日本ではおもに畿内地方、吉備地方、北部九州地方、近江地方に偏在している。その理由として、これらの地域では渡来文化の影響や近畿地方との繋がりが強かったことが考えられる。鉄釘導入の背景には、このような地域どうしの繋がりが大きく影響していたと推測できるのである。

木材の用法の変化　一方、木棺における鉄釘の導入は木材の用法にも影響を与えた。古墳時代には前方後円墳に見られるように、それまでとは異なった新たな葬送儀礼が創出され、古墳に納める棺も被葬者の生前の地位や身分相応のものが選択された。とくに大王あるいは中央・地方の有力者層の木棺にはおもに割《わりたけがた》竹形木棺あるいは舟形木棺が採用されたが、これらの木棺には遺骸だけでなく副葬品を納める空間も具備する必要から長大な木材が使用された。これらの木棺は木材を刳り抜いて製作され、技法的には除去加工による刳抜式木棺に位置付けられる。一方、古墳時代中期以降に出現する鉄釘を使用する木棺はおもに中小規模の古墳に見られるが、板材を組み合わせて製作するので技法的には集成加工による組合式木棺に含まれる。刳抜式木棺の製作には一定以上の径をもつ良質な樹木が必要であるが、組合式木棺は板材を使用するため、部材の調達は刳抜式木棺よりも容易である。古墳の木棺を分析した岡林孝作は、古墳時代の木棺は構造的に刳抜式木棺から組合式木棺へと移行していくといい、この傾向は木材加工技術の視点から見ると、除去加工の度合いの高い方から低い方へ、逆に集成加工の度合いの低い方から高い方へ推移していることを指摘している（岡林二〇〇九。図10）。氏はその背景の一つとして、利用できる大径木の減少と、中小径木の有効活用および用材の節約的利用がすすんだことをあげている。

このように、古墳時代後半期の木棺における鉄釘の導入は、単なるモノの流入ではなく、当時の技術や慣習にまで影響を与えているのである。

3　建築に使用された鉄釘

建物における鉄釘の利用　鉄釘が建物に本格的に導入されたのは飛鳥時代の寺院建築からといってよい。それまで植物性材料にたよっていた部材相互の接合において、鉄製品を導入することで、より堅牢にしかも簡単に行うことができるようになったことは木造建築の発展に繋がる大きな出来事であった。なかでも、鉄釘は部材どうしを緊結し、かつこれを密にすることによって、木構造の欠陥の一つである横からの応力に対する脆弱さを防ぐ補助・補強の手段として用いられた（細見一九七七）。

古代の寺院建築における鉄釘の使用例については、現存している寺院の保存に伴う解体修理などからその状況をうかがうことができる。法隆寺（奈良県生駒郡斑鳩町）では戦中・戦後にかけて五重塔、金堂などの修理工事が行われ、古代の建築に関する多くの知見が得られた。通常、これらの古建築は古代に創建されたとはいえ、これまでに幾度となく修理されており、使えなくなった部材や金具の多くはそのつど

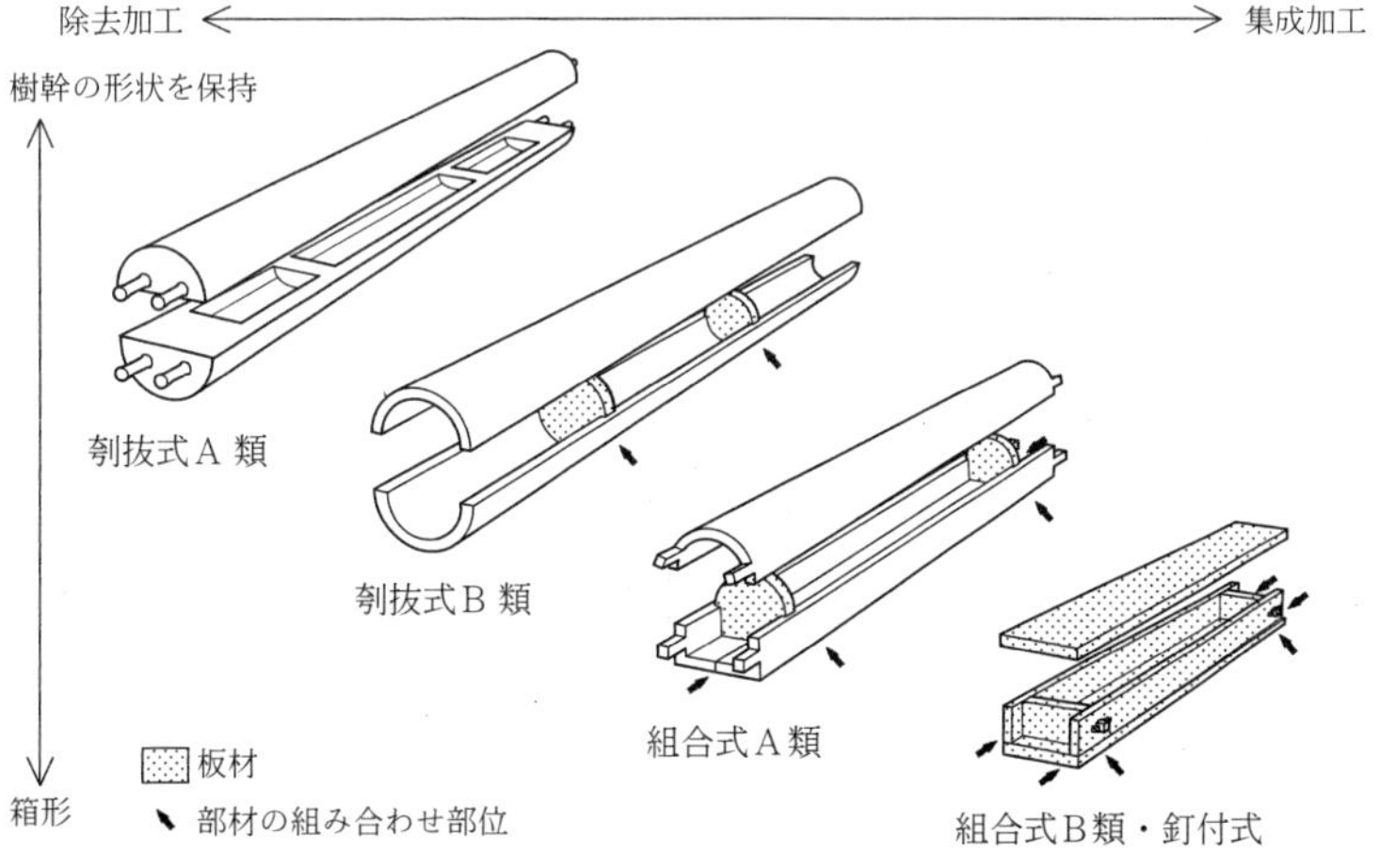

図 10　木棺構造と素材加工法・外形の関係（岡林 2009）

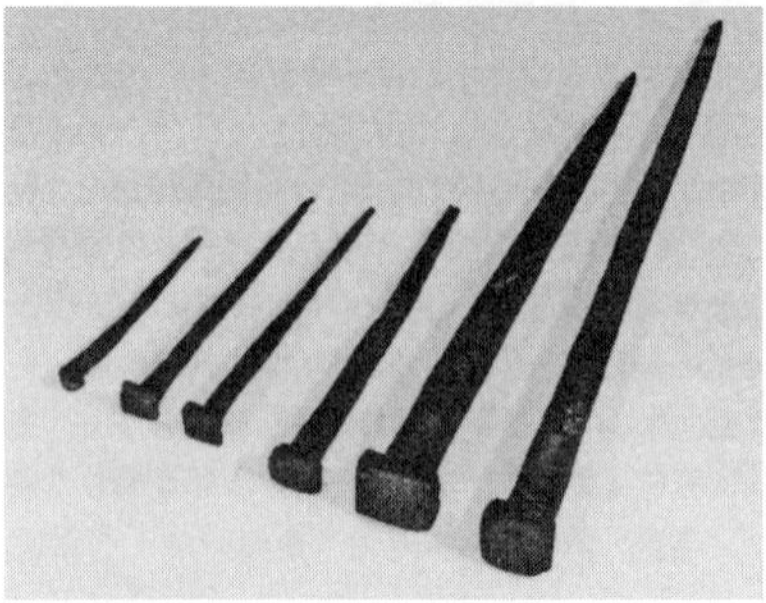

当初釘各種　右より頭貫止釘，長押止釘，地垂木止釘，飛檐垂木止釘，茅負止釘，身舎支輪子（隅配付）止釘。

頭貫止釘　外れかけた釘頭。頭部には別材を巻き付けている。

図11　唐招提寺の当初釘（奈良県教育委員会 2009）

取り替えられている場合が多いが、ここでは創建当初（七世紀ごろ）の鉄釘が残存していることが判明した。そのうち五重塔では、角頭釘、（叩）折釘、円頭釘の大きく三種類の創建当初釘が見られ、最大二尺五分（約六二㌢）から最小一寸一分六厘（約三・五㌢）ぐらいまでの二七種類ほどの鉄釘が使用されていた（法隆寺国宝保存委員会一九五五）。

また、近年修理された唐招提寺金堂（奈良県奈良市）においても、建築当初（八世紀）の鉄釘が報告されている（千木良・田中二〇〇八、奈良県教育委員会二〇〇九。図11）。ここでは、三〇㌢以上の長い鉄釘は頭貫《かしらぬき》や長押《なげし》止めに用いられ、三〇㌢以下の鉄釘はおもに軒廻りの地垂木《じだるき》、飛檐《ひえん》垂木、茅負《かやおい》の固定に使用されていた。前者の鉄釘のなかには長さ五七㌢を測る大きなものも含まれており、それらの頭部は頂部に別材を巻きつけて整形されていた（図11）。他方、後者の鉄釘は頂部をたたいて方形の頭を作り出しており、さらに、その他の小形の鉄釘は頭部をたたき伸ばしてから折り曲げて製作されていた。ここでは、鉄釘の頭部の作り方が鉄釘の長さや太さに関連するものであることが指摘された。

一方、発掘調査で鉄釘の使用状況が明らかになった事例もある。山田寺（奈良県桜井市）では、飛鳥時代に建設された回廊の一部がほぼ倒壊した状況でそのままに出土した（奈良国立文化財研究所一九九五、奈良文化財研究所二〇〇

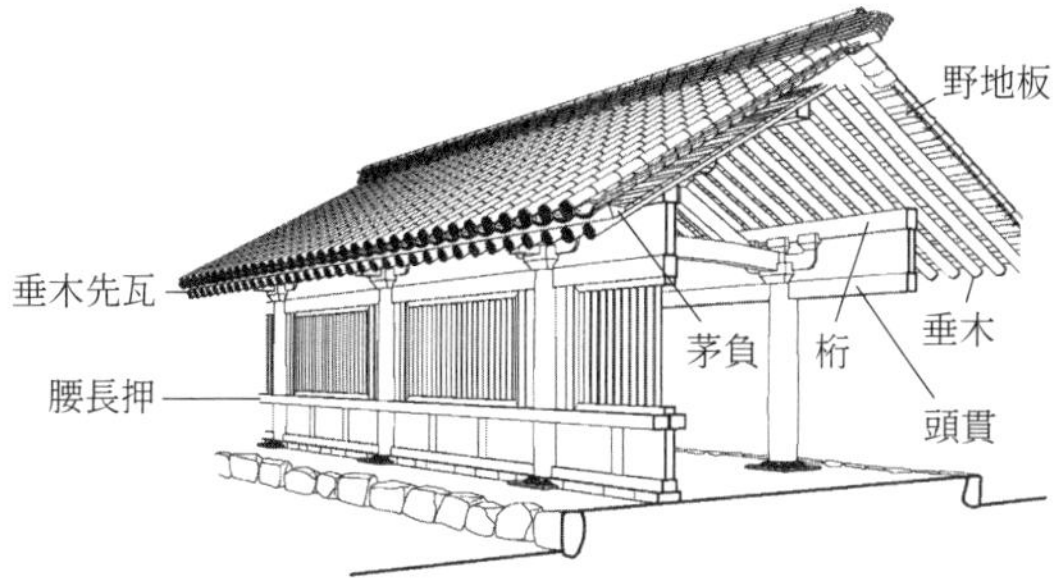

〔回廊復原パースと主な鉄釘使用箇所〕

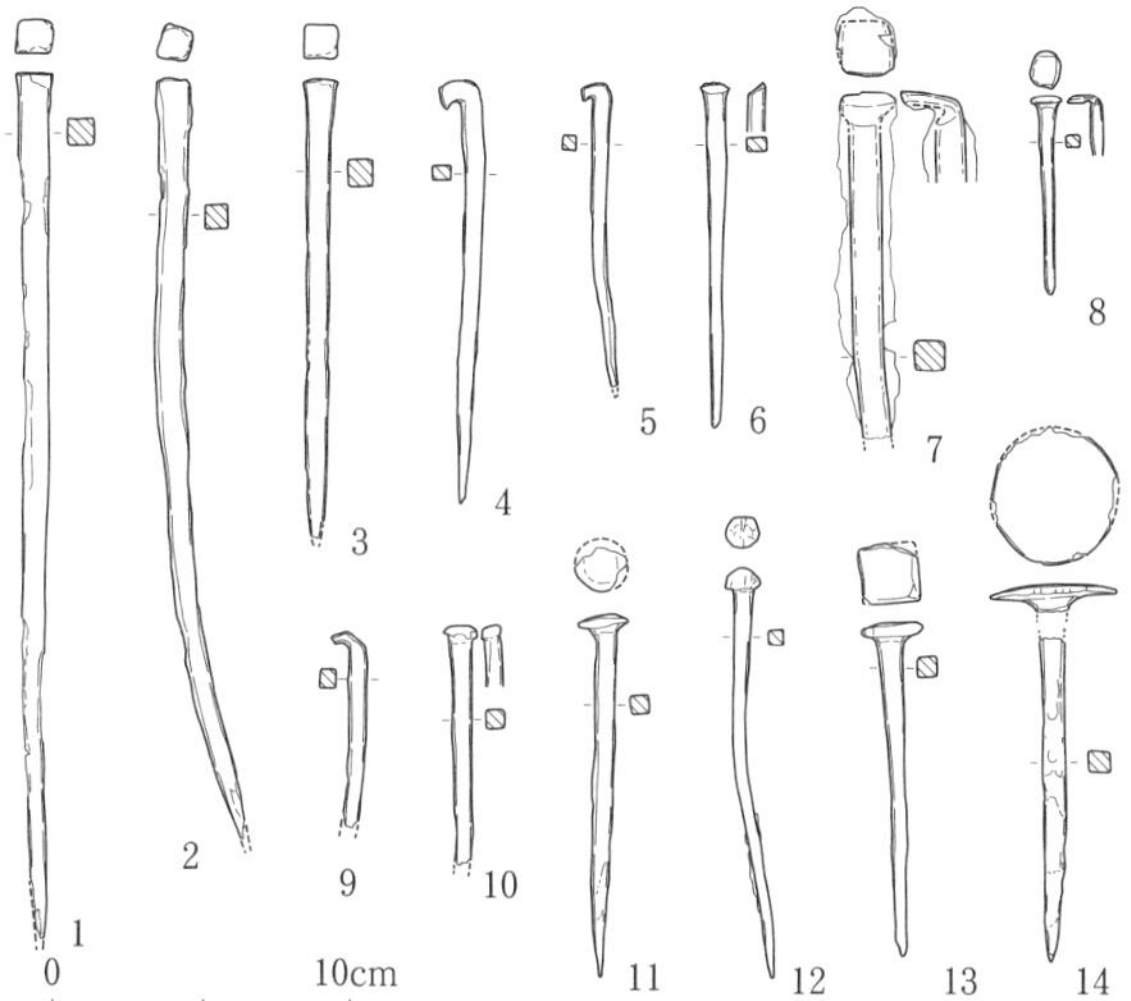

〔鉄釘の使用部位〕
1：頭貫　2・10：垂木　9：茅負
5・6・11：垂木先瓦止(推測)　14：長押

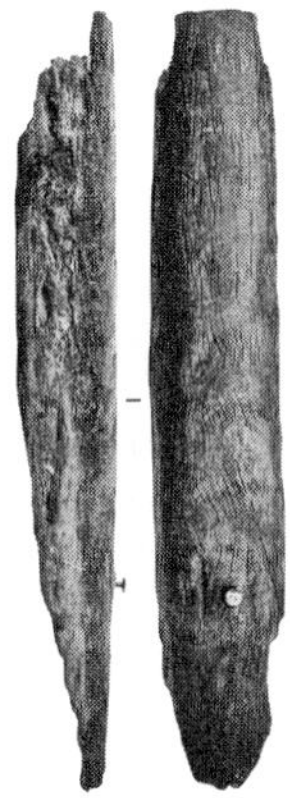

残存長200cm

〔東面回廊柱材〕(柱15)
下方に腰長押を固定した釘が残る(奈良国立文化財研究所提供)。

図12　山田寺で使用された鉄釘（奈良文化財研究所 2002, 島田・次山 2010）

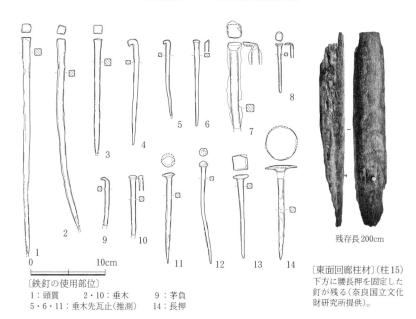

二）。とくに東面回廊で残りのよい建築部材が検出され、そこに残された痕跡から鉄釘の形状やその使用部位が明らかになった（図12）。鉄釘の使用が確認できた箇所は頭貫や長押、桁《けた》、垂木、野地板《のじいた》、茅負といった軒廻りなどであった。回廊に使用された柱には腰長押の釘が実際に残っており、径四・五㌢ほどの円頭釘（図12―14）が使われていた。また、桁には垂木を止めた釘穴が確認され、垂木と茅負の固定にも鉄釘の使用が見られた。さらに、垂木の先端に取り付けられた垂木先瓦の固定にも鉄釘が利用されていた。この垂木先瓦止めの鉄釘については、円頭釘（図12―11）から折釘（図12―5・6）へと変化したことが瓦の釘穴の分析から推測されており、同じ箇所でも時期により使

規格（寸）	数量（隻）	用途	出典
3	18	扇牒等刺料	15-341
4	8?	板敷塗障（泥？）板打料	15-333
4	□	□（板？）敷鯖口料	15-339
6	32	板敷料	15-340
4	12	板敷料	15-340
5	18	作菩薩御頂借天井料	16-236
2	24	打高座料	15-324
6	32	固高座料	15-326
5	13	高座打料	15-326
4	14	高座打料	15-326
2	31	高座打料	15-326
1	44	高座打料	15-326
4	24	高座打料	15-326
1.5	88	高座橋打料	15-326
1	96	高座橋打料	15-326
2.5	16	固高座料	15-327
1	120	固高座料	15-327
1	304	打肱金料	16-237
3	6	固灯炉料	15-331
4	16	足高打料	15-326
5	20	仏彩色所用料足高□前将打料	15-328
2.5	16	仏御輿打料	15-325

針桙（ハリホコ）：檜皮屋根の下地の材であろう。扇：扉。
今日の定規縁で，両開きの召合せに一方の扉に打ち付ける材。

表1 「造石山寺所関係文書」に見える鉄釘（福山 1943 をもとに作成）

仏堂(本堂)

使用箇所	名称	規格(寸)	数量(隻)	用途	出典
屋根	釘	5	40	固庇架料	15-320
	打合釘	6	60	庇架料	15-321
	釘	8	8	角木固料	15-321
	打合釘	5	20	庇架固料	15-322
	打合釘	4	50	庇架固料	15-323
	打合釘	4	40	庇架固料	15-323
	打合釘	4	60	庇架固料	15-323
	釘	4	140	為打固堂架	15-324
	打合釘	4	40	棉梠料	15-322〜323
	釘	7	4	檜皮針桙打料	15-326
長押・扉・床など	打合釘	8	14	長押料	15-321
	打合釘	5	26	固長押料	15-322
	平頭釘		36	下長押料	15-324
	平頭釘	4	10	小長(押？)打料	15-339
	□釘	7	4	戸於長押料	15-340
	雁釘	6	8	扇合作料	15-334
	雁釘	6	□	□作料	15-334
	打合釘	6	6	端食料	15-335
	平頭釘	6	18	戸牒3具打料	15-337
	雁釘	6.5？	4	扇合作料	15-337
	雁釘	6	4	固扇料	15-338
	打合釘	4	2?	戸端食料	15-339
	平頭釘	4	6	戸牒料	15-340

使用箇所	名称
	平頭釘
	打合釘
	打合釘
	平頭釘
	平頭釘
高座など	打合釘
	雁釘
	切釘
	釘
	釘
	釘
	釘
	打合釘
	釘
	釘
	切釘
	切釘
	平頭釘
	雁釘
	釘
	釘
	切釘

九百廿七隻作檜皮葺仏堂一宇料(16-232〜233)

打合釘　1尺16隻　7寸4隻　6寸87隻　5寸236隻　4寸344隻
打宗屋幷庇架棉梠等料

平頭釘　6寸33隻　5寸14隻　□□36隻　1寸5隻
打板敷幷長押戸牒等料

雁釘　6寸89隻　5寸63隻　蔀扇料

八百六十三隻菩薩高座二基料(副橋)(16-236〜237)

(打？)合釘　5寸12隻　4寸38隻

切釘　6寸44隻　4寸14隻　2.5寸158隻　2寸109隻　1.5寸184隻
蔀合作料

平頭釘　1寸304隻　打肱金料

註　出典の番号は『大日本古文書』の巻と頁を示す。

参考(福山 1986)

架：正倉院文書ではタルキを「架」と書く例が大多数を占める。棉梠(ノキスケ)：木負・茅負の類。戸端食(トノハシハメ)：板扉の上下端にはめ込む木。今日の端喰(ハシバミ)。戸牒(トノチョウ)：

用された鉄釘の形態が異なっていたことがわかった。山田寺の発掘調査では多くの鉄製品が出土しているが、全体のおよそ九割が鉄釘であったと報告されている。鉄釘が建築金具のなかでも重要な資材であったことがうかがえる。

文献史料に見られる鉄釘　古代の鉄釘については、文献史料からも類推することが可能である。そのなかで正倉院文書に含まれる石山寺（滋賀県大津市）造営に関する文書「造石山寺所関係文書《ぞういしやまじしよ》」は、天平宝字五〜六年（七六一〜七六二）における寺院増改築工事の進行過程を詳細に知ることのできる貴重なもので、工事に使われた建築資材の内容が細かく記されている。鉄釘については、打合釘《うちあいくぎ》、平頭釘、鴈釘《かりくぎ》、呉釘《くれくぎ》、切釘《きりくぎ》などの名が見え、小さいものでは一寸（約三チセン）から大きいものでは一尺三寸（約三九チセン）の鉄釘が記載されている。福山敏男はこの文書をもとに石山寺造営に用いられた建築資材について検討しているが、ここでは氏の分析をもとに石山寺の中心建物である仏堂（本堂）について見てみよう（福山一九四三。表1）。このときの仏堂の造営は既存の建物を母屋としてその周囲に庇《ひさし》を付加する増改築であったが、屋根には檜皮が葺かれ、堂内には高座などが設けられた。鉄釘の使用状況について見ると、庇の架《たるき》（垂木）や棉梠《のきすけ》（木負・茅負）の固定には四寸以上の打合釘が、長押の取り付けにも四寸以上の打合釘や平頭釘が使用されたことがわかる。また、扇（扉）の製作には打合釘や平頭釘のほか鴈釘の利用が目立つほか、堂内の高座には六寸以下の切釘の使用が多く見られる。これらの鉄釘がどのような形をしたものであったのかについては今日知ることができないが、小林行雄は先述した法隆寺五重塔の創建当初釘をもとに、方頭の角頭釘を打合釘ないし切釘、頭部を折り曲げた釘を鴈釘、円板形の頭部をもつ円頭釘を平頭釘と推論している（小林一九六四）。しかし、文献史料に見られるこれらの鉄釘の比定にはさらなる分析が必要なのではないかと考えている。

古代の鉄釘については、その他の文献史料や木簡から、ほかにもさまざまな名称があったことがわかる（表2）。それによると、鉄釘の名称には蟹目《かにめ》釘など鉄釘の形状に由来するもの以外に、使用される部位や鉄釘の性質や特徴に

表2　木簡に見られる鉄釘

名　称	記載内容	出　　典
	出 土 地，時 期，解 説	
打合釘 呉　釘 須理釘	・「十一日打相釘九十四隻　呉釘六百九十隻□」 ・「枚金三枚其釘廿七須理釘廿六折四□□卅四」	『木簡研究』15，1993
	藤原宮内裏西外郭地区西大溝 SD1680（7 世紀末） ・種々の鉄釘とその数量を書き上げた文書木簡。「須理釘」は管見にない。	
打合釘 古　釘	・受古釘六隻重十二斤　損二斤八両 □九斤八両□〔作ヵ〕五寸打合釘 ・五十一隻　四月廿二日刑部麻呂	『平城宮木簡』7，2010
	平城宮 SD3715 溝・SX8411 堰状遺構（奈良時代前半） ・高殿造営に関する木簡か？	
打合釘 上長押釘	・上長押釘卅隻　之中打合釘二 長七寸　五丈 ・「□□□」（削り残り）	『奈良文化財研究所紀要』2008
	石神遺跡 SD4289（7 世紀後半から奈良時代） ・建築部材の上長押に用いられる釘 30 本を進上するさいに使用されたもの。	
切　釘	□百廿　小切釘□〔二ヵ〕	『飛鳥藤原京木簡』1，2007
	飛鳥池遺跡（5AKA 区）SX1222 水溜（7 世紀後半）	
卑志釘	・卑志釘 ・　□（左側面）	『飛鳥藤原京木簡』1，2007
	飛鳥池遺跡（5AKA 区）SX1220 水溜（7 世紀後半） ・「卑志釘」とは菱釘のことで，頭が菱形となる装飾的な釘を意味する。	
蟹目釘	□□〔釘ヵ〕一千二百九十四隻　蟹目釘四百五十隻　□	『平城宮木簡』6，2004
	平城宮 SE14690 井戸（奈良時代前半） ・蟹目釘は頭部を蟹の目のように半球状にした化粧釘。	
飛炎架釘	飛炎架釘六十	『平城宮木簡』2，1975
	平城宮（6AA0 区）SK2101 土坑（天平勝宝年間） ・飛炎架釘は飛檐垂木を打ち付ける釘。	
飛炎宇助釘	飛炎宇助釘七十⌐	『平城宮木簡』2，1975
	平城宮（6AA0 区）SK2101 土坑（天平勝宝年間） ・飛炎宇助釘は飛炎宇助（飛檐垂木を横につなぐ茅負の類）を打ち付ける釘。	
難　釘	□難釘五十六□	『飛鳥藤原京木簡』1，2007
	飛鳥池遺跡（5AKA 区）SX1222 水溜（7 世紀後半） ・「難釘」は強度のある釘の意味か。	
堅　釘	□堅釘百六十	『飛鳥藤原京木簡』1，2007
	飛鳥池遺跡（5AKA 区）SX1222 水溜（7 世紀後半） ・「堅釘」は強度のある釘の意味か。	
大　釘	大釘一	『飛鳥藤原京木簡』1，2007
	飛鳥池遺跡（5AKA 区）SX1222 水溜（7 世紀後半） ・数量が「一」と少ないのは，特殊用途に使用されたことによるものか。	

よるものがあった。たとえば、長押釘や飛炎架（飛檐垂木）釘などは使用する部材に由来するものであり、堅釘や大釘はその性質や特徴を示していると考えられる。

4　鉄釘の生産体制

工房の設置　それでは、木棺や建築に使用された鉄釘はどのような体制で生産されていたのであろうか。古墳時代の木棺に使用された鉄釘の生産体制について、筆者はかつて大和地方を中心に検討した。その結果、大和地方のなかで鉄釘の形態に地域差が認められたことから、鉄釘はそれぞれの地域で、その地域内の需要を充たすことを目的に、地域内の鍛冶工人がおもに製作したと考えた（金田一九九六）。

これに対して、飛鳥時代以降、宮殿や寺院建築などが盛んに行われるようになると、一地域だけでは膨大な鉄釘の需要に応じることはできなくなった。そこで、大規模な工房を設置し、諸国から鍛冶工人や必要な物資を集約して生産を行ったと考えられる。飛鳥池遺跡（奈良県高市郡明日香村）はこのような工房の一つと考えられており、七世紀後半にここで金・銀製品、鉄製品、銅製品、ガラス製品など多種多様な生産がなされていた（奈良国立文化財研究所一九九八・一九九九・二〇〇〇a）。ここでは鉄釘も出土しており、鉄釘を含む建築金具の製作が主要な業務の一つであったと推定されている。

ところで、飛鳥池遺跡では鉄釘とともに、釘の形をした様《ためし》と呼ばれる木製品が出土している（図13）。様とは、生産すべき金属製品と同形同大の木製品で、製品の見本と考えられている。なかには数字が墨書されているものがあり（図13—6）、数字に示された数の鉄釘を生産したと推測される。また、これに関連して鉄釘の製作を発注したと考え

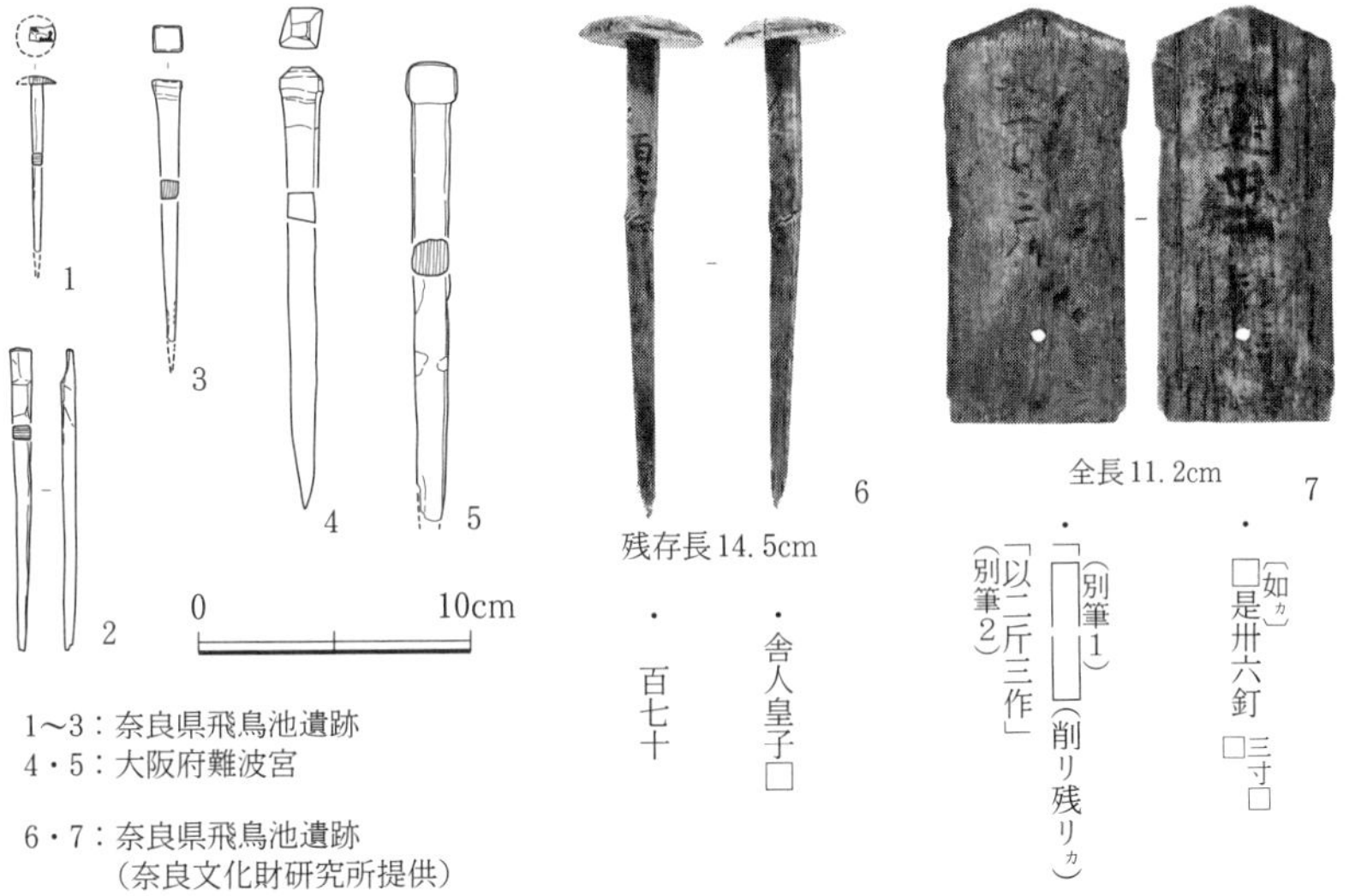

図13　釘生産に関連する様と木簡

られる木簡（付札）も出土しており（図13―7）、表面に「如是卅六釘／三寸□／□」と書かれ、裏面に別筆で「以二斤三作」と追記されている。ここで想定される鉄釘の生産手順については次のように復元されている（奈良文化財研究所二〇〇七）。まず「是ノ如キ」という言葉から⑴釘の様にこの付札を結わえて鍛冶工房に送り、この様を見本として（是ノ如キ）釘を製作するように指示し、⑵釘が完成したのち、三六本の釘を紐で束ねてこの付札に付け、⑶付札の裏面に釘の製作に要した鉄の重量を追記したという流れである。このような様と考えられる鉄釘の形をした木製品は、飛鳥池遺跡だけではなく、平城京（奈良県奈良市）や難波宮（大阪府大阪市）などの都城遺跡でも出土しており、大量かつ多様な釘を生産するための手段として広く利用されていた可能性がある。

これに関して、平城宮・京から出土した鉄製品の組成を分析した松村恵司は、都城出土鉄製品の特徴について鉄釘が多く見られることをあげている（松村二〇一〇）。また、同様の傾向は長岡京（京都府長岡京市ほか）や平安京（京都府京都市）においても見られ（中島二〇一一）、都城における大規模な造営に多くの鉄釘が必要であったことを裏付けている。

生産体制の変容　律令制下の中央官司において、鉄器生産を担ったのは令制の宮内省鍛冶司《たんやし》、令外の中務省内匠寮《たくみりょう》がその代表である。鍛冶司はその後木工寮《もくりょう》に併合されるが、令制では管下に三三八戸の鍛戸《かぬちこ》が配属されていた。ここでは、工人の作業形態として毎年十月から三月までの使役がうかがえるが、常に中央の工房で作業していたわけではなく、常時は在地で割り当てられた分の生産を行っていたものと考えられる（狩野一九九四）。一方、都城周辺の官寺あるいはこれに準ずる寺院の造営にあたっては、令に規定された官司以外に臨時の令外官が設置された。ここでは、造営官司が必要に応じて原材料や炭などの必需品を支給して鍛冶工人に鉄釘などの建築金具を製作させていた。

しかし、このような国家権力による直営的あるいは統一的な生産体制は律令制支配の衰退などにより後退し、平安時代中ごろ以降になると王臣社寺勢力あるいは地方の有力者による私的な生産体制が広がりを見せる（浅香一九七一）。このような状況下で行われた東大寺（奈良県奈良市）の修理工事では米を対価に鉄釘を購入したり、米を対価として材料鉄を購入し、鍛冶工人に食料を給付して鉄釘を作らせたりするなど鉄釘の調達方法に変化が見られた（古尾谷二〇一一）。

ところで、古代では釘の助数詞として「隻《せき》」が使用され、鉄釘一隻が一本に相当すると考えられている。平安時代中ごろになると、一定本数の釘のまとまりを単位とする助数詞「連」が「隻」とともに併用される。一連は二〇隻（二〇本）で、平安期の史料では六寸以上が「隻」、五寸以下が「連」で数えられる傾向があるといい、釘の数の多少や流通時の釘のまとめ方などで「連」と「隻」を使い分けたようである。鎌倉時代以降になると「隻」で釘を数える例はほとんど見られず、もっぱら「連」が釘の助数詞として使用されるようになる。このような鉄釘の助数詞の変化からも、鉄釘のまとまりの規格化と流通の拡大を読み取ることができる（山本二〇〇四）。

5　鉄釘の製作技術

素材と製作方法　鉄釘の製作は、素材となる鉄をただ単に棒状に加工すればよいといった単純なものではない。鉄釘に機能上求められる条件としては、硬くて折れないこと、抜け落ちないこと、劣化しにくいこと、安価であることなどがあげられる。鉄は含まれる炭素量によって硬くなったり軟らかくなったりする性質をもっているが、鉄釘の場合、通常炭素量の少ない軟鉄を利用する場合が多い。古代の鉄釘製作にあたって、どのような素材を利用していたのかについてはわかっていない部分が多い。古代の文献史料に登場する鉄素材は「連」または「廷」という単位で記載されていることから、板のような素材が流通していたと推定される。先述の「造石山寺所関係文書」では鉄釘の製作にあたって、「廷」という単位の「鉄」が支給されていることから、当時流通していた素材をもとに製作が行われたと考えられる。

古代の鉄釘を製作するさいに使用された道具についても不明な点が多い。時代が異なるが近世では鉄釘を作るのに必要な道具は、吹子《ふいご》、金床《かなしき》、立杙《たてぐい》、鏨《たがね》、鉄鎚《てっつい》、ヤットコぐらいであったという（安田一九一六）。鉄釘のサイズを決める立杙はとにかく、その他の道具は古代においても見られるもので、鉄釘を製作するにあたって特別な道具は必要でなかった可能性が高い。

古代の鉄釘の素材や製作方法については金属学的な分析成果からもアプローチすることができる。古墳時代の木棺に使用されていた鉄釘の分析では、炭素量の異なる素材の合わせ鍛えによる製作が報告されているものがある（大澤二〇〇三）。また、法隆寺の解体修理時に得られた建立当初の鉄釘の分析も実施されており（西村・青木一九五六、堀

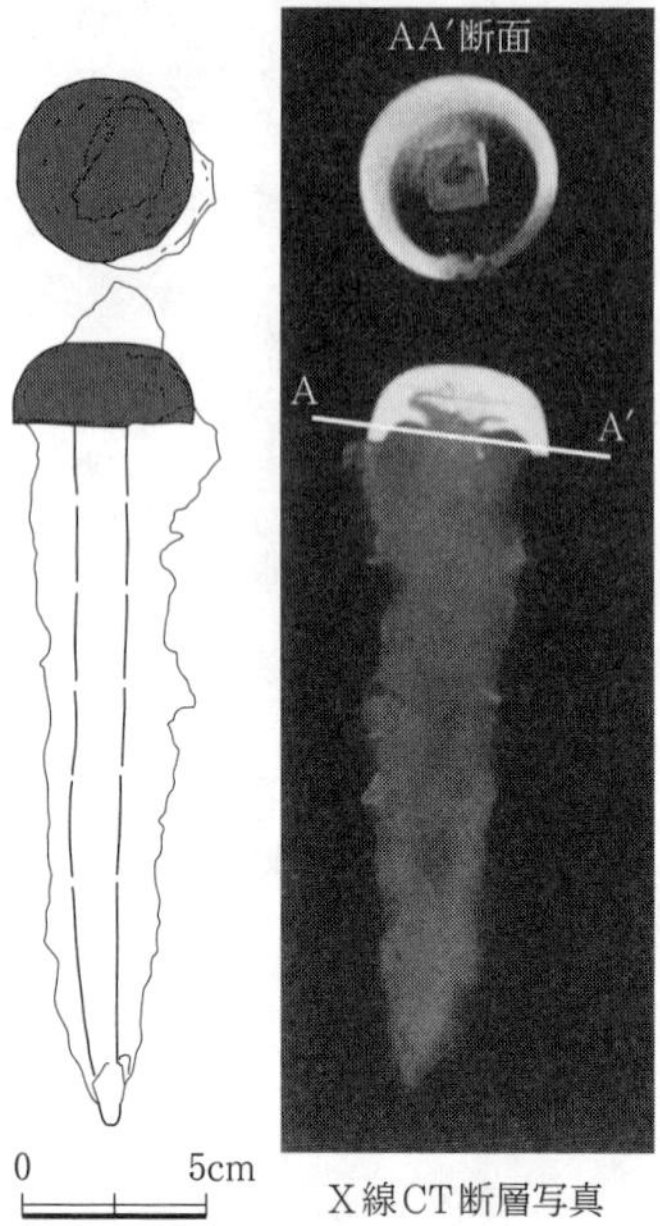

図14　平城宮出土飾釘（奈良国立文化財研究所提供）

川・梅沢一九六二）、これらの鉄釘は金属組織および硬さにムラが大きく、その分布状況から二種類以上の鋼を鍛接して製作された可能性があると報告された。このような分析成果から、この当時から合わせ鍛えなどの熱処理技術が確認できるとする説もある（飯田一九七六）が、近年ではむしろ、十分な精錬工程を経ず、成分の均質化および鉄滓の除去が図られていない「粗鉄」を鉄釘の材料としていたのではないかとする説が提唱されている（佐々木二〇一二）。

　現在の洋釘はワイヤーのような素材（線材）を切断し、プレスして形を整えているが、和釘は鉄を加熱し、たたき鍛えながら製作していく。素材をたたくことで組織を均一にしていくのと同時に、表面に薄層を練り上げることで外部からの腐食に耐え、錆びにくい構造を作っているといわれている。事実、法隆寺や唐招提寺の建築当初から使用された鉄釘は一〇〇〇年以上の使用実績をもつ。このような鉄釘における耐久性のメカニズムについては、素材に残留している適量の鉄滓が鍛錬により鉄素地に良好な保護膜を形成し、外部からの腐食性物質の進入を防いでいるためではないかと考える研究者もいる（古主二〇〇五）。

　鉄釘の製作には、鍛冶だけでなく、鋳造や鍍金などその他の分野が複合的に関わっている場合がある。文献史料には金銅釘あるいは黒漆釘といった名称が散見され、釘に鍍金や漆塗りがなされていたことがわかる。飛鳥水落遺跡（奈良県高市郡明日香村）では頭部上面に銅張りをして鍍金が施された鉄釘が発見されており（奈良国立文化財研究所一九九五)、平城宮大極殿院地区では、鉄製の釘を芯に銅製の頭部を鋳造した飾釘が出土している（奈良国立文化財研究所二〇〇〇b。図14）。

鉄釘は頭部だけでなく、胴部や先端部も機能上重要な役割を担っている。薬師寺（奈良県奈良市）の修復において鉄釘を製作した白鷹幸伯は、古代の鉄釘にはわずかながらくびれや太いところがあるという。白鷹は古代の釘を飛鳥型や白鳳型などに分類しているが（図15）、そのなかで最も洗練されているという白鳳型の鉄釘は、頭部から三分の一のところで少し細くなり、そこからはまっすぐになるが、三分の二あたりにもう一回ふくらみがあるというように、鉄釘の打ち込みを考慮した作りになっているという（白鷹一九九七）。鉄釘の製作にあたっては、現在でも建造物修復現場からの要求に応じるため試行錯誤が繰り返されていて、たとえば二〇〇一年度の錦帯橋《きんたいきょう》（山口県岩国市）の架け替え工事では、仕様書どおりの和釘では釘が抜け落ちてしまうため、現場で大工らと協力しながら形を決め鍛造したという（『産経新聞』二〇一二年六月二十日、中国四国版記事）。

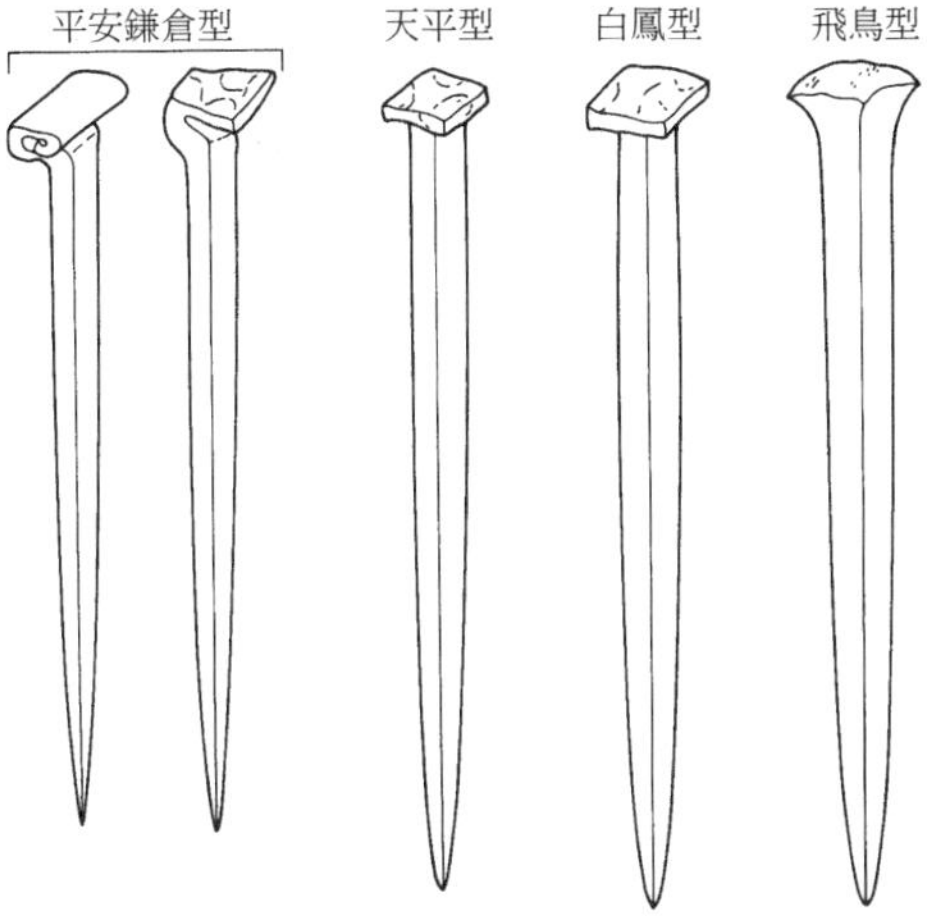

飛鳥型　軸部が太く，頭部は錆びても抜けない斜面構成になる。
白鳳型　頭部の軸部は太く，最も洗練，完成された形。
天平型　軸部が細い。材料の節約からか，鉄，木材ともにその傾向がある。
平安鎌倉型　木材を経済的に使うため細くしたが，釘もそれにしたがって細くなる。鉄材が節約され，軸部は細く，飛鳥期の半分くらいになる。

図15　鉄釘の変遷（白鷹1997を一部改変）

鉄釘の意義　このように見ていくと、古代でも現代でも重要な金具としての鉄釘の地位は変わらない。とくに建築分野では、鉄釘の供給事情が建築工法に大きな影響を与えているといっても過言ではない。日本古代から続く和釘は、近世において釘作りの効率化も図られたが、基本的に手作業であったため、その生産量にはおのずと限界があった。そのため、鉄釘は必要な資材であるのと同時に貴重なもので、その利用は必要最小限に抑えられた。このことは、伝統的建築技術における複雑な仕口や継手など、釘接合以外の分野において高度な加工技術を生じさせる一因になったともいえる。一方、明治時代に入り洋釘が導入されると、機械による大量生産が可能となった。毎分数百本という生産量は安価な鉄釘を市場に供給し、そのため和釘の需要は激減した。現代の建築現場では大量の洋釘が使用されていて、部材も金物を多用して接合する場合が多い。そのため、従来の木造建築で行われていた継手や仕口などの加工は簡略化され、それがますます鉄釘や金物への依存度を高める結果となっている。安価で大量の鉄釘を使用できるようになったことにより、建築工法が変化している。

ところで、構造上重要な箇所に使用された鉄釘の寿命は、おのずとその建物の寿命を左右する。和釘の場合、改修を繰り返しながらも一〇〇年、一〇〇〇年以上もの間、建物を支えてきた実績をもつ。一方、現在の洋釘の耐用年数は通常三〇〜五〇年程度といわれている。現在の木造建築のなかには、洋釘が建物の構造上重要な箇所に使用されているものもあるが、この場合、洋釘の耐用年数が建物全体の寿命を規定しているといっても過言ではない。どの場所にどのような鉄釘を使うのかは、建物の本質に関わる重要な問題なのである。

このように、鉄釘は、その時代を生きた人々の製作技術や生産体制、さらにはそれらを取り巻く文化をもうかがうことのできる貴重な資料なのである。

参考文献

浅香年木『日本古代手工業史の研究』法政大学出版局、一九七一年
安間拓巳『日本古代鉄器生産の考古学的研究』渓水社、二〇〇七年

飯田賢一『鉄の語る日本の歴史（上）』そしえて文庫、一九七六年
大澤正己「大県遺跡出土鍛冶関連遺物の金属学的調査」『大県遺跡群分析調査報告書』柏原市教育委員会、二〇〇三年
岡林孝作「木棺系統論——釘を使用した木棺の復元的検討と位置づけ」『橿原考古学研究所論集　第十一』吉川弘文館、一九九四年
岡林孝作『古墳時代におけるコウヤマキ材の利用実態に関する総合的研究』二〇〇九年
岡山県教育委員会『津島遺跡4』二〇〇三年
金田善敬「古墳時代後期における鍛冶集団の動向——大和地方を中心に」『考古学研究』第四三巻第二号、考古学研究会、一九九六年
金田善敬「古墳時代の鉄釘」『考古資料大観』7、小学館、二〇〇三年
狩野　久「古代国家を支えた工人たち」『考古学研究』第四一巻第三号、考古学研究会、一九九四年
亀田修一「日本の初期の釘・鎹が語るもの」『文化の多様性と比較考古学』考古学研究会、二〇〇四年
小林行雄『続古代の技術』塙書房、一九六四年
佐々木義則「関東における寺院・官衙の造作と鉄生産——七・八世紀の様相」『たたら研究』第五一号、たたら研究会、二〇一二年
島田敏男・次山淳『山田寺　その遺構と遺物』日本の美術五三二号、ぎょうせい、二〇一〇年
白鷹幸伯『鉄、千年のいのち』草思社、一九九七年
千賀　久「後期古墳の木棺——重い棺から軽い棺へ」『考古学と信仰』同志社大学考古学シリーズⅥ、同志社大学考古学シリーズ刊行会、一九九四年
千木良礼子・田中泉「奈良県国宝唐招提寺金堂—当初の釘について—」『文建協通信』第九四号、㈶文化財建造物保存技術協会、二〇〇八年
中島信親「都城の生業—出土生業具の組成と遺構から—」『研究発表資料集』日本考古学協会、二〇一一年
奈良県教育委員会『国宝唐招提寺金堂修理工事報告書』二〇〇九年
奈良県立橿原考古学研究所『葛城・石光山古墳群』一九七六年
奈良国立文化財研究所『山田寺出土建築部材集成』一九九五年
奈良国立文化財研究所『飛鳥・藤原宮発掘調査報告　飛鳥水落遺跡の調査』一九九五年
奈良国立文化財研究所『奈良国立文化財研究所年報』一九九八—Ⅱ、一九九八年

奈良国立文化財研究所『奈良国立文化財研究所年報』一九九九―Ⅱ、一九九九年
奈良国立文化財研究所『奈良国立文化財研究所年報』二〇〇〇―Ⅱ、二〇〇〇年ａ
奈良国立文化財研究所『奈良国立文化財研究所年報』二〇〇〇―Ⅲ、二〇〇〇年ｂ
奈良文化財研究所『山田寺発掘調査報告』二〇〇二年
奈良文化財研究所『飛鳥藤原京木簡一―飛鳥池・山田寺木簡―』二〇〇七年
成田寿一郎『木の匠――木工の技術史』鹿島出版会、一九八四年
西村秀雄・青木信美「法隆寺五重塔並びに金堂の古代釘の冶金学的研究」『古文化財の科学』第一二号、古文化資料自然科学研究会、一九五六年
福山敏男「奈良時代に於ける石山寺の造営」『日本建築史の研究』桑名文星堂、一九四三年
福山敏男「正倉院文書に見える建築用語」『正倉院年報』第八号、一九八六年
古尾谷知浩「文献史料からみた古代の鉄生産・流通と鉄製品の生産」奈良文化財研究所編『官衙・集落と鉄』二〇一一年
古主泰子「備中国分寺和釘の酸化皮膜の調査」『鉄と鋼』第九一巻第一号、日本鉄鋼協会、二〇〇五年
法隆寺国宝保存委員会『法隆寺国宝保存工事報告書』一三、一九五五年
保坂貴司『釘が危ない！』エクスナレッジ、二〇〇二年
細見啓三「建築金具」『文化財講座　日本の建築3　中世Ⅱ』第一法規出版、一九七七年
堀川一男・梅沢義信「古代鉄釘の冶金学的調査」『鉄と鋼』第四八年第一号、日本鉄鋼協会、一九六二年
松村恵司「古代都城と集落の鉄」『よみがえる古代東国の鉄文化』かながわ考古学財団、二〇一〇年
山本紀子「釘の連」『国立歴史民俗博物館研究報告』第一一三集、国立歴史民俗博物館、二〇〇四年
安田善三郎『釘』博文館、一九一六年（『明治後期産業発達史資料　四五二巻』龍渓書舎、一九九九年、再掲）
（紙面の都合上、個別の実測図の出典は省略している）

貨　幣

村上恭通

金属貨幣生産の開始は洋の東西を問わず国家成立の重要な指標の一つである。わが国では最古とみられていた和同開珎よりも古い富本銭や無文銀銭の生産が証明され、日本貨幣史に新たなページが加えられた（松村二〇〇四）。

わが国の銭貨は縄文時代晩期の沖縄県城嶽貝塚、具志頭城東崖下洞穴から出土した戦国時代・燕国産の明刀銭が最古の例である。弥生時代中期後半以降、秦漢代の各種方孔円銭を出土する遺跡が西日本を中心に増加する。しかしこれらがいわゆる貨幣として使用されたとは考えられず、さまざまな出土状況に応じて中国貨幣の性格は多様であった（森岡二〇〇九）。不思議なことに古墳時代を迎えると遺跡で出土する舶載貨幣の量は激減する。活発化が想定される対外交流とは反比例的な現象でありその背景は注目される。

奈良時代から平安時代にかけて、和同開珎に始まる一二種類の貨幣は皇朝十二銭と呼ばれる。後半期の皇朝十二銭は質も低下し、流通も低調となり、乾元大宝を最後に公鋳銭の生産は停止した。そして公鋳銭の生産再開は慶長十三年（一六〇八）初鋳の慶長通宝あるいは寛永四年（一六二七）初鋳の寛永通宝を待たなければならなかった。

公鋳銭不在の約六〇〇年、市場で流通したのは主として宋銭以降の中国銭である。とくに永楽通宝（明、一四一一年初鋳）は中国での出土量が少なく、日本への輸出用貨幣とみられている（鈴木一九九九、三宅二〇〇五）。輸入銭

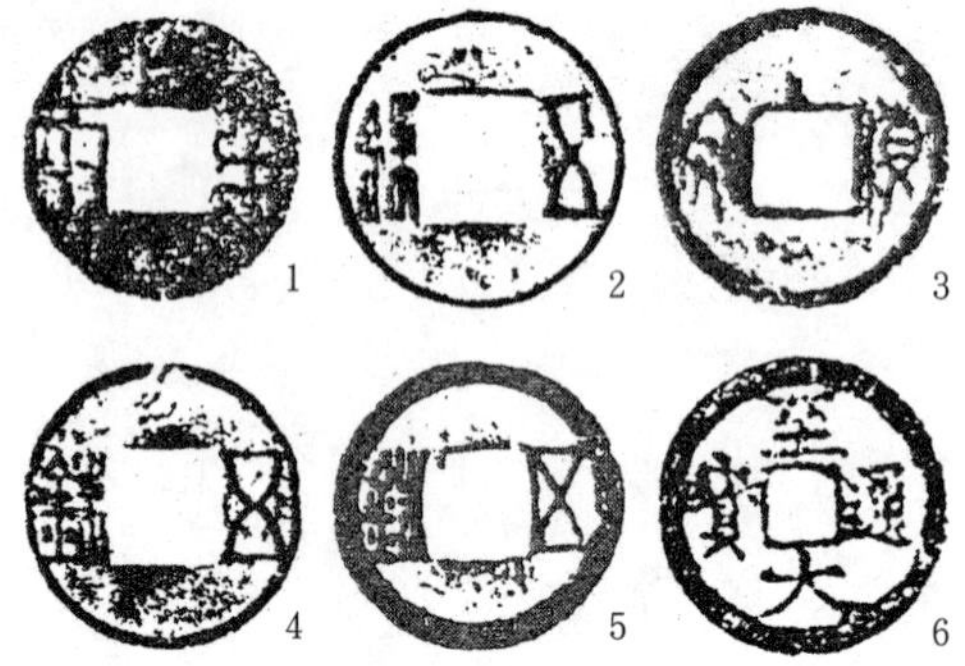

中村岡の久保遺跡の備蓄銭

1四珠半両銭（前漢），2五銖銭（前漢），3貨銭（新），4五銖銭（後漢），5五銖銭（隋），6至大通宝（元）

は時に何千枚、何万枚と甕や壺に納められ、備蓄銭あるいは埋蔵銭という形で発見される。例えば愛媛県新居浜市中村岡の久保遺跡の備蓄銭は総数六万二六四九枚が高さ約一・三㍍の常滑焼の大甕に納められていた（永井編一九九九）。輸入銭は北宋、南宋銭を主とし、最新銭として元の至大通宝（一三一〇年初鋳）を含んでいる。また四銖半両銭、五銖銭のような前漢代の貨幣も含まれており、質が良ければ時代を超えて流通していたことがわかる。

わが国に輸入された中国貨幣がある一方で、わが国から中国へ輸出された貨幣の存在が三宅俊彦氏によって明らかにされた。その貨幣とは私たちになじみの深い寛永通宝である。清代の窖蔵銭（土中に埋められた銭）のなかに寛永通宝の出土例が一六例あり、内陸地方まで広く流通していた。また寛永通宝の鋳造開始以降、それまでの中国銭は「鐚銭《びたせん》」となり、寛文十年（一六七〇）にはその使用が公的に禁止され、それらが逆に中国に輸入された（三宅二〇〇五）。経済活動のバロメーターである貨幣が多様かつ複雑な対外交流を物語る考古資料であることを改めて気付かされる。

参考文献

鈴木公雄『出土銭貨の研究』東京大学出版会、一九九九年
永井久美男（編）『中村岡の久保出土銭—中世期大量埋蔵銭の調査報告書—』新居浜市教育委員会、一九九九年
三宅俊彦『中国の埋められた銭貨（世界の考古学⑫）』同成社、二〇〇五年

松村恵司『日本初期貨幣研究史略：和同開珎と富本銭・無文銀銭の評価をめぐって』日本銀行金融研究所、二〇〇四年
森岡秀人「弥生時代・古墳時代前期の中国銭貨をめぐる大陸交渉」次山淳・松村恵司編『出土銭貨研究の課題と展望』二〇〇九年

執筆者紹介（生年　現職）

村上恭通（むらかみ　やすゆき）　一九六二年　別掲
田中　謙（たなか　けん）　一九八〇年　今治市村上水軍博物館学芸員
津野　仁（つの　じん）　一九六一年　公益財団法人とちぎ未来づくり財団埋蔵文化財センター整理課副主幹
内山敏行（うちやま　としゆき）　一九六五年　公益財団法人とちぎ未来づくり財団埋蔵文化財センター調査課副主幹
魚津知克（うおづ　ともかつ）　一九七一年　大手前大学史学研究所・研究助成課主任
清水康二（しみず　やすじ）　一九六四年　奈良県立橿原考古学研究所指導研究員
吉田秀享（よしだ　ひでゆき）　一九六一年　公益財団法人福島県文化振興財団遺跡調査部調査課長
桃﨑祐輔（ももさき　ゆうすけ）　一九六七年　福岡大学人文学部教授
金田善敬（かなだ　よしのり）　一九六九年　岡山県赤磐市教育委員会社会教育課副参事

編者略歴

一九六二年　熊本県に生まれる
一九九一年　広島大学大学院文学研究科博士課程単位取得退学
現在　愛媛大学東アジア古代鉄文化研究センター・社会共創学部教授　博士（文学）

主要著書

『倭人と鉄の考古学』（青木書店、一九九八年）、『古墳時代像を見なおす　成立過程と社会変革』（青木書店、二〇〇〇年）、『古代国家成立過程と鉄器生産』（青木書店、二〇〇七年）

モノと技術の古代史　金属編

二〇一七年（平成二十九）三月十日　第一刷発行

編者　村《むら》上《かみ》恭《やす》通《ゆき》

発行者　吉川道郎

発行所　株式会社　吉川弘文館
郵便番号一一三—〇〇三三
東京都文京区本郷七丁目二番八号
電話〇三—三八一三—九一五一（代）
振替口座〇〇一〇〇—五—二四四番
http://www.yoshikawa-k.co.jp/

印刷＝株式会社　理想社
製本＝株式会社ブックアート
装幀＝渡邉雄哉

ISBN978-4-642-01737-4